Absoluter Idealism
Absolute Idealism

HEGELIANA
Studien und Quellen zu Hegel und zum Hegelianismus

Herausgegeben von Helmut Schneider

Band 22

PETER LANG
Frankfurt am Main · Berlin · Bern · Bruxelles · New York · Oxford · Wien

Giacomo Rinaldi

Absoluter Idealismus und zeitgenössische Philosophie
Absolute Idealism and Contemporary Philosophy

Bedeutung und Aktualität
von Hegels Denken
Meaning and Up-to-dateness
of Hegel's Thought

PETER LANG
Internationaler Verlag der Wissenschaften

Bibliografische Information der Deutschen Nationalbibliothek
Die Deutsche Nationalbibliothek verzeichnet diese Publikation in
der Deutschen Nationalbibliografie; detaillierte bibliografische
Daten sind im Internet über http://dnb.d-nb.de abrufbar.

Umschlaggestaltung:
© Atelier Platen, Friedberg

Gedruckt auf alterungsbeständigem,
säurefreiem Papier.

ISSN 0939-7779
ISBN 978-3-631-61776-2
© Peter Lang GmbH
Internationaler Verlag der Wissenschaften
Frankfurt am Main 2012
Alle Rechte vorbehalten.

Danksagung

Die Veröffentlichung des vorliegenden Bandes wäre gewiss unmöglich gewesen, wenn ich die vielseitige Zusammenarbeit von zahlreichen europäischen und amerikanischen Gelehrten und Institutionen nicht in Anspruch hätte nehmen können, denen gegenüber ich deshalb meine aufrichtigste Dankbarkeit äußern möchte.

Ich bin vor allem den Redaktionen der Zeitschriften, und den Verlegern, die freundlicherweise den Nachdruck der von ihnen schon veröffentlichten Texte genehmigt haben, Dank schuldig:
– dem *Jahrbuch für Hegelforschung*, für: *Die Aktualität von Hegels Logik* (Bd. II (1996), S. 27–54), und: *Zur gegenwärtigen Bedeutung von Hegels Naturphilosophie* (Bd. VI/VII (2000/2001), S. 219–252);
– der Zeitschrift *Philosophy & Theology* (Marquette University, Milwaukee, Wisc., USA), für: *The „Idea of Knowing" in Hegel's Logic* (Bd. VI, Nr. 1 (Fall 1991), S. 55–78);
– dem Verleger Prof. Dr. Johannes Königshausen (Würzburg), für: *Über das Verhältnis der dialektischen Methode zu den Naturwissenschaften in Hegels absolutem Idealismus*, in: *Naturwissenschaft und Methode in Hegels Naturphilosophie*, hg. von W. Neuser, 2009, S. 39–57;
– der Zeitschrift *Idealistic Studies* (Clark University, Mass., USA), für: *A Few Critical Remarks On Croce's Historicism* (Bd. XVII, Nr. 1 (1987), S. 52–69);
– dem Verlag University Press of America (Lanham, MD, USA), für: *The Identity of Thought and Being in Harris's Interpretation of Hegel's Logic*, in: *Dialectic and Contemporary Science: Festschrift in Honor of Errol E. Harris*, hg. von Ph.T. Grier, 1989, S. 69–88; und schließlich
– dem Verlag State University of New York Press (Albany, NY, USA), für: *Dialectical and Metaxological Thought in the Philosophy of William Desmond*, in: *Being and Dialectic: Metaphysics As a Cultural Presence*, hg. von W. Desmond and J. Grange, 2000, S. 155–176.

Ich danke ferner dem Direktor des *Magazzino di filosofia*, Professor Alfredo Marini, und den Edizioni Goliardiche für die Genehmigung, zwei Artikel von mir, *Il problema religioso nella „Filosofia Sistematica" di Richard D. Winfield* und *Scetticismo e metafisica nel pensiero di Hegel. A proposito di una critica fraintendente di ‚Teoria etica'* (*Magazzino di filosofia* XVIII (2005/2010), S. 147–164 und 165–183), und den ersten Abschnitt der „Einleitung" zu meiner *Teoria etica* (Trieste 2004) ins Deutsche übersetzen und in diesen Band aufnehmen zu können.

Der Nachdruck von Schriften, die ursprünglich auf Deutsch und Englisch erschienen, aber von einem italienischen Autor verfasst wurden, forderte freilich eine besonders sorgfältige sprachliche Revision, die tatsächlich von Dr. Julian Locke (Universität Florenz) und Sönke Roterberg (Technische Universität Kaiserslautern) auf vortreffliche Weise durchgeführt worden ist, denen ich meinen herzlichsten Dank gern ausspreche.

Mehr als jedem anderem aber fühle ich mich meinem Freund und Kollegen Professor Helmut Schneider verpflichtet, der nicht nur Schriften, die in der Zeitspanne eines Vierteljahrhunderts verfasst und veröffentlicht wurden, noch für des Nachdrucks würdig gehalten, sondern mir auch nachdrücklich angeboten hat, den Band in seine renommierte Reihe „Hegeliana. Studien und Quellen zu Hegel und zum Hegelianismus" aufzunehmen. Der einzige Grund dafür, dass ich seinen wichtigen Beitrag zur Hegelforschung in den folgenden Aufsätzen nicht erörtere, ist, dass ich die passenden Betrachtungen darüber schon in meiner Rezension von seinem Buch *Geist und Geschichte. Studien zur Philosophie Hegels* (1998: vgl. *Jahrbuch für Hegelforschung* IV/V (1998/99), S. 331–34) veröffentlicht habe.

Ich glaube, diese Danksagung nicht besser als mit dem Wunsch beschließen zu können, dass das aufmerksame Lesen der folgenden Aufsätze dazu beitragen kann, zum einem das Interesse der jungen Generationen für das Denken des großen deutschen Philosophen zu vertiefen, zum anderen die allzu vielen verhängnisvollen Gemeinplätze und Missdeutungen zu entzaubern, unter denen sein schwieriges Denken mehr gelitten hat als das jedes anderen Philosophen, und die, statt sein wahres Wesen und Bedeutung zu offenbaren oder wenigstens verständlicher zu machen, es bis zu dem Punkt völliger Unkenntlichkeit verzerrt haben.

Urbino, den 29. Dezember 2011

Inhaltsverzeichnis

Erster Teil
Studien zu Hegel

Zweiter Teil
Studien zum Hegelianismus

Einleitung

§ 1. Hegelianismus als Philosophie des unendlichen Selbstbewusstseins

Die Auslegung, Aneignung und Weiterentwicklung von Hegels Denken im 20. Jahrhundert wurde großenteils von der materialistischen Auffassung der Geschichte geprägt. Der äußersten Vielfalt und manchmal radikalen Divergenz der so entstandenen theoretischen und historiographischen Perspektiven[1] zum Trotz sollten sie jedenfalls – bei Strafe der härtesten politischen Verurteilung – zwei hermeneutischen Grundkriterien entsprechen, die von den Gründern des historischen und dialektischen Materialismus selbst in zwei berühmten Schriften[2] aufgestellt wurden: (1) die Wahrheit und Relevanz von Hegels Denken könne nur verstanden und gebührend geschätzt werden, indem zwei Grundbestandteile in ihm streng unterschieden würden: (a) seinen „rationellen Kern", der mit der dialektischen Methode zusammenfalle, welche der lebendige und wissenschaftlich gültige Aspekt eines solchen Denkens sei; und (b) die „mystische Hülle" des „Systems", in welcher ersterer unpassend eingehüllt werde, die dagegen ein typischer Ausdruck desjenigen „entfremdeten Denkens" sei, das die Substanz jeder Religion, Theologie und Metaphysik ausmache. (2) Im Unterschied zum offensichtlichen Dogmatismus und Irrationalismus ihrer herkömmlichen Versionen aber werde der eingeborene Mystizismus des Hegelschen Systems von seinem Urheber durch einen täuschenden Schein von Vernünftigkeit und Konkretheit geschickt verheimlicht, insofern er das Absolute, Gott nicht mehr als ein äußeres, das Selbstbewusstsein der Menschen transzendierendes „Objekt", sondern als das wesentliche „Resultat" oder Produkt ihrer geistigen Tätigkeit auffasst. Von diesem Standpunkt aus wird Hegel der Fehler – oder sogar, wie sich Engels malerisch ausdrückt: die „idealistische Schrulle"[3] – zugeschrieben, die die Marxistischen Denker übereinstimmend dem philosophischen Idealismus überhaupt vorwerfen – nämlich, zu verneinen, dass das Sein, die Wirklichkeit,

---

1 Vgl. hierzu: G. Rinaldi, Dalla dialettica della materia alla dialettica dell'Idea. Critica del materialismo storico, Napoli 1981: „Vorrede", insbes. S. 14–16, und „Einleitung", § 4, S. 51–63.
2 Vgl. K. Marx, Das Kapital. Kritik der politischen Ökonomie, in: K. Marx–F. Engels, Werke, Berlin 1962–, Bd. 23: „Nachwort zur zweiten Ausgabe", S. 27–28; F. Engels, Ludwig Feuerbach und der Ausgang der klassischen deutschen Philosophie, in: Werke, a. a. O., Bd. 21, S. 266 ff.
3 Vgl. ebd., S. 292.

die Natur ein „auf sich selbst begründetes Positives"[4], d.h. ein unabhängiges
Wesen sei, und sie dagegen zu einem bloßen Produkt der schöpferischen Tätigkeit des „Geistes", d.h. des selbstbewussten Denkens, herabzusetzen. Die partielle kritische Aneignung von Hegels Denken, die die Anhänger des historischen Materialismus – mit wenigen Ausnahmen[5] – für noch wünschenswert
hielten, fordere also die vorausgehende Reinigung seines rationellen Kernes von
allen denjenigen „mystischen" und „idealistischen" Resten, die seinen Anspruch
auf „wissenschaftliche", „objektive" Gültigkeit unheilbar entkräften würden,
und die Ausarbeitung einer entgegengesetzten Bestimmung des Verhältnisses
des Denkens zum Sein, die Engels mit dem Wort „Widerspiegelung"[6] berühmt
gemacht hat. Nach dieser Auffassung (die sich m. E. von der so genannten „correspondence theory of truth", welche vom herkömmlichen dogmatischen Realismus gewöhnlich behauptet wurde, in nichts Wesentlichem unterscheidet) wird
sich das menschliche Denken nur insofern an die objektive Wirklichkeit anpas-
sen, und so diejenige Wahrheit erreichen, nach welcher es strebt, ohne dennoch
imstande zu sein, sie aus sich selbst allein hervorzubringen, als es die materielle
Struktur und die notwendigen Gesetze einer von ihm unabhängigen und ihm
vorausgesetzten Wirklichkeit *passiv* „widerspiegelt".

    Die zwingende Kritik des historischen Materialismus, die von den größten
Verfechtern des Idealismus zwischen dem 19. und dem 20. Jahrhundert durchgeführt wurde[7], aber insbesondere der allgemeine Zusammenbruch der kommunistischen Regime nach 1989 in Europa, haben glücklicherweise die Hegemonie
einer rohen, oberflächlichen Ideologie beendet, deren Anwendung auf die von
Hegel erörterten subtilen spekulativen Probleme voraussichtlich nicht umhin-
konnte, katastrophale Resultate sowohl auf dem historiographischen als auch auf
dem theoretischen Niveau hervorzubringen. Auch Hegels idealistische Auffassung des *Selbstbewusstseins* als derjenigen tiefen, innerlichen Einheit oder
Selbstbeziehung des menschlichen Geistes, welcher jede mögliche vernünftige
Erkenntnis und wirksame Praxis entspringt, ist so entsprechend zum Zentrum

---

4   K. Marx, Ökonomisch-philosophische Manuskripte aus dem Jahre 1844, in: Werke, a. a.
     O., Ergänzungsband (1968), Erster Teil, S. 570.

5   Ich denke insbesondere an die Marx-Deutung von Galvano Della Volpe, Mario Rossi
     und Lucio Colletti. Vgl. G. Rinaldi, Dalla dialettica della materia alla dialettica dell'Idea,
     a. a. O., S. 16.

6   F. Engels, Ludwig Feuerbach, a. a. O., S. 268.

7   Vgl. insb. B. Croce, Materialismo storico ed economia marxistica (1899), Bari ³1978,
     und G. Gentile, La filosofia di Marx (1899), Firenze ⁵1975, und auch: G. Rinaldi, Die
     Selbstaufhebung der materialistischen Reduktion des „Bewusstseins" auf das „gesell-
     schaftliche Sein" bei Marx, in: Reduktionismus – und Antworten der Philosophie, hg.
     von W. Grießer, Würzburg, Königshausen & Neumann 2012, S. 241–263.

der Aufmerksamkeit der heutigen Hegel-Interpreten geworden, und es haben Versuche nicht gefehlt, sogar sein ganzes Denken als eine „Philosophie des Selbstbewusstseins"[8] auszulegen. In diesem neuen kulturellen Klima hat auch in Europa die Hegel-Deutung ein gewisses Interesse gefunden, die von einigen Schülern des amerikanischen Philosophen Richard Rorty ausgearbeitet worden ist. In Polemik gegen die für die angelsächsische analytische Philosophie typische antiidealistische Orientierung geben sie sich Mühe, zu zeigen, dass Hegels Idealismus mit dem von ihrem Meister bekannten Pragmatismus weitgehend kompatibel ist. Denn im Unterschied zum herkömmlichen Britischen Empirismus und Realismus weist der Pragmatismus die Auffassung der menschlichen Erkenntnis als der bloß passiven Aufnahme eines äußeren Sinneseindrucks zurück, der vor und unabhängig von seiner Wahrnehmung seitens des Selbst da wäre. Die von unserem Denken ausgearbeiteten Begriffe sind vielmehr nichts als die „Mittel" oder „Werkzeuge", deren sich der Wille des selbstbewussten Ich mit größerem oder geringerem Erfolg bedient, um die Zwecke zu verwirklichen, die er sich nach einer von ihm frei gewählten „Norm" vornimmt. Die dem Begriff entsprechende Wirklichkeit, und also seine mögliche Wahrheit, wird folglich vom Selbst nicht (passiv) *voraus*gesetzt, sondern (aktiv) *gesetzt*. Nun, war diese erkenntnistheoretische Grundannahme nicht offensichtlich der spekulative Kern von Hegels Idealismus als Philosophie des Selbstbewusstseins? Robert Brandom zögert deshalb nicht, ausdrücklich zu behaupten, auch Hegel sei letztlich ein „Pragmatist"[9].

Was ist wahr in all dem? Es tut mir leid, gestehen zu müssen, dass das unvoreingenommene Lesen der Schriften dieser vermeintlichen Hegel-Interpreten eine tiefe Enttäuschung in mir zurückgelassen hat. Nicht nur, dass das Verständnis der wirklichen Bedeutung von Hegels idealistischer Auffassung des Selbstbewusstseins regelmäßig verfehlt wird, sondern sie wird geradezu in ihr genaues Entgegengesetztes umgekehrt. Das Missverständnis ist manchmal so schwer, dass es der verschiedenenartigen Perversion fast nachweinen lässt, die Hegels dialektische Methode durch ihre Reduktion auf die drei berühmten „Gesetze der materialistischen Dialektik" erlitt. Das würde gewiss hinreichen, um eine zwingende Auseinandersetzung mit dieser falschen Interpretation von Hegels Denken seitens derjenigen Denker zu veranlassen, die noch heute seine Wahrheit zuer-

---

8 Vgl. B. Zabel, Fichtes Recht und Hegels Staat. Anmerkungen zu einer philosophischen Debatte des deutschen Idealismus, in: Hegel-Studien *45* (2010), S. 51–79, hier 67.
9 Vgl. R. Brandom, Some Pragmatist Themes in Hegel's Idealism: Negotiation and Administration in Hegel's Account of the Structure and Content of Conceptual Norms, in: European Journal of Philosophy *7:2* (1999), S. 164–189, hier 164: "This paper could equally well have been titled 'Some Idealist Themes in Hegel's Pragmatism'" (!); und auch S. 178.

kennen und seine anhaltende theoretische Relevanz zurückfordern. Im Fall des
Verfassers dieses Bandes aber wird sie noch dringlicher dadurch gemacht, dass
in allen darin gesammelten Aufsätzen eine Auslegung der Hegelschen Philosophie entfaltet und verteidigt wird, die den letzten Grund für ihre gegenwärtige
Bedeutung und Aktualität darin erkennt, dass sie ausdrücklicher als jede andere
vom abendländischen Denken ausgearbeitete Lehre als eine vollendete „Philosophie des unendlichen Selbstbewusstseins" auftritt. Welche sind also die wesentlichen Aspekte von Hegels Auffassung des Selbstbewusstseins, die bei ihren
pragmatistischen „Interpretationen" verloren gehen? In § 2 dieser Einleitung
werde ich versuchen, eine plausible Antwort auf diese entscheidende Frage zu
geben. Hier kann ich mich darauf beschränken, zu bemerken, dass, während
nach den heutigen pragmatistischen Interpreten das Selbstbewusstsein, das dazu
berufen wird, die Prozesse der menschlichen Erkenntnis und Praxis zu erklären,
das des *endlichen* Selbst ist, welches in einer bloß *äußeren* Beziehung zu einem
anderen *endlichen* Selbst steht, und so mit demjenigen Selbstbewusstsein zusammenfällt, das Hegel verachtend als die „schlechte" oder „einseitige Subjektivität"[10] zu nennen pflegte, das Selbst, das er dagegen zu ursprünglicher, absoluter Form jeder möglichen Wirklichkeit erhebt, *die innere Beziehung zwischen
dem endlichen und dem unendlichen Selbst* – der Idee oder dem absoluten Geist
– ist.

§ 2. Kritik der pragmatistischen Hegel-Deutung

1. Nach der pragmatistischen Erkenntnistheorie liegt jedem möglichen Selbstbewusstsein die *Erfahrung* zugrunde, und die Erfahrung wird von ihr mit der
Ausarbeitung oder Manipulation eines empirisch gegebenen, von der sinnlichen
Wahrnehmung ursprünglich manifestierten Objekts identifiziert. Aus der wesentlichen Zeitlichkeit der Erfahrung folgt unmittelbar die radikale *Geschicht-
lichkeit* des Selbst[11]: alle seine möglichen Inhalte entstehen und vergehen in der
Zeit, sind bloß veränderliche und vergängliche Tatsachen oder „Urteile", die von
ihm fortwährend bearbeitet werden, und deshalb grundsätzlich desjenigen Ansichseins, d.h. notwendiger Identität-mit-sich, entbehren, die dem Absoluten
oder „Ewigen" eigen ist. Die Möglichkeit eines „absoluten Wissens", das ein
solches Ansichsein in einem System von „reinen Begriffen" entfalte, wird also

---

10 Vgl. Hegel, Enzyklopädie der philosophischen Wissenschaften im Grundrisse, in: ders.,
    Werke in zwanzig Bänden, hg. von E. Moldenhauer und K.M. Michel, Frankfurt a. M.
    1969–1971, Bd. 1, § 215, Anm.
11 Vgl. R. Brandom, Some Pragmatist Themes in Hegel's Idealism, a. a. O., S. 179.

entschieden zurückgewiesen[12]; und das ist freilich auch der Fall bei der herkömmlichen Auffassung der Philosophie als „Metaphysik", d.h. als die Wissenschaft einer *intelligiblen* Wirklichkeit, die die Vergänglichkeit der Sinnenwelt – oder allgemeiner die anthropologisch aufgefasste „condition humaine"[13] –
transzendiert, und schließlich auch bei der Forderung, die heutzutage insbesondere von Dieter Wandschneider bekräftigt wurde[14], nach einer „„Letzt'-Begrün-
dung"[15] des Wissens; denn diese ist offensichtlich unmöglich, wenn einmal der
Begriff des Absoluten als solchen für sinnlos gehalten wird.

Insofern die Erfahrung nicht nur als die Wahrnehmung eines empirischen
Gegenstandes in der Außenwelt, sondern auch als seine *aktive* Veränderung
durch ein selbstbewusstes Subjekt aufgefasst wird, wird also das Selbst zu einem
nicht weniger unentbehrlichen „Pol" der Erfahrung als demjenigen, der vom
sinnlich Gegebenen ausgemacht wird. Jede mögliche Tätigkeit des Selbst aber
setzt eine „Norm"[16] des Handelns voraus, die als solche den Inhalt keiner Wahrnehmung, sondern eines *Begriffs* ist. Der *inferentielle* Prozess des Denkens[17]
wird deshalb für einen nicht weniger wesentlichen Bestandteil des Selbstbewusstseins gehalten als seine unmittelbare Vereinzelung in der Zeitlichkeit der
Erfahrung. Nach dem Pragmatisten aber ist der Begriff nichts anderes als die
Bedeutung eines sprachlichen „Zeichens", nämlich ein „soziales Produkt", das
von der „Kommunikation"[18] unter vielfachen Selbstbewusstseinen möglich und
notwendig gemacht wird. Die sprachliche und inferentielle Konstitution der Erfahrung setzt also notwendigerweise außer dem Ich „in der ersten Person" *das
Dasein einer Pluralität von „anderen" Selbsten* voraus. Als im Raum und in der
Zeit unmittelbar vereinzelt ist also das Selbstbewusstsein wohl *einzeln* – der Re-
ferent eines Eigennamens – und als solches endlich; sie ist aber zugleich auch
ursprünglich *vielfach*. Wir können also zum Schluss kommen, dass nach dem
Pragmatisten die „Wahrheit" des Selbstbewusstseins die *Intersubjektivität* ist.
Ich als dieses einzelne Selbstbewusstsein existiere nur deswegen, weil ich durch
die „Anerkennung" eines anderen Selbst konstituiert werde: meine Wirklichkeit
hängt also von der seinigen *ab*, ist zu ihr wesentlich *relativ*. Auch das *Alter-Ego*
aber ist ein Selbst: es hängt also seinerseits für seine Wirklichkeit von mir ab,
der ich in Beziehung auf ihn das *Alter-Ego* bin. Von diesem anderen Standpunkt

---

12 Vgl. B. Zabel, Fichtes Rechts und Hegels Staat, a. a. O., S. 68–69, Anm. 59.
13 Vgl. ebd. S. 69.
14 Vgl. unten, S. 118–120, Anm. 36.
15 Vgl. B. Zabel, Fichtes Rechts und Hegels Staat, a. a. O., S. 71.
16 Vgl. R. Brandom, Some Pragmatist Themes in Hegel's Idealism, a. a. O., S.164, 166, 172
    usw.
17 Vgl. ebd., S. 174.
18 Vgl. B. Zabel, Fichtes Rechts und Hegels Staat, a. a. O., S. 69.

aus bin ich also die unabhängige, absolute Wirklichkeit. Das Selbstbewusstsein
– und zusammen mit ihm die Erfahrung und die Wirklichkeit – wird also ursprünglich durch die *gegenseitige Anerkennung* zweier (oder mehrerer) Subjekte
konstituiert, die zugleich abhängig und unabhängig sind. Aber war das nicht gerade das wesentliche Resultat von Hegels berühmter phänomenologischer Gestalt des „anerkennenden Selbstbewusstseins"[19]? Hegels „Pragmatismus" besteht
also nach diesen Interpreten darin, dass er nicht nur die Wirklichkeit als das Resultat der Praxis des Selbstbewusstseins, sondern auch letzteres als eine wesentlich intersubjektive Selbstbeziehung auffasst.

Die pragmatistische Theorie der Erfahrung als ein Komplex von Beziehungen zwischen Subjekt und Objekt, Bewusstsein und Selbstbewusstsein, Wahrnehmung und Denken, Ego und *Alter-Ego*, bei welchen der erste Term den
zweiten bestimmt, aber der zweite seinerseits auf die bestimmende Tätigkeit des
ersten reagiert, und sie als von seiner Reaktion bestimmt setzt, scheint zweifellos den logischen Inhalt der Hegelschen Kategorie der „Wechselwirkung"[20] konkret zu veranschaulichen. Denn im Gegensatz zum herkömmlichen metaphysischen Begriff der *causa prima* hängt bei ihr die Wirkung nicht einseitig von ihrer Ursache ab, sondern erstere setzt ihrerseits letztere als von ihr abhängig.
Brandom glaubt deshalb, dem innersten Geist von Hegels Denken treu zu entsprechen, indem er in Polemik gegen den Kantischen Dualismus zwischen reinem Begriff und sinnlicher Erfahrung behauptet[21], die legitime spekulative Forderung nach der „vollständigen Bestimmung" (*complete determination*) des reinen Begriffs könne nur durch seine „Anwendung" auf das empirisch Gegebene
erfüllt werden, so dass er sich selbst letztlich in einen „empirischen Begriff",
und also in einen Teil oder Produkt der einzigen, totalen Erfahrung[22] auflöse.
Nach dem Pragmatisten ist also die „Wahrheit" des reinen Begriffs der *empirische* Begriff, der letztlich mit dem *Urteil* selbst identifiziert wird, denn dieses ist unmittelbar nichts anderes als diejenige logische Tätigkeit, durch welche
ein allgemeines Prädikat auf die Einzelheit eines sinnlichen Gegenstandes angewandt wird. Das Wesen des Urteils wird also mit dem „perceptual judgement"

---

19 Vgl. Hegel, Phänomenologie des Geistes, in: Werke, a. a. O., S. 145–155: „Selbstständig-
keit und Unselbstständigkeit des Selbstbewusstseins; Herrschaft und Knechtschaft";
und Enzyklopädie der philosophischen Wissenschaften, a. a. O., Bd. 3, §§ 430–435.

20 Vgl. ebd., Bd. 1, §§ 155–157; und ders., Wissenschaft der Logik, in: Werke, a. a. O., Bd.
2, S. 237–240.

21 Vgl. R. Brandom, Some Pragmatist Themes in Hegel's Idealism, a. a. O., S. 165–167.

22 Ähnlich setzt Zabel Hegels spekulativen Aufbau der Rechtsphilosophie mit der von den
zeitgenössischen Sozialwissenschaften ausgearbeiteten „ideal-typische[en] Perspektive
der Rechtsverwirklichung" gleich. Vgl. B. Zabel, Fichtes Rechts und Hegels Staat, a. a.
O., S. 69, Anm. 59.

– in Hegels Terminologie: dem „Urteil des Daseins" oder „qualitativen Urteil"[23] – ohne weiteres identifiziert. Und der *Schluss*, in welchem sich die inferentielle Tätigkeit des Denkens vollendet, ist nichts anderes – geradeso wie es bei der Aristotelischen Logik der Fall war – als eine Beziehung unter verschiedenen „unmittelbaren Urteilen", die nach Hegel dagegen nur die elementarste und unangemessenste Bestimmung des Begriffs des Schlusses – den so genannten „Schluss des Daseins" oder „qualitativen Schluss"[24] – ausmachte. Der offensichtliche Rückfall der pragmatistischen Auffassung des logischen Denkens in die Schemen der alten Formallogik wird dadurch bestätigt, dass Brandom das Verhältnis unter den Begriffen nach dem strikt analytischen Modell des Gattungsbegriffs oder der „Begriffspyramide"[25] auffasst.

Die Analyse des Schlusses aber erschöpft die Sphäre des logischen Denkens nicht, weil es offensichtlich unmöglich ist – wie schon Platon im *Sophisten* scharfsinnig bemerkte[26] –, wenn man nicht zugibt, das das Sein in einem gewissen Sinne *nicht* ist und das Nichtsein in einem anderen Sinne *ist*, und dass folglich die Begriffe, die Bestandteile der Erfahrung und schließlich auch die sie konstituierenden Selbstbewusstseine in eine Beziehung von „bestimmter Negation" oder „realem Gegensatz" notwendigerweise treten. Die vollständige Bestimmung eines realen Gegensatzes aber verwandelt ihn in einen Widerspruch oder Antinomie, die, wie Hegel nachdrücklich betont[27], den vernünftigen Anspruch auf ihre „Lösung" oder „Versöhnung" unumgänglich erhebt. Welches ist aber das Schema der Lösung der Widersprüche, das uns der Pragmatist bietet? Sich der Sprache der Geschäfte plump bedienend, identifiziert es Brandom mit einem Akt von „negotiation"[28], d.h. mit einem *Kompromiss*, durch welches das Ego und das *Alter-Ego* ihre ursprünglich entgegengesetzten Ansprüche kompa-

23 Vgl. R. Brandom, Some Pragmatist Themes in Hegel's Idealism, a. a. O., S. 175; Hegel, Enzyklopädie der philosophischen Wissenschaften, a. a. O., Bd. 1, § 172; Wissenschaft der Logik, a. a. O., Bd. 2, S. 311 ff.
24 Vgl. ebd., S. 354–380, und Enzyklopädie der philosophischen Wissenschaften, a. a. O., Bd. 1, §§ 183–189.
25 Vgl. D. Wandschneider, Robert B. Brandoms pragmatistische Hegel-Adaption, in: Naturwissenschaft und Methode in Hegels Naturphilosophie, hg. von W. Neuser, Würzburg 2009, S. 177–193, hier 183.
26 Vgl. Platonis Sophistes. Rec. M. Wohlrab et C.F. Hermann, Lipsiae 1929, 256d ff.
27 Vgl. Hegel, Enzyklopädie der philosophischen Wissenschaften, a. a. O., Bd. 1, § 119 Zusatz 2: „Was überhaupt die Welt bewegt, das ist der Widerspruch, und es ist lächerlich zu sagen, der Widerspruch lasse sich nicht denken. Das Richtige in dieser Behauptung ist nur dies, dass es beim Widerspruch nicht sein Bewenden haben kann und dass derselbe sich durch sich selbst aufhebt".
28 Vgl. R. Brandom, Some Pragmatist Themes in Hegel's Idealism, a. a. O., S. 172–173 usw.

tibel machen. (Denn das Ego und das *Alter-Ego* sind verschiedene Individuen, und ihre Differenz geht in einen kontradiktorischen Gegensatz über, insofern sie sich auf ein und dasselbe Objekt oder Zweck beziehen.) Also nimmt offensichtlich die Vereinigung der Entgegengesetzten, und die konsequente Lösung der Antinomie, die Form einer *äußeren*, und als solchen bloß zufälligen und prekären *Synthese* derselben an. Denn insofern alle einzelnen Subjekte unabhängig und also frei sind, können sie immer die in der Vergangenheit vollbrachten *negotiation* später annullieren, geradeso wie sie morgen den heute mühsam erreichten Kompromiss für ungültig erklären können. Das sei aber auch der Fall, gibt Brandom ausdrücklich zu[29], bei den gegenseitigen Anerkennungsakten der Selbstbewusstseine, die die Einheit der Erfahrung ursprünglich ermöglichen. Daraus, dass ich das *Alter-Ego* anerkenne, folgt also nicht notwendig, dass es mich seinerseits anerkennt. So wird aber deutlich, dass nach Brandom, dem Pragmatisten, wie schon nach seinem berühmteren Vorläufer Peirce, die eigentümliche ontologische Modalität der Erfahrung die formelle Möglichkeit des *Zufalls* ist.

Wenn aber dies wirklich der Fall ist, wie ist es noch möglich, die Erfahrung „pragmatistisch" als das Produkt des einer *Norm* entsprechenden Handelns des Selbst aufzufassen? Denn eine Norm ist eine Bestimmung des Willens, die ihm eine „obligation", d.h. eine Verpflichtung auferlegt, und also ist die der Norm entsprechende Tat weder bloß zufällig noch willkürlich, sondern sie wird vom begrifflichen Inhalt der Norm *notwendig* bestimmt. Auch in diesem Zusammenhang sucht Brandom die Lösung der offensichtlichen Schwierigkeit in der Beschaffenheit des anerkennenden Selbstbewusstseins. Da es als einzelnes Selbst das bestimmende Prinzip aller Wirklichkeit ist, hängt auch die Gültigkeit einer besonderen Norm (denn nach dem Pragmatisten gibt es eine unbestimmte *Mannigfaltigkeit* von möglichen Normen) vom Akt meiner Anerkennung derselben ab. Sie ist also gültig nur, *wenn* ich sie für eine solche halte; *wenn* ich sie dagegen nicht anerkenne, verliert sie jeden Wert *für mich* – und deshalb auch *an sich*, denn ein Grundsatz des Pragmatismus ist gerade die These, dass *das Ansichsein jeder möglichen Gegenständlichkeit restlos auf ihr Für-uns-sein*[30] *hinausläuft*. Falls aber ich die Gültigkeit einer bestimmten Norm anerkenne, legt sie mir als solche eine Verpflichtung auf, deren ontologische Modalität die *Notwendigkeit* ist. In Bezug auf sie bin ich also nicht mehr frei: ich *muss* ihr gehorchen. Wer

---

29   Vgl. ebd., S. 170: „In recognizing others, I in effect institute a community – a kind of universal common to those others, and *if* (!) all goes well, to me too. *If* (!) they recognize me in turn, they constitute me as something more than just the particular I started out as". (Hervorhebung von mir. G.R.)

30   Vgl. ebd., S. 172: „What the content of one's claim or action is in itself results both from what it is for others and what it is for oneself".

kann aber garantieren, dass ich es wirklich tue? Zu diesem Zweck ist die Intervention des *Alter-Ego* erforderlich, das die Norm „verwalten" (*administer*)[31], nämlich die Entsprechung meines Handelns mit der von ihr formulierten Verpflichtung garantieren soll, deren objektive Gültigkeit und Unabhängigkeit von meiner subjektiven Willkür also die Gestalt einer mir externen Autorität annehme. Aber so wird klar, dass die einzige Notwendigkeit, die der Pragmatist zuzuerkennen bereit ist, die bloß *hypothetische* ist, die nach Kant bekanntlich das Wesen derjenigen „hypothetischen Imperative" ausmacht, welche er zu Recht für unfähig hielt, der kategorischen Einheit und Absolutheit des echten ethischen Prinzips Gerechtigkeit widerfahren zu lassen[32]. Die pragmatistische Theorie der Erfahrung als äußerer Beziehung zwischen der bloßen *Zufälligkeit* des selbstbewussten Willens und der bloß *hypothetischen* Notwendigkeit seiner Normen macht also klar, dass die einzige gültige Auffassung der praktischen Vernunft, die auf Grund derselben noch für legitim gehalten werden kann, diejenige ist, die sie ungebührlich zur bloß *technisch-praktischen* Tätigkeit der „technologischen *ratio*" oder, was dasselbe ist, der „instrumentellen Vernunft"[33] herabsetzt, deren Endzweck das Nützliche, nicht das Gute ist – geradeso wie die Einheit, Wahrheit und Wirklichkeit des Geistes in ihrer Perspektive nicht umhinkann, sich letztendlich in eine unbestimmte, chaotische Mannigfaltigkeit von subjektiven und vergänglichen *Meinungen* aufzulösen, deren prekäre, durch mühsame Kompromisse erreichte Gültigkeit von der Laune der Individuen, der veränderten Orientierung der kulturellen Moden oder den unvorhersehbaren Wechselfällen des Zeitgeistes immer entkräftet werden kann.

2. Die gewaltigen Ungereimtheiten einer solchen „Auslegung" von Hegels Denken konnten gewiss der Aufmerksamkeit der heutigen Hegel-Kenner nicht entgehen. So bemerkt Wandschneider zu Recht, dass „der sich vollbringende Skeptizismus im Sinne Hegels [...] durch Brandom in einen pragmatistischen Positivismus verkehrt wird"[34], und dass der Grund dafür darin besteht, dass, während Hegel, obwohl er zugibt, dass die sinnliche Erfahrung den zeitlichen Anfang jeden möglichen Wissens ausmacht, ihre Wahrheit und die Wirklichkeit der von ihr manifestierten Gegenstände entschieden verneint, Brandom sie dagegen zum letzten affirmativen Grund aller möglichen Erkenntnis erhebt[35]. Diese

---

31 Vgl. ebd.
32 Vgl. hierzu: G. Rinaldi, Teoria etica, Trieste 2004, Erster Teil, Kap. 3, §§ 30–31.
33 Vgl. unten, S. 46–52.
34 D. Wandschneider, Robert B. Brandoms pragmatistische Hegel-Adaption, a. a. O., S. 177.
35 Ähnlich hebt J. McDowell Brandoms katastrophale Verwechselung von Hegels echtem phänomenologischem Begriff der Erfahrung mit dem bloß empirisch-pragmatischen hervor: „It may be relevant to / note that, contrary to what Brandom suggests, what is called

folgenschwere Verwechselung zwischen dem πρότερον πρὸς αὐτόν und dem
πρότερον πρὸς ἡμᾶς, um es mit Aristoteles zu sagen, erkennt er auch in der
von Brandom ausgearbeiteten genetischen Auffassung der Logik, nach welcher
die inferentiellen Formen des Denkens nichts anderes wären als das bloße Produkt der intersubjektiven Kommunikation. Wandschneider erwidert scharfsinnig, die Zufälligkeit des Sprachumgangs könne den wesentlichen Anspruch des
logischen Denkens auf notwendige, objektive Gültigkeit nicht erklären, die andererseits von den Argumenten selbst, durch die Brandom die Reduktion des
Wesens der Logik auf das der Sprache rechtfertigt, *widersprüchlich* vorausge-
setzt werde: „Im Sinn der pointierten Unaufhebbarkeit der Logik […] ist dem-
gegenüber darauf zu bestehen, dass die *Logik*, nicht der Sprachumgang, *gel-
tungstheoretisch fundamental* ist"[36]. Drittens hebt Wandschneider treffend hervor, Brandoms These, dass die Entwicklung der Begriffe letztlich von dem aus
ihrer Anwendung auf das sinnlich Gegebene hervorgehenden empirischen Inhalt
bestimmt wird, widerspreche am krassesten dem Hegelschen Grundsatz, dass
die *Selbst*entwicklung des reinen Begriffs rein *immanent* ist, und deshalb die vorausgehende Gegebenheit eines ihm äußeren Gegenstandes *nicht* voraussetzt:

> „In der Explikation von Logik wird die Logik unvermeidlich *sich selbst* zum
> Gegenstand und damit zu einem Gegenstand eigener Art. Brandoms Befund, dass
> das Prädizieren einen identischen Gegenstand erfordert, von dem prädiziert werden /
> kann, bleibt davon unberührt. Aber dieser ist hier nicht mehr, wie Brandom empi-
> risch-pragmatistisch unterstellt, logikextern gegeben, ein empirischer Gegenstand,
> sondern gehört der Logik selbst an"[37].

Schließlich weist Wandschneider richtig auf die Trivialität der pragmatistischen
Auffassung der inferentiellen Form der Erfahrung hin, die sie zu den isolierten
und dürftigen Denkbestimmungen der herkömmlichen Formallogik herabsetzt,
während nur die *Totalität* des Logos in Wahrheit den letzten Grund der Erkenntnis der Wirklichkeit ausmachen kann[38].
    Nach Wolfgang Schild liegt die Grundschwierigkeit der Interpretationen von
Hegels Begriff des anerkennenden Selbstbewusstseins, die es mit der pragma-

---

‚experience' in Hegels Phenomenology is not our day-to-day coping with the world we
perceive and act in, which would be an appropriate frame for that concern of Brandom's.
'Experience' in the Phenomenology describes, rather, the fate of a succession of transcendental conceptions, of the subjective and the objective as such" (J. McDowell, Comment on Robert Brandom's ‚Some Pragmatist Themes in Hegel's Idealism', in: European
Journal of Philosophy *7:2* (1999), S. 190–192, hier 191–192).
36 D. Wandschneider, Robert B. Brandoms pragmatistische Hegel-Adaption, a. a. O., S.
    190.
37 Ebd., S. 189–190.
38 Vgl. ebd., S. 189.

tistischen Auffassung der Intersubjektivität als letzten Grund der Gültigkeit der
Erfahrung gleichstellen, darin, dass sie nicht berücksichtigen, dass, insofern das
anerkennende Selbstbewusstsein (wie alle phänomenologischen Gestalten) die
unmittelbare Differenz von Subjekt und Objekt voraussetzt, es eine einseitige
und unangemessene Begriffsbestimmung vollzieht, die in die höhere des „absoluten Wissens" aufgehoben werden muss, in dessen Einheit, und in ihr allein, jene Differenz endgültig getilgt wird: „Doch ist fraglich, ob diese Thematisierung
als [intersubjektives] Verhältnis dem Geist angemessen ist oder ob nicht auch
diese Anerkennung in einer ‚geistigen Einheit' aufgehoben werden muss"[39]. Die
gegenseitige Anerkennung der endlichen Selbste setzt tatsächlich ihre Anerkennung der immanenten Wirklichkeit des Absoluten voraus: „Deshalb bedeutet die
Verwirklichung der gegenseitigen Anerkennung durch Vergebung zugleich das
Bewusstsein des Anerkanntseins durch Gott und die Anerkennung Gottes durch
den Menschen"[40]. Andererseits ist die gipfelnde und abschließende Begriffsbestimmung der Philosophie des subjektiven Geistes der „Freie Geist" als absolute
Identität von reinem Denken und sittlichem Willen, und die darauf folgende Philosophie des objektiven Geistes sowie die Philosophie des absoluten Geistes lau-
fen auf nichts anderes hinaus als die Darstellung seines Verwirklichungsprozesses in der Sphäre der ethisch-politischen Geschichte, der Kunst,
der Religion und der Philosophie. Daraus folgert Schild zu Recht, der Begriff
der Intersubjektivität, weit davon entfernt, die Grundlage der Interpretation von
Hegels ganzer Philosophie ausmachen zu können, sei unfähig, sogar die elementarste Bestimmung des „abstrakten Rechts", nämlich die leere Idee der juristischen Persönlichkeit, hinreichend zu begründen[41].

---

39 W. Schild, Anerkennung als Thema in Hegels „Grundlinien der Philosophie des Rechts",
    in: Anerkennung. Interdisziplinäre Dimensionen eines Begriffs. Ein Symposion, hg. von
    W. Schild, Würzburg 2000, S. 37–72, hier 60.
40 Ders., "Wer denkt abstrakt", wer konkret?, in: System der Philosophie? Festgabe für
    H.-D. Klein, hg. von L. Nagl und R. Langthaler, Frankfurt a. M. u. a., S. 187–198, hier
    196. Eines der größten Verdienste der Hegel-Auslegung, die Schild in diesem wie in vie-
    len anderen vortrefflichen Aufsätzen vorgebracht hat, ist gerade sein Nachdruck darauf,
    dass diejenigen Interpretationen von partiellen Aspekten des Hegelschen Systems wie,
    z.B., die Theorie des Politischen bei Carl Schmitt, die die entscheidende Rolle, die seine
    metaphysisch-systematische Grundlage – nämlich der Begriff der Idee oder des absoluten
    Geistes – in ihm spielt, nicht gebührend anerkennen, letztendlich zum Scheitern verurteilt
    sind. Vgl. dazu: ders., „*An diesem 30. Januar [1933] ist ‚Hegel gestorben'*". Anmerkun-
    gen zu einer These Carl Schmitts, in: Transzendentale Konzepte in aktuellen Bezügen,
    hg. von H.-D. Klein/R. Langthaler, Würzburg, Königshausen & Neumann 2010, S. 37–
    55.
41 Vgl. ders., Anerkennung als Thema in Hegels "Grundlinien der Philosophie des Rechts",
    S. 40–41. Die Plausibilität dieses Einwandes von Schild kann durch eine genaue Analyse

der ausdrücklichen Kritik des anerkennenden Selbstbewusstseins bekräftigt werden, die
Hegel in § 437 und Zusatz der *Enzyklopädie* (1830) kurz und bündig vorbringt. Diese
Begriffsbestimmung, bemerkt er scharfsinnig, hat wohl eine „spekulative" Bedeutung,
insofern sie die Identität der unmittelbar verschiedenen Selbste setzt, ihr Unterschied
aber bleibt die leere und „unbestimmte" der bloßen „Verschiedenheit" (vgl. Hegel, Wis
senschaft der Logik, a. a. O., Bd. 2, S. 47–52), weil alle den Begriff des Ego ausmachen-
den Bestimmungen auch dem *Alter-Ego* zugeschrieben werden können und müssen, und
umgekehrt. Die durch das Verhältnis der Anerkennung gesetzte Identität ist folglich auf
eine nur äußerliche Weise ausdifferenziert, und bleibt so an sich selbst *leer*, und also
falsch: „Diese Einheit des Bewusstseins und des Selbstbewusstseins enthält zunächst die
Einzelnen als ineinander scheinende. Aber ihr Unterschied ist in dieser Identität die ganz
unbestimmte Verschiedenheit oder vielmehr ein Unterschied, der keiner ist" (§ 437), und
muss deshalb in der „Vernunft" aufgehoben werden, die als solche von den sie ausma-
chenden Subjekten, nämlich den einzelnen Selbsten, *unterschieden* ist, und liegt „höher"
als sie: „Diese Identität der Subjektivität und der Objektivität macht eben die jetzt vom
Selbstbewusstsein erreichte Allgemeinheit aus, welche über jene beiden Seiten oder Be-
sonderheiten übergreift und in welche diese sich auflösen" (§ 437 Zusatz).

Diese unzweideutige, entschiedene Hegelsche Widerlegung der Wahrheit der Intersubjektivität würde an und für sich ausreichen, um die Konsistenz derjenigen Hegel-Deutun-
gen, die ich gerade erörterte, radikal zu unterminieren. Das bedeutet freilich nicht, dass
die Intersubjektivität als äußere Beziehung einer Pluralität von endlichen Selbsten zueinander kein notwendiges Moment der phänomenologischen Entwicklung des Geistes
ausmacht, sondern nur, dass sie *nicht* die *grundlegende* und *entscheidende* Begriffsbestimmung desselben ist, die seine konkrete Totalität erschöpfend erklären kann. Wie
Schild sehr gut bemerkt (vgl. Anerkennung als Thema in Hegels „Grundlinien der Philosophie des Rechts", a. a. O., S. 64–65), indem er einige wichtige diesbezügliche Hegelsche Texte zitiert (Hegel, Enzyklopädie der philosophischen Wissenschaften im Grundrisse. (1817), in: Hegel, Gesammelte Werke, Bd. 13, Hamburg 2000, §§ 405, 406, 411;
Vorlesungen über Naturrecht und Staatswissenschaft, hg. von C. Becker u. a., Hamburg
1983 (Nachschrift 1817/18 von P. Wannemann), S. 21, 34 f.; Die Philosophie des Rechts,
hg. von K.-H. Ilting, Stuttgart 1983 (Nachschrift 1818/19 von C.G. Homeyer), S. 204
ff.), besteht die apriorische Notwendigkeit der Intersubjektivität darin, dass die Grundkategorie des abstrakten Rechts, die „Person", wohl eine an sich „einfache" Einheit ist, die
als solche jede äußere Mannigfaltigkeit ausschließt, aber sich als Moment des juristischen Verhältnisses des Eigentums nur in der äußerlichen Sphäre der Körperlichkeit
verwirklicht, die als solche wesentlich eine Beziehung-auf-Anderes impliziert. Durch
denselben Akt, dank dessen die Einheit der Person sich selbst setzt, setzt sie deshalb auch
eine *andere* Person, die zugleich mit ihr *identisch* (als Person) und von ihr *verschieden*
(als andere) ist. Das ist also der metaphysische Ursprung der Kategorie der Intersubjektivität sowie ihrer immanenten und unüberwindlichen Widersprüche. Eine ähnliche Auffassung des Wesens und der idealen Genese der Intersubjektivität als einer *a priori* notwendigen Form der Sinnenwelt habe ich in meiner *Teoria etica* entwickelt, und durch eine stringente kritische Auseinandersetzung mit den entgegengesetzten transzendentalen
und metaphysischen Auffassungen der Intersubjektivität begründet, die von Fichte, Hus-

3. Die erwähnten Argumente von Wandschneider und Schild erfassen gewiss einige Grundmängel der pragmatistischen Interpretation des Hegelschen Idealismus, aber erschöpfen ihr Missverständnis seines innersten Geistes nicht, und deshalb müssen sie durch weitere kritische Betrachtungen integriert werden. Erstens scheint es einfach pervers zu verneinen, dass Hegels Philosophie eine „Metaphysik" sei, die sich als solche vornimmt, das Wesen des Absoluten zum Thema zu machen, und eine solche Aufgabe durch eine „Letztbegründung" des ganzen menschlichen Wissens in einer besonderen „Geistesgestalt", der des „absoluten Wissens", erfülle. Trotz ihrer offensichtlichen Absurdität ist diese These heutzutage von einigen „kritischen" und „skeptischen" Interpretationen von Hegels Denken wiederholt worden, die ich im sechsten Aufsatz des ersten Teiles dieses Bandes im Detail erörtert habe. Für die erforderliche Begründung dieses ersten Einwandes von mir darf ich also den Leser auf ihn verweisen[42]. Zweitens berücksichtigt Brandom nicht, dass die Kategorie der Wechselwirkung, mit der er letztlich die ganze logische Struktur der Erfahrung erklärt, *an und für sich widersprüchlich ist*, und dass ihr wesentlicher Mangel am klarsten und deutlichsten gerade von Hegel an einer entscheidenden Stelle der *Wissenschaft der Logik* hervorgehoben wurde[43]. Das einzelne Selbst setzt ursprünglich seine unabhängige Wirklichkeit, aber diese wird gerade negiert, sobald es die unabhängige Wirklichkeit des *Alter-Ego* anerkannt hat, von dessen Anerkennung es nun seinerseits abhängt. Diese Abhängigkeit aber wird ihrerseits aufgehoben, indem ich darüber nachdenke, dass das *Alter-Ego ohne* meine Anerkennung keine unabhängige Wirklichkeit hat. Ein offensichtlicher *progressus in infinitum* stellt sich also dar, in welchem die ursprüngliche Wirklichkeit des Ich immer wieder gesetzt und aufgehoben wird, so dass es grundsätzlich unmöglich wird, eine „runde Antwort" auf die Grundfrage der Philosophie zu geben: Ist die ursprüngliche Wirklichkeit, oder das Absolute, das Selbst oder das Andere des Selbst? Das

---

serl und Hösle vorgebracht wurden. Vgl. G. Rinaldi, Teoria etica, a. a. O., Teil 2, Kap. 2, §§ 74–80.

42 Vgl. unten, S. 139–163.

43 Vgl. Hegel, Enzyklopädie der philosophischen Wissenschaften, a. a. O., Bd. 1, § 156, Zusatz: „Bleibt man dabei stehen, einen gegebenen Inhalt bloß unter dem Gesichtspunkt der Wechselwirkung zu betrachten, so ist dies in der Tat ein durchaus begriffsloses Verhalten, man hat es dann bloß mit einer trockenen Tatsache zu tun, und die Forderung der Vermittlung, um die es sich zunächst bei der Anwendung des Kausalitätsverhältnisses handelt, bleibt wieder unbefriedigt. Das Ungenügende bei der Anwendung des Verhältnisses der Wechselwirkung besteht näher betrachtet darin, dass dies Verhältnis, anstatt als ein Äquivalent für den Begriff gelten zu können, vielmehr selbst erst begriffen sein will, und dies geschieht dadurch, dass die beiden Seiten desselben nicht als ein unmittelbar Gegebenes belassen, sondern [...] als Momente eines Drittes, Höheren erkannt werden, welches dann aber der Begriff ist".

Subjekt oder das Objekt? Das Denken oder das Sein? Man kann nicht versuchen, die Schwierigkeit zu vermeiden, indem man behauptet, dass gerade und nur die „Bewegung" des *progressus in infinitum*, in welchem die beiden Entgegengesetzten alternativ gesetzt und aufgehoben, und folglich „neutralisiert" oder *nivelliert* werden, die angemessene Antwort auf eine solche Frage ausmachen kann: das Absolute ist weder das Ego noch das *Alter-Ego*, und sowohl das Ego als auch das *Alter-Ego*. Denn einerseits verneint Hegel am entschiedensten die Wahrheit des *progressus in infinitum*, in welchem er im Unterschied zu Kant und Fichte nur die Entfaltung des inneren Widerspruchs der Endlichkeit, keineswegs ihre Lösung erkennt[44]; andererseits weist er nicht weniger entschieden Schellings Versuch zurück, die Vereinigung der Entgegengesetzten als eine „indifferente" oder eben „neutrale" Identität aufzufassen: „Aber in der *negativen* Einheit der Idee greift das Unendliche über das Endliche über, das Denken über das Sein, die Subjektivität über die Objektivität"[45]. Drittens impliziert Hegels Zurückforderung des Werdens, des Prozesses, der Bewegung als eines wesentlichen Moments der absoluten Idee selbst – im Gegensatz zu dem, was Brandom zu glauben scheint – *keine Behauptung der ontologischen Wirklichkeit der Zeitlichkeit*. Denn der *logische* Prozess der Idee kann eine affirmative Bestimmung des Absoluten gerade und nur ausmachen, insofern er durch seine Reflektion oder „Rückkehr-in-sich-selbst" den Widerspruch des *progressus in infinitum* aufhebt, dessen eigentümliche Manifestation in der äußerlichen Sphäre der sinnlichen Anschauung gerade die *Zeit* ist. „[D]as Wahre, dagegen, die Idee, der Geist", schließt Hegel deshalb, „ist *ewig*"[46], d.h. *überzeitlich*. Er „erscheint" und entwickelt sich in der Zeit nur, um seine „Manifestation" zu sich selbst zu ermöglichen und sein wirkliches Selbstbewusstsein zu erreichen; sobald dieser Zweck in der Geistesgestalt des „absoluten Wissens" zustande kommt, wird das Dasein der Zeit *eo ipso* „[ge]tilgt"[47].

Nicht weniger missverstehend ist die pragmatistische Auffassung der inferentiellen Form der Erfahrung und der sinnlichen Praxis. Brandom scheint seltsamerweise zu vergessen, dass Hegels berühmte und entscheidende Lehre vom „konkreten Allgemeinen"[48] gerade und nur durch die vorherige *Kritik* derjenigen Gattungsbegriffe oder „abstrakten Allgemeinen" möglich und notwendig gemacht wird, zu denen zweifellos auch die *empirischen* (und die *ideal-typischen*)

---

44 Vgl. ebd., Bd. 1, § 94 Zusatz; Wissenschaft der Logik, a. a. O., Bd. 1, §§ 166–171 und 264–271: „Die hohe Meinung von dem Progreß ins Unendliche".
45 Vgl. Enzyklopädie der philosophischen Wissenschaften, a. a. O., Bd. 1, § 215.
46 Vgl. ebd., Bd. 2, § 258 Anm. (Hervorhebung des Verfassers).
47 Vgl. Phänomenologie des Geistes, a. a. O., S. 584.
48 Vgl. Enzyklopädie der philosophischen Wissenschaften, a. a. O., Bd. 1, § 163, Zusatz 1 und 2; Wissenschaft der Logik, a. a. O., Bd. 2, S. 273–301.

Begriffe zu zählen sind; in denen er deshalb zu Unrecht die „vollständige Bestimmung" des logischen Denkens erkennt. Gleich inakzeptabel ist seine Identifikation (die er bedeutsamerweise mit dem Historisten Benedetto Croce teilt[49])
des Begriffs mit dem als die Anwendung eines an sich unbestimmten Prädikats
auf ein empirisch gegebenes Objekt verstandenen Urteil. Denn nach Hegel ist
diese Form des Urteils, die er bekanntlich das „Urteil des Daseins" oder das
„qualitative Urteil" nennt[50], nur die *unvollkommenste* prädikative Beziehung, insofern sie ein bloß äußeres Verhältnis des Besonderen zum Allgemeinen auf-
stellt, und darüber hinaus den Inhalt dieser abstrakten logischen Formen aus der
sinnlichen Anschauung entnimmt. Sie kann und muss deshalb dank ihrer inneren
Selbstentwicklung in die höhere logische Sphäre der „Urteile des Begriffs"[51]
aufgehoben werden – genauer, in das „apodiktische Urteil", in welchem die Beziehung zwischen Subjekt und Prädikat durch einen im ersteren implizierten
terminus medius vermittelt wird, der, wenn er einmal gesetzt wird, das Urteil in
einen *Schluss* verwandelt. Aber auch in Bezug auf den Schluss verwechselt
Brandom katastrophal seinen Begriff, der nur im „disjunktiven Schluss" als *vollständiger Vermittlung seiner Momente*[52] verwirklicht wird, mit seiner abstraktesten und unangemessensten Form, dem „Schluss des Daseins" oder dem „qualitativen Schluss"[53], in welchem der Grundmangel dieser Denkbestimmung, die
Unmittelbarkeit seiner Prämissen, weit davon entfernt, aufgehoben zu werden,
vielmehr in die Verschiedenheit der Figuren und der Modi des Syllogismus ver-
vielfältigt wird. Aber Brandoms Verstellung des innersten Geistes von Hegels
Logik ist am tiefsten und radikalsten in seinem Versuch, den Gegensatz zwischen dem Ego und dem *Alter-Ego* durch eine „negotiation" zwischen ihren entgegengesetzten Ansprüchen zu lösen. Denn ist klar, dass alles, was dadurch erreicht werden könnte, nur ein *Kompromiss* zwischen zwei Ansprüchen, die beide
ursprünglich für unbedingt gültig gehalten werden, durch eine intersubjektive
Beschränkung ihrer Wahrheit wäre, die offensichtlich nur eine bloß *äußere* oder
„quantitative" Synthese derselben hervorbringen könnte. Nun, während nach
Fichte bekanntlich jede bestimmte Synthese der Entgegengesetzten eben eine
solche quantitative Begrenzung ihrer ursprünglichen absoluten Identität-mit-sich

49 Vgl. unten, S. 167–184, insb. S. 172–180.
50 Vgl. Enzyklopädie der philosophischen Wissenschaften, a. a. O., Bd. 1, §§ 172–173;
   Wissenschaft der Logik, a. a. O., Bd. 2, S. 311–326.
51 Vgl. ebd., S. 349–351; Enzyklopädie der philosophischen Wissenschaften, a. a. O., Bd. 1,
   §§ 179–180.
52 Vgl. ebd., §§ 191–192; Wissenschaft der Logik, a. a. O., Bd. 2, S. 398–401, und auch unten, S. 107, Anm. 10.
53 Vgl. Enzyklopädie der philosophischen Wissenschaften, a. a. O., Bd. 1, §§ 181–189;
   Wissenschaft der Logik, a. a. O., Bd. 2, S. 354–380.

ist[54], kritisiert Hegel dagegen die Fichtesche Wissenschaftslehre gerade deswegen, weil sie nie ins Klare damit kommt, dass die äußere Synthese der Entgegengesetzten, weit davon entfernt, die Antinomie zu lösen, sie vielmehr bekräftigt. Denn insofern sie eine *Synthese* ist, behauptet sie die *Einheit* der Entgegengesetzten, und deshalb fordert sie die *Negation* ihrer ursprünglichen unabhängigen Wirklichkeit; insofern sie aber eine *äußere* ist, wird umgekehrt die Ursprünglichkeit ihrer Einheit aufgehoben, und die ihrer unabhängigen Bestandteile dagegen behauptet. Ich glaube wahrlich, dass man Hegels echten Begriff der „spekulativen" Synthese der Entgegengesetzten, nach dem sie das *notwendige* Resultat der Ausdifferenzierung einer *ursprünglicheren* und *höheren* Einheit sind, nicht schwerer missverstehen könnte, als sie zu einem *zufälligen* Kompromiss oder *negotiation* zwischen entgegengesetzten empirischen Urteilen herabzusetzen!

Schließlich könnte man gegen Brandom einwenden, dass, wäre Hegel wirklich ein Pragmatist, er wenigstens die Grundannahme jedes möglichen Pragmatismus – nämlich die Zurückforderung des Primats der Praxis über das theoretische Wissen – teilen sollte. Nun, einer der entscheidensten Unterschiede zwischen der Kantisch-Fichteschen und der Hegelschen Version des philosophischen Idealismus besteht ausgerechnet darin, dass letzterer den vom ersteren behaupteten „Primat der praktischen Vernunft" nachdrücklich ablehnt, und mit der äußersten Strenge gegen die Neigung der Moderne polemisiert, den Wert des Wissens mit seiner *praktischen Nützlichkeit* zu identifizieren. Besonders bered und unzweideutig ist eine Stelle aus der Vorrede zur ersten Ausgabe der *Wissenschaft der Logik*:

> „Die Theologie, welche in früheren Zeiten die Bewahrerin der spekulativen Mysterien und der obzwar abhängigen Metaphysik war, hatte diese Wissenschaft gegen Gefühle, gegen das Praktisch-Populäre und gelehrte Historische aufgegeben. Welcher Veränderung entsprechend ist, dass anderwärts jene *Einsamen*, die von ihrem Volke aufgeopfert und aus der Welt ausgeschieden wurden, zu dem Zwecke, dass die Kontemplation des Ewigen und ein ihr allein dienendes Leben vorhanden sei – nicht um des Nutzens, sondern um des Segens willen – verschwanden"[55].

Wie kann man *bona fide* behaupten, das sei die Sprache und das Denken... eines „Pragmatisten"?

4. Die pragmatistische Auffassung der Erfahrung, der Inferenz und der Intersubjektivität hat also kein anderes wirkliches Resultat als *die grundsätzliche*

54 Vgl. J.G. Fichte, Grundlage der gesammten Wissenschaftslehre, in: Johann Gottlieb Fichte's sämmtliche Werke, hg. von I.H. Fichte, Berlin 1845, Abth. 1, Bd. 1, § 3, S. 108–123.

55 Hegel, Wissenschaft der Logik, a. a. O., Bd. 1, S. 14.

Verneinung der Allgemeinheit und der Notwendigkeit des selbstbewussten Denkens, das auf eine künstliche zeitliche Folge von bloß subjektiven Meinungen reduziert wird, die unter gewissen Umständen zwar für objektiv wahr gehalten werden, aber beständig riskieren, schon in der nächsten Zukunft die in der Vergangenheit mühsam erreichte Zustimmung zu verlieren. Aber ist es nicht offensichtlich, dass so das innere Wesen der Erkenntnis restlos in diejenige „Meinungen" aufgelöst wird, von denen Hegel bekanntlich verächtlich zu sagen pflegte, sie seien nur „mein"? Ähnlich beseitigen grundsätzlich die pragmatistische Behauptung der ursprünglichen Mannigfaltigkeit der möglichen Normen des Verhaltens und die Reduktion ihrer Notwendigkeit auf die bloß hypothetische einer von einer äußeren Autorität „verwalteten" Verpflichtung jeden möglichen absoluten, kategorischen Grund des Willens, jede unbedingte Pflicht und deshalb echte Moralität, die Hegel dagegen bekanntlich mit der „absoluten Sittlichkeit" des Staates ausdrücklich identifiziert hatte[56].

Was ich wirklich nicht verstehen kann, ist, wie man als eine plausible „Interpretation" von Hegels Denken das ausgeben kann, was in Wahrheit auf eine systematische Verstellung und Vernichtung seines innersten Geistes, und auf die Umkehrung des absoluten Idealismus in sein radikales Entgegengesetztes – den skeptischen Relativismus und die utilitaristische Praxis – hinausläuft. Und tatsächlich scheint sich Brandom selbst in einem seltenen Augenblick von geistiger Klarheit des philosophischen Abgrunds bewusst zu werden, der Hegels Begriff des Geistes, der „has no other", so dass „there is nothing ‚outside' it"[57], von seiner eigenen intersubjektiven und sozialen Theorie der Erfahrung trennt, nach der dagegen jedes (einzelne) Selbst eine unbestimmte Mannigfaltigkeit von *Alter-Ego* außerhalb seiner voraussetzt; und endlich gibt er zu, sie sei streng genommen keine „Auslegung" von Hegels Denken, sondern eine originale, von ihm (relativ) unabhängige Auffassung[58]. In dieser Hinsicht kann freilich die bloße Hervorhebung der Abweichung des Pragmatismus Brandoms vom Hegelschen Idealismus nicht als ein Argument gegen die Wahrheit des ersteren betrachtet werden. Seine theoretische Stellung verdient also, *juxta propria principia* geprüft und bewertet zu werden. In diesem Kontext darf ich mich darauf beschränken, drei Grundeinwände aufzustellen, die m. E. *ad abundantiam* beweisen, dass er eine Erkenntnistheorie vertritt, die nicht nur falsch, sondern geradezu *self-refuting* ist.

(a) Nach dem Pragmatismus ist die Objektivität überhaupt kein unmittelbar Gegebenes, sondern das Produkt der Tätigkeit des Selbst – besser gesagt: der

---

56 Vgl. hierzu unten, S. 159–160.
57 R. Brandom, Some Pragmatist Themes in Hegel's Idealism, a. a. O., S. 178.
58 Vgl., z.B., ebd., S. 185, Anm. 25.

durch eine *negotiation* unter verschiedenen Selbsten erreichten Übereinstimmung. Insofern aber diese Tätigkeit einem im Raum und in der Zeit vereinzelten
Individuum zugeschrieben wird, ist sie ursprünglich *sinnlich* und *endlich*.
Das sinnlich-endliche Bewusstsein aber – sei es theoretisch oder praktisch – ist unüberwindlich *passiv* gegenüber seinem Gegenstand, und deshalb *setzt* sie ihn
nicht (als eine seiner *inneren* Vorstellungen), sondern setzt ihn (als einen *äußeren* einzelnen Gegenstand) *voraus*. Die pragmatistische Theorie der Erfahrung
verwickelt sich so ins folgende Dilemma, das für sie gewiss tödlich ist: Entweder die schöpferische Tätigkeit der Erfahrung bringt ihren Gegenstand wirklich
hervor, und dann kann sie nicht als die sinnlich-zeitliche Praxis eines einzelnen
Individuums aufgefasst werden, sondern als der *unendliche intelligible* Akt des
absoluten Geistes. Oder ihre ursprüngliche Gestalt ist die der sinnlichen Gewissheit, und dann setzt sie ihren Gegenstand – wenigstens in Bezug auf seine
so genannten „primären Qualitäten" – *passiv* voraus, der also kein Produkt ihrer
sprachlichen, inferentiellen und intersubjektiven Ausarbeitung desselben ist[59].

(b) Die pragmatistische Reduktion der Wahrheit auf eine bloße, intersubjek-
tiv gültige Meinung erweist sich unmittelbar als *self-refuting*, sobald man den
Pragmatisten fragt: Ist auch deine Theorie der Gültigkeit der Erfahrung als das
Resultat einer zufälligen Vereinbarung unter den mannigfaltigen endlichen Subjekten das Produkt einer ähnlichen Vereinbarung, oder erhebt sie Anspruch auf
objektive, absolute, ansichseiende Wahrheit? Im ersten Fall wird sie unmittelbar
dadurch *widerlegt*, dass wir – wie es sich aus dem Obengesagten klar ergibt –
sie *nicht* teilen, besser noch: auf der Grundlage einer verschiedenen Auffassung
des Selbstbewusstseins ablehnen, die sie nicht entkräften kann, indem sie an die
objektive Wahrheit oder an das Ansichsein des Erkennens appelliert, weil sie gerade eine solche objektive Wahrheit und Ansichsein grundsätzlich negiert. Im
zweiten Fall vernichtet sie sich selbst offensichtlich, denn sie schreibt sich selbst
widersprüchlich diejenige absolute, objektive, von der Mannigfaltigkeit der subjektiven Meinungen unabhängige Gültigkeit zu, deren grundsätzliche Möglichkeit sie dagegen verneint.

(c) In Polemik gegen Kants Dualismus zwischen reinem Begriff und sinnlicher Erfahrung behauptet Brandom (unter dem wahrscheinlichen Einfluss der
analogen Auffassung, die seinerzeit von einem anderen berühmten Pragmatisten,
John Dewey, vorgebracht wurde), seine Erkenntnistheorie neige – wie es schon

---

59 Diese Grundschwierigkeit unterminiert auch, wie Giovanni Gentile nicht versäumte,
    scharfsinnig hervorzuheben (vgl. G. Gentile, La filosofia di Marx, a. a. O., S. 156–158),
    Marx' berühmten Begriff der „umwälzenden Praxis", der demjenigen, der von den heuti-
    gen pragmatistischen Hegel-Interpreten behauptet wird, unleugbar sehr ähnlich ist.

bei Hegel der Fall war – zu einer „monistischen" Weltanschauung[60], weil sie den (logischen) Begriff als ein internes Moment der einheitlichen (sinnlichen) Erfahrung auffasst. Auch in diesem weiteren Zusammenhang aber scheint der Widerspruch, in den er sich verwickelt, klar und unüberwindlich: Entweder es ist wirklich möglich, die Erfahrung „monistisch" – nämlich als die Manifestation eines *einzigen Prinzips* – zu erklären, und dann kann man an der Behauptung der unaufhebbaren, ursprünglichen *Pluralität* der einzelnen Selbste nicht festhalten. Denn auch sie könnten und sollten – wie Hegel gerade tat – in einer höheren „geistigen Einheit" aufgehoben werden. Oder die Faktizität der Intersubjektivität ist wirklich unüberwindlich, und dann ist die philosophische Perspektive, die eventuell das Dasein und die Genese der Erfahrung angemessen erklären könnte, eher eine *pluralistische* als eine *monistische*[61].

§ 3. Bedeutung, Aktualität und Aktualisierung von Hegels Denken

Der idealistische Begriff des Selbstbewusstseins, der Innerlichkeit, des Geistes, spielt also zweifellos eine entscheidende Rolle in der Hegelschen Philosophie; im Unterschied aber zu dem, was ihre pragmatistischen oder historisch-relativistischen Interpreten behaupten, darf er mit dem äußeren Verhältnis der mannigfaltigen endlichen Selbste zueinander nicht verwechselt werden. Eine solche Mannigfaltigkeit dagegen kann und muss – entsprechend dem System von dialektischen Vermittlungen, die Hegel den unschätzbaren Verdienst gehabt hat, in seiner „storia idealistica dell'autocoscienza" (idealistischen Geschichte des Selbstbewusstseins)[62] im Detail zu entfalten – in die höhere und konkretere geistige Einheit des Absoluten aufgehoben werden. Also ist die Hegelsche Philosophie wohl eine „Philosophie des Selbstbewusstseins" – aber des *unendlichen* Selbstbewusstseins des absoluten Geistes, nicht des *endlichen* Selbstbewusstseins der einzelnen Selbste.

---

60 R. Brandom, Some Pragmatist Themes in Hegel's Idealism, a. a. O., S. 167: „Hegel is a pragmatist also in this monistic sense".

61 Dies ist bekanntlich der plausible Schluss, zu dem ein früherer berühmter Pragmatist, William James, seinerzeit kam.

62 Das ist ein prägnanter Ausdruck, den ich aus dem Titel von Klaus Düsings Aufsatz: La storia idealistica dell'autocoscienza nella concezione della Fenomenologia di Hegel (in: Autocoscienza, metodo, negatività. Studi sulla *Fenomenologia dello spirito* e la sua ricezione, hg. von A. Aportone, Napoli 2008, S. 41–60) entnehme, in welchem der V. den wesentlich idealistischen Charakter von Hegels Denken treffend hervorhebt und verteidigt.

Diese philosophische Grundthese macht den einheitlichen theoretischen
Kern der elf Aufsätze, die in diesem Band gesammelt sind, aus. In einer Zeitspanne von fast 25 Jahren verfasst und (mit der Ausnahme der vorliegenden
„Einleitung") veröffentlicht, entfalten alle, obwohl sie von verschiedenen Umständen des italienischen, deutschen und amerikanischen akademischen Lebens
veranlasst wurden, eine Stellung des theoretischen und ethischen Gedankens, die
im Vergehen der Zeit wesentlich unverändert geblieben ist, und durch ein System von Argumenten bekräftigt wird, deren Stichhaltigkeit die für ihren Nachdruck durchgeführte kritische Beurteilung durchgehalten hat; worin ich es für
legitim halte, eine weitere Bestätigung der Plausibilität und Aktualität der in ihnen vorgebrachten Globalinterpretation von Hegels Denken und seinen Verhältnissen zu der zeitgenössischen Philosophie zu erkennen. Um den thematischen
Zusammenhang der folgenden Aufsätze hervorzuheben, und so deren Verständnis zu erleichtern, habe ich es für angebracht gehalten, diesen Band in zwei Teile zu gliedern. Im ersten Teil werden diejenigen Aufsätze nachgedruckt, die das
ursprüngliche Hegelsche Denken direkter betreffen. Der zweite Teil sammelt
dagegen die Schriften, in welchen ich die wahre Bedeutung und Aktualität von
Hegels Denken durch einen Vergleich mit den philosophischen Perspektiven
von einigen hervorragenden oder wenigstens einflussreichen Vertretern des Hegelianismus in den zwei letzten Jahrhunderten zu bestimmen versuche.

Der erste Aufsatz des ersten Teiles, *Die Aktualität von Hegels Logik (1996)*,
nimmt sich vor, durch eine Unterscheidung von drei Begriffen der möglichen
Aktualität einer philosophischen Lehre – der grundsätzlichen, der faktischen und
der wirklichen Aktualität – zu erklären, wie und warum man plausibel behaupten darf, dass die *Wissenschaft der Logik*, obwohl sie einen *idealen*, die zeitliche
Folge des geschichtlichen Werdens transzendierenden Prozess des Denkens entfaltet, auch und insbesondere in der gegenwärtigen philosophiegeschichtlichen
und ethisch-politischen Lage noch „aktuell" ist. Als ihrer „wirklichen Aktualität" fremd aber werden die mehr oder weniger unangemessenen Interpretationen
derselben betrachtet, die von berühmten Hegel-Interpreten oder zeitgenössischen
Philosophen wie Lakebrink, Croce, Adorno, N. Hartmann, Whitehead und Gadamer vorgebracht wurden.

Der zweite Aufsatz, *The „Idea of Knowing" in Hegel's Logic (1999)*, entwickelt eine detaillierte Analyse der gipfelnden und abschließenden Kategorie
der *Wissenschaft der Logik* – der „Idee" –, um den Grund für meine Behauptung
zu erklären, dass sie eine Lösung der erkenntnistheoretischen Frage bietet, die
noch heute auch von einem streng logisch-theoretischen Standpunkt aus denjenigen vorzuziehen ist, die von alternativen philosophischen Hauptströmungen
des 20. Jahrhunderts wie dem logischen Empirismus, der transzendentalen Phänomenologie und der realistischen Ontologie aufgestellt wurden.

Im dritten Aufsatz, *Zur gegenwärtigen Bedeutung von Hegels Naturphilosophie* (2002), habe ich durch eine tief greifende Auseinandersetzung mit den entgegengesetzten metaphysischen Perspektiven, die einerseits von Bradley und
Gentile, andererseits von Errol Harris umrissen wurden, zu zeigen versucht, dass
die Naturphilosophie ein integrierendes Moment des Hegelschen Systems der
philosophischen Wissenschaften ausmacht, und dass sie nicht als einen tadelns-
würdigen Rückfall des absoluten Idealismus in eine realistische oder naturalistische Stellung des Gedankens betrachtet werden darf; denn nicht anders als die
anderen Teile des Systems hat die *Metaphysik der Natur*, die von ihr entfaltet
wird, einen strikt *idealistischen* Charakter. Was sie wirklich vorbringt, ist tatsächlich keine Grundlegung oder Konstruktion der *positiven Wirklichkeit* der
Natur, sondern die dialektische Struktur des *idealen* Prozesses ihrer *Selbstvernichtung* und Aufhebung in der vorausgehenden und von ihr unabhängigen
Wirklichkeit des *Geistes*.

Im vierten Aufsatz, *Über das Verhältnis der dialektischen Methode zu den
Naturwissenschaften in Hegels absolutem Idealismus* (2009), habe ich durch die
Erörterung der entgegengesetzten Auffassungen, die von bekannten Hegel-Interpreten wie Benedetto Croce, Errol Harris und Renate Wahsner formuliert
wurden, die These vertreten, dass Hegels Anerkennung des theoretischen Charakters der Naturwissenschaften und die konsequente erkenntnistheoretische
Rolle, die sie in seiner Naturphilosophie spielen, keine Verletzung, oder wenigstens Begrenzung, der idealistischen Grundforderung nach einer rein immanenten Entwicklung des Begriffs und also des philosophischen Denkens impliziert.
Denn das von Hegel aufgestellte erkenntnistheoretische Unterordnungsverhältnis zwischen dem naturwissenschaftlichen Wissen und der spekulativen Philosophie wird durch seine plausible logisch-metaphysische Auffassung des reinen
Begriffs als einer „Stufenfolge" von mit einem verschiedenen Grad von Wahrheit und Wirklichkeit versehenen Denkbestimmungen gerechtfertigt.

Im fünften Aufsatz, *Truth and Contemporary Relevance of Absolute Idealism* (2010), wird die von einflussreichen marxistischen Denkern wie Gramsci
und Lukács[63] vertretene These widerlegt, es gebe eine unmittelbare geschichtliche Herkunft oder wenigstens theoretische Kontinuität zwischen Hegels Denken
und dem historischen und dialektischen Materialismus. Zu diesem Ende wird die
scharfsinnige, tiefe und überzeugende kritische Zerstörung, die Hegel ausgerechnet in der Naturphilosophie vorbrachte, des naturwissenschaftlichen und
metaphysischen Begriffs der *Materie*, und also der letzten ontologischen Voraussetzung jeder möglichen materialistischen Weltanschauung – sei sie „metaphysisch" oder „dialektisch", naturalistisch oder historisch –, im Detail erörtert.

---

63 Vgl. oben, Anm. 1.

Im sechsten und letzten Aufsatz des ersten Teiles, *Skeptizismus und Meta-physik in Hegels Denken* (2010), gehe ich dazu über, eine neue, unglückliche „Auslegung" von Hegels Denken, die von einigen heutigen Hegelforschern ver-treten wird, *in extenso* zu prüfen und zu widerlegen. Denn sie verneinen nicht nur – wie das oben erwähnte pragmatistische Missverständnis von Hegels Den-ken – seinen in Wahrheit wesentlich metaphysischen Charakter, sondern im Un-terschied zu ihm gehen sie so weit, gegen die elementarste historisch-philo-logische und vernünftige Evidenz zu behaupten, es sei auch kein „Idealismus". In Polemik gegen beide Missverständnisse hebe ich nachdrücklich hervor, dass der wesentliche und entscheidende Kern der Hegelschen Philosophie gerade *Grundlegung und Aufbau einer idealistischen Metaphysik des Absoluten* ist, und dass eine solche Metaphysik nicht nur die Wahrheit des Hegelschen Systems von einem strikt historisch-hermeneutischen Standpunkt aus, sondern auch den letzten Grund für sein anhaltendes Interesse und Bedeutung ausmacht.

Im ersten Aufsatz des zweiten Teiles, *A Few Critical Remarks On Croce's Historicism* (1987), wird die von Benedetto Croce ausgearbeitete Philosophie des „absoluten Historismus" geprüft und kritisiert, indem gezeigt wird, dass im Gegensatz zu dem, was ihr Urheber glaubte, sie keine Berichtigung der ver-meintlichen Mängel der Hegelschen Dialektik liefert, sondern letztlich nicht vermeiden kann, ähnlich den heutigen pragmatistischen „Interpretationen" in die Perspektive des trivialsten und logisch widersprüchlichsten historischen Relati-vismus zurückzufallen.

Der zweite Aufsatz, *The Identity of Thought and Being in Harris' Interpre-tation of Hegel's Logic* (1989), hat dagegen einen ausdrücklich apologetischen Charakter. Denn er entfaltet und bestätigt im Detail die Hauptthesen der vor-trefflichen Interpretation von Hegels Logik, die Errol Harris – der rechtmäßige Erbe der philosophischen Tradition des angelsächsischen Idealismus, die einen besonders fruchtbaren Beitrag zur Weiterentwicklung von Hegels Denken im zeitgenössischen Zeitalter geleistet hat – in vielen wichtigen Schriften, aber be-sonders in seinem Buch *An Interpretation of the Logik of Hegel* (1983), vorge-bracht hat.

Im dritten Aufsatz, *Dialectical and Metaxological Thought in the Philo-sophy of William Desmond* (2000), wird ein unausweichliches historisch-kriti-sches Problem behandelt, das durch den metaphysischen Charakter von Hegels Denken unumgänglich hervorgerufen wird – nämlich, wie sein Verhältnis zu derjenigen „Metaphysik des Seins", die bekanntlich seit mehr als einem Jahrtau-send den eigentümlichen Vernunftgrund der christlichen Theologie ausmacht, beschaffen sei. Im Unterschied zu Desmond, einem zeitgenössischen katholi-schen Philosophen, der versucht, die Aristotelisch-Thomistische Metaphysik, den religiösen Existentialismus und Hegels Dialektik selbst zur vermeintlich hö-

heren mystisch-religiösen Perspektive des „metaxologischen Denkens" zu vereinigen, vertrete ich die These, dass Hegels spekulative Philosophie nicht nur
keine derartige Integration braucht, sondern durch die immanente Entwicklung
ihres logischen Prinzips auch eine vollständige und überzeugende Kritik der ontologischen Kategorien entfaltet, auf welchen sowohl die alte Metaphysik und
der religiöse Existentialismus als auch Desmonds metaxologisches Denken
selbst letztlich gründen.

Der vierte Aufsatz, *Die Religionsfrage in Richard D. Winfields „systematischer Philosophie"* (2010), erörtert die Auffassung des Wesens der Religion und
ihres Verhältnisses zur Philosophie und Politik der Gegenwart, die Winfield im
Rahmen seiner „systematischen Philosophie" ausgearbeitet hat. Die grundsätzliche Übereinstimmung zwischen seiner religionsphilosophischen Perspektive und
derjenigen wird hervorgehoben, die von Hegel ursprünglich dargestellt, und
dann in meinem systematischen Werk *Ragione e Verità. Filosofia della religione e metafisica dell'essere* (2010) bekräftigt und weiterentwickelt wurde. Im
Unterschied zu Winfield aber lege ich Nachdruck darauf, dass die entscheidende
logisch-metaphysische Rolle, die die Kategorie der „absoluten Notwendigkeit"
im Hegelschen System spielt, die unumgängliche Zuerkennung des bloß schein-
baren Daseins der Zufälligkeit nicht nur in der immanenten Entwicklung der logischen Idee oder der „autonomen Vernunft", sondern auch in ihrer Manifestation und Verwirklichung im realen Prozess der Weltgeschichte unbedingt fordert.

Der fünfte und letzte Aufsatz des zweiten Teiles dieses Bandes, *Die Idee der
Philosophie und Hegels Absoluter Idealismus* (2004), ist in Wahrheit nichts anderes als die bearbeitete deutsche Fassung des ersten Abschnitts meiner *Teoria
etica*. Ich hätte mir gewiss nicht erlaubt, eine Schrift von mir in die Sektion ein-
zufügen, die der Aneignung und Weiterentwicklung von Hegels Denken in der
zeitgenössischen Philosophie gewidmet ist, wenn mein Freund und Kollege
Helmut Schneider mich nicht dazu aufgefordert hätte. Ich überlasse dem Leser
die Beurteilung der Konsistenz und Bedeutung des in ihm vollbrachten Versuchs, auf einem strikt theoretisch-systematischen Niveau die Idee der Philosophie durch die Bestimmung des Wesens ihres Gegenstandes und ihrer Methode
zu entfalten. Ich hoffe nur, dass er auf jeden Fall einen positiven Beitrag zum
heutigen Verständnis und Aneignung von Hegels Denken geleistet hat.

2. Die in diesem Band gesammelten Aufsätze entwickeln also von verschiedenen Standpunkten aus und in Bezug auf verschiedene Problematiken eine wesentlich einheitliche Grundthese: Hegels Philosophie muss als eine idealistische
Metaphysik des unendlichen Selbstbewusstseins verstanden werden, und sie ist
noch heute allen alternativen – idealistischen oder antiidealistischen – Auffassungen vorzuziehen, die von der zeitgenössischen Philosophie ausgearbeitet

worden sind. Hierzu ist aber unumgänglich, sich zu fragen: Ist die offensichtliche *impasse*, die sich so in der Geschichte der abendländischen Philosophie hervorgebracht hat, nur den theoretischen Vergehen der nachfolgenden Denker aufzubürden, die nicht imstande gewesen wären, gültigere und haltbarere Lehren auszuarbeiten, oder liegt der Grund dafür gerade in der geschlossenen und selbstbezogenen Vollständigkeit des Hegelschen Systems selbst? Ein heutiger Philosoph, Claus-Artur Scheier, hat sogar die These vertreten, ausgerechnet die theoretische „Perfektion"[64] von Hegels spekulativer Philosophie habe jeden nachfolgenden Versuch, ein „ursprüngliches", d.h. echtes und originales, Denken zu entfalten, zum unabwendbaren Scheitern verurteilt, und entscheidend dazu beigetragen, die Geschichte der zeitgenössischen Philosophie als einen irreversiblen Prozess von fortschreitender Involution oder sogar Entartung zu gestalten. Was ist wahr in all dem? Ist es wirklich möglich, grundsätzlich auszuschließen, dass ein immanentes Verständnis und Kritik der Hegelschen Philosophie auch in ihr noch ungelöste problematische Knoten hervorheben könnte, die, indem sie dem heutigen Denken neue Aufgaben stellen, und so noch unbekannte Lösungen fordern, einen wesentlichen Fortschritt der zeitgenössischen Philosophie jenseits der Grenzen von Hegels System selbst fördern würden?

Eine plausible Antwort auf diese entscheidenden Fragen wird von Marco de Angelis geboten, der behauptet[65], eine „theoretisch-systematische Aktualisierung" von Hegels Denken sei nicht nur möglich, sondern auch unumgänglich, weil das logisch-metaphysische Prinzip der Hegelschen Philosophie – die Idee oder der absolute Geist – keine gleich angemessene und konsistente Verwirklichung in allen bestimmten philosophischen Lehren, in die sie sich gliedert, erreicht habe. Sie sollte also zunächst einer „Operation" der „Reinigung" von allen denjenigen Elementen unterzogen werden, die aus ihrem Prinzip nicht stringent abgeleitet werden können, sondern vielmehr das Resultat einer „Konzession" seitens ihres Urhebers an die Vorurteile und Überzeugungen seiner Zeit sind; welcher dann eine Operation von „Integration" folgen sollte, die die alternativen Theorien im Detail ausarbeite, die von der Beseitigung derjenigen, die als mit

---

64 Vgl. unten, S. 40 und Anm. 19.

65 Vgl. M. de Angelis, Hegels Philosophie als Weisheitslehre. Beiträge zu einer neuen Interpretation des jungen und des reifen Hegel, Frankfurt a. M. u. a., Peter Lang 1996, S. 181–203. Dem „theoretisch-systematischen" Entwurf der „Aktualisierung des absoluten Idealismus" geht in dieser Schrift eine sorgfältige „entwicklungstheoretische" Rekonstruktion der Entstehung von Hegels jugendlicher Religionsphilosophie voraus, die er ausführlicher in seinem früheren Aufsatz: Die Rolle des Einflusses von J.J. Rousseau auf die Herausbildung von Hegels Jugendideal. Ein Versuch, die „dunklen Jahre" (1789–1792) der Jugendentwicklung Hegels zu erhellen, Frankfurt a. M. u. a. Peter Lang 1995, umrissen hatte.

dem Prinzip des Systems unverträglich betrachtet werden, notwendig gemacht
werden. Ich teile grundsätzlich dieses kritisch-theoretische Programm, und halte
es für fruchtbar und realisierbar; aber der Schwierigkeiten eingedenk, in die sich
vorherige berühmte Versuche der „Reform der Hegelschen Dialektik" verwik-
kelt haben, und ihres partiellen oder totalen Scheiterns[66], halte ich es für ange-

66 Was die von Giovanni Gentile im Rahmen seines „aktualen Idealismus" ausgearbeitete
    „Reform der Hegelschen Dialektik" betrifft, vgl. G. Rinaldi, L'idealismo attuale tra filo-
    sofia speculativa e concezione del mondo, Urbino, Quattro Venti 1998, Kap. 3: „Critica
    della riforma gentiliana della dialettica hegeliana", S. 63–83. Zu Benedetto Croces
    Versuch, in Hegels Denken das „Lebendige" vom „Toten" zu unterscheiden, vgl. unten,
    S. 167–184.
        Nicht anders als Gentiles Aktualismus geht der Versuch einer Reform von Hegels Phi-
    losophie des objektiven Geistes, den Wolfgang Schild in seinem Aufsatz: Spekulationen
    zum Systematischen Aufbau von Hegels „Grundlinien der Philosophie des Rechts"
    (1820), in: Wiener Jahrbuch für Philosophie XXIV (1992), S. 127–144 umrissen hat, da-
    von aus, dass die von Hegel behauptete metaphysische Priorität des Konkreten vor dem
    Abstrakten notwendig impliziere, dass auch die Darstellung der idealen Entstehung des
    objektiven Geistes mit der konkreteren Begriffsbestimmung der Sittlichkeit, und nicht
    mit den abstrakteren des Rechts (im juristischen Sinne) und der Moralität anfangen soll-
    te. Hegels Behandlung der letzteren in den *Grundlinien der Philosophie des Rechts* weise
    auch den weiteren Mangel auf, dass sie bloß kritisch-negativ sei, während jede echte dia-
    lektische Entwicklung mit einem affirmativen Resultat abschließen sollte (vgl. auch:
    ders., Bemerkungen zum „Antijuridismus" Hegels, in: Recht und Ideologie in hi-
    storischer Perspektive. Festschrift für H. Klenner, hg. von G. Haney, W. Maihofer, G.
    Sprenger, Freiburg–Berlin–München 1998, S. 124–161). Andererseits bestehe die meta-
    physische Konkretheit der Sittlichkeit darin, dass sie die Verwirklichung des „Freien
    Geistes" als absoluter Einheit von Subjekt und Objekt sei, letztere aber werde schon von
    der letzten Begriffsbestimmung der Phänomenologie des Geistes, der „Vernunft", voll-
    ständig entfaltet. Die ganze Entwicklung des subjektiven Geistes, die im Abschnitt über
    die „Psychologie" vorgebracht wird, sollte also in der neuen, vernünftigeren Gliederung
    der Philosophie des Geistes einfach verschwinden.
        Man könnte gegen Schild einwenden, dass gerade die von ihm angenommene Hegel-
    sche These, dass das Konkrete der absolute Grund des Abstrakten ist, die Möglichkeit
    grundsätzlich ausschließt, dass es auch den Ausgangspunkt einer bestimmten dialekti-
    schen Entwicklung des Denkens oder der Wirklichkeit ausmachen könnte. Denn das
    Konkrete wie das Absolute selbst ist nur als „Resultat" einer (idealen) Entwicklung, die
    wesentlich *teleologisch* ist, so dass ihr Anfang als ein bloß unwirkliches Ansichsein ge-
    rade mit dem *Gegenteil* des Konkreten, nämlich mit dem Abstrakten, notwendigerweise
    zusammenfallen muss. Geradeso wie nach Aristoteles das πρότερον πρὸϛ αὑτόν dem
    πρότερον πρὸϛ ἡμᾶϛ entgegengesetzt ist, schließt nach Hegel der metaphysische Primat
    des Konkreten über das Abstrakte die entgegengesetzte methodologische Priorität des
    Abstrakten vor dem Konkreten keineswegs aus, sondern er fordert sie sogar ausdrück-
    lich. Zweitens ist die von Schild zu Recht hervorgehobene „Positivierung" des abstrakten
    Rechts, die in der Sphäre der bürgerlichen Gesellschaft stattfindet, offensichtlich nur

bracht, zu einer genaueren und konkreteren Bestimmung der Bedingungen für die Möglichkeit einer solchen Aktualisierung in Bezug auf den besonderen erkenntnistheoretischen Charakter der Wissenschaften überzugehen, in welche sich das Hegelsche System gliedert: nämlich die Logik, die Naturphilosophie und die Philosophie des Geistes.

Die erste, die mit der so genannten „Idealphilosophie" zusammenfällt, unterscheidet sich bekanntlich von den anderen, die zusammen die „Realphilosophie" ausmachen, weil in ihr die Entsprechung zwischen der Form und dem Inhalt des Wissens vollkommen ist: die Form ist der reine Akt des logischen Denkens, und ihr Inhalt nichts anderes als die reinen Begriffe, nämlich seine eigenen *apriorischen* Denkbestimmungen. Hier denkt also der reine Gedanke sich selbst und *nur* sich selbst; es gibt keine Bestimmung, die nicht *a priori* abgeleitet werden könnte. Der Aufbau eines *vollständigen* logischen Systems ist also grundsätzlich möglich, und es ist äußerst schwierig, sich eine neue Deduktion der lo-

---

möglich und notwendig, wenn das Recht *an sich* mit dem positiven Recht *nicht* (unmittelbar) zusammenfällt; ein solches Ansichsein des Rechts aber ist gerade das eigentümliche Gegenstand der Hegelschen Philosophie des abstrakten Rechts, das gerade als „abstrakt" in der systematischen Darstellung der Rechtsphilosophie der Entfaltung des Konkreten in der Sittlichkeit vorausgehen muss. Drittens ist unleugbar, dass – der tief greifenden und plausiblen Hegelschen Kritik der Mängel der Naturrechts und der (Kantischen) Moralität zum Trotz – ein begrifflicher Inhalt in beiden dennoch hervorgeht, der nicht nur an und für sich *affirmativ*, sondern auch für das Verständnis der Sittlichkeit selbst unentbehrlich ist. In der Tat ist die abschließende Begriffsbestimmung des abstrakten Rechts insofern die wesentliche Voraussetzung für die ideale Genese der Kategorie der Moralität, als ihre immanente Entwicklung in der Ableitung des Willens eines *einzelnen* Selbst (des Richters) gipfelt, der nicht seinen eigenen Vorteil, sondern die *Allgemeinheit* des (juristischen) Gesetzes will. Ähnlich ist die Verwirklichung der „Idee des Guten" im moralischen Gewissen des Individuums die wesentliche kategoriale Grundlage der Sittlichkeit selbst, die sich tatsächlich von ihr nur deswegen unterscheidet, weil sie die objektive und konkrete Bestimmung des Inhalts des moralischen Gesetzes oder der „Pflicht" ermöglicht, die in der Sphäre der Moralität noch unbestimmt war, und darüber hinaus die absolute Notwendigkeit seiner allgemeinen Verwirklichung garantiert, die in jener Sphäre dagegen dem zufälligen Willen des Individuums anvertraut war. Schließlich findet die vollständige Vermittlung der Konkretheit des Geistes nach Hegel – wie übrigens nach Schild selbst – nur im Bereich des absoluten Geistes statt, dessen dialektische Entwicklung in Bezug auf seine Form durch den Unterschied und das Verhältnis der Begriffsbestimmungen der *Anschauung*, der *Vorstellung* und des *reinen Denkens* bestimmt wird, deren Entfaltung und Begründung aber gerade den eigentümlichen Gegenstand der „Psychologie" ausmacht. Ihre vorgeschlagene Beseitigung aus dem Inhalt der Philosophie des subjektiven Geistes würde so riskieren, die ganze Konstruktion der Philosophie des absoluten Geistes selbst zu unterminieren, und das scheint mir zweifellos ein ausreichender Grund zu sein, um einen solchen Vorschlag abzulehnen.

gischen Kategorien einzubilden, die die vermeintlichen Mängel derjenigen integrieren sollte, die Hegel in der letzten Fassung der *Wissenschaft der Logik* (1830) vorbrachte. Die historisch-reale Bestätigung dieser Behauptung von mir kann leicht aus dem Studium zweier Werke entnommen werden, die m. E. mit größerem Einsatz und Erfolg versucht haben, die gewünschte Reinigung und Integration von Hegels Logik durchzuführen: das *System der Logik und Metaphysik oder Wissenschaftslehre* von Kuno Fischer (1909) und der *Sistema di logica come teoria del conoscere* von Giovanni Gentile (1917/1921). Nun gut: dem hohen spekulativen Niveau von beiden zum Trotz habe ich anderswo[67] die bestimmten Gründe, die ich noch heute für gültig halte, angeführt, weil ich nicht umhinkann, die ursprüngliche Hegelsche Version der spekulativen Logik noch vorzuziehen.

Anders ist der Fall bei der Realphilosophie. Hier setzt die Selbstentäußerung der logischen Idee in der Form der raumzeitlichen Äußerlichkeit – d.h. der *Natur* – eine Mannigfaltigkeit von *empirischen* Tatsachen, Ereignissen und Begriffen sowie von *quantitativen* Verhältnissen, die als solche zufällig und vergänglich sind. Sie machen wohl die bloße (empirische) *Materie* der Naturphilosophie aus, weil ihre (vernünftige) Form nichts anderes ist als das geschlossene System der von der *Wissenschaft der Logik* entfalteten apriorischen Denkbestimmungen; und im Gegensatz zu dem, was die heutigen pragmatistischen Hegel-Interpreten, wie gesehen, behaupten, ist die Materie des Erkennens grundsätzlich unfähig, seine apriorische Form als solche zu setzten oder zu bestimmen. Das schließt aber nicht aus, dass in der Sphäre der Naturphilosophie die Verschiedenheit der einzelwissenschaftlichen Theorien, die ihre begriffliche Materie in der ursprünglichen Hegelschen Fassung ausmachten, von denjenigen, die das zeitgenössische naturwissenschaftliche Denken für gültig hält, und die Hegel aus selbstverständlichen Gründen unbekannt waren, eine andere Gestaltung und Gliederung der Naturphilosophie als die Hegelsche möglich und sogar notwendig macht. Ein bedeutender Beitrag dazu ist zweifellos derjenige, der von Errol Harris in zahlreichen Aufsätzen und Bänden geleistet wurde. Die theoretischen Mängel, die ich nicht versäumt habe, in seiner Naturphilosophie hervorzuheben, entkräften keineswegs die Wahrheit des philosophischen Entwurfs, der ihr zugrunde liegt, im Gegenteil reizen sie das heutige Denken dazu an, auf eine angemessenere und dem innersten Geist von Hegels Denken entsprechendere Weise die von den zeitgenössischen Naturwissenschaften erreichten Ergebnisse in Betracht zu ziehen.

---

67 Vgl. G. Rinaldi, A History and Interpretation of the Logic of Hegel, Lewiston, NY, The Edwin Mellen Press 1992, §§ 43 und 52; und auch oben, Anm. 66.

Die für eine mögliche Aktualisierung der Hegelschen Philosophie wichtigste
ontologische Sphäre aber ist die der Philosophie des Geistes. Sie besteht bekanntlich in der dialektischen Entfaltung des Verwirklichungsprozesses des
„Freien Geistes" in den Bereichen der Sittlichkeit, der Kunst, der Religion und
der Philosophie; und ein solcher Prozess ist letztlich nichts anderes als die metaphysische Grundlage dessen, was man gewöhnlich mit dem Begriff der „Geschichte" meint. Und in der Philosophie des Geistes umreißt Hegel tatsächlich
ein kräftiges, erleuchtendes Bild der gesamten geschichtlichen Entwicklung der
menschlichen Zivilisation – bis zum Zeitalter, das ihm noch einen konkreten
Stoff für die philosophische Konstruktion liefern konnte, nämlich dem Anfang
des 19. Jahrhunderts. Von da an sind fast zwei Jahrhunderte vergangen, die eine
unermessliche Vielfalt von ethisch-politischen Institutionen, Lehren und Ideolo-
gien, künstlerischen Schöpfungen, religiösen Glauben, Dogmen und Kulten, und
philosophischen Theorien hervorgebracht haben, die die dringende Anforderung
nach ihrem Verständnis „in der Form des reinen Begriffs" erheben. Aber wir
haben soeben gesehen, dass die noch heute angemessenste Form, die vom
Selbstbewusstsein des reinen Begriffs erreicht worden ist, Hegels *Wissenschaft
der Logik* bleibt. Für die Aktualisierung von Hegels Denken öffnet sich also *die
verheißungsvolle theoretische Perspektive der Ausarbeitung einer neuen Philosophie der Geschichte*, die zu einer zusammenhängenden wissenschaftlichen
Totalität die reiche Mannigfaltigkeit der bedeutendsten geistigen Ereignisse vereinigen sollte, die in den zwei letzten Jahrhunderten geschehen sind. Es handelt
sich offensichtlich um eine philosophische Aufgabe von ungeheurem Ausmaß,
in Bezug auf welche das Hegelsche Denken nur die für ihre Erfüllung erforderli-
chen methodologischen und metaphysischen Prinzipien, aber nicht die spezifischen Bestimmungen ihres Inhalts zur Verfügung stellen kann. Letztere müssen
also von der synthetischen, schöpferischen Energie eines *neuen* philosophischen
Denkens ursprünglich erzeugt werden. Die wahre „Philosophie der Zukunft"
scheint so auf *eine systematische Philosophie der Weltgeschichte im zeitgenössischen Zeitalter* zwangsläufig hinauszulaufen. Die im vorliegenden Band gesammelten Aufsätze entwickeln eine solche Philosophie noch nicht; indem sie
aber den philosophischen Boden von den falschen, oder wenigstens unangemessenen, Interpretationen von Hegels Denken befreien, können sie zweifellos dazu
beitragen, glaube ich, deren Anbruch zu erleichtern.

Erster Teil

STUDIEN ZU HEGEL

I.

DIE AKTUALITÄT VON HEGELS LOGIK

§ 1. Die Frage nach der Aktualität von Hegels Logik

Ist Hegels Logik heute noch „aktuell"? Eine vom „positiven" Standpunkt der historischen und/oder sozialen Wissenschaften ausgearbeitete Antwort auf diese Frage würde gewiss keine größeren grundsätzlichen Schwierigkeiten machen. Die bloße Statistik der Bücher, Aufsätze und Dissertationen, die man fortwährend über sie in der ganzen Welt verfasst und druckt, könnte uns einen beträchtlichen Teil der geforderten Antwort von selbst verschaffen. Sie könnte ferner durch die Beschreibung und Klassifizierung der historiographischen, soziologischen, geisteswissenschaftlichen und philosophischen Tendenzen ergänzt werden, die sich diesen oder jenen Teilaspekt der Lehren, der Methode, der Grundbegriffe oder zumindest der Terminologie der *Wissenschaft der Logik* mehr oder weniger entschieden angeeignet haben.

Das Problem scheint aber schwieriger und strittiger zu werden, wenn man den eigentümlichen philosophischen Charakter einer solchen Frage sowie ihres bestimmten Objekts nicht unrechtmäßig vernachlässigt. Denn „philosophisch" sind beide nur, insofern sie so etwas wie eine *Rückbeugung* ihres respektiven Inhalts auf die Bedingungen seiner Möglichkeit einschließen, die mit der unmittelbar angenommenen Wirklichkeit ihres Objekts *eo ipso* nicht übereinstimmen müssen. In der Tat, falls sich der kritischen Reflexion eine radikale, unüberbrückbare Diskrepanz zwischen seinem eigentümlichen Wesen und dem der Bedingungen seiner Möglichkeit offenbaren sollte, würde die innere Möglichkeit und Bedeutung der angegebenen Frage selbst *grundsätzlich* vereitelt werden. Um der Klarheit willen, werde ich den konkreten Sinn eines solchen Problems vorläufig dadurch zu erklären versuchen, dass ich ein klassisches Werk der deutschen Literatur der Hegelzeit, den Goetheschen *Faust*, als Beispiel untersuche, so dass die eigentümlichen Schwierigkeiten, die die *Wissenschaft der Logik* als *philosophisches* Werk, im Unterschied zu ihm, in Beziehung auf die Frage nach ihrer Aktualität aufwirft, anschaulich werden können.

Die geistige Affinität der beiden Werke ist so einleuchtend, dass ich es für überflüssig halte, auf deren Gründe ausführlich hinzuweisen. Nicht nur, dass sich die lange Zeitspanne der Bearbeitung der Goetheschen Tragödie mit derjenigen deckt, in welcher Hegel an der ersten Auflage seines schwierigsten und anspruchsvollsten Werkes arbeitete, eine Arbeit die, wie bekannt, um 1808 begonnen und 1816 beendet wurde; nicht nur, dass es leicht ist, jenseits der offensichtlichen Differenz der bildlichen Form des einen und der streng logischen des anderen, eine substantielle Identität, oder wenigstens eine Analogie des „spekulativen" Inhalts wahrzunehmen, den beide zum Ausdruck bringen; sondern auch Hegels Bewunderung für den *Faust* ist sehr bekannt, die ihn sogar veranlasste, in der *Phänomenologie des Geistes* die berühmten Verse zu zitieren:

> „Es verachtet Verstand und Wissenschaft,
> des Menschen allerhöchste Gaben –
> es hat dem Teufel sich ergeben
> und muß zugrunde gehen"[1].

Aber ein eigentümlicher Unterschied zwischen dem künstlerischen und dem philosophischen Werke tritt gerade dann deutlich hervor, wenn man nach ihrer Aktualität fragt. Es könnte *prima facie* scheinen, dass in beiden Fällen diese Aktualität nur entsprechend der vom Kritiker oder Historiker im voraus angenommenen bestimmten ästhetischen bzw. theoretischen Perspektive entweder bejaht oder verneint werden könnte. Ein Anhänger von Adornos Kritischer Theorie z.B. wird wohl die Aktualität beider insofern verneinen, als er ihren angeblich wesentlichen „Zeitkern" mit einer Entwicklungsstufe der kapitalistischen Gesellschaft, der der „frühbürgerlichen Ära", identifiziert, die durch die so genannte „spätkapitalistische" Produktionsweise aufgehoben worden sei. Ein entschiedener Befürworter der reinen Autonomie der Kunst als einer apriorischen Form des Geistes, wie z.B. Benedetto Croce, würde dagegen die „Unsterblichkeit" und also dauernde Aktualität des *Faust* aus seiner „formalen" Sichselbstgleichheit unbefangen ableiten. Und sein berühmter (und fragwürdiger) Versuch, „was lebendig und was tot ist" in Hegels Philosophie (und folglich

---

1   Hegel, Phänomenologie des Geistes, a. a. O., S. 271. Es ist bekannt, dass Hegel sehr frei zu zitieren pflegte. Was man in der Tat im *Faust* liest, ist das Folgende:
„Verachte nur Vernunft und Wissenschaft,
Des Menschen allerhöchste Kraft,
[...]
Und hätt er sich auch nicht dem Teufel übergeben,
Er müßte doch zugrunde gehn!"
(J.W. von Goethe, Faust, in: Goethe's sämtliche Werke, hg. von Th. Friedrich, Leipzig, o. J., Bd. 2, 1. Teil: „Studierzimmer", V. 1851–52, 1866–67.)
Es ist vielleicht nicht ganz unbedeutend, hier zu bemerken, dass Hegel diese Goetheschen Verse in seiner berühmten/berüchtigten „Vorrede" zur Rechtsphilosophie noch einmal zitierte – natürlich in einer neuen, leicht veränderten Fassung:
"Verachte nur Verstand und Wissenschaft,
des Menschen allerhöchste Gaben —
so hast dem Teufel dich ergeben
und mußt zugrunde gehn".
(Hegel, Grundlinien der Philosophie des Rechts, in: Werke, a. a. O., S. 19.)

auch in der *Wissenschaft der Logik*) zu unterscheiden[2], gründet sich offensichtlich auf die Annahme, dass das Problem der spekulativen Aktualität der letzteren zumindest grundsätzlich keine größeren Schwierigkeiten präsentiere als es bei Goethes *Faust* der Fall ist.

Aber reflektiert man gründlicher über den eigentümlichen spekulativen Gehalt der *Wissenschaft der Logik*, so begegnet man unvermeidlich einer sonderbaren grundsätzlichen Schwierigkeit, die sie, im Unterschied zu Goethes Meisterwerk, in Bezug auf ein solches Problem aufwirft. Schon in der „Einleitung" finden wir in der Tat Hegels berühmte Behauptung, ihr Inhalt sei

> „die Darstellung Gottes [...], wie er in seinem ewigen Wesen vor der Erschaffung der Natur und eines endlichen Geistes ist"[3].

Es würde also scheinen, dass der Prozess des Begriffs, der alle Denkbestimmungen setzt, die die *Wissenschaft der Logik* entfaltet, nur als eine reine *zeitlose* Bewegung, nur als die logische, *ewige* Form des Werdens, nicht als die Zeitlichkeit selbst als das „*angeschaute* Werden"[4], richtig aufgefasst werden könne. Wie könnte in der Tat die reine Innerlichkeit eines ewigen Wesens durch die Äußerlichkeit einer zeitlichen Folge sinnvoll artikuliert werden? Sind „das Zeitliche" und „das Ewige" nicht zwei entgegengesetzte Begriffe, die sich gegenseitig ausschließen, die nicht zugleich von einem und demselben Subjekt prädiziert werden sollen? Wenn aber man nach der „Aktualität" eines künstlerischen oder philosophischen Werkes fragt, setzt man dann nicht sein wesentliches Verhältnis zu einem bestimmten Zeitmoment ausdrücklich voraus – nämlich zur „Gegenwart" als dem Konvergenzpunkt von Vergangenheit und Zukunft? Kurz, die Frage nach der Aktualität von Hegels Logik scheint durch die spezifische Natur ihres Objekts grundsätzlich vereitelt zu werden. Wie könnte sich die Darstellung eines rein logischen, *ewigen* Prozesses als irgendwie bedeutungsvoll für ein bestimmtes Moment des *zeitlichen* Geschehens erweisen, so wie unsere geistesgeschichtliche Lage als solche gewiss ist? Hinter dieser *prima facie* bloß besonderen philosophiegeschichlichen Frage steckt also nichts weniger als eines der ent-

---

2   Vgl. B. Croce, Saggio sullo Hegel, seguito da altri scritti di storia della filosofia, Bari [5]1967, insbes. Abs. V, S. 67 ff.; und: ders., Indagini su Hegel e schiarimenti filosofici. Bari [2]1967, Abs. I u. II. (In diesem Zusammenhang scheint es mir interessant zu sein, daran zu erinnern, dass der Titel der ersten Auflage (1906) des *Saggio sullo Hegel* gerade war: *Ciò che è vivo e ciò che è morto della filosofia di Hegel*.) Für eine Kritik von Croces Philosophie im allgemeinen siehe unten, S. 167–184.
3   Hegel, Wissenschaft der Logik, a. a. O., Bd. 1, S. 44.
4   Enzyklopädie der philosophischen Wissenschaften im Grundrisse, a. a. O., Bd. 2: Die Naturphilosophie, § 258, S. 48.

scheidendsten Probleme der alten und modernen Ontologie, nämlich die Natur des Verhältnisses von „Sein" und „Zeit", „Prozeß" und „Ewigkeit".

Schließt die unbestreitbare zeitliche Individuation des geschichtlichen Horizonts, innerhalb dessen wir uns die Frage nach der Aktualität von Hegels Logik unvermeidlich stellen, die Immanenz eines ewigen logischen Prozesses in ihm wirklich aus, der als solcher jede Zeitlichkeit offensichtlich transzendiert? Umgekehrt, verurteilt das ewige Wesen des Prozesses der logischen Idee jede Frage nach der möglichen Aktualität seiner Hegelschen Darstellung in der heutigen geistesgeschichtlichen Lage notwendig zur radikalen Sinnlosigkeit? Diese scheint mir die eigentümliche grundsätzliche Schwierigkeit zu sein, der wir mit der Frage nach der Aktualität von Hegels philosophischer Logik begegnen, im Unterschied zu der nach der Aktualität eines literarischen Kunstwerks wie Goethes Faust – oder auch von anderen philosophischen Werken, deren spekulative Anspruchslosigkeit sich nicht anmaßt, ihren ursprünglichen „Zeitgeist" irgendwie transzendieren zu können.

§ 2. Die grundsätzliche Aktualität von Hegels Logik

Die eindeutigste und unnachgiebigste Stellungnahme gegen jede mögliche Vermittlung zwischen der Ewigkeit des logischen Prozesses von Hegels Idee und dem zeitlich-geschichtlichen Werden, die mir bekannt ist, ist diejenige, die Bernhard Lakebrink in seinem *Kommentar zu Hegels „Logik"* vorbringt. In lebhafter Polemik gegen jeden existenzial-historizistisch-hermeneutischen Versuch, die Sichselbstgleichheit des Hegelschen Logos in die zeitliche Vergänglichkeit, und insbesondere in die bloße Negativität der Zukunft als ihrer angeblich „ursprünglichen" Dimension aufzulösen, betont er scharfsinnig den wesentlichen Unterschied zwischen dem ewigen Prozess der logischen Idee und der geschichtlichen Zeit: der eine „kehrt in sich selbst zurück", ist „zirkulär", die andere dagegen ist „linear":

> „Jede Art von Geschichtlichkeit ist hier ausgeschlossen. Geschichtliches Geschehen verläuft nie zirkulär, sondern immer linear"[5].

Zeit und Ewigkeit seien also sich radikal ausschließende Entgegengesetzte; und Lakebrink zögert auch nicht, daraus die unvermeidliche Folgerung in Bezug auf die Frage nach der möglichen Aktualität von Hegels Logik zu ziehen:

> „Es gibt demnach auch keinen sogenannten Verstehenshorizont, aus dessen überlegener Weite und Universalität man auf Hegels Wesenslehre zugehen könnte,

---

5   B. Lakebrink, Kommentar zu Hegels Logik in seiner Enzyklopädie von 1830, Bd. 1: Sein und Wesen. Freiburg und München 1979, S. 180, Anm. 39.

um sie dann in die Aktualität des Tages einzubringen, sie auf diesem oder jenem modernen Teilaspekt festzulegen und so wahrheitswidrig zu zerstören. [...] Heutiges Denken versucht sporadisch, gewiss nicht systematisch, Anleihen bei der Hegelschen Dialektik aufzunehmen. Man glaubt es mit Hegel zu halten, wenn man uns sagt, dass das menschliche Dasein oder Leben seiner Substanz nach ,zeitlich' bzw. geschichtlich sei [...] Mit Hegels Zeitauffassung hat das alles nichts zu tun, wie sich noch zeigen wird"[6].

Man darf Lakebrink ohne weiteres zugestehen, dass die affirmative Bestimmung der Wirklichkeit als absoluter und unendlicher Totalität des Wesens nicht die vergängliche Endlichkeit der Zeit, sondern nur das Ewige sein kann; dass deswegen ihre immanente Selbstbewegung mit dem zeitlichen Werden nicht verwechselt werden darf; dass der verhängnisvolle Grundfehler von Heideggers Existenzialontologie gerade in seiner unmittelbaren und daher unkritischen Identifikation dessen besteht, was dagegen sorgfältig unterschieden gehalten werden soll – nämlich der anundfürsichseienden Ewigkeit des Seins und der bloßen Vergänglichkeit der Zeit. Aber hat uns Hegel selbst nicht ausdrücklich gelehrt, dass die Begriffe von Unterschied und Trennung keineswegs ein und dasselbe sind; dass in der Tat jeder logische und ontologische Unterschied ein nicht weniger wesentliches Identitätsmoment der Unterschiedenen in sich selbst einschließt; und dass eine solche Identität am deutlichsten zu Tage tritt, wenn die Unterschiedenen nicht bloße Verschiedene, sondern *sich widersprechende* Entgegengesetzte sind[7]? Zeit und Ewigkeit schließen sich (unmittelbar) nur darum aus, weil sie, sozusagen, „Geminationen" *einer und derselben substantiellen Identität* sind. Wie Hegel selbst am Schluss der *Phänomenologie* mit gutem Grund bemerkt:

> „Die Zeit ist der *Begriff* selbst, der *da* ist und als leere Anschauung sich dem Bewusstsein vorstellt; deswegen erscheint der Geist notwendig in der Zeit, und er erscheint so lange in der Zeit, als er nicht seinen reinen Begriff *erfasst*, d.h. nicht die Zeit tilgt. Sie ist das *äußere* angeschaute, vom Selbst *nicht erfasste* reine Selbst, der nur angeschaute Begriff; indem dieser sich selbst erfasst, hebt er seine Zeitform auf, begreift das Anschauen und ist begriffenes und begreifendes Anschauen"[8].

Und in der *Enzyklopädie*:

> „Die Zeit ist dasselbe Prinzip als das Ich=Ich des reinen Selbstbewußtseins, aber dasselbe oder der einfache Begriff noch in seiner gänzlichen Äußerlichkeit und Abstraktion, – als das angeschaute bloße *Werden*, das reine Insichsein als schlechthin ein Außersichkommen"[9].

---

6   Ebd., S. 185 f.
7   Vgl. insbes. Wissenschaft der Logik, a. a. O., Bd. 2, S. 46 ff.
8   Phänomenologie des Geistes, a. a. O., S. 584.
9   Enzyklopädie der philosophischen Wissenschaften, a. a. O., Bd. 2, § 258, S. 49.

Die Reflexion über das Wesen des Aktes des reinen Selbstbewusstseins kann uns also, wie ich glaube, eine eindeutige und befriedigende Antwort auf die Frage nach dem wahren Verhältnis der Zeit zur Ewigkeit anbieten. Wie schon Kant bemerkt hatte[10], unterscheidet sich die Zeit vom Raum wesentlich dadurch, dass sie die reine Form des „inneren Sinnes", der Raum dagegen die Form des „äußeren Sinnes" sei. Im Unterschied zum Raum schließt die Zeit deshalb in sich eine wesentliche Beziehung auf die *Einheit des Selbstbewusstseins* ein, die, als unendliche Sichselbstgleichheit, an und für sich *ewig* ist. Im punktuellen Akt, worin das Ich „sich selbst setzt", fallen also das Zeitliche und das Ewige zusammen. Man könnte in diesem Zusammenhang sogar behaupten, dass das „Ich=Ich" der spekulative „Indifferenzpunkt" nicht nur von Subjekt und Objekt, sondern auch von Zeit und Ewigkeit sei.

Aber in der Tat ist eine solche Indifferenz keine bloße Indifferenz; sie sollte nicht mit Schellings unbewusster „absoluter Indifferenz"[11] verwechselt werden, sondern ist vielmehr eine konkrete, in sich selbst differenzierte und ihrer selbst bewusste Totalität. Die wesentliche Einheit von Zeitlichem und Ewigem negiert also ihre wesentliche *Differenz* – ja Entgegensetzung – nicht, impliziert diese vielmehr. Die Innerlichkeit der Zeit ist nur *formell*, nicht *substantiell*; denn ihre durch die Dimensionen Vergangenheit, Gegenwart und Zukunft geordneten bestimmten Inhalte schließen sich aus, sind außer einander da, folgen aufeinander in einem Progress ins Unendliche, der als solches das eindeutigste Zeichen ihrer Negativität und Irrationalität ist[12]. Obwohl die Zeit mit der Form der Innerlich-

---

10 Vgl. I. Kant, Kritik der reinen Vernunft, in: Kant's gesammelte Schriften, Bd. II, hg. von B. Erdmann, Berlin 1911: „Transzendentale Ästhetik", § 6, b.

11 Über die „absolute Identität", „Gleichheit", oder „Indifferenz" der Entgegengesetzten als den Grundbegriff von Schellings Identitätsphilosophie siehe: F.W.J. Schelling, System des transzendentalen Idealismus, in: Schellings Werke, hg. von M. Schröter, Bd. 2, München 1927, S. 600: „so kann jenes Höhere selbst weder Subjekt noch Objekt, auch nicht beides zugleich, sondern nur die absolute Identität seyn, in welcher gar keine Duplicität ist, und welche eben deswegen, weil die Bedingung des Bewußtseyns Duplicität ist, nie zum Bewußtseyn gelangen kann"; sowie: ders., System der gesammten Philosophie und der Naturphilosophie insbesondere, in: ders., Ausgewählte Schriften, Bd. 3, 1804–1806, Frankfurt a. M. 1985, §§ 3 ff. und insbesondere § 53. Für eine kurze neue Auseinandersetzung mit Schellings Identitätsphilosophie von einem Hegelschen Standpunkt aus siehe: G. Rinaldi, A History and Interpretation of the Logic of Hegel, a. a. O., § 10.

12 Die „schlechte Unendlichkeit" des „Progresses ins Unendliche" als der eigentümliche Mangel der sinnlichen Zeit wurde von Hegel in der Jenaer Naturphilosophie nachdrücklich betont:
    „Die Zeit auf diese Weise als unendlich, in ihrer Totalität nur ihr Moment, oder wieder ihr Erstes seiend, wäre in der Tat nicht als Totalität, oder sie existiert so nicht als das, was der Grund dieser Unendlichkeit, die nur ist als in sich einfache Unendlichkeit; oder

keit, des Ich=Ich irgendwie zusammenfällt, bleibt sie nichtsdestoweniger eine bloß unwirkliche *sinnliche Vorstellung*. Das Ewige dagegen ist „wahrhafte Gegenwart"[13], ein „in sich selbst zurückkehrender" Prozess, und so „wirkliche",

---

nicht nur das Übergehen in das Entgegengesetzte, und aus diesem wieder in das Erste; eine Wiederholung des Hin und Hergehens, welche unendlichviel ist, d. h. nicht das wahrhafte Unendliche".
(Hegel, Jenaer Systementwürfe II. Logik, Metaphysik, Naturphilosophie, hg. von R.-P. Horstmann, Hamburg 1982, S. 209.)

13   Enzyklopädie der philosophischen Wissenschaften, a. a. O., Bd. 2, § 259, Zusatz, S. 55. Es scheint mir angebracht zu sein, an dieser Stelle zu bemerken, dass der wichtigste Unterschied zwischen Hegels Behandlungen des Begriffs der Zeit in der Jenaer Naturphilosophie und in der *Enzyklopädie* gerade das Wesen der Gegenwart betrifft. Nach der Jenaer Naturphilosophie ist sie nur eine abstrakte „einfache Grenze" (a. a. O., S. 208) zwischen den „Dimensionen" der Zukunft und der Vergangenheit. Sie wird durch jene unmittelbar negiert, welche ihrerseits durch diese negiert wird. Die Vergangenheit als Negation der Negation ist „die Dimension der Totalität der Zeit, welche die beiden ersten Dimensionen in sich aufgehoben hat" (ebd.). Es fehlt noch irgendein ausdrücklicher Hinweis auf das Verhältnis der Zeit zur Ewigkeit; das, worein die Vergangenheit als die Totalität der Zeit übergeht, ist nur die „indifferente Sichselbstgleichheit" des Raums (ebd., S. 210). Der wesentliche spekulative Fortschritt von Hegels Behandlung des Begriffs der Zeit in der *Enzyklopädie* in Bezug auf die Jenaer Naturphilosophie scheint mir gerade darin zu bestehen, dass in ihr die Vergangenheit ihren ontologischen Vorrang zugunsten der Gegenwart verliert, und dass er nun zwischen einer bloß sinnlichen, abstrakten und einer „konkreten Gegenwart" unterscheidet, die eine solche ist nur als der Konvergenzpunkt von Ewigem und Zeitlichem innerhalb der Zeit selbst. Vgl. Enzyklopädie der philosophischen Wissenschaften, a. a. O., Bd. 2, § 259, Zusatz: „Nur die Gegenwart ist, das Vor und Nach ist nicht; aber die konkrete Gegenwart ist das Resultat der Vergangenheit, und sie ist trächtig von der Zukunft. Die wahrhafte Gegenwart ist somit die Ewigkeit". Tiefe und erleuchtende spekulative Entwicklungen dieser Hegelschen Problematik finden sich in Gentiles Begriff einer „überzeitlichen, ewigen Gegenwart", die die Totalität der sinnlichen Zeit in sich einschließt; sowie in William Desmonds Erörterung des Wesens der Zeit als einer wesentlichen "intersection of time and eternity". Vgl. W. Desmond, Philosophy and Its Others. Ways of Being and Mind, Albany, NY 1990, S. 301 und *passim*; unten, S. 216; und G. Gentile, La riforma della dialettica hegeliana. Firenze [4]1975, S. 254:

„Di attuale, di reale lo spirito non conosce altro che il presente, che non è altro se non quest'attualità sua, da non confondersi con quel presente che, distinguendo e componendo insieme le parti astratte dell'esperienza, si colloca come punto intermedio tra passato e futuro; e che è esso stesso infatti uno dei momenti del tempo, laddove il vero presente è estratemporale, eterno, e recante nel proprio seno, come contenuto, tutto il tempo con la sua falsa infinità o eternità".
Für eine kritische Erörterung der Beziehung von Gentiles „idealismo attuale" zu Hegels spekulativer Philosophie vgl. G. Rinaldi, Attualità di Hegel. Autocoscienza, concretezza e processo in Gentile e in Christensen, in: Studi filosofici XII–XIII (1989–90), S. 63–

„konkrete" Unendlichkeit. Die Zeit, könnte man sagen, ist ein „unaufgelöster Widerspruch" – und das Ewige nichts anderes als die immanente Lösung eines solchen Widerspruchs. Aber gerade als so voneinander unterschieden sind Zeit und Ewigkeit auch *absolut untrennbar* in der „negativen Einheit" des absoluten Begriffs. Man darf deswegen mit Scheiers Bemerkung ohne weiteres übereinstimmen, dass, nach Hegel,

> „das Innere der wirklichen Welt und ihrer Zeitlichkeit gedacht werden soll als das Absolute, das ,nun als absolute Form oder Notwendigkeit, sich selbst' auslegt [...], dies Metaphysicum κατ'ἐξοχήν"[14].

Der Prozess von Hegels logischer Idee ist also an und für sich ewig. Aber das schließt nicht aus, ja erfordert, dass er notwendig in die Zeit „falle"[15]. Nun, Ver-

---

104; ders., A History and Interpretation of the Logic of Hegel, a. a. O., § 51; ders., L'idealismo attuale tra filosofia speculativa e concezione del mondo, a. a. O., Abs. 3, S. 61–83.

Eine glänzende Darstellung von Hegels Auffassung der dialektischen Identität von Zeit und Ewigkeit mit Bezug auf die bedeutendsten Ergebnisse der Naturwissenschaften des 20. Jahrhunderts gibt Errol Harris in seinem Aufsatz: Time and Eternity, in: The Review of Metaphysics, *29:3* (1976), S. 464–82. Vgl. dazu: G. Rinaldi, Saggio sulla metafisica di Harris, Bologna, Li Causi 1984, S. 8 ff.

14   C.-A. Scheier, Der vulgäre Zeitbegriff Heideggers und Hegels lichtscheue Macht, in: Das Rätsel der Zeit. Philosophische Analysen, hg. von H.M. Baumgartner, Freiburg und München 1992, S. 71.

15   Vgl. Hegel, Vorlesungen über die Philosophie der Geschichte, hg. von G. Lasson, Hamburg 1930, Bd. 1: Die Vernunft in der Geschichte, S. 133–34. In seiner berühmten Auseinandersetzung mit Hegels Auffassung der Zeit wirft ihm Heidegger zwei Grundmängel vor: erstens, dass ihr (geradeso wie der traditionellen Aristotelischen Ontologie) ein bloß „vulgärer" Zeitbegriff zugrunde liege; zweitens, dass er bloß einen „formal-ontologischen" oder „formal-apophantischen" Grund für seine soeben erwähnte These, dass der Geist notwendig in die Zeit falle, angeben könne. Dieser Grund bestehe in der abstrakt-logischen Struktur der „Negation der Negation" als ihrem gemeinsamen Wesen (vgl. dazu: M. Heidegger, Sein und Zeit, Tübingen 1927, § 83). Auf den ersten Vorwurf könnte man leicht erwidern, dass das Hauptziel aller Ausführungen Hegels über das Wesen der Zeit in nichts anderem besteht als im immanenten Beweis ihrer inneren Negativität oder Unwirklichkeit (genauer: „Idealität"), während dagegen jeder „vulgäre" (d.h., „common-sensical") Zeitbegriff (wie z.B. der Newtonsche) vielmehr an ihrer „objektiven" Wahrheit festhält. Was den zweiten betrifft, beweist er in Wahrheit nur Heideggers mangelndes Verständnis des wesentlichen Inhalts des Hegelschen Grundbegriffs des Selbstbewusstseins. Dies, als eine „synthetisch-apriorische Einheit" von Entgegengesetzten, ist zugleich: a) sinnliches Bewusstsein; b) reiner sich selbst denkender Begriff. Als an und für sich dialektisch entäußert sich dieser gerade in und als sinnliches Bewusstsein, um dann aus seiner Entäußerung als „konkreter" reiner Begriff in sich selbst zurückzukehren. Aber die Zeit ist nichts anderes als die allgemeine Form des „inneren Sinnes", d.h. des

gangenheit und Zukunft konvergieren und heben sich wesentlich in der Aktualität der Gegenwart auf[16]; und der geistesgeschichtliche Prozess ist der konkrete Inhalt aller abstrakt sinnlichen Zeitlichkeit. Die zeitliche Aktualität der geistesgeschichtlichen Gegenwart ist also keine dem Prozess der ewigen Idee, der in der *Wissenschaft der Logik* dargestellt wird, äußerliche Existenz, sondern eine wesentliche, immanente Bestimmung derselben Idee, oder, wie man mit Hegel genauer sagen könnte, ein von jeher in ihre unendliche Sichselbstgleichheit notwendig „erinnertes" und „aufgehobenes" endliches Moment.

§ 3. Die faktische Aktualität von Hegels Logik

Aus der bloßen Anerkennung der grundsätzlichen Aktualität von Hegels Logik darf man natürlich (wenigstens unmittelbar) noch nicht so etwas wie ihre *wirkliche* Aktualität ableiten. Was ich bis jetzt zu beweisen versucht habe, ist, dass ein *mögliches* wesentliches Verhältnis von Hegels Darstellung der logischen Idee in der *Wissenschaft der Logik* zu den geistigen Bedürfnissen unserer zeitlich-geschichtlichen Lage ihrer ewigen Natur nicht widerspricht. Das aber bedeutet nicht, dass die Hegelsche Logik *eo ipso wirklich aktuell* ist. In der Tat hat das Nachdenken über die geschichtliche Entwicklung besonders der deutschen Philosophie im 20. Jahrhundert, oder, allgemeiner, über die angebliche Grundtendenz der westlichen Gesellschaften zu immer stärkeren Formen von „Verdinglichung", einflussreiche zeitgenössische Philosophen und Soziologen veranlasst, ihre wirkliche Aktualität in letzter Instanz zu verneinen. Viel bedeutender und anregender als Adornos oberflächliche Polemik gegen Hegels „idealistisches" System, dessen „Zusammenbruch", unter anderem, durch die überwiegend realistische Orientierung der zeitgenössischen Philosophie *ad oculos* bewiesen würde[17], scheint mir die von Scheier umrissene philosophiegeschichtliche Perspektive zu sein. Er sieht richtig in Hegels spekulativem Wissen das notwendige Resultat und sogar die „Vollkommenheit" der ganzen „Selbstentfaltung der methodischen Reflexion" in der Philosophie der großen Denker der Neuzeit: Des-

---

sinnlichen Bewusstseins selbst (vgl. Anm. 10). Die Notwendigkeit der Entäußerung des Selbstbewusstseins (und also keine bloß „formale" strukturelle Analogie zwischen Zeit und Begriff!) begründet deswegen, in letzter Instanz, die Stichhaltigkeit der Hegelschen Behauptung der zeitlichen Selbstentfaltung des Geistes.

16 Vgl. Anm. 13.
17 Vgl. Th.W. Adorno, Drei Studien zu Hegel, Frankfurt a. M. 1970, S. 297; ders., Negative Dialektik, Frankfurt a. M. ³1984, S. 18. Für eine allgemeinere Kritik von Adornos Hegel-Interpretation vgl. G. Rinaldi, Dialettica, arte e società. Saggio su Theodor W. Adorno, Urbino 1994, Teil 2, Kap. 1, S. 83–99.

cartes, Spinoza, Leibniz, Kant, Fichte und Schelling[18]. Aber in einer *prima facie* paradoxen Weise erkennt er gerade in der unbestreitbaren „Perfektion" der Hegelschen Position den letzten Grund ihres unabwendbaren Untergangs, ihres „geschichtlichen Abschieds"[19]. In diesem Zusammenhang zitiert er eine bedeutsame Stelle aus Hegels *Logik*:

> „Die höchste Reife und Stufe, die irgend etwas erreichen kann, ist diejenige, in welcher sein Untergang beginnt"[20].

Das Etwas, worauf Hegel hier hinweist, ist freilich nur die abstrakte Allgemeinheit des endlichen Verstandes, und deswegen ist sein „Untergang" zugleich die Selbstproduktion der spekulativen Einheit der Vernunft. Aber nach Scheier ist dies auch das Schicksal des Hegelschen Systems insgesamt, und das, worin es untergeht, ist keine überlegene Entwicklungsstufe der spekulativen Philosophie (was wegen seiner anerkannten „Vollkommenheit" unmöglich wäre), sondern vielmehr die existenziale Irrationalität eines „Vorstellens", die jedem vernünftigen Versuche seiner „Versöhnung" im Begriff „die leidenschaftliche Überzeugung seiner Absurdität"[21] entgegenstellt. (Scheiers Hinweis bezieht sich hier selbstverständlich auf den antiidealistischen Irrationalismus von Schopenhauer, Feuerbach, Kierkegaard, Nietzsche, usw.) Die grundsätzlich ohne weiteres „mögliche" Aktualität von Hegels Logik würde also durch den eindeutigen und unabwendbaren geschichtlichen *trend* der zeitgenössischen Philosophie (und/ oder Gesellschaft) *wirklich* unterminiert. Auf eine solche offensichtlich pessimistische Beurteilung der Möglichkeit einer kulturgeschichtlichen Aktualität der Hegelschen Logik könnte man *prima facie* erwidern, dass manche ausschlaggebenden philosophischen Tendenzen unseres Jahrhunderts, wie Croces Historismus, ja selbst die Kritische Theorie von Adorno, Horkheimer und Marcuse, Ga-

---

18 Vgl. C.-A. Scheier, Die Selbstentfaltung der methodischen Reflexion als Prinzip der Neueren Philosophie. Von Descartes zu Hegel, Freiburg–München 1973, S. 11 und insb. Abs. VI: „Der Übergang in die absolute Negativität", S. 155–81. Über Scheiers „systematische" Auffassung der Geschichte der neuzeitlichen und zeitgenössischen Philosophie vgl. G. Rinaldi, L'idealismo attuale tra filosofia speculativa e visione del mondo, a. a. O., Appendice: „Incidenza del ‚sapere speculativo' sull'ontologia contemporanea", § 1, S. 117–135.

19 Vgl. C.-A. Scheier, Hegel und der geschichtliche Abschied des spekulativen Wissens, in: Theorie-Technik-Praxis. Philosophische Beiträge, Katholische Akademie Schwerte 1986, S.17–29. Für eine ausführlichere Erörterung der geschichtlichen Gründe für einen solchen „Abschied", vgl.: ders., Nietzsches Labyrinth. Das ursprüngliche Denken und die Seele, Freiburg–München 1985, S. 34–36.

20 Vgl. Wissenschaft der Logik, a. a. O., Bd. 2, S. 287.

21 Vgl. C.-A. Scheier, Hegel und der geschichtliche Abschied des spekulativen Wissens, a. a. O., S. 28.

damers Hermeneutik, Nikolai Hartmanns kritische Ontologie und Whiteheads *process philosophy*, durchaus undenkbar wären, wenn man von ihrer Aneignung wichtiger Teilaspekte des „Hegelschen Erbes" absähe. Gewiss, alle diese Denker verweigern entschieden die *Wahrheit* des spekulativen Prinzips der Hegelschen Philosophie, nämlich des „absoluten Idealismus", sowie die immanente Notwendigkeit und Bedeutung ihrer systematischen Artikulation. Aber es ist kaum zu bestreiten, dass der theoretische Kern ihrer Lehren wesentlich in einer bloßen Bearbeitung und Weiterentwicklung von gewissen Teilmomenten der Hegelschen Logik besteht, die deswegen eine entscheidende erkenntnistheoretische und/oder ontologische Rolle in ihnen weiterspielt.

Ihr entnimmt Croce z.B. seine „idealistische" Identifikation der Wirklichkeit mit dem „Geiste", und dann seines ewigen Wesens mit seiner immanenten *geschichtlichen* Entwicklung. Darüber hinaus wird jede geschichtliche Entwicklungsstufe des Geistes von ihm dargestellt als die „dialektische" Entgegensetzung von vier Paaren „reiner Begriffe" („schön" und „hässlich", „wahr" und „falsch", „nützlich" und „schädlich", „gut" und „böse"). Und diese Begriffe streben notwendig nach einer Negation des Negativen in den ihnen je entsprechenden Arten von „apriorischer Synthesis"[22].

Der (oft verschwiegenen) Berufung auf Hegelsche Grundauffassungen wie die Kritik des endlichen Verstandes, und insbesondere des „gesunden Menschenverstandes", die Idee der organischen Totalität des Wirklichen und des Lebendigen als Prinzip des Kunstschönen, und endlich die Zurückforderung der wesentlichen schöpferischen Tätigkeit des denkenden Ich verdankt Adornos und Horkheimers berühmte Kritik der „Kulturindustrie", sowie der „Alltagssprache" und ihrer Formalisierung und Verabsolutierung durch den heutigen logischen Positivismus[23] ihre Wirksamkeit. Aber auch die Grundauffassung, dass die sozialgeschichtliche Wirklichkeit durch kein leeres „identifizierendes Denken" verstanden werden könne, das die Objektivität des Widerspruchs negiere[24], entnimmt die Kritische Theorie offensichtlich der Hegelschen Logik (wenngleich vermittelt durch Marx' kritische Auslegung)[25].

---

22 Vgl. B. Croce, Saggio sullo Hegel, a. a. O., Abs. I, S. 3–23; ders., Logica come scienza del concetto puro, Bari ²1971, S. 45–55 und 121–39.

23 Vgl. M. Horkheimer–Th.W. Adorno, Dialektik der Aufklärung, Frankfurt a. M. ²1984, insb. Abs. III: „Kulturindustrie. Aufklärung als Massenbetrug", S. 141–91; und Th.W. Adorno, Einleitung zum ‚Positivismusstreit in der deutschen Soziologie', in: ders., Soziologische Schriften I, Frankfurt a. M. ²1980, S. 280–353.

24 Vgl., z. B., Negative Dialektik, a. a. O., *passim*, aber insb. S. 148, 397, usw.

25 Für eine kritische Erörterung des geschichtlichen Verhältnisses zwischen historischem Materialismus und Kritischer Theorie, vgl. G. Rinaldi, Dialettica, arte e società, a. a. O., Teil 2, Kap. 2, S. 101–16.

Obgleich sie von ganz verschiedenen ontologischen Standpunkten aus argumentieren, glauben sowohl Nikolai Hartmann als auch Alfred North Whitehead, es sei möglich, aus dem „Zusammenbruch" von Hegels „idealistischem" System so etwas wie eine „Realdialektik" (Hartmann)[26] oder einen teleologischen „Prozess" (Whitehead) zu retten, die mit Hegels ursprünglichen Auffassungen manche wesentlichen logischen Strukturen gemein hätten und sich von diesen substantiell nur dadurch unterscheiden würden, dass sie nunmehr konkreter „*onto a realistic basis*"[27] gestellt würden.

Sogar Hans-Georg Gadamer, dessen hermeneutische Philosophie nichts weniger verweigert als den Grundbegriff der Hegelschen Logik schlechthin, nämlich die Idee des „absoluten Wissens", weil die sprachlichen Voraussetzungen irgendeines „vernünftigen" Denkens „uneinholbar" wären, hält es nichtsdestoweniger für möglich und angebracht, aus der triadischen Artikulation der dialektischen Methode jenes „spekulative" Moment zu isolieren und hervorzuheben, kraft dessen die Hegelsche Philosophie rechtmäßig zur geistigen Tradition „der Mystik und des pietistischen Erbes seiner schwäbischen Heimat"[28] gehöre. Das Spekulative transzendiere das Dialektische[29], geradeso wie das „Unbestimmte" (oder das „Virtuelle"), die Wahrheit und das „lyrische Wort"[30] höher anzusiedeln seien als das Bestimmte, die Methode und der reine philosophische Begriff:

„Zwischen Tautologie und Selbstaufhebung in der unendlichen Bestimmung seines Sinnes hält der ‚spekulative Satz' die Mitte, und hierin liegt die höchste Aktualität Hegels: der spekulative Satz ist nicht so sehr Aussage als Sprache"[31].

Dürfen wir also schließen, dass die soeben umrissenen Teilaneignungen von Hegels Logik in der Philosophie unseres Jahrhunderts ihre wirkliche Aktualität

---

26 Vgl. N. Hartmann, Hegel und das Problem der Realdialektik, in: ders., Kleinere Schriften, Berlin 1957, Bd. 2; und auch: ders., Aristoteles und Hegel, a. a. O.; ders., Die Philosophie des deutschen Idealismus, Zweiter Teil: Hegel, Berlin und Leipzig, W. de Grüyter 1929.

27 A.N. Whitehead, Process and Reality: An Essay in Cosmology, New York–London 1978: „Preface", S. XIII (vgl. auch S. 67).

28 H.-G. Gadamer, Hegels Dialektik. Sechs hermeneutische Studien, 2., vermehrte Auflage, Tübingen 1980, S. 30.

29 Ebd., S. 108.

30 Ebd. S. 82.

31 Ebd. Siehe dagegen John E. Smiths scharfsinnige Bemerkung, dass Hegels Kritik der „Form des Satzes" in Wahrheit keineswegs bedeutet „anything like a rejection of the propositional form as such on Hegel's part or that he was purposing to revert to metaphorical speech and even less to oracular utterance" (J.E. Smith, Hegel and the Hegel Society of America, in: The Owl of Minerva 25:2, 1994, S. 140). Über den wirklichen Sinn von Hegel's Begriff des spekulativen Satzes vgl. auch unten, S. 154–156.

unwiderlegbar bezeugen? Ich glaube nicht, insofern die Verbreitung einer philosophischen Lehre in der Kultur einer bestimmten geschichtlichen Epoche *eo ipso* keine Garantie auf die Echtheit ihrer geistigen Anwesenheit in ihr ist. Wie Hegel selbst einmal ausdrücklich betonte[32], ist der *consensus gentium* kein endgültiges Wahrheitskriterium; denn die bestimmte Form, in der eine philosophische Lehre in einer geschichtlichen Epoche aufgefasst wird, d.h. ihre (implizite oder ausdrückliche) Auslegung, braucht nicht immer und nicht notwendig ihrem inneren Wesen adäquat zu sein. Zu viele Interpretationen einer Philosophie – und oft gerade die populärsten – sind in Wahrheit nichts anderes als bloße, mehr oder weniger unschuldige, Entstellungen ihres wesentlichen Inhalts. Und dies scheint mir letztlich auch der Fall zu sein bei den erwähnten Aneignungen und Weiterentwicklungen von Hegels Logik. Der Grundfehler, den sie alle teilen, liegt in der Annahme, dass die systematische Einheit der Hegelschen Logik[33] etwas bloß Äußerliches, Unwesentliches, mehr oder weniger Willkürliches sei; dass es also möglich sei, einige ihrer Teilaspekte, die für „lebendig" gehalten werden, von anderen zu trennen, die im Gegenteil endgültig „tot" wären. Aber, wie ich anderswo zu beweisen versucht habe, ist die innere Kohärenz und Geschlossenheit der *Wissenschaft der Logik* so stark, dass es ganz unmöglich ist, in ihr das „Lebendige" vom „Toten" (Croce), oder die „Realdialektik" von der „idealistischen" Metaphysik (Adorno, Hartmann, Whitehead), oder das „Spekulative" vom „Dialektischen" (Gadamer) irgendwie abzusondern[34].

Aber über diesen allgemeinen Grundmangel der genannten Aneignungen der Hegelschen Philosophie hinaus gibt es noch weitere *besondere* Unzulänglichkeiten, die in jeder von ihnen leicht aufzuzeigen sind. In diesem Zusammenhang darf ich mich auf die folgenden kurzen Bemerkungen beschränken. Die sogenannte "*dialettica dei distinti*" (Dialektik der Unterschiedenen), die Croce als die logische Grundlage seines „absoluten Historismus" im Gegensatz zur systematisch-metaphysischen Totalität der Hegelschen Idee setzt, ist in Wahrheit

---

32 Vgl. Hegel, Vorlesungen über die Beweise vom Dasein Gottes, in: Vorlesungen über die Philosophie der Religion, in: Werke, a. a. O., Bd. 2, S. 387.

33 Einer der größten hermeneutischen Verdienste von Scheiers Hegel-Interpretation scheint mir gerade sein Nachdruck auf der philosophischen Bedeutung der „systematischen" Artikulation – oder, mit seinen eigenen Worten: „Architektonik" – der Hegelschen Hauptwerke zu sein. Vgl. in diesem Zusammenhang: C.-A. Scheier, Analytischer Kommentar zu Hegels Phänomenologie des Geistes. Die Architektonik des erscheinenden Wissens, Freiburg–München [2]1986, S. XII, 29–30, usw. Dies aber impliziert keineswegs, dass die innere logisch-metaphysische Gliederung von Hegels Denken mit der der äußeren „Einteilungen" seines Systems unmittelbar zusammenfalle.

34 Vgl. G. Rinaldi, A History and Interpretation of the Logic of Hegel, a. a. O., §§ 44, 46, 47, 52.

nichts anderes als die unbegründete Bearbeitung eines *leeren formellen Schemas*, das irgendwelche *immanente Spezifizierung* des Allgemeinen grundsätzlich unmöglich macht und so in die unfruchtbare abstrakte Identität des Gattungsbegriffs der traditionellen formalen Logik zurückfällt[35]. Was ferner die „negative Dialektik" der Frankfurter Schule betrifft, ist zu sagen, dass, indem sie jeden Identitätsbegriff (nicht nur die leere und abstrakte Identität der herkömmlichen Logik und Metaphysik, sondern auch die *konkrete* Identität selbst, die gerade Hegels *Wissenschaft der Logik* entwickelt) beseitigt und am unaufgelösten Widerspruch als einem Letzten festhält, sie radikal nichts weniger negiert als die grundsätzliche Möglichkeit eines vernünftigen Denkens überhaupt, das in der Tat die Identität sowie die Differenz, die Auflösung des Widerspruchs sowie seine Entfaltung unbedingt fordert[36]. Hartmanns und Whiteheads Versuche, die konkrete Wahrheit von Hegels dialektischer Methode durch ihre Gründung „auf einer realistischen Grundlage" zu verbürgen, scheinen (unter anderem) zu vernachlässigen, dass eine der erleuchtendsten, tiefsten und überzeugendsten dialektischen Entwicklungen der *Wissenschaft der Logik*, nämlich die der Kategorie des „Dinges und seiner Eigenschaften"[37], gerade in dem streng durchgeführten Beweis besteht, dass das letzte Prinzip jeder realistischen Ontologie, die „*res*" oder „das Ding", keine affirmative, unmittelbar sichselbstgleiche Existenz, sondern in Wahrheit nur eine bloße *Erscheinung* ist. Und was in einer solchen Erscheinung erscheint, ist seinerseits nichts Dinghaftes, Statisches, Totes, Ichfremdes, sondern die unendliche Totalität der „Wirklichkeit", die, in der Form ihrer Wahrheit, d.h. als Begriff gesetzt, mit dem Leben und der Tätigkeit des *reinen Ich*, des *unendlichen Selbstbewusstseins* zusammenfällt. Schließlich kann man ohne weiteres zugestehen, dass Gadamer aus seiner Trennung des Spekulativen vom Dialektischen die Zurückforderung des Primats des Unbestimmten über das Bestimmte richtig ableitet. Denn, wie Spinoza schon scharfsinnig bemerkte[38], *omnis determinatio negatio*; und nur im „negativ-vernünftigen" oder gerade „dialektischen" Moment der logischen Entwicklung der Idee kann eine solche Negativität zu vollem Ausdruck und Wirklichkeit kommen. Aber Gadamer scheint nicht zu bedenken, dass *alles Denken* notwendig ein Bestimmen ist, und dass folglich eine bloß leere, vage, „unbestimmte" Einheit[39] an und für sich *undenkbar* und deswegen *falsch* ist. Und in diesem Zusammenhang nützt es

---

35 Vgl. Anm. 2.

36 Vgl. ders., Dialettica, arte e società, a. a. O., Teil 3, Kap. 2, insb. S. 150–66.

37 Vgl. Hegel, Wissenschaft der Logik, a. a. O., Bd. 2, S. 129–47. Siehe auch: Phänomenologie des Geistes, a, a. O.: „Die Wahrnehmung oder das Ding und die Täuschung", S. 93–107.

38 Vgl. B. Spinoza, Opera, hg. von C. Gebhardt, Heidelberg 1924, Bd. 4: Ep. L, S. 238–241.

39 Vgl. H.-G. Gadamer, Hegels Dialektik, a. a. O., S. 105.

auch nichts, sich auf Heideggers Negation der absoluten Wahrheit des Denkens als Logos („Durchführung des Logos" = „Seinsvergessenheit"[40]) zu berufen, denn auch eine solche Negation ist in Wahrheit nichts anderes als *eine bestimmte Handlung des Denkens*, die sich als solche nur in der *logischen* Form des Satzes ausdrücken kann.

Die Breite des kulturphilosophischen Einflusses von Hegels Logik auf das Denken des 20. Jahrhunderts ist also unbestreitbar. Aber nicht weniger unleugbar scheint mir die Divergenz zwischen ihrem innersten Geist und dem der erwähnten Versuche ihrer heutigen Aneignung und Weiterentwicklung zu sein. Was in ihnen verlorengegangen ist, scheint mir gerade ihre tiefste „spekulative" Wahrheit zu sein. Folglich ließe sich zu Recht fragen, ob solche Versuche so etwas wie eine wirkliche Aktualität von Hegels Logik überzeugend beweisen könnten. Ich glaube nicht, insofern Hegel selbst uns gelehrt hat, dass die Wirklichkeit irgendeiner Sache keineswegs mit ihrer äußeren, zufälligen (natürlichen oder geschichtlichen) Existenz, sondern nur mit ihrer inneren, substantiellen Wahrheit zusammenfällt. Gewiss ist unleugbar, dass die erwähnten Aneignungen von Hegels Logik im heutigen Denken irgendeine Art von ihrer Aktualität bezeugen. Aber in Wahrheit handelt es sich um etwas ganz anderes als wirkliche Aktualität – lediglich um eine sozusagen gefälschte, unechte, bloß „faktische" Aktualität. Wir dürfen also die Gesamtheit der soeben erwähnten Aneignungen von Hegels Logik ihre „faktische Aktualität" in der heutigen geistesgeschichtlichen Lage nennen.

§ 4. Die wirkliche Aktualität von Hegels Logik

Wir haben gesehen, dass die grundsätzliche Aktualität von Hegels Logik nichts anderes ist als ihre prinzipielle Möglichkeit, die Sichselbstgleichheit dieses Begriffs. Ihre faktische Aktualität dagegen ist ihre äußerliche Existenz, als bloß zufällige Tatsache oder geschichtliches Ereignis oder zeitgenössische philosophische Tendenz. Die erste ist eine unwirkliche wesentliche Möglichkeit; die zweite eine unwesentliche Realität. Sie bilden also ein Paar von dialektisch Entgegengesetzten; und als solche schließen sie sich nicht nur aus, sondern *identifizieren sich* auch miteinander. Die erste drückt eine der Realität äußere Möglichkeit aus; die zweite eine der Möglichkeit äußere Realität. Das Verhältnis der gegenseitigen Äußerlichkeit von Möglichkeit und Realität ist also zugleich das *Identitätsmoment* an ihnen. Aber als identisch können sie sich nicht nur ausschließen. Die Entgegensetzung von „grundsätzlicher" und „faktischer" Aktualität wird so notwendig in eine höhere Form von Aktualität aufgehoben, in wel-

---

40 Vgl. ebd. S. 105.

cher die Möglichkeit das Moment ihrer Verwirklichung wesentlich in sich selbst enthält, und die letztere das Moment ihres idealen Wesens. Mit dem Ausdruck „wirkliche Aktualität" dürfen wir also alle jene Interpretationen, Aneignungen und Weiterentwicklungen von Hegels Logik in der zeitgenössischen Philosophie bezeichnen, die irgendwie imstande gewesen sind, den hermeneutischen Fehler zu vermeiden, einige besondere abstrakte Elemente aus deren an sich unteilbarer systematischer Totalität willkürlich zu isolieren, und die stattdessen vielmehr ihr konkretes, einheitliches Wesen zum Thema ihrer kritischen Reflexion und theoretischen Bearbeitung gemacht haben. In diesem Zusammenhang ist es mir unmöglich, ausführlich auf die Werke und die philosophischen Persönlichkeiten im Denken des 20. Jahrhunderts einzugehen, in denen sich diese wirkliche Aktualität der Hegelschen Logik geschichtlich verkörpert hat. Aber zu nennen wären wenigstens die objektiv-idealistischen Ontologien von Geoffrey Mure und Errol E. Harris[41]. Das, worauf es nun ankommt, ist vielmehr kurz und bündig zu umreißen: 1. den Charakter des wesentlichen geistigen Bedürfnisses unserer kulturgeschichtlichen Lage, das Hegels spekulative Logik, und sie allein, wahrhaft befriedigen kann und das so die subjektive Bedingung ihrer wirklichen Aktualität in der zeitgenössischen Philosophie bildet; 2. die wesentlichen Momente ihres „spekulativen Kernes", d.h. die Elemente, aus denen die innere Einheit ihrer organischen Totalität besteht und die also nicht willkürlich isoliert werden können, ohne ihre substantielle Wahrheit selbst zu zerstören.

1. Eines der eigentümlichsten und ausschlaggebendsten Charakteristika der zeitgenössischen Zivilisation ist zweifellos die Herrschaft über die (äußere und innere) Natur sowie die soziale Kontrolle, die durch die *Technologie* immer weiter getrieben werden. Letztere ist das geschichtliche Resultat der Anwendung der kategorialen Formen und wesentlichen Methoden des „endlichen Verstandes" auf die Sphäre der menschlichen Bedürfnisse, der sie befriedigenden sozialen Praxis sowie ihrer materiellen Gegenstände. Die grundlegendsten dieser kategorialen Formen sind die der Dingheit, des Kausalitätsverhältnisses, der radikalen *Quantifizierung* jedwedes qualitativen Inhalts der sinnlichen Anschauung und schließlich der konsequenten Subsumption jeder möglichen teleologischen Beziehung unter die bloß endlichen und instrumentalen Kategorien der

---

41 Vgl., z. B., G.R.G. Mure, An Introduction to Hegel, Oxford 1940; ders., A Study of Hegel's Logic, Oxford 1950; ders., Idealist Epilogue, Oxford 1978; E.E. Harris, An Interpretation of the Logic of Hegel, Lanham–London–New York 1983; ders., Formal, Transcendental and Dialectical Thinking: Logic & Reality, Albany, NY 1987; ders., The Spirit of Hegel, Atlantic Highlands, NJ 1993, insb. Ch. 5: „Abstract and Concrete in Hegel's Logic", S. 67–81; sowie seinen Artikel: Being-for-Self in the Greater Logic, in: The Owl of Minerva *25:2* (1994), S. 155–62. Über Harris' Aneignung und Weiterführung von Hegels Denken vgl. unten, S. 86–96, 111–112, 117–120, 185–204.

äußeren Zweckbeziehung oder der *Nützlichkeit*. Was dann die eigentümlichen Methoden eines solchen Verstandes betrifft, bestehen sie wesentlich in der äußerlichen Anwendung eines bloß *hypothetisch-formellen* logischen Schemas auf eine ihm radikal heterogene sinnliche Vielheit und in der „linearen" und „analytischen" Deduktion von untergeordneten Sätzen aus einem (willkürlich angenommenen) Hauptsatz[42]. Der endliche Verstand verzichtet gern auf eine vernünftige Grundlegung der Wahrheit seiner Prämissen sowie auf die innere Notwendigkeit der von ihm bearbeiteten und benützten deduktiven Techniken. Er gibt den bloß konventionellen, instrumentalen Charakter seiner Verfahrensweisen ohne weiteres zu, und befriedigt sich mit einem ganz äußerlichen und unvernünftigen Wahrheitskriterium: dem des pragmatischen Erfolgs.

Das eindeutige Merkmal des Großteils der heutigen (insbesondere deutschen) Philosophie und Geisteswissenschaften scheint mir gerade die scharfsichtige Wahrnehmung der negativen geistigen Folgen der sozialen Vorherrschaft der technologischen *ratio* zu sein. Horkheimers und Adornos Polemik gegen die „Verdinglichung" des Subjekts durch die „instrumentelle Vernunft" ist berühmt geworden. Durch die konsequente Verwirklichung der der Grundlegung selbst der westlichen Zivilisation immanenten geschichtlichen Tendenz hätte sie die ganze menschliche Gesellschaft in einen „totalen", „totgeweihten" „Zwangmechanismus" oder „Verblendungszusammenhang" verwandelt[43]. Und nicht weniger berühmt ist auch Heideggers These geworden, die technologische *ratio* sei nichts als die äußerste Radikalisierung desjenigen negativen „metaphysischen" Denkens, dessen kritische Destruktion er schon in *Sein und Zeit* entworfen hatte[44].

Das tiefste geistige Bedürfnis unserer Epoche scheint also das einer Kritik und Überwindung der entfremdeten und verdinglichten instrumentalen *ratio* und ihrer technologischen Anwendungen zu sein. Aber weder die Kritische Theorie noch Heideggers Seinsmystik sind wirklich imstande, ein solches Bedürfnis wahrhaft zu befriedigen. Die Kritische Theorie verweist nämlich auf keine wirkliche, sondern nur auf eine utopische Überwindung der zeitgenössischen Entfremdung, und darüber hinaus ist der von ihr vorgeschlagene Begriff der Utopie

---

42 Vgl. dazu die scharfsinnigen erkenntnistheoretischen Erörterungen der britischen Hegelianer Bernard Bosanquet (Implication and Linear Inference, London 1920) und Errol E. Harris (Hypothesis and Perception: The Roots of Scientific Method. London–New York 1970). Über Tendenz und Bedeutung von Bosanquets Hegelianismus vgl. G. Rinaldi: A History and Interpretation of the Logic of Hegel, a. a. O., § 56.

43 Vgl., z.B., Th.W. Adorno, Dialektik der Aufklärung, a. a. O., S. 59; ders., Negative Dialektik, a. a. O., S. 91, 236, 397 usw.

44 Vgl. M. Heidegger, Sein und Zeit, a. a. O., § 6; und H.-G. Gadamer, Hegels Dialektik, a. a. O., S. 107.

– wie ich anderswo zu beweisen versucht habe[45] – eindeutig falsch, wenn nicht sogar *self-refuting*. Aber das schlimmste dabei ist, dass sie offensichtlich jedes ernsten Bewusstseins der (wie wir sogleich sehen werden) allerwesentlichsten Differenz des Wissens, nämlich des Wissens der „spekulativen Vernunft" und des Wissens des „endlichen Verstandes" entbehrt. An einer Stelle der *Negativen Dialektik* zögert Adorno nicht, geradezu provokativ zu behaupten, die einzige wirkliche Differenz zwischen beiden bestehe nur darin, dass die spekulative Vernunft das Produkt einer relativ archaischen Entwicklungsstufe des ökonomisch-sozialen Prozesses, der der „einfachen Warenwirtschaft", sei[46]! Heideggers Seinsmystik scheint andererseits der angeblichen ontologischen und geschichtlichen Macht des „Seins" und seiner möglichen „Entbergungen" im Gegensatz zum selbstbewussten Ich zu viel zuzutrauen. Denn das Sein – als Kategorie oder Denkbestimmung – ist kein der Einheit des reinen Selbstbewusstseins passiv Gegebenes, sondern eine seiner reinen *Selbst*bestimmungen. Ohne die Idee des reinen Selbstbewusstseins, könnte man sagen, keine Vorstellung des Seins und so auch nicht dessen geschichtliche „Entbergung". Darüber hinaus ist das Sein, an und für sich betrachtet, nichts als die *unmittelbarste* und *unbestimmteste* – und deswegen leere, abstrakte, und in letzter Instanz *falsche* – kategoriale Selbstbestimmung des „reinen Begriffs"; dessen Wesen, andererseits, nur durch einen „unendlichen", „spekulativen" Vernunftbegriff adäquat ausgedrückt werden kann, dessen aber Heideggers Existenzialontologie nicht weniger entbehrt als die Kritische Theorie.

Ein solcher Begriff ist nun offensichtlich von entscheidender Wichtigkeit für die Frage nach der Aktualität von Hegels Logik, denn: a) er bildet die radikale Antithese zum endlichen Verstand und der technologischen *ratio* und deswegen auch zu derjenigen Entfremdung und Verdinglichung des „menschlichen Wesens", die die unabdingbare Folge der Vorherrschaft beider in unserer Zivilisation ist; b) er ist nichts weniger als das absolute Prinzip der ganzen Entwicklung des Hegelschen Logos, die anundfürsichseiende Wahrheit aller seiner mehr oder weniger partiellen und inadäquaten besonderen Denkbestimmungen. Hegels philosophische Logik ist also heute darum „wirklich aktuell", weil sie allein, kraft ihres Grundbegriffs der spekulativen Vernunft[47], dem dringlichsten geistigen

---

45   Vgl. G. Rinaldi, Dialettica, arte e società, a. a. O., S. 179 ff.
46   Vgl. Th.W. Adorno, Negative Dialektik, a. a. O., S. 15.
47   Vgl. in diesem Zusammenhang Donald Ph. Verenes geistreichen Aufsatz: Hegel's Spiritual Zoo and the Modern Condition, in: The Owl of Minerva *25:2* (1994), S. 25–40, in welchem er die Entfremdung und Zerstreuung der zeitgenössischen *mainstream philosophy* humorvoll mit einer „Gestalt" der Hegelschen *Phänomenologie des Geistes*, „Das geistige Tierreich und der Betrug oder die Sache selbst", vergleicht und als Gegengift zu

Bedürfnis der zeitgenössischen Menschheit eine wahrhafte, nicht bloß imaginäre oder gerade „utopische" Befriedigung anbieten kann.

2. Wenn wir nun im folgenden auf die wesentlichen Momente des „spekulativen Kernes"[48] von Hegels Logik hinweisen, in denen der Grundbegriff der spekulativen Vernunft artikuliert wird, und die absolut nicht voneinander isoliert werden können, ohne dessen innere Wahrheit zu vernichten, werden wir leicht in der Lage sein, im einzelnen die Gründe für unsere Behauptung anzugeben, dass die spekulative Vernunft allein eine immanente und wirkliche Kritik und Überwindung jeder möglichen Form des endlichen Verstandes, und so auch der entfremdeten und verdinglichten technologischen *ratio*, ermögliche.

a) Das eigentümliche Objekt von Hegels spekulativer Vernunft ist „das Absolute", d.h. das Prinzip, der letzte Grund, „der Anfang aller Dinge"[49]. Es ist also kein bloß endlicher Inhalt der sinnlichen Wahrnehmung, wie es im Gegensatz hierzu bei der technologischen *ratio* der Fall ist. Es kann durch keine Denkbestimmung der Quantität ausgedrückt werden. Mit anderen Worten, Hegels Logik ist an und für sich eine *metaphysische* Lehre[50] – keine *ars combinatoria*, d.h.

---

ihrer nihilistischen Auflösung aller substantiellen Wahrheit gerade Hegels Begriff der „spekulativen Philosophie" empfiehlt.

Eine scharfsinnige Bemerkung über die geistigen Grenzen der heutigen technologischen Kultur, die sich dem geistigen Blick der spekulativen Vernunft nicht verbergen können, findet sich in Quentin Lauers Aufsatz: Religion, Reason, and Culture: A Hegelian Interpretation, in: The Owl of Minerva *25:2* (1994), S. 175: „Somewhere in the middle of the scale, but not very far up, would come the products of contemporary technological know-how; they would not exist if they were not produced by extraordinary intelligence, but they are scarcely animated by the indwelling of truly cultivated spirit".

48   Vgl. G. Rinaldi, A History and Interpretation of the Logic of Hegel, a. a. O., §§ 2 und 37. In diesem Werk habe ich diesen „spekulativen Kern" in fünf Hauptmomente aufgegliedert. Hier darf ich mich darauf beschränken, nur drei grundlegende Unterschiede anzugeben, weil das bestimmte Ziel des Aufsatzes überflüssig macht, auf die weiteren zwei Unterschiede einzugehen.

49   Hegel, Wissenschaft der Logik, a. a. O., Bd. 1, S. 65.

50   Meine Auslegung von Hegels Logik ist deswegen unversöhnlich der Interpretation derjenigen entgegengesetzt, die, wie die sogenannten „Canadian Hegelians" G. di Giovanni, H.S. Harris und J. Burbidge (vgl. J. Burbidge, Hegel in Canada, in: The Owl of Minerva *25:2* (1994), S. 215–19), ihre "metaphysischen" oder "spekulativen" Implikationen zu bloßen „intellectual fantasies" herabsetzen. Vgl. H.S. Harris, Hail und Farewell to Hegel: The Phenomenology and the Logic, in: The Owl of Minerva *25:2* (1994), S. 171.

In Burbidges Hegel-Interpretation verwickelt sich diese geschichtlich und theoretisch ganz unbegründete hermeneutische Tendenz in weiteren, an und für sich offensichtlichen Widersprüchen. Im Aufsatz: The First Chapter of Hegel's Larger Logic, in: The Owl of Minerva *21:2* (1990), erkennt er z.B. an, dass „[s]peculative reason recognizes that it is spirit that is self-determining. [...] This is what ensures that the self-determination of pure

keine formell-quantitative Manipulation von konventionellen „Symbolen" oder
tautologischen Schlußformen, die dann auf eine Vielheit von aus ihnen unableit-
baren *sense-data* willkürlich angewendet werden.

b) Die Kategorien, in die sich die Hegelsche Idee der Vernunft differenziert,
sind im Unterschied zu denen der traditionellen Metaphysik keine „*res*", oder
zumindest abstrakte Wesenheiten einer unbezogenen Vielheit von Dingen, sondern, nach dem berühmten Ausdruck der *Phänomenologie*, die „einfache Einheit
des Selbstbewusstseins und des Seins"[51]. Die *Wissenschaft der Logik* ist also die
immanente Explikation eines Systems von Kategorien, die in letzter Instanz mit
den „notwendige[n] Handlungsart[en] der Intelligenz" (Fichte)[52], nämlich mit
den bestimmten Weisen der unendlichen Tätigkeit der selbstbewussten Reflexion zusammenfallen. Wie wir schon angedeutet haben, erweist Hegels Logik
(und Phänomenologie) den Dingbegriff als an und für sich *widerspruchsvoll*: die
„Dinge" sind in Wahrheit nichts als bloße *Erscheinungen*[53]. Was „wirklich" ist,
ist vielmehr nur der lebendige, geistige Prozess des sich selbst denkenden Begriffs. Hegels Logik setzt also die immanente Entwicklung eines Denkens aus-
einander, das sich bewusst jenseits jeder möglichen oder realen „Verdinglichung" des Subjekts abspielt. In der Tat, wie Fichte schon treffend bemerkt hatte, kann das Subjekt von allem abstrahieren – nur nicht von sich selbst. Die heutige technologische *ratio* nimmt sich im Gegenteil vor, eine solche an sich un-
mögliche Abstraktion systematisch durchzuführen und verurteilt sich so zur radikalsten logischen und ontologischen Nichtigkeit.

c) Das von Hegels Logik ausgelegte Absolute ist im Unterschied zu dem der
traditionellen Metaphysik weder Sein noch abstrakte Identität, sondern wesentlich Werden, Prozess: dialektische Einheit von Sein und Nichts, Entstehen und
Vergehen, Identität und Nichtidentität, Zeitlichkeit und Ewigkeit. Es ist wirklich, könnte man mit Vico sagen, nur als „*storia ideale eterna*"[54], d.h. als der
ideal-ewige Rhythmus eines immanenten zeitlich-geschichtlichen Werdens.

---

intelligence [d. h., die „Denkbestimmungen" von Hegels Logik] is not simply a pattern of
pure thinking, but a metaphysics – the principles that govern all reality" (ebd., S. 12). In
seinem Artikel *Hegel in Canada* behauptet er dagegen, Hegels Logik sei nicht „the total
explanation of all reality, but rather [...] a logical framework [!] which one uses [!] to
comprehend an alien [?] nature and a human society bedevilled by contingency" (J. Burbidge, Hegel in Canada, a. a. O., S. 218). Es ist wahrlich äußerst schwierig zu verstehen,
wie ein bloßes „logisches Schema" zugleich ein „alle Wirklichkeit" bestimmendes „me-
taphysisches" Prinzip sein kann!

51   Hegel, Phänomenologie des Geistes, a. a. O., S. 181.
52   J.G. Fichte, Über den Begriff der Wissenschaftslehre oder der sogenannten Philosophie,
     in: J. G. Fichtes sämmtliche Werke, hg.. von I.H. Fichte, Bd. 1, Berlin 1845, S. 72.
53   Vgl. Anm. 37.
54   Vgl. G.B. Vico, La scienza nuova, Milano 1977, Libro I, Degnità LXVIII, S. 205.

Weil nun ein solcher Rhythmus ein objektiv-teleologischer ist, ist die ganze Hegelsche Logik eine Ontologie der „inneren Zweckbeziehung"[55], nämlich die Explikation des immanenten Verwirklichungsprozesses eines organischen Ganzen oder „Systems" von inneren, „ewigen" Werten, die auf keine angeblich wertfreie Realität durch eine bloß subjektive Entscheidung projiziert zu werden brauchen, denn sie bilden den wesentlichen Gehalt der logischen Idee selbst, und diese fällt an und für sich mit dem Wesen einer solchen Realität zusammen als die *causa formalis* und zugleich *finalis* ihrer immanenten Selbstentwicklung. Was also durch Hegels objektiv-teleologische Auffassung des (natürlichen und) geschichtlichen Werdens aufgehoben wird, ist gerade jenes instrumentale Verhältnis der Nützlichkeit, das alle Objektivität zu einer bloß *kausalen* Kette von endlichen *Mitteln* herabsetzt und folglich die Wirklichkeit jeder Art von absoluten oder auch nur objektiven Zwecken und Werten verneint. In der zuerst von Max Weber vertretenen These von der radikalen „Wertfreiheit" des Wissens der Geisteswissenschaften[56] kommt die totale axiologische, ethische und geschichtliche Negativität des endlichen Verstandes und der technologischen *ratio* am vollkommensten zum Ausdruck. Nach Hegels Logik (sowie schon nach der Platonisch-Aristotelischen Metaphysik) dagegen ist das „Sein" an und für sich *identisch* mit dem „Wert" – oder besser: mit dem „Guten". In der Tat ist die höchste Stufe der immanenten Entwicklung der Kategorie des Urteils in seiner Logik das sogenannte „Urteil des Begriffs"; und dieses, sagt Hegel, enthält als solche „eine wahrhafte Beurteilung"[57]. Das bloß äußerliche und endliche (oder auch: „schlecht-unendliche") teleologische Verhältnis der Nützlichkeit wird also in der Hegelschen Logik durch seine immanente *dialektische Selbstvernichtung* notwendig in das höhere und konkretere, *wirklich* unendliche Verhältnis der „inneren Zweckbeziehung" aufgehoben, die sich zunächst in der unmittelbaren allgemeinen Lebendigkeit des Kosmos und dann vollkommener in der reinen sich selbst vermittelnden Innerlichkeit der selbstbewussten Vernunft offenbart.

§ 5. Schlussbetrachtung

Das zeitlose, ewige Wesen der immanenten Entwicklung der logischen Idee, die die *Wissenschaft der Logik* darstellt, schließt also nicht aus, ja impliziert viel-

---

55 Vgl. Hegel, Wissenschaft der Logik, a. a. O., Bd. 2, S. 436–61.
56 Vgl. M. Weber, Gesammelte Aufsätze zur Wissenschaftslehre, Tübingen 1922: „Der Sinn der ‚Wertfreiheit' der soziologischen und ökonomischen Wissenschaften" (1917). Für den Ansatz einer radikalen Kritik von Webers relativistischem und soziologischem Historismus vgl. G. Rinaldi, Teoria etica, a. a. O., § 128, Anm. 126, S. 494–495.
57 Vgl. Hegel, Wissenschaft der Logik, a. a. O., Bd. 2, S. 344.

mehr sogar ihre Artikulation und Offenbarung im linearen Werden des zeitlich-geschichtlichen Geschehens. Die wesentlichen Dimensionen des letzteren – Vergangenheit, Gegenwart und Zukunft – konzentrieren und bewahrheiten sich in der Aktualität der Gegenwart. Die Frage nach der Aktualität von Hegels Logik ist also an und für sich sinnvoll. Und die Antwort auf diese Frage, wie ich glaube, muss entschieden affirmativ sein. Denn im Gegensatz zu den ausschlaggebenden philosophischen Tendenzen des heutigen Denkens hat sie sich als völlig imstande erwiesen, mit wunderbarer Kohärenz und Ausführlichkeit die Idee eines vernünftigen Wissens auszuarbeiten, das das radikalste geistige Bedürfnis unserer Zeit in einer nicht bloß illusorischen Weise befriedigen kann – d.h. das Bedürfnis nach der Überwindung von der Entfremdung des Subjekts sowie der Relativierung aller objektiven Werte und Wahrheit, die dagegen das unabwendbare Resultat jeder bloß „verständigen", instrumentalen und technologischen Rationalität sind.

II.

THE "IDEA OF KNOWING" IN HEGEL'S LOGIC

§ 1. Absolute Idealism and Contemporary Epistemology

Philosophical reflection on the problem of knowledge in contemporary thought appears to be strongly influenced by three main epistemological trends: logical empiricism (Wittgenstein, the Vienna Circle, etc.), Husserl's phenomenology, and the conception of knowing worked out by Whitehead in the wider context of his philosophy of process and organism. In spite of the deep theoretical differences, even contradictions, between these trends, they nevertheless share at least three fundamental assumptions whose philosophical implications are far-reaching:

(a) The original object of the act of knowing is a "sense-datum": in other words, a spatio-temporal "this" which is manifested by sense-perception. This latter, therefore, if not the only original form of theoretical consciousness, is at least an autonomous feature of it, which cannot be rendered dependent upon any other spiritual "functions" such as, e.g., logical thought.

(b) Sense-perception represents its content in a basically passive way. Sense-data as such, therefore, although being plainly immanent in self-consciousness, are not "posited", i.e., actively determined, by it. Their essence thus remains radically heterogeneous to that of consciousness, to the thinking subject, in the totality of its self-development.

(c) As a consequence, it is in principle impossible for there to be anything like a "rational knowledge" of a reality transcending the sphere of the merely "sensible", of "finite" being: the Absolute (the *infinitum actu*, the total and "concrete" Unity of actuality, or, in less philosophical terms, God) is not and cannot be an object of "possible knowledge". With respect to it we are allowed to frame only more or less "hypothetical", "regulative", "abstract" concepts, which are devoid both of apodeictic "certainty" and of unconditional "truth".

The epistemological situation defined by assumptions (a) and (b) is the standard outlook of any realistic empiricism. Assumption (c) rather brings out the more or less latent relativistic-skeptical orientation of the above-mentioned trends. This is clearly the kind of skepticism which Hegel held to be typical of modern epistemology, labeling it as a "skepticism with respect to reason" as opposed to a "skepticism with respect to sense" which would have characterized the ancient, more philosophical Greek denial of certainty and truth[1].

---

1 Cf. below, pp. 149–152.

The theory of knowledge developed in Hegel's Absolute Idealism rests upon an uncompromising rejection of all three of these fundamental assumptions. The only possible object of any knowledge whatsoever, he declares, is the Absolute; and this is no merely passive "datum" of sense-perception, but coincides with the very activity of the thinking Concept (of "infinite self-consciousness"). Hegel's epistemological doctrine thus constitutes a typically "idealistic" and "rationalistic" alternative to the empirico-realistic and/or relativistic-skeptical trend prevailing in much contemporary epistemology. Perhaps for this very reason, its relevance to the whole of his philosophical system has often been de-emphasized by recent commentators[2]. This is without doubt a serious hermeneutic mistake.

Hegel's conception of "speculative knowing" is crucial from at least two major viewpoints. First, it plays an absolutely fundamental role not only in the *Phenomenology of Spirit* and in the *Science of Logic*, but also in the *Encyclopedia* itself. "Absolute Knowing" (*absolutes Wissen* – the most perfect, fully-developed "figure" of consciousness's phenomenological itinerary); Absolute Idea (*absolute Idee* – the most coherent and comprehensive "category" [*Denkbestimmung*] of the *Science of Logic*); and Absolute Spirit (*absoluter Geist* – the most "concrete" conceptual determination [*Begriffsbestimmung*] of his whole system) – all of these are but different definitions of a unique epistemological principle which coincides unambiguously with the activity of speculative knowing[3].

Secondly, Hegel does not merely assert the truth of his own conception of the essence of knowledge. He claims to be able to work out a rational "mediation", or "demonstration", of his thesis. According to his "dialectical" criteria for philosophical deduction, the demonstration basically consists in the immanent critique of the opposite conception of knowing as a mere passive representation of a mind-independent finite object. This takes place in a chapter of his *Science of Logic*, "*Die Idee des Erkennens*"[4], which offers us a detailed and penetrating

---

2   This was especially the case with the Hegel interpretation outlined by J.N. Findlay in his book, Hegel. A Re-examination, London, Allen & Unwin 1958. For a brief critical discussion and evaluation of it, see G. Rinaldi, Recenti prospettive e tendenze della letteratura hegeliana anglosassone, in: Cultura e Scuola CIV (1987), pp. 128–129. A critical discussion of more recent versions of the same hermeneutic mistake is to be found below, pp. 139–163.

3   Cf. Hegel, Phänomenologie des Geistes, *op. cit.*, pp. 548–573, and Enzyklopädie der philosophischen Wissenschaften, *op. cit.*, Vol. 3, §§ 572–577.

4   Cf. Wissenschaft der Logik, *op. cit.*, Vol. 2, pp. 487–541. The richest and most enlightening commentaries on Hegel's doctrine of the Idea of Knowing (and, more in general, on his theory of knowledge as developed in the *Science of Logic*) known to me are those

analysis of the essence of that very type of knowing which the above-mentioned contemporary epistemological trends consider to be the only one possessed of "scientific" validity.

The outcome of Hegel's discussion is that such "finite knowing", although being a necessary stage of development of the thinking Concept, can only be denied ultimate theoretical value. The impression the reader receives from a careful study of his arguments is that they are unquestionably sound, convincing and tenable. Contemporary epistemological reflection can therefore still helpfully resort to them for the solution of its fundamental problems.

In this paper I shall first outline the arguments by which Hegel upholds the validity of his "rationalistic" ideal of an "absolute knowing" in opposition to any more or less skeptical denial of its possibility. Secondly, I shall attempt to state precisely the sense in which such a Hegelian conception can be rightfully styled "idealistic", and the reasons why it turns out to be preferable to the opposite empirico-realistic outlook. Thirdly, I shall briefly examine his critique of "finite knowing", which is coincidental with the epistemological methods usually adopted by the positive sciences, and which found in Kant's critical philosophy the greatest vindicator of its theoretical validity. It is the view still widely favored, as I have said, in contemporary epistemologies. Finally, I shall develop the fundamental features of that "speculative" (i.e., strictly philosophical) knowing which, as the Absolute Idea, Hegel sets against "finite knowing", and regards as the higher category in which the peculiar deficiencies and contradictions of the latter are integrated and reconciled. Hegel's conception of finite knowing and of the Absolute Idea is so rich and complex that it is by all means impossible to do justice to all of its theoretical implications in the limited space of this paper. Here I shall therefore confine myself to dwelling upon those aspects of his doctrine that seem to be most enlightening with respect to the fundamental issues raised by current epistemological debates.

§ 2. Hegel's Circular Epistemology and Anti-foundationalism

The "rationalistic" ideal of a speculative knowledge of the Absolute, or of the Infinite, can be coherently conceived only if two preliminary requirements are

---

of Karl Ludwig Michelet, G.R.G. Mure, and Errol Harris. Cf. K.L. Michelet, Das System der Philosophie als exacter Wissenschaft enthaltend Logik, Naturphilosophie und Geistesphilosophie. Erster Band, Berlin, Nicolaische Verlags-Buchhandlung 1876, pp. 267–312; G.R.G. Mure, A Study of Hegel's Logic, *op. cit.*, pp. 268–293; E.E. Harris, An Interpretation of the Logic of Hegel, *op. cit.*, pp. 282–295.

somehow met. (a) The system of concepts by which the thinking subject explicates the Absolute's essence must be endowed with *objective* validity. Otherwise his representation of such an essence would amount to nothing more than a
mere "opinion" (*Meinung*), dependent upon the accidental peculiarities of his finite subjectivity, and thus "relative" to them. It would by no means deserve the
name of knowledge *stricto sensu*. (b) The finitude which indisputably characterizes the self-conscious act of thinking insofar as it is actualized in a human
individual who is naturally and historically conditioned, must not undermine the
possibility that an *infinite* content might become the object of a cognitive act of
such a subject.

The greatest representatives of the tradition of philosophical rationalism –
e.g., Spinoza, Fichte, and Schelling – identified such an act with the spiritual
"faculty" of intellectual intuition. Unlike sense-perception, this would not be
merely subjective-relative, but would manifest the objective essence of its content. Unlike "rational" (i.e., discursive) thought, it would reveal an objective
identity which is not merely finite, but infinite. "Mediation" is the essence of
discursive thought: intellectual intuition was therefore conceived as an absolutely "immediate" act of the human mind. Owing to its immediacy, however, it
is in principle impossible to indicate any reason whatever for assuming the possibility and actuality of that intuition, since any "reason", as such, is a kind of
mediation. To the skeptical objection that we are not possessed of it, traditional
rationalism could therefore only reply by merely reasserting its actuality. For if
it could be in any way "demonstrated", whatever in such a case might be in-
ferred would clearly be something other than the alleged "immediacy" of intellectual intuition.

The originality and relevance of Hegel's contribution to the critique of skepticism consists in the very fact that he not only does not resort to such an intuition, but explicitly denies the possibility of any "immediate knowing" (*unmittelbares Wissen*) whatsoever. In a crucial passage of his *Vorlesungen über
die Beweise vom Dasein Gottes*, e.g., he declares[5] that we have no immediate
knowledge of the essence of God, if only because any concept of ours is the result of an historico-cultural development of our self-conscious I (e.g., of our
education), and thus is essentially *mediated* by it. Hegel, then, is no less aware
than today's relativistic historicist that no intuitive knowledge of an absolute object not "infected" by man's self-conscious activity is actually possible. This,
however, does not justify the conclusion that every concept of ours is merely an
"opinion" whose validity is at best only relative – i.e., confined to the historical

---

5   Cf. Hegel, Vorlesungen über die Beweise vom Dasein Gottes, *op. cit.*: „Dritte Vorle-
     sung", pp. 366–371.

context in which it was originally formulated. If it is true, on the one hand, that we cannot abstract from the self-conscious I's subjectivity, so that any alleged "objective" truth is but the product of our historically conditioned self-consciousness, it is also true, on the other, that we are able to trace a clear line of distinction between two quite different sorts of such products. Some concepts of ours are no doubt nothing more than merely "subjective", "one-sided" (*einseitige*) opinions; yet some others are of necessity endowed with unconditional, objective validity. For if no concept as such were in and for itself valid, any truth whatsoever would be in principle impossible, since the very idea of truth is that of the identity of subjective representation and objective actuality. But no denial of truth is coherently tenable: the skeptic who asserts the unreality of truth claims, at the same time, absolute validity, and thus *truth*, at least for the judgment by which he expresses his contention[6]. We are therefore bound to conclude that truth apodeictically demonstrates itself in the very act of its alleged negation. It is, then, not only legitimate, but clearly unavoidable, to distinguish, in the immanence of self-consciousness's process, between merely subjective opinions and objectively valid concepts.

But how is this possible? How can a mere product of our finite subjectivity acquire a validity that, as objective, necessarily transcends its contingent, historical origin? How can a human act of thought cancel out, as it were, its own subjective idiosyncrasies from the pure self-identity of its object? Hegel's response is no doubt brilliant, and is rooted in his concept of a logical "mediation" that "sublates" (*aufhebt*) itself, so as to identify itself with the "immediacy" (i.e., absoluteness) of truth. In merely mechanical processes, the condition determines the conditioned, the cause its effect: the latter, then, are one-sidedly mediated by the former, and thus dependent upon, and relative to, them. In organic and spiritual processes, as essentially teleological activities, by contrast, their initial conditions and phases *do* determine the result, but not one-sidedly. For the latter, as the process's final "aim" (*Zweck*) or "ideal", is in itself prior to them, so as to determine *a priori* – i.e., *ab origine* – their whole development. As a consequence, the result, although being, on the one hand, dependent upon, and thus mediated by, its presuppositions, on the other is the principle that in the last resort determine all of them. It is therefore, in this regard, absolutely *immediate*. By positing itself as what it "in truth" is, it at the same time dissolves, "sublates" its mediation.

---

6 It is perhaps helpful to recall here that in his 1816 "Vorbericht" to the "Lehre vom Begriff" Hegel does not hesitate to equate the relativistic and skeptical philosophies which maintain that "truth is unattainable" (*die Unerreichbarkeit der Wahrheit*) to Pontius Pilate's ironic reply to Christ, "What is truth?". Cf. Wissenschaft der Logik, *op. cit.*, Vol. 2, p. 244.

This mediation, then, although necessary to the result's self-positing, must necessarily collapse in it. It turns out to be nothing in itself "actual", but a mere "phenomenon". Only from an abstractly mechanical perspective on knowledge, then, do "immediacy" and "mediation" exclude each other as contradictory opposites. From a teleological viewpoint, they rather involve each other, and thus are coherently conceivable only as "moments" of a unique organic totality. Such is also the case with speculative knowing. As a product of the human mind's activity, it *is* "mediated" by its historico-cultural background; but in its result such a mediation negates itself, so as to make itself immediate – i.e., absolute and, so to speak, "supra-historical". The skeptical trend of much contemporary epistemology, therefore, turns out to be, in the final analysis, no less "one-sided" and "dogmatic" than traditional rationalism. For both emphasize only one aspect of the process of knowing: the former its merely subjective relativity, the latter its objective immediacy. Both fail to realize that, in truth, it is far more complex: i.e., a totality of thinking in which "subject" and "object", "immediacy" and "mediation", presupposition" and "result" are mutually determined.

This typically "circular", and not merely "linear", character of Hegel's conception of knowing has induced some contemporary epistemologists to class it among the "antifoundationalistic" theories of knowledge[7]. By "foundationalism" they mean a logical method which, like Aristotle's "apodeixis" or Descartes' "deduction", rests upon the presupposition that it is possible to draw a sharp line of distinction between the "premises" (or the "foundations") and the "consequences" (or the "result") of the process of knowing. The former are endowed with "immediate" evidence; the latter derive their whole truth from their possible "mediation" by virtue of them; the "certainty" of the former is absolute, that of latter merely relative, etc. Hegel's doctrine, on the contrary, would be antifoundationalistic insofar as it asserts the existence of a "mutual determination" (*Wechselbestimmung*) between the premises and the consequences of the logical act. Indeed, according to him, what at the beginning of the dialectical deduction presents itself as purely immediate (e.g., the category of Being) in the end turns out to be radically mediated by the very categories that follow it. And the last and most perfect category, the Absolute Idea, on the one hand, as absolute, can-

---

7   We owe to Richard D. Winfield what is probably the most coherent, lucid, and convincing statement of the antifoundationalistic interpretation of Hegel's Logic. Cf. R.D. Winfield, Conceiving Something Without Any Conceptual Scheme, in: The Owl of Minerva *18:1* (1986), pp. 13–28; *Id.*, Logic, Language, and the Autonomy of Reason: Reflections on the Place of Hegel's Analysis of Thinking, in: Idealistic Studies *17:1* (1987), pp. 109–121; *Id.*, Reason and Justice, Albany, NY, SUNY Press 1988, Parts 1–3. On Winfield's Hegelian philosophy of religion cf. below, pp. 241–268.

not be mediated by, and thus relative to, anything else; on the other, it does presuppose the whole logical system which is "sublated" in it.

In contrast to some of today's "radical" versions of the antifoundationalistic outlook, however, Hegel is fully aware that such a "circular" interaction between the opposites in the act of knowing does not exhaust its essence. For if each of them were nothing other than the process of its own turning into its opposite, no essential *difference* between them could in any way be maintained. They would become identical in a merely "neutral" unity. Thus, e.g., it would no longer be possible to distinguish between objective truth and merely subjective opinions, or between the Absolute (the "foundation") and what is merely relative to it (the "consequence"), etc. The final outcome of a purely antifoundationalistic epistemology would be that very relativistic skepticism on whose dismissal, as we have seen above, Hegel's whole doctrine of absolute knowing rests. His vindication of the original identity of the opposites, of their essential immanence in each other, therefore, does not amount to the elimination of any difference whatsoever between them. No doubt one cannot abstract (i.e., separate) a foundation from its consequence: the truth of the former is somehow "mediated" by, and thus identical with, the latter. Yet we are still entitled to distinguish between them, and therefore to avoid leveling the superior ontological status of an absolute, infinite foundation to that of a merely relative, finite consequence.

I think that one can safely conclude that, unlike either Descartes' or Aristotle's foundationalism, but also unlike contemporary "radical" antifoundationalism, Hegel's epistemology is neither (one-sidedly) foundationalistic ("linear") nor (one-sidedly) antifoundationalistic ("circular"), but rather the dialectical unity, or "synthesis", of foundationalism and anti-foundationalism. It is therefore wrong of Tom Rockmore to blame Hegel for having tried to reconcile the "circular" and the "linear" dimension of the logical process. "Circularity and linearity", he says,

> "are incompatible, since the curve of the circle only becomes linear at infinity. It is arguably possible to show that, at least since Descartes, the epistemological debate between representatives of foundationalism and anti-foundationalism opposes proponents of linear and circular thought. The tension in Hegel's position arises from his decision to choose neither alternative while embracing both"[8].

Rockmore's critique is clearly tenable only if one is willing to stick to the "radical" version of anti-foundationalism, which, however, as we have just seen, cannot avoid falling into the epistemological trap of skeptical relativism.

---

8   T. Rockmore, Foundationalism and Hegelian Logic, in: The Owl of Minerva *21:1* (1989), pp. 41–50, here 50.

We might, however, wonder at this point why only the Absolute, the Infinite, and not the finite, can legitimately be held to be the peculiar content of an objectively valid knowing. Hegel's response to such a question is coherent, exhaustive, and convincing. "Only the Absolute is true, or only the True is absolute"[9], since the notion of a merely finite truth is plainly self-refuting. For if we in any way separate the sphere of the finite from that of the Absolute, we cannot avoid bestowing on the former a self-identity, or rather self-sufficiency, that is peculiar to the Absolute alone. By doing away with the true (infinite) Absolute, then, what we actually get is not a coherent finite truth, but one that contradictorily posits itself as absolute[10]. On the other hand, the "finite" is what is limited; but any positing of a limit also identifies the terms which it at the same time claims to differentiate, and thus its specific essence can be conceived only by an act of thinking that goes beyond it – i.e., that takes into account that very Infinite which should have been excluded from it[11].

One could observe that the relation between the finite and the Infinite, and thus between finite and absolute knowing, is, in the last resort, not very different from that connection between subject and object, or the foundations and the consequences of the logical process, which we have just considered. Each concept is immanent in, and closely determined by, its own opposite; it is therefore impossible to think of a finite truth that is only finite, and not, at the same time, also infinite; or of a concept that is only limited, partial, abstract, and not, at the same time, also the manifestation of the "total", "concrete" Absolute in it.

Hegel's position in this regard turns out to be undoubtedly far more tenable than that of a contemporary epistemologist like Whitehead. In a famous passage of *Process and Reality*, the latter maintains that truth *is* in itself "concrete" (i.e., infinite, total, etc.), but philosophy – i.e., rational knowledge as such – is of necessity merely "explanatory of abstraction, and not of concreteness"[12]. But if, as

---

9   Hegel, Phänomenologie des Geistes, op. cit.: "Einleitung", p. 70. On the relevance of Hegel's conception of the Absolute for his whole philosophy cf. below, pp. 146–149.

10 Cf. Enzyklopädie der philosophischen Wissenschaften, op. cit., Vol. 1, § 95.

11 See, on this subject, Hegel's admirable development of the contradictions of the "finite" in his "Doctrine of Being" (Wissenschaft der Logik, op. cit., Vol. 1, pp. 125 ff.).

12 A.N. Whitehead, Process and Reality, op. cit., p. 20. A very comprehensive Hegelian critique of Whitehead's process philosophy, with most of which I agree, is to be found in two books by Darrel E. Christensen: The Search for Concreteness: Reflections on Hegel and Whitehead: A Treatise on Self-Evidence and Critical Method in Philosophy, Selingsgrove, Susquehanna University Press, 1986, and Hegelian/Whiteheadian Perspectives, Lanham, University Press of America, 1989. For a critical evaluation of Christensen's "appropriation" of Hegel's and Whitehead's philosophies see my reviews of these books, respectively, in: Idealistic Studies *18: 2* (1988), pp. 181–185, and in: The Owl of Minerva *23:1* (1991), pp. 63–68.

we have seen, it is impossible to conceive of a finite, abstract knowing wholly unrelated to the knowledge of the concrete and the infinite, it is likewise impossible for there to be any "philosophical" explanation of "abstractions" that is not, at the same time, an internal explication of concrete truth[13]. In the final resort, the formation of "abstract" concepts (in Hegel's terminology, of the categories of the finite: e.g., Being-there, Quantity, Existence) is nothing more than a merely transitory and subordinated (although necessary) phase of the concrete Concept's self-mediation, and is, in the end, "sublated" (*aufgehoben*) in it, just as, in general, any negative is sublated in the Absolute's infinite self-affirmation as the "negation of the negation".

§ 3. Idealism and Realism

We have, in the above, set Hegel's "idealistic" theory of knowledge against the empirico-realistic one that is typical of many contemporary epistemological trends. In order to bring out, and critically assess, the peculiar features distinguishing the two philosophical viewpoints, I think it helpful to start from a brief analysis of their divergent conceptions of the subject-object relation. Epistemological realism usually conceives of it as the result of the causal activity exerted by a greater or lesser part of the originally sensible and natural objects of the "external world" on the experiencing subject. This latter thus turns out to be characterized by a fundamental, radical passivity and receptivity. According to some extreme versions of epistemological realism, its very self-identity as experiencing consciousness would be nothing more than a merely accidental and "transitory" event. For Whitehead, e.g., the "causal influence", or "objectification", of the external world on the experiencing subject generally occurs before any kind of consciousness (and especially that of self-conscious thought) might have emerged in its self-development[14].

According to Whitehead, indeed, what essentially distinguishes the "actual occasion of experience", which "prehends" the objective "datum", from "inert" or inorganic matter is the immanence in it of the form of "blind" vital urge or "feeling", and not of (self-)consciousness[15]. The reason that no decisive role in

---

13 Cf., in this regard, Hegel's brilliant and enlightening considerations in his 1807 essay: Wer denkt abstrakt? (Hegel, Jenaer Schriften 1801–1807, *op. cit.*, pp. 575–581), and also Wolfgang Schild's excellent commentary on it in his article: "Wer denkt abstrakt", wer konkret? Zugleich ein Beitrag zur Strafrechtsphilosophie Hegels, in: System der Philosophie? Festgabe für Hans-Dieter Klein, hg. von L. Nagl und R. Langthaler, Frankfurt a. M., Peter Lang 2000, pp. 187–198.

14 A.N. Whitehead, Process and Reality, *op. cit.*, pp. 23–36.

15 *Ibid.*, pp. 40–42 and 60–162.

experience's self-constitution can be played by the latter is that most of the "actual occasions" which are its ultimate ontological constituents (i.e., the totality of the processes of inorganic and organic nature) are undeniably devoid of it. Even in the rare cases in which (self-)consciousness does attain a considerable development and importance (as, e.g., in the human mind), its genesis would not imply any ontologically original, autonomous principle, clearly distinguishable from, and unconditioned by, unconscious experience, but would be nothing more than the outcome of a late integration phase of cosmic evolution, taking place only in the presence of, and in close connection with, highly complex living organisms[16]. It would thus be a merely contingent, "finite" product of the process of reality, and not, at the same time, its *a priori* unconditioned foundation.

As to Hegel's conception of the subject-object relation, it can by all means be rightly considered one of the most coherent and rigorous statements of the opposite "idealistic" viewpoint. Explicitly referring to Kant's doctrine of the "transcendental I" as the "root" of the synthetic *a priori* principles which render possible the unity-totality of objective experience, he emphasizes, against empirical realism, the "absolute", "infinite", "eternal" actuality of self-conscious thought. The "nature of self-consciousness" is "that the I thinks of itself, that it cannot be thought of if what thinks is not the I itself"[17]. This fact expresses "in the immediacy of empirical self-consciousness the absolute, eternal nature both of itself and of the Concept"[18]. If, then, the "position", or rather "self-position", of self-conscious thought is "absolute" (*an und für sich*), if "abstraction cannot be made in the thought of the I from the I itself as a Subject"[19], the alleged "external world" of the natural objects devoid of consciousness can only turn out to be somehow *relative* to it, and thus neither actually "external" nor radically transcendent. Far from exerting a real causal influence (an "objectification", in Whitehead's terminology) on human self-consciousness, it turns out to be *immanent* in it as an immediate "content" (*Inhalt*) or "phenomenon" (*Erscheinung*), whose "substance" or "truth" is nothing more nor less than the realization of the "thinking Concept" itself.

> "The object which is for the Concept, therefore, is here, on the one hand, something given; but, on the other, it does not exert any causal influence on the latter. Nor is it any kind whatsoever of external object (*Gegenstand*) or a representation

---

16   *Ibid.*, pp. 162 and 236.
17   Hegel, Wissenschaft der Logik, *op. cit.*, Vol. 2, p. 490.
18   *Ibid.*
19   *Ibid.*, p. 491.

(*Vorstellung*) in the subject; this latter, on the contrary, transforms it into a determination of the Concept (*Begriffsbestimmung*)"[20].

Hegel's insistence on self-conscious thought's "absolute self-certainty" as the "root" of sensible experience's objectivity seems to me to be still able to remedy at least some of the main shortcomings with which many contemporary epistemological doctrines are vainly struggling. This would apply to Whitehead, who, as we have just seen, quite disputably reduces self-conscious thought to a mere result of the objectification of a nexus of actual occasions in the living body's sensible experience; to both Whitehead's and Husserl's assumption of the existence of a "world" of merely "possible" ideal or "eternal" objects as the condition of the unity, order and intelligibility of the multiplicity of individual entities of which sensible experience consists[21]; to the "correspondence theory" of truth, maintained especially by logical empiricism[22], but also, though with some qualifications, in Whitehead's organic realism[23]; and finally to the Whiteheadian contention that "external (i.e., quantitative, causal, mechanical) relations" would play in knowledge a role no less important than that of the "internal" (qualitative, essential, teleological) ones.

We have just seen that, according to Hegel, the external world of sensible experience, insofar as it is known (and not simply "meant" or "imagined"), turns into a more or less illusory "phenomenon", whose underlying "substantial" reality coincides, without qualification, with the ideal (concrete) unity which is typical of self-conscious thought. If so, however, the assumption of a world of "eternal objects" as the necessary condition of the unity of the empirical multiplicity becomes plainly superfluous. For the very self-identity of the self-conscious I as an unconditioned "synthetic" activity of thought can warrant sensible experience's order and intelligibility without any need to resort to the (imagi-

20 *Ibid.*, p. 497.
21 The theory of "ideal" objects (or "meanings") was expounded by E. Husserl especially in his work: Logische Untersuchungen (1900), Halle, Niemeyer 1923³, Vol. 2: "Erste Untersuchung", pp. 23–105. For a Hegelian critique of this Husserlian doctrine, and, more in general, of his whole transcendental phenomenology, see G. Rinaldi, Critica della gnoseologia fenomenologica, Napoli, Giannini 1979, and *Id.*, Intentionality and Dialectical Reason, in: The Monist *69:4* (1986), pp. 568–583.
22 See L. Wittgenstein, Tractatus Logico-Philosophicus, London, Routledge and Kegan Paul 1961, Props. 2.21, 2.222, 2.223, and A.N. Whitehead, Process and Reality, *op. cit.*, pp. 190–191.
23 *Ibid.*, p. 309. The qualification introduced by Whitehead essentially consists in the fact that the actual reality to which true propositions "correspond" cannot be the "vacuous actuality" of inorganic matter, but only an "actual occasion of experience" intrinsically determined by the "subjective forms" of "feeling" and of (unconscious) "conceptual prehensions".

nary and merely "hypothetical") postulate of the objective existence of such abstractly "possible" entities.

As to the correspondence theory of truth, then, it is easy to observe that it could be plausibly maintained only if something like a "comparison" between the subjective representations immanent in self-consciousness and the objective "thing" subsisting in the "external world" were actually possible. Yet this is clearly not the case, since one can meaningfully speak of a world "external" to self-consciousness only if abstraction might be made from any relation to the latter at least with respect to the contents of which such a world should consist. But if self-conscious thought "posits itself" necessarily, if it is "the absolutely infinite in itself", then it cannot evidently abstract from itself with respect to any such content. The very concept of an "external world" is therefore nothing but a wholly incoherent notion, so that it can by no means play the role of objective truth criterion for self-consciousness's subjective representations.

Finally, we have seen above that, according to Hegel, a subject who is only a subject, and an object which is only an object, are in truth but two vacuous, one-sided abstractions, whose actual reality consists, rather, in their intrinsic, dynamic identity. In the concrete unity of subject and object, then, any possible relatedness of them must necessarily be "internal". As a consequence, one could ascribe to "external" and "internal" relations the same epistemological rank only if one were somehow entitled to abstract, with respect to any contents of our experience, from their relation to the "subjective-objective" unity of self-conscious thought. This, however, is in principle impossible, since, as we have just seen, the thinking subject's self-positing is absolute. Contrary to what Whitehead maintains, then, if any positive role whatever in the process of knowing were to be legitimately assigned to "external relations", it could only turn out to be strictly *subordinated* to the role which "internal relations" play in it.

§ 4. The Essence and Limits of "Finite Knowing"

How, then, on the basis of such emphatically anti-skeptical (rationalistic) and anti-empirico-realistic (idealistic) orientation of his epistemology, does Hegel proceed, in the concrete, to outline the specific essence and immanent articulation of his "Idea of Knowing"? It is quite significant, and not without stimulating analogies to today's state of the discussion concerning the relations between philosophy and science, that he does not confine himself to offering a purely "philosophical" construction of such an Idea of Knowing. In the last chapter of the *Science of Logic* – devoted to the analysis of the highest logical category, the Absolute Idea – the purely philosophical (speculative) character of the knowing with which he deals is certainly undeniable. But in the preceding one Hegel does not neglect to carry out a detailed examination of the main methods ruling the elaboration of the type of knowing which takes place in the sphere of the positive sciences. If, then, he does insist on the insuperable difference between "finite" and "speculative" knowing, and thus does not go so far as to identify *tout court* the philosophical and the scientific method[24], he nevertheless also assigns to "scientific" knowing *stricto sensu* a precise theoretical meaning (and not only a merely practical-utilitarian one, as is the case with, e.g., Croce's Historicism[25]), as well as an indispensable (although certainly not decisive) epistemological role in the immanent development of self-conscious thought. Here I do not have space to pursue in detail Hegel's analyses and critical remarks concerning the essence and specific methods of the positive sciences[26]. I confine myself to a sketchy outline of the main features of the kind of knowing they render possible, which Hegel very significantly defines as "finite knowing".

Such a knowing is to be styled "finite" because its activity presupposes, and applies to, an immediate, "given" reality, which is radically "extraneous" to it, so that it cannot in any way "posit" (*setzen*) or "determine" (*bestimmen*) it originally, but only "intuit" it passively. But there is no "content" without a "form"; and the form in which such a content immediately presents itself is that of the most "casual" externality, multiplicity, and dispersion. The first, and most elementary, "activity" which such a knowing will have to perform is the "analytic" one, consisting in abstracting from this dispersed multiplicity the essential, constant "laws" which could somehow bestow a stable "order" on the "datum" of immediate experience. This activity is by no means "creative": it simply "reveals" that order to consciousness; for according to finite knowing it already subsists "in itself" in the "datum" before, and independently of, any operation of analytic thought. Hegel can therefore acutely observe that "as a consequence,

---

24   Such an identification (at least with respect to post-Newtonian, contemporary science), on the contrary, seems to constitute one of the most decisive aspects of the reform of Hegel's philosophy outlined by Errol E. Harris. See below, pp. 86–96, 111–112 and 117–120.

25   Cf. below, S. 111–113 and 118–119.

26   The most brilliant outcomes of such Hegelian analyses are probably to be found in his critical discussions of the concepts of (formal-logical) "definition" and "classification" (*Einteilung*), as well as of (geometric) "theorem" in the paragraph on "Synthetic Knowing". The most successful attempt in contemporary philosophy to cope with all these Hegelian topics seems to me to be that which was carried out by Collingwood in his admirable book: An Essay on Philosophical Method, Oxford, Clarendon Press 1933, especially Chs II, IV, and VIII. For a summary outline and evaluation of Collingwood's appropriation of Hegel's Logic cf. G. Rinaldi, A History and Interpretation of the Logic of Hegel, *op. cit.*, § 58.

the posited determination can be considered both as a presupposition which is merely found, and as the grasp (*Auffassen*) of something given. In the latter case, however, the Concept's activity consists only in its self-negation: it holds itself back from the presented object, makes itself passive, so that the latter could not be determined by the subject, but could show itself as it is in itself"[27].

Such analytic knowing is clearly inadequate even for the positive sciences' peculiar aims, in that it limits itself to abstracting from the datum a complex of "essences", or general "qualities", without having at its disposal any objective and necessary criterion on the basis of which indisputably to establish, and thus "deduce" or "explain", their mutual "relations" (*Verhältnisse*: e.g., their causal connections), as well as their greater or lesser actual correspondence to that "given" reality which constitutes the ultimate foundation of any possible scientific knowledge. This latter is therefore compelled to take a step forward, and to distinguish from the complex of the determinations derived from the datum by means of abstraction a further system of *a priori* concepts which are rooted not in sense-perception, but in the very unity of the thinking self-consciousness. Hegel's reference here is clearly to Kant's system of the "categories" and the *a priori* "functions" of the "I think", whose ideal totality, as the "form" of knowing, thus comes to set itself against the real totality of experience's sensible world as its "content". This latter supplies scientific knowledge (which at this point constitutes itself as a "synthetic", and thus no longer merely analytic, knowing) with that "individual" (*einzelne*) reality which the former, as a merely "ideal" and "subjective" function of thinking, lacks of necessity. Conversely, the form, by virtue of a purely spontaneous activity, bestows on the content that necessary, causal order which no merely analytic procedure of abstraction as such could found in a satisfactory way.

In contrast, then, to analytic knowing, in synthetic knowing the thinking self-consciousness *does* turn out to be "active" and "creative", in that the form ordering the multiplicity of its contents is an essential self-determination of the "I think" itself. Yet its active "spontaneity", in truth, is nothing but the obverse of its emptiness. For it is active only insofar as it is a pure (ideal) "form", which cannot by itself posit any actual content whatever. Neither such empty, active form, nor the content passively "given" by sense-perception is, then, able, if taken in isolation, to exhaust the whole range of finite knowing. This latter will exclusively consist in their "synthesis" – i.e., in their mutual relatedness in the unity of self-conscious experience. What thus takes place, however, is nothing but a merely external (i.e., contingent, non-original) synthesis – an "external relation" – for the elements that come to be synthesized in it are presupposed as

---

27   Hegel, Wissenschaft der Logik, *op. cit.*, Vol. 2, p. 491.

"originally" independent, since they stem, according to Kant's famous expression, from radically heterogeneous epistemological "sources".

Hegel's critique of the theoretical value of finite knowing is enlightening, detailed and convincing. We have seen above that, if the thinking subject's self-positing is actually "absolute", we must in principle disallow the ultimate epistemological relevance of "external relations". Perhaps the greatest achievement of Hegel's critique of such a knowing is to show in detail, with respect to a concrete instance of the possible epistemological role played by external relations, how and why they cannot fail to undermine any theoretical claims to objectivity and truth. Far from being able to work out a coherent and tenable, "scientific" account of the objective structure of experience, finite knowing rather gets entangled, at the same time, in the opposite (but nevertheless complementary) shortcomings of a more or less skeptical "subjectivism", on the one hand, and of the most ingenuous "dogmatic realism", on the other.

First of all, the externality of the "synthesis" between finite experience's form (i.e., the system of the categories) and its contents (the "manifold" of sensible intuition) clearly implies a conception of the thought-determinations "form" and "content" as concepts completely independent of each other (or, according to the terminology of Hegel's "Doctrine of Essence", as merely "reflected-into-themselves"). It would thus be ideally possible to conceive an instance of form without content, as well as an instance of content wholly devoid of form. This, however, is clearly disproved by the simple fact that, as "determinations of reflection" (*Reflektionsbestimmungen*) belonging to the categorial sphere of Essence, they are but "moments" of a unique logical whole. To resort to Hegel's own example, the content of a work of art (e.g., the historical events narrated in a novel) is possessed of some form (i.e., organized structure) of its own even before becoming the object of the artist's formative creativity[28]. It is likewise impossible to conceive a form that does not show in itself any internal relation to a content. As Hegel acutely observes in his *Phenomenology of Spirit*, the very principles of formal logic, as merely juxtaposed to one another, presuppose a multiplicity of external determinations that is, as such, the peculiar feature of the content of knowing, and not of its form[29]. Form and content of knowing, then, can be coherently conceived only as internally related to each other. By thinking of them as externally juxtaposed, finite knowing therefore must wholly distort the essential nature of any knowing whatsoever.

Secondly, if the content is and remains "in itself" independent of the form's activity, and thus an external "datum" transcendent to consciousness – in the fi-

---

28 Enzyklopädie der philosophischen Wissenschaften, *op. cit.*, Vol. 1, § 133, Zusatz.
29 Phänomenologie des Geistes, *op. cit.*, p. 227.

nal resort, a "thing-in-itself" (*Ding-an-sich*) – the epistemological viewpoint of dogmatic realism, far from being successfully overcome, or at least adequately integrated, comes rather to be once more asserted by synthetic knowing itself in all its intractable immediacy. For it is completely unhelpful to insist on the active, "spontaneous" character of the synthetic, "categorical" functions of the "I think", if the latter is unable to account for the immediacy of the sense-data which, as such, continue to be passively "given" to it.

Finally, if the categorical form of this knowing is in itself merely finite and subjective, and the order of the "given" it renders possible merely "phenomenal", then the real objectivity of the judgments in which it is articulated is also radically jeopardized. In Hegel's own words, their alleged objective validity would consist in a mere "Being-posited" (*Gesetztsein*) which is not, at the same time, a "Being-in-itself" (*Ansichsein*). Such a conception of logical validity, however, is clearly inadequate to the idea of truth which has been expounded above. For what is merely "posited" is, of necessity, essentially relative to something "other" – something which is *not* itself. It is therefore devoid of that absolute self-identity (or self-sufficiency) which, as we have seen, is the ultimate mark of truth.

Such an impassably "subjectivistic" viewpoint of finite knowing is identified, as is well-known, in Kant's critical idealism as the kind of knowing uniquely possible for us. Hegel's critique of the abstract objectivism of dogmatic realism thus keeps pace with his no less decided polemic against the abstract subjectivism of "critical philosophy". "*Philosophia critica caret ideis et imperfecta est scepticismi forma*": thus Hegel concisely but efficaciously expressed himself on this subject already in 7th of his 1801 *Habilitationsthesen*[30]. And he *was* right, since it is by no means easy to draw any precise line of demarcation between the contingent, subjective "opinions" (*Meinungen*) in which skepticism tends to dissolve any alleged "absolute" knowledge of truth, and that merely "phenomenal" world of sensible experience to which criticism reduces the reach of any possible human knowledge. According to Hegel, then, the finite knowing of the positive sciences necessarily remains desperately inadequate to truth (although one must acknowledge that it is constantly striving to achieve it – i.e., that it is a theoretical activity, and not a merely practical-utilitarian one). What is needed, therefore, is self-consciousness's transition to a superior, more concrete and coherent form of knowledge rendered possible this time by purely philosophical thought. Hegel defines it as "speculative knowing", and does not neglect to show us in detail how and why he believes that it can actually get rid

---

30   Jenaer Schriften (1801–1807), *op. cit.*, p. 533.

of the difficulties and contradictions to which, as we have just seen, finite knowing cannot avoid succumbing.

§ 5. Hegel's Concept of "Speculative Knowing"

The fundamental shortcoming of finite knowing consists in the fact that neither as analytic nor as synthetic knowing is it really able to transcend the immediate "presupposition" (*Voraussetzung*) of a content passively given to it. The latter, as such, originally manifests itself in sensible intuition, and only in it. The epistemological limit typical of any finite knowing, then, is to be seen in its uncritically presupposing the truth of "the external intuition, determined in space and time", which, on the contrary, is "that sensible reality [...] over which one must rise in order to think truly"[31]. More definitely, one must rise not only over empirical sense-perception, but also over that pure (*a priori*) intuition which for Kant constitutes the foundation of the objectivity of the mathematical sciences' propositions and theorems. For the latter too, according to Hegel, are endowed with "evidence" only for "the human mind devoid of thought", since the thought-determinations they express, although *a priori*, are merely "analytic" (i.e., abstractly self-identical, and thus empty), and not "synthetic *a priori*" (i.e., concretely self-differentiated, and thus ontologically significant).

The first, and most original, condition for the possibility of "speculative knowing" is therefore the acknowledgement of the merely "phenomenal" (i.e., abstract and self-contradictory) character of any alleged truth-criterion somehow identified with sensible intuition's evidence. Rather, it is in the very (concrete) self-identity of self-conscious thought, in the "apodeictic certainty" that characterizes the thinking I's awareness of its own activities and concrete actuality, that such a criterion is to be sought. As a consequence, in the whole development of speculative knowing the "logical", "rational" (*vernünftig*) element – i.e., the system of "ideas" or "*a priori* concepts" in which the synthetic unity of the thinking subject is articulated – will attain an indisputable *primacy* over both the (*a priori*) form and the (empirical) contents of sensible intuition. Hegel can thus coherently assert that in speculative knowing "the empirical [element] itself can be grasped only through the Idea and on the basis of it"[32]. As in the 6th of his 1801 *Habilitationsthesen* he had already declared, "*Idea est synthesis infiniti et finiti et philosophia omnis est in ideis*"[33].

---

31 Wissenschaft der Logik, *op. cit.*, Vol. 2, p. 491.
32 *Ibid.*, p. 494.
33 Jenaer Schriften (1801–1807), *op. cit.*, p. 533.

The import, and up-to-dateness, of Hegel's insistence on the thinking self-consciousness's self-evidence as the ultimate condition of any possible objective knowledge can be easily appreciated if one compares it with, for example, the opposite attitude assumed on this subject by one of today's most influential philosophical trends, Husserl's transcendental phenomenology. This deems it possible to constitute itself as a "universal ontology" of the "transcendental subjectivity" by appealing to the sole "original evidence" of sense-perception, with respect to which both the form and the contents of logical-speculative thought would be nothing other than mere derivative "substructures" (*Substruktionen*). The irreconcilable antinomies which the phenomenological solution to the epistemological problem of the truth criterion cannot escape are by now well-known to contemporary thought[34]. How not to see in them, then, an at least indirect confirmation of the plausibility and reliability of the opposite Hegelian viewpoint?

Unlike finite knowing, speculative knowing constructs, deduces, and criticizes its determinate concepts in a fully autonomous way, on the basis of their intrinsic rational, systematic "coherence", and not of their possible "correspondence" to any passively presupposed "external" objectivity. But, in such a way, also the further shortcoming of finite knowing which we have pointed out above, i.e., its allegiance to an ultimate, radical dualism between the subject and the object, the "form" and the "content" of the act of thinking is clearly overcome, and with it the merely "external" character of their relatedness or "synthesis" as well. For if objectivity is not a "given" sensible presupposition, e.g., the "external world" of inorganic nature, but rather the rational truth of the concepts and judgments which self-conscious thought elaborates within itself, the process of the self-determination of the "I think" must necessarily coincide, without qualification, with the very genesis of objectivity. By thinking itself, by "positing" itself as a "totality of thought", then, it at once "posits" the very "totality of the object", of concrete actuality. In the act of speculative thought, subject and object, "I" and "non-I", the form and the content of knowing turn out to be, in the last resort, absolutely coincident. One understands, at this point, how and why Hegel can maintain that the thinking mind is "the absolute unity of the opposites in the Concept"[35], "the free Concept, which in its judgment [i.e., in its immanent fission] is its own object"[36]. Conversely, the objectivity that is actual-

34   See, e.g., E.E. Harris, Time and Eternity, *op. cit.*, pp. 474–478, *Id.*, The Problem of Self-Constitution for Idealism and Phenomenology, in: Idealistic Studies *7:1* (1977), pp. 1–27, and G. Rinaldi, Critica della gnoseologia fenomenologica, *op. cit.*, Ch. 3, pp. 91–127 and Ch. 4, pp. 129–170.
35   Hegel, Wissenschaft der Logik, *op. cit.*, Vol. 2, p. 488.
36   *Ibid.*, p. 496.

ized in the process of knowing "is absolutely nothing but the Concept, nor does it contain anything peculiar to it in opposition to the latter"[37].

From this higher epistemological viewpoint, then, the object, far from being a passively intuited "datum", is rather a content actively "posited", "determined" by self-conscious thought, in which the latter can "acknowledge" itself. "Thinking", in truth, is nothing other than "acting", "creating", carrying out one's own "self", one's own ideal and rational aims in the real's objectivity. A substantial affinity, if not identity, between its peculiar character and that of the human mind's *practical*, and especially *ethical*, life seems to come out clearly. Hegel himself does not fail to bring out the essential philosophical implications of such an intimate relationship between speculative knowing and ethical activity. According to him, the "Idea of the Good" is just the higher category of self-conscious thought which renders possible the first, immediate integration of the shortcomings of finite knowing. "This Idea is higher than the Idea of Knowing we have just examined"[38]; for it does not consider the world of sensible "facts" as being anything actually real, but only as a "mere phenomenon", "of no value whatsoever" (*an und für sich nichtig*), which ought to be progressively subordinated to the "moral legislation" of the thinking self-consciousness. On the other hand, far from being merely receptive, the Idea of the Good turns out to be coincidental with an "infinite effort" (*unendliches Streben*) towards the *active* realization, in the human mind's immanence, of that system of "eternal", absolute values which constitutes its ideal essence as a thinking subject, and thus its peculiar "humanity".

Can we conclude, then, that the final outcome of Hegel's theory of knowledge outlined here is the unqualified identification of the essence and ultimate aim of any possible knowledge with the human mind's ethical activity? Such an identification, however attractive it may appear from the viewpoint of those trends of contemporary philosophy which more decidedly emphasize the intrinsically "practical", "social", "historical" character of any alleged "purely contemplative" thought[39], does not do justice to the internal complexity of Hegel's thought. In fact, if the essentially active and creative character of speculative

---

37   *Ibid.*, p. 501.
38   *Ibid.*, p. 542.
39   This was especially the case with the greatest Italian thinker of the 20th century, Giovanni Gentile. One of the most significant outcomes of the "reform of Hegel's dialectic" carried out by his Actual Idealism consists just in the unqualified, "absolute" identification of speculative knowing (*pensiero pensante*) with practical activity as ethico-political praxis. For an outline and critical evaluation of Gentile's philosophy cf. G. Rinaldi, *L'idealismo attuale tra filosofia speculativa e visione del mondo, op. cit.*; and also below, pp. 82–89.

knowing induces him to see in the Idea of the Good one of its essential "moments", he nevertheless does not fail to observe that, owing to the very fact that it is only one moment, it cannot as such exhaust its whole essence. The fundamental shortcoming of the Idea of the Good consists, in this regard, in the fact that the human subject, as an ethical subject, is merely a finite "person", or a likewise finite "community" or "society" (e.g., the "spirit of a people" [*Volksgeist*]). Their activity, however "ideally" free it may be, is nevertheless always "really" conditioned by the contingent circumstances of their immediate existence, so that the realization of the Idea of the Good in ethical life must necessarily remain irreparably "problematic" and "inadequate". It is more the object of a subjective "aspiration" or "effort" (*Streben*) than the unavoidable outcome of a logically necessary process. Any "mediation" or "synthesis" of the ideal and the real, of the I and the non-I, of the "ought-to-be" (*Sollen*) and "being" (*Sein*) must therefore turn out to be, from the viewpoint of this category, merely accidental, and thus, once again, "external".

A truly "internal relation" of the opposites – an authentically "universal", "systematic", unconditioned realization of the Concept of the human mind – can take place, according to Hegel, only in speculative knowing (or, as he also expresses himself, in the Absolute Idea) insofar as this transcends not only the abstractly objective sphere of finite knowing, and thus of the positive sciences, but also the no less abstract one of subjective moral activity, thereby constituting itself as a "superior" integration of their opposite shortcomings and, at the same time, as their "identity"[40]. We have already seen above in what sense speculative knowing can fulfill the peculiar deficiencies of finite knowing. Nothing therefore remains but to indicate briefly how it is able to "sublate" the similar deficiencies of the Idea of the Good. The latter coincides with an absolute, "categorical" moral "imperative", which, as an ideal *Sollen*, is actual only in the merely subjective, inner conscience of a finite individual, and not in objective, concrete actuality itself. As a consequence, speculative knowing can sublate its limit only by doing away with the subjective contingency essentially inherent in practical activity. This can be carried out by virtue of a logical method which may be able to grant rigorous, "absolute" necessity to the "thought-determinations" (*Denkbestimmungen*) in which speculative knowing explicates its own essence.

Overtly resorting to the term with which Plato already designated the purely "philosophical" kind of knowledge, Hegel defines such a method as the "dialectic", and identifies it, without qualification, with the very essence of his Abso-

---

40 Hegel, Wissenschaft der Logik, *op. cit.*, Vol. 2, p. 548.

lute Idea. To some Hegelian critics and commentators[41] such an identification has seemed to be rather baffling. How is it possible that the "highest" logical definition of the Absolute, of the "Truth which is the Whole", might turn out to be coincidental with the explanation of a mere epistemological method, however coherent and rigorous it may actually be? In spite of its seeming paradoxicality, Hegel's position is sound and tenable also in this regard. Finite knowing is inadequate to truth, owing to the passive immediacy of its peculiar content. This is fully sublated by the subsequent category, the Idea of the Good, whose peculiar shortcoming, as we have just seen, no longer consists in any aspect of its immanent content, but only in the subjective contingency of its form. It is therefore unnecessary that in the Absolute Idea any sort of new speculative content should be, as it were, "added" to that which belongs to the Idea of the Good. For what is to be fulfilled is only the lack of necessity of its form. To such an end the elaboration of an appropriate logical method is certainly sufficient.

The necessity which the dialectical method is called to bestow on the deduction of speculative knowing's self-determinations prevents, in principle, the individual thinker from intervening in the logical process with any "personal", more or less arbitrary contrivance of his. Rather, he must unconditionally submit himself to the "objective" laws of the speculative content's self-development. From this point of view, it is not wholly erroneous to say that, with respect to it, he is (and must be) somehow "passive"[42]. Hegel can therefore assert that speculative knowing is the identity – or rather the "reconciliation" – not only of subject and object, of immediacy and mediation, etc., but also of the activity and the passivity of knowing, and thus, on the one hand, of finite knowing and the Idea of the Good, and, on the other, of analytic and synthetic knowing themselves[43]. What such an identification amounts to, in the final analysis, is the deep and correct insight that the Absolute *is* the subject, but the Absolute Subject is not to be confused (in Hegel's own terms: "immediately identified") with the finite individual thinker or human person (although being fully immanent in him).

§ 6. Concluding Note

I have thus concluded my brief outline of Hegel's theory of knowledge. As far as I can discern, all of the theses in which it is articulated turn out to be consistent with each other, thus forming one coherent theoretical whole. Since, according to Hegel himself, "coherence" is the ultimate distinctive mark of phi-

---

41   Cf. below, pp. 190–191, n. 16.
42   Enzyklopädie der philosophischen Wissenschaften, *op. cit.*, Vol. 1, § 238, Zusatz.
43   *Ibid.*

losophical truth, the speculative value, and perennial up-to-dateness, of a consistently "rationalistic" and "idealistic" approach to epistemology such as his own can no longer be easily disputed. What, on the contrary, seems to be irreparably undermined, is the plausibility and fruitfulness of that superficial empirico-realistic and/or relativistic-skeptical attitude which holds sway over too many trends in contemporary epistemology.

III.

ZUR GEGENWÄRTIGEN BEDEUTUNG VON HEGELS NATURPHILOSOPHIE

§ 1. Die Unterschätzung von Hegels Naturphilosophie in der zeitgenössischen Philosophie

Ein guter Teil der Hegelforschung im 20. Jahrhundert ist unglücklicherweise durch die irrtümliche Überzeugung entscheidend geprägt worden, dass die Form und Struktur des Hegelschen „Systems", und folglich die damit zusammenhängende „systemtheoretische" Problematik, zu dem, was in seinem Denken endgültig „tot" ist, zu zählen sei. Nur in den letzten beiden Jahrzehnten ist man sich der Unhaltbarkeit dieses philosophiegeschichtlichen Gemeinplatzes allmählich bewusst geworden, der wenigstens einem der Hauptpunkte seiner Logik selbst, nämlich dem untrennbaren Zusammenhang zwischen der *Form* und dem *Inhalt* jeder Denkbestimmung, keine Gerechtigkeit widerfahren lässt. Nun, obwohl die systematische Gliederung der Hegelschen Philosophie äußerst kompliziert und oft schwerverständlich ist, kann man hingegen sehr leicht bemerken, dass alle bestimmteren und untergeordneteren Triaden, in denen der Gehalt des Absoluten durch das Hegelsche System entfaltet wird, nichts anderes sind als das Resultat der immanenten Selbstunterscheidung einer einzigen ursprünglicheren und grundlegenderen, deren Momente, wie bekannt, mit a) der logischen Idee (die von der spekulativen Logik oder „Idealphilosophie" zum Thema gemacht wird), b) der Natur, und c) dem Geist (die bzw. von der Natur- und Geistphilosophie, die zusammen die „Realphilosophie" ausmachen, behandelt werden) zusammenfallen. Jeder heutige Versuch einer kritischen Auslegung und besonders Aneignung der Philosophie des absoluten Idealismus kann also nicht ohne weiteres vermeiden, sich auch mit den die Naturphilosophie betreffenden Hauptfragen sorgfältig auseinanderzusetzen.

Aber andererseits ist nicht weniger unleugbar, dass ein solches Unternehmen gleich zu Beginn besonders deswegen problematisch erscheint, weil die ausschlaggebenden Tendenzen der zeitgenössischen Philosophie sowie die Wirkungsgeschichte von Hegels Denken selbst im philosophischen Idealismus des 20. Jahrhunderts eine beträchtliche Menge Vorurteile und Missverständnisse über sie angehäuft haben. Wie hoffentlich im folgenden klar werden wird, ist das Thema der „Naturphilosophie" nichts mehr und nichts weniger als die Entfaltung und Begründung einer systematischen *idealistischen Metaphysik der Natur*. Sie setzt also zuerst voraus, dass man schon eine befriedigende Antwort auf zwei Grundfragen der Philosophie gegeben hat: erstens, ist eine Metaphysik als systematische Wissenschaft grundsätzlich möglich? Zweitens, ist sie idealistisch oder realistisch orientiert? Nun, es ist wohlbekannt, dass die „kritische Destruktion der Metaphysik" von zahlreichen philosophischen Strömungen des 20. Jahrhunderts – vom logischen Positivismus zur Existenzphilosophie, vom Marxismus zum Dekonstruktivismus – programmatisch verfolgt worden ist (obwohl, wie ich anderswo zu beweisen versucht habe[1], mit geringem Erfolg); und es ist gleicherweise wohlbekannt, dass ein guter Teil der heutigen Denker, die dagegen eine metaphysische Auffassung der Philosophie noch für möglich halten, wie z.b. die Neuthomisten und die Anhänger von Whiteheads *process philosophy*, zu einer realistischen statt zu einer idealistischen Lösung neigen (obwohl man in ihren Schriften eine angemessene erkenntnistheoretische Rechtfertigung einer solchen Option in der Regel vermisst[2]). Aber das ist nicht alles. Das vielleicht überzeugendste Argument, das man noch heute gegen jeden Versuch, die eigentümliche gegenwärtige Bedeutung der „Naturphilosophie" zu betonen, vorbringen kann, besteht vielmehr darin, dass nicht nur die Gegner des zeitgenössischen Idealismus, sondern auch seine größten Vertreter – von F.H. Bradley zu Benedeto Croce und Giovanni Gentile – einstimmig ein drastisch negatives Urteil über sie gefällt haben. Sie sei nicht bloß obsolet wegen des veränderten Standes der zeitgenössischen Naturwissenschaften, deren Ergebnisse, wie bekannt, ihre unentbehrliche materielle Bedingung (obgleich nicht ihren letzten Rechtfertigungsgrund) ausmachen, sondern ihre grundsätzliche Möglichkeit selbst werde durch die innere Unhaltbarkeit von manchen ihrer metaphysischen Grundannahmen unterminiert. In der Tat glaube ich, dass insbesondere die von Gentile erhobenen Einwände äußerst bündig und scharfsinnig sind, und folglich dass wer auch immer heute ernsthaft daran interessiert ist, den philosophischen Wert von Hegels Naturphilosophie hervorzuheben, nicht vermeiden darf, zuerst Gentiles kritische Perspektive in Betracht zu ziehen.

Es empfiehlt sich vor allem, den entscheidenden Unterschied zwischen Gentiles Stellung und derjenigen von Bradley und Croce genau zu bestimmen. Sie teilten alle miteinander das tiefgehende Bedürfnis, das für philosophisch legitim und sogar unabwendbar zu halten ist, die ursprüngliche Wahrheit und Wirklichkeit des „Geistes" gegenüber derjenigen der „Natur" zu betonen, die hingegen von den gegen Ende des 19. Jahrhunderts vorherrschenden philosophischen Strömungen – wie z.B. der positivistische Psychologismus und Evolutionismus und der historische und dialektische Materialismus –, auf die sie mit Entschlos-

---

1   Vgl. dazu: G. Rinaldi, A Hegelian Critique of Derrida's Deconstructionism, in: Philosophy & Theology *11:2* (1999), S. 311–348.

2   Vgl. dazu: ders., An Apology for Hegel's Idealism Against Its Realist-Metaphysician Critics, in: The Owl of Minerva *19:2* (1987), S. 52–62, und ders., Ragione e Verità. Filosofia della religione e metafisica dell'essere, Roma 2010, Part III, Ch. 1, S. 555–588.

senheit zu reagieren vorhatten, gewöhnlich behauptet wurde. Von einem solchen Standpunkt aus musste die metaphysische Frage nach Wesen und Ursprung der Natur zugunsten des Problems des metaphysischen (Bradley), transzendentalen (Gentile) oder geschichtlichen (Croce) Selbstverständnisses des Geistes freilich zurückstehen. Sie glaubten sogar, im Hegelschen Entwurf einer Naturphilosophie als solchem das unmissverständliche Anzeichen einer noch nicht adäquat überwundenen „naturalistischen" Einstellung erblicken zu dürfen, die auf eine offensichtliche *contradictio in adjecto* hinauslaufe: hielte man konsequent an den Grundsätzen einer streng idealistischen Erkenntnistheorie fest, so wäre die ganze Natur für eine bloß zufällige und widerspruchsvolle Erscheinung, eine Naturphilosophie als solche folglich für unmöglich zu halten; gäbe man dagegen die grundsätzliche Möglichkeit der letzteren zu, so könnte man nicht vermeiden, der Natur selbst eine Notwendigkeit und Wahrheit zuzuschreiben, die mit der besonderen Orientierung jedes echten philosophischen Idealismus unverträglich sei. Ihre einstimmige Geringschätzung von Hegels Naturphilosophie schien ihnen andererseits, in einer bedeutsamen Weise durch das nicht weniger negative Urteil bestätigt zu werden, das die zumeist vom Positivismus oder Neukantianismus beeinflussten Wissenschaftler und Wissenschaftstheoretiker ihrer Zeit über sie gefällt hatten (man denke nur an Cassirers Beurteilung der Hegelschen Naturphilosophie in seinem berühmten Werk über die Geschichte des Erkenntnisproblems in der Philosophie und Wissenschaft der Neuzeit[3]). Aber es ist leicht, einen Grundunterschied zwischen den Argumenten festzustellen, mit denen Bradley und Croce gegen sie polemisieren, und denjenigen, deren sich Gentile bedient – nämlich dass, während erstere bloß „transzendent", d.i. äußere und formale sind, und deshalb ihren bestimmten theoretischen Gehalt nicht treffen, letztere hingegen unbestreitbar „immanent" und folglich der von Hegel selbst festgestellten Grunderfordernis für eine echte philosophische Kritik überhaupt[4] angemessen sind.

Um uns davon zu überzeugen, betrachten wir z.B. die von Bradley im 22. Abschnitt seines 1891 erschienenen Meisterwerks *Appearance and Reality*[5]

---

3 Vgl. dazu: E. Cassirer, Das Erkenntnisproblem in der Philosophie und Wissenschaft der neueren Zeit. Bd. 3: Die Nachkantischen Systeme, Berlin [2]1923, S. 362–77.
4 Vgl. unten, S. 123–124, und Anm. 1.
5 Vgl. F.H. Bradley, Appearance and Reality: A Metaphysical Essay, Oxford [17]1978, S. 231–50. Eine eingehende Erörterung und Kritik von Bradleys Auffassung der Natur wird von Errol E. Harris in seinem Aufsatz: Bradley's Conception of Nature, in: Idealistic Studies *15:3* (Sept. 1985), S. 185–98, vorgebracht. Zu einer allgemeineren Bewertung von Bradleys Metaphysik im Zusammenhang der Wirkungsgeschichte von Hegels Logik siehe: G. Rinaldi, A History and Interpretation of the Logic of Hegel, a. a. O., § 54, S. 435–42.

durchgeführte Erörterung des metaphysischen Problems der Natur. Diese, sagt
er, sei keine „Wirklichkeit", sondern „Erscheinung", weil ihr Wesen weder sich-
selbstgleich noch in-sich-reflektiert, und ferner ihre Grundbestimmungen selbst
(Ausdehnung, Undurchdringlichkeit, usw.) bloß zufällig seien. Die Objektivität
der Natur sei in der Tat wesentlich *relativ* zum wahrnehmenden und denkenden
Subjekt, und darüber hinaus sei ein solches Verhältnis unüberwindlich widersprüchlich. Bradley teilt zwar die Hegelschen Thesen, dass es keine Erscheinung
ohne Wirklichkeit gibt, und dass die einzige wahre Wirklichkeit das Absolute
ist, das nur als ein die Erscheinungen selbst in sich aufhebendes Ganzes möglich
und denkbar ist; und er gesteht zu, dass letztere als Inhalt und Offenbarung des
Absoluten kein bloß negativer und täuschender Schein seien. Jede von ihnen sei
hingegen der Ausdruck eines bestimmten „Grades" von Wahrheit und Wirklichkeit, der desto größer, je „geistiger" ihre eigentümliche Beschaffenheit sei[6].
Aber unglücklicherweise ist Bradley keineswegs imstande, aus seiner Behauptung der substantiellen Immanenz des Absoluten in den Erscheinungen irgend
ein bestimmtes Kriterium abzuleiten, um das Problem des Wesens und der
Wahrheit der Natur vernünftig und eindeutig zu lösen. Denn er neigt vielmehr
zur Annahme, dass sich das Absolute letztlich nur in einer irrationalen, gefühlsmäßigen *immediate experience*[7] offenbare, während das selbstbewusste Denken
selbst sowie die Idee der Wahrheit – und folglich die Philosophie nicht weniger
als die Naturwissenschaften – in letzter Instanz nichts als abstrakte und widerspruchsvolle Erscheinungen seien[8]. Aber das macht klar, dass Bradley nicht so-

---

6 Vgl. F.H. Bradley, Appearance and Reality, a. a. O., S. 318–54. Es scheint mir jedoch offensichtlich einerseits, dass die Zurückforderung des Vorrangs des Geistes gegenüber der
   Natur, die gewiss die bedeutendste Implikation von Bradleys Theorie der „degrees of
   truth and reality" ausmacht, mit seiner Behauptung des bloß phänomenalen und widersprüchlichen Charakters jeder Differenz, Unterscheidung und Beziehung in letzter Instanz unverträglich ist, insofern sie als solche das Setzen eines bestimmten *Verhältnisses*
   der Natur zum Geist impliziert; und andererseits, dass eine solche Behauptung die unumgängliche Folge seiner eingewurzelten *antispekulativen* Neigung ist, das Absolute nach
   dem unangemessenen Prinzip der abstrakten, bloß verständigen Identität (A=A) aufzufassen.

7 Vgl. ebd., S. 463–65.

8 Bradley kann gegen die konkrete Wirklichkeit des selbstbewussten Denkens nur insofern
   argumentieren (vgl. ebd., S. 143–62, 334–36, 422 ff.), als er sein Wesen mit einer seiner
   bloß untergeordneten Funktionen wie der analytischen Tätigkeit des endlichen Verstandes zu Unrecht identifiziert; und er kann die innere Möglichkeit der Philosophie und der
   Wahrheit selbst nur insofern in Frage stellen, als er nicht weniger irrtümlich erstere zu
   einer abstrakt theoretischen Tätigkeit des empirischen Ich (vgl. ebd., S. 401–402) und
   letztere zum bloßen Prädikat einer vermutlich höheren, sie transzendierenden Wirklichkeit herabsetzt, die aber letztlich nichts ist als eine undenkbare Vorstellung (vgl. ebd., S.

sehr die Möglichkeit und Wahrheit von *Hegels* Naturphilosophie in Frage stellt wie die einer Naturphilosophie überhaupt[9], und ferner dass eine solche Infragestellung in Wahrheit nicht mehr ist als eine bloß analytische Folgerung aus seiner allgemeineren Verneinung der letzten Möglichkeit einer *Philosophie* überhaupt; welche Verneinung – gewiss die eigentümlichste These seiner ganzen Auffassung des Absoluten[10] – jedoch offensichtlich *self-refuting* ist, insofern sie selbst ein *philosophischer* Ausspruch ist, und also als solcher die Möglichkeit und Wahrheit einer Philosophie überhaupt voraussetzt.

575–85). Was endlich die positiven Wissenschaften betrifft, scheint es mir bedeutsam, dass er Croces bestimmtere Verneinung ihres theoretischen Wertes und ihre darauf erfolgende Subsumption unter die Sphäre der ökonomischen Tätigkeit des menschlichen Geistes (vgl. unten, S. 109–111 und 115–117) ausdrücklich vorwegnimmt: „the object of natural science is not at all the ascertainment of ultimate truth, and its province does not fall outside phenomena. The ideas, with which it works, are not intended to set out the/true character of reality. [...] The question is not whether the principles of physical science possess an absolute truth to which they make no claim. The question is whether the abstraction, employed by that science, is legitimate and *useful*" (ebd., S. 250–51. Hervorhebung von mir. G.R.).

9   Bradleys Stellung in diesem Zusammenhang ist aber so vage und unbestimmt, dass er einmal, statt die grundsätzliche Möglichkeit einer Naturphilosophie als solcher zu widerlegen, sich vielmehr darauf beschränkt, seine eigene subjektive Inkompetenz zu erklären, während er andererseits sie geradezu für legitim zu halten scheint, insofern sie danach strebt, eine hierarchische Ordnung unter den Naturphänomenen festzustellen: „And hence, if it [die Naturphilosophie] were to accept from the sciences the various kinds of natural phenomena, if it were to set out these kinds in an order of merit and rank, if it could point out how within each higher grade the defects of the lower are made good, and how the principle of the lower grade is carried out in the higher – metaphysics surely would have contributed to the interpretation of Nature. And, while myself totally incapable of even assisting in such a work, I cannot see how or on what ground it should be considered unscientific" (ebd., S. 440). Ich glaube jedoch, dass es schwierig zu verstehen ist, was für einen Sinn es noch haben kann, von metaphysischen „Prinzipien" und von „Ordnung" der Naturphänomene zu sprechen, nachdem man die Begriffe der Naturwissenschaften zu „working fictions" (ebd., S. 439), und die Beziehungen sowie die Kategorien des selbstbewussten Denkens insgesamt zu widerspruchsvollen Erscheinungen herabgesetzt hat!

10   Vgl. ebd., S. 402: „Philosophy [...] is therefore but a one-sided and inconsistent appearance of the Absolute".

§ 2. Gentiles Kritik von Hegels Naturphilosophie

Es scheint mir klar, dass aus dem leeren Formalismus von solchen und ähnlichen Argumenten[11] keine einleuchtende Lösung des Problems des theoretischen Wertes von Hegels Naturphilosophie gezogen werden kann. Also dürfen wir unverzüglich dazu fortschreiten, die viel scharfsinnigere Kritik zu erörtern, die Gentile in allen seinen bedeutendsten Schriften – von *La riforma della dialettica hegeliana* (1913) zur *Teoria generale dello spirito come atto puro* (1916), vom *Sistema di logica come teoria del conoscere* (1922) zum Aufsatz *La natura* (1931) – entfaltet hat[12]. Die von Gentile erhobenen Grundeinwände betreffen: 1. die grundsätzliche Möglichkeit des Übergangs der logischen Idee in die Natur; 2. die wirkliche Bedeutung und Tragweite der Hegelschen Lehre von der Selbstentäußerung der Idee, und 3. die Plausibilität von Hegels Annahme einer immanenten „Dialektik der Natur", die zweifellos eine unumgängliche ontologisch-methodische Vorbedingung jeder möglichen idealistischen Metaphysik der Natur ist.

Gentile bemerkt vor allem, dass sich die logische Idee von der Natur deswegen unterscheide, weil die Grundform der ersteren die reine Allgemeinheit, während diejenige der letzteren dagegen die äußerliche Einzelheit sei. Insofern der Übergang der einen in die andere, und also der metaphysische Ursprung der Natur, einen vernünftigen, *a priori* notwendigen Grund haben solle – es sei ja der Philosophie nicht erlaubt, an die religiöse Vorstellung einer willkürlichen

---

11 Für eine Diskussion und Kritik der Argumente, die Croce gegen die grundsätzliche Möglichkeit einer Naturphilosophie überhaupt vorbrachte, siehe unten, S. 109–111, 115–117, 174 und 180.

12 Vgl. G. Gentile, La riforma della dialettica hegeliana, Firenze [5]1975, I, S. 3–26; II, 7: „L'atto del pensare come atto puro", §§ 6–15, S. 185–93; II, 8: „Il metodo dell'immanenza", § 10, S. 226–29; ders., Teoria generale dello spirito come atto puro, in: ders., Opere filosofiche, a cura di E. Garin, Milano 1991, IV, §§ 17–18, S. 503–505; V, §§ 9–10, S. 512–14; XVII, §§ 2–5, S. 664–66; ders., Sistema di logica come teoria del conoscere, 2 Bde., Firenze [4]1955, Bd. 2, VII, § 5, S. 126–29; ders., La natura, in: ders., Introduzione alla filosofia, Firenze [2]1981, IV, S. 61–78. Eine deutsche Übersetzung dieses Aufsatzes, der der „aktualistischer" Lösung des metaphysischen Problems der Natur ausdrücklich gewidmet ist, wurde in: Logos 20 (1931) veröffentlicht. Zur Philosophie des *idealismo attuale* im allgemeinen vgl. G. Rinaldi, Italian Idealism and After: Gentile, Croce and Others, in: Routledge History of Philosophy, Vol. 8: Twentieth Century Continental Philosophy, ed. by R. Kearney, London–New York 1994, S. 352–58; ders., L'idealismo attuale tra filosofia speculativa e concezione del mondo, a. a. O. Zu Gentiles Reform der Hegelschen Dialektik siehe auch: ders., Attualità di Hegel. Autocoscienza, concretezza e processo in Gentile e in Christensen, in: Studi filosofici XII-XIII (1989–90), S. 63–104, und zu seiner Logik: ders., A History and Interpretation of the Logic of Hegel, a. a. O., § 51, S. 403–11.

Schöpfung der Welt durch einen transmundanen Gott zu appellieren –, sei sie verpflichtet, nach einem solchen Grund in der Differenz ihrer Grundformen zu suchen. Nun könnte dieser darin bestehen, dass die anfängliche Allgemeinheit der Idee durch das darauf folgende Setzen der Einzelheit der Natur ergänzt werden müsse, nur wenn jene als eine bloß abstrakte *Möglichkeit* aufgefasst werde, die zuerst in der Besonderheit der Natur und dann in der Individualität des Geistes diejenige *Wirklichkeit* erlange, deren sie als solche noch entbehre. Diese Lösung werde dennoch durch eine Grundannahme von Hegels metaphysischer Logik unmöglich gemacht – nämlich die Identität von Denken und Sein, die impliziere, dass die logische Idee als die höchste Selbstbestimmung der immanenten Entwicklung des Denkens zugleich die konkreteste Form der Wirklichkeit sei. Warum denn, fragt Gentile, sollte man dem ursprünglichen Sichsetzen der Idee das Setzen der Natur folgen lassen, der darüber hinaus der zusätzliche Mangel zuzuschreiben sei, eine „realtà restia ad ogni pensamento dialettico"[13] (eine für das dialektische Denken unzugängliche Realität) zu sein, denn jeder mögliche Vernunftgrund gehöre notwendig zur konkreten Totalität der ersteren?

Dieser Einwand ist gewiss nicht entscheidend, und in einer besonders tiefen Stelle der *Teoria generale dello spirito come atto puro*[14] scheint Gentile selbst zuzugestehen, dass eine befriedigende Antwort darauf innerhalb des Hegelschen Denkens selbst gefunden werden kann. In der Tat deutet Hegel eine gedrängte aber unzweideutige Lösung der erwähnten Schwierigkeit im Zusatz zu § 247 der *Enzyklopädie* an:

> „Ist Gott [d.h. die logische Idee] das Allgenügende, Unbedürftige, wie kommt er dazu, sich zu einem schlechthin Ungleichen zu entschließen? Die göttliche Idee ist eben dies, sich zu entschließen, dieses Andere aus sich herauszusetzen und wieder in sich zurückzunehmen, um Subjektivität und Geist zu seyn. Die Naturphilosophie gehört selbst zu diesem Wege der Rückkehr; denn sie ist es, welche die Trennung der Natur und des Geistes aufhebt, und dem Geiste die Erkenntnis seines Wesens in der Natur gewährt"[15].

Gentiles Einwand nimmt also keine Rücksicht darauf, dass die Idee zwar Identität von Denken und Sein ist, aber diese Identität keine unbewegte, sondern eine dynamische[16]; dass sie folglich kein Unmittelbares, sondern wesentlich „Resultat" ist, und als solche ein vorangehendes Moment von (relativer) Entgegensetzung zwischen ihnen voraussetzt, die nur durch einen Akt von Selbstverneinung – oder besser Selbstentäußerung – der Idee ermöglicht werden kann. Diese ist

13 G. Gentile, Teoria generale dello spirito come atto puro, a. a. O., S. 506.
14 Ebd., S. 513.
15 Hegel, System der Philosophie. Zweiter Teil: Die Naturphilosophie. Mit einem Vorwort von K.L. Michelet. Stuttgart ³1958, S. 49.
16 Über dieses Charakteristikum der Identität von Denken und Sein vgl. unten, S. 192–198.

also wesentlich als die untrennbare Einheit ihres Sichsetztens und ihrer Selbstentäußerung aufzufassen. Die Hegelsche Lehre vom Übergang der Idee in die Natur und der konsequente Aufbau einer Naturphilosophie im Rahmen des Systems der philosophischen Wissenschaften ist gerade nichts anderes als die systematische Entfaltung des Wesens sowie der bestimmten Resultate des der substantiellen Identität der logischen Idee immanenten Aktes ihrer Selbstentäußerung.

Gentile, wie gesagt, scheint in letzter Instanz dazu geneigt, die Plausibilität dieser Hegelschen Lösung anzuerkennen; aber gerade in der Lehre von der Selbstentäußerung der Idee erblickt er eine weitere, viel erheblichere Schwierigkeit der Philosophie des absoluten Idealismus:

> „Ma questa negazione (perfettamente analoga all'opposizione del non-ente platonico all'ente), negazione che la stessa idea fa di se stessa, potrebbe aver valore se fosse un atto logico, interno quindi alla stessa sfera del logo, e non un atto che l'Idea, restando dentro questa sfera e svolgendo tutta la sua attività logica, non può mai compiere; e lo compie appunto quando supera la pura logicità e rompe la scorza dell'universale per porsi immediatamente come particolare. Rottura inconcepibile"[17].

Gentile bleibt also dabei, dass auch aus der Annahme der logischen Notwendigkeit der Selbstentäußerung der Idee keineswegs folge, dass ihr Resultat mit der radikalen Äußerlichkeit der Natur zusammenfalle. Man könnte versuchen, den Sinn dieses Einwandes folgendermaßen zu erklären. Insofern die logische Idee eine absolut konkrete, unendliche Totalität, und als solche mit dem Selbstbewusstsein des absoluten Geistes letztlich identisch ist, kann das Andere, das sie durch ihre Selbstentäußerung in sich selbst setzt, nur die abstrakteste *logische* Kategorie, nämlich die Idee des unbestimmten Seins, oder die unmittelbarste Stufe der Selbstentäußerung des *Geistes*, nämlich die sinnliche Anschauung – genauer: die „fühlende Seele" als ihre subjektive Form und die sinnlichen Gegebenheiten als ihr eigentümlicher Inhalt (in Gentiles Worten, *sentire*[18] und die *fatti*[19]) – aber keineswegs die raumzeitliche Mannigfaltigkeit der materiellen Dinge als solche sein. Die Frage der Selbstentäußerung der Idee gehöre damit restlos

---

17 G. Gentile, Teoria generale dello spirito come atto puro, a. a. O., S. 513. („Aber diese Selbstverneinung der Idee – die dem Gegensatz zwischen dem platonischen *ens* und dem *non-ens* ganz analog ist – könnte einen Wert haben, wenn sie ein der Sphäre des *logos* selbst immanenter Akt wäre. Aber sie ist hingegen ein Akt, den die Idee innerhalb dieser Sphäre und durch ihre logische Tätigkeit nicht vollbringen kann. Aber sie muss ihn gerade vollbringen, wenn sie das rein Logische übersteigt und die Rinde des Allgemeinen durchbricht, um sich unmittelbar als etwas Besonderes zu setzen – was undenkbar ist".)
18 Vgl. ders., La natura,, a. a. O., § 15, S. 73.
19 Vgl. ders., L'atto del pensare come atto puro, a. a. O., §§ 14–15, S. 192–93.

zur Thematik der Geistphilosophie (die er wiederum ausdrücklich mit derjenigen der Logik identifiziert[20]), und folglich erweise sich eine Naturphilosophie als solche ohne weiteres als überflüssig.

Es ist zweifelsohne schwierig, diesem Einwand von Gentile in befriedigender Weise zu erwidern. Hier darf ich mich auf zwei flüchtige Bemerkungen beschränken. Wenn es zum einen unleugbar ist, dass die Idee des Seins die unmittelbarste logische Kategorie ist, ist es gleicherweise unleugbar, dass sie als solche eine immanente Selbstbestimmung des „absoluten Wissens" ausmacht, das dagegen als die abschließende Gestalt des phänomenologischen Weges des Geistes durch die ganze Reihe der vorangehenden *negativ vermittelt* ist; und es ist auch wohlbekannt, dass die unmittelbarste Gestalt von allen, d.i. die „sinnliche Gewissheit", ihre Wahrheit mit dem „Diesen" identifiziert[21], das gerade diejenige raumzeitliche ausschließende Einzelheit ist, mit der die von der Hegelschen Naturphilosophie dargestellte Entwicklung der Idee in der Form des Andersseins anfängt. Was dann die fühlende Seele oder *sentire* betrifft, muss man zugestehen, dass sie die unmittelbarste Bestimmung der Selbstentfaltung des subjektiven Geistes ausmacht, aber da sie nur als die *Form* eines *Leibes*, nämlich als die Verinnerlichung seiner ursprünglichen raumzeitlichen Äußerlichkeit möglich und denkbar ist, setzt sie notwendig selbst das vorangehende Gesetztsein der kategorialen Grundbestimmung der Natur voraus. Der Akt der Selbstentäußerung der Idee kann sich also nicht darauf beschränken, die immanente logische Andersheit der Idee des Seins (mit Gentiles Worten: *pensiero pensato*[22] oder *logo astratto*[23]) oder die geistige der fühlenden Seele in sich zu setzen, weil beide durch die unmittelbarere raumzeitliche Äußerlichkeit der *Natur* vermittelt sind, die also selbst durch eine *vorangehende* Stufe der Selbstäußerung der Idee gesetzt werden muss, deren Resultate als solche gerade die besondere Thematik der Naturphilosophie ausmachen.

Gentiles dritter Grundeinwand gegen die grundsätzliche Möglichkeit der Hegelschen Naturphilosophie überhaupt scheint mir viel weniger bündig zu sein als die beiden anderen, weil er offensichtlich auf einem bedauerlichen Missverständnis von Hegels fraglichen Behauptungen beruht. Das Thema der Naturphilosophie ist die Betrachtung der Entwicklung der Idee in der Sphäre ihres Andersseins als der Natur. Da, wie bekannt, das immanente ontologische Grundgesetz der Idee, das mit der Methode ihrer logischen Selbstentfaltung zusammenfällt, die „Dialektik" ist, macht diese notwendig auch das Grundprinzip der phi-

---

20 Vgl. ders., Il metodo dell'immanenza, a. a. O., § 11, S. 229.
21 Vgl. Hegel, Phänomenologie des Geistes, a. a. O., S. 82–92.
22 Vgl., z. B., G. Gentile, Teoria generale dello spirito come atto puro, a. a. O., IV, § 6, S. 493.
23 Vgl. ders., Sistema di logica come teoria del conoscere, a. a. O., Bd. 2, VII, S. 132 ff.

losophischen Erklärung der Natur aus. Nach Gentile hingegen sei dies grundsätzlich unmöglich, weil die anfängliche *scintilla*[24] (Funken), die den Widerspruch erzeuge und also den dialektischen Prozess ursprünglich in Gang setze,
nicht aus der unbewegten, leeren Unbestimmtheit der Kategorie des Seins, sondern nur aus der konkreten Selbstbewegung „unseres" selbstbewussten Denkens
entspringen könne. Ohne Bewusstsein, betont er, sei keine Dialektik als solche
möglich[25], und folglich sei Hegels Annahme einer Dialektik der unbewussten
Natur eine offensichtliche *contradictio in adjecto*. Indem darüber hinaus die Naturphilosophie als die dialektische Erklärung der Naturgegenstände der Geistphilosophie in der Gliederung von Hegels System vorangeht und ihre notwendige
Bedingung ausmacht, werde die Wirklichkeit des Geistes durch eine solche Annahme unabwendbar zu einem bloß Bedingten und Relativen herabgesetzt und
letztlich nichts weniger aufs Spiel gesetzt als die bedeutendste spekulative Errungenschaft der ganzen geschichtlichen Entwicklung des neuzeitlichen Idealismus selbst: nämlich die Zurückforderung der absoluten Wahrheit, Wirklichkeit und Freiheit des selbstbewussten Geistes vom herkömmlichen Empirismus und Realismus[26]. Im Hegelschen Entwurf einer philosophischen Wissen-

---

24 Ders., La riforma della dialettica hegeliana, a. a. O., S. 32. Gentile zitiert hier eine Stelle
    aus Spaventas berühmtem Aufsatz *Le prime categorie della Logica di Hegel* (1864), so
    dass die Urheberschaft der erwähnten Metapher dem letzteren in Wahrheit zuzuschreiben
    ist. (Vgl. B. Spaventa, Opere, a cura di G. Gentile, Firenze 1972, Bd. 1, S. 399). Zu die-
    ser Schrift des bedeutendsten der italienischen Hegelianer des 19. Jahrhunderts siehe die
    Erörterung von K.L. Michelet: Spaventa über Hegel in der Akademie zu Neapel, in: Der
    Gedanke 5:2 (1864), S. 114–17. Zu Spaventas Interpretation der Hegelschen Logik vgl.
    G. Rinaldi, A History and Interpratation of the Logic of Hegel, a. a. O., § 50, S. 396–403.
25 Vgl., z.B., G. Gentile, Teoria generale dello spirito come atto puro, a. a. O., S. 505: „Sot-
    traetevi all'ordinaria e inconsapevole astrazione per cui la realtà è quella che voi pensate,
    mentre, se voi la pensate, non può essere se non nel vostro pensiero; mirate con fermo
    occhio a questa vera e concreta realtà che è il pensiero in atto; e la dialetticità del reale vi
    apparirà evidente e certa come certo ed evidente è a ciascuno di noi l'aver coscienza di
    ciò che pensa: il vedere, per esempio, quello che vede". („Entzieht euch der gemeinen
    und unbewussten Abstraktion, nach der die Wirklichkeit diejenige ist, die ihr denkt, wäh-
    rend, wenn ihr sie denkt, sie hingegen nur in eurem Denken sein kann; gebt acht auf die-
    se wahre und konkrete Wirklichkeit, die der Akt des Denkens ist; und dann wird der dia-
    lektische Charakter der Wirklichkeit euch so offenbar und gewiss erscheinen, wie das
    Bewusstsein dessen, was jeder von uns denkt, ihm offenbar und gewiss ist".)
26 Vgl., z.B., G. Gentile, Teoria generale dello spirito come atto puro, a. a. O., Kap. XVII,
    S. 664: „Questa mediazione dell'Io di Fichte, fatta da Hegel per risolvere le difficoltà
    provenienti nella concezione fichtiana dall'astrattezza dello stesso concetto dell'Io, inca-
    pace di generare dal proprio seno il non-Io; riesce a distruggere, anzi che a fondare, la re-
    altà assoluta dell'Io. La quale non sarà assoluta, se avrà qualche cosa dietro a sè, in cui si
    fondi, invece di essere il fondamento di tutto, e aver quindi tutto innanzi a sè. Il difetto

schaft der Natur kann Gentile also nur eines der bedenklichsten *residui*[27] (Reste) desjenigen inakzeptablen Schellingschen „Naturalismus" erblicken, von dem es dem absoluten Idealismus, im Unterschied zu seinem *idealismo attuale*, trotz seiner programmatischen Grundgedanken nicht gelungen sei, sich völlig loszumachen.

In diesem Zusammenhang genüge es zu bemerken, dass Gentile den eigentümlichen *negativ-dialektischen* Charakter von Hegels Auffassung des Verhältnisses von Grund und Begründetem nicht zu berücksichtigen scheint: jener geht ja diesem in der logischen Entfaltung der Folge der Denkbestimmungen der Idee voran; aber indem letzteres nichts anderes ist als eine teleologische Bewegung von Reflexion-in-sich-selbst und Rückgang in ihren Anfang, ist es nicht der abstrakte Grund (oder ebenso die zufälligen Bedingungen oder Voraussetzungen), der das Begründete in Wahrheit bestimmt, sondern es ist umgekehrt das Begründete, als „die Sache" selbst, das den letzten *Grund des Grundes* ausmacht[28]. Obwohl also Hegel die Möglichkeit einer Dialektik der Natur bejaht und Gentile sie verneint, stimmen beide Denker zweifellos darin überein, dass sie den Geist als das absolute Prinzip und letzten Ursprung der Natur betrachten; und die eigentümliche ontologische Rolle, die ersterer der Dialektik der Natur zuerkennt, kann in letzter Instanz nur eine bloß *untergeordnete* und *relative* sein. Im tiefgehenden Zusatz zu § 375, der die *Naturphilosophie* beschließt, hebt Hegel ausdrücklich hervor, dass der Standpunkt, auf welchem man zu Recht sagen darf, dass der Geist aus der Natur „hervorgeht", und so deren unmittelbare Realität voraussetzt – und welcher offensichtlich dem „zweiten Schluss" von Logos, Natur und Geist entspricht, den die abschließenden Paragraphen der dritten Auflage

---

dell'hegelismo è appunto questo: di far precedere all'Io tutto ciò che lo presuppone". („Diese Vermittlung des Fichteschen Ich, die Hegel ausführte, um die von der Abstraktheit des Begriffs selbst des Ich wegen seiner Unfähigkeit, aus sich selbst das nicht-Ich zu erzeugen, herkommenden Schwierigkeiten zu lösen, kann in Wahrheit die absolute Wirklichkeit des Ich eher zerstören als begründen. Diese wird nicht absolut sein, wenn sie etwas hinter sich hat, auf das sie sich gründet, statt der Grund von allem zu sein, und also alles vor sich zu haben. Der Mangel des Hegelianismus ist gerade dies: dem Ich alles, was es voraussetzt, vorauszuschicken".)

27 Ders., „Il metodo dell'immanenza", a. a. O., § 11, S. 227.

28 Vgl. dazu: Hegel, Wissenschaft der Logik, a. a. O., Bd. 2, S. 123: der Grund „bleibt also nicht als ein Verschiedenes vom Begründeten zurück, sondern die Wahrheit des Begründens ist, dass der Grund darin mit sich selbst sich vereint und somit seine Reflexion in Anderes seine Reflexion in sich selbst ist". Gentile scheint also Hegels ganze Behandlung des „Hervorgang[s] der Sache in die Existenz" (ebd., S. 119–23) zu ignorieren, die die Entfaltung der Kategorie des Grundes in der *Wissenschaft der Logik* beschließt, und deren außerordentliche spekulative Prägnanz, Tiefe und Wichtigkeit für das Verständnis des ganzen Systems des absoluten Idealismus durchaus unleugbar ist.

der *Enzyklopädie* erörtern[29] – nicht der höchste und endgültige ist; dieser sei dagegen derjenige, der die ganze Natur als das bloße Resultat des freien Setzens des absoluten Geistes betrachte (der dem „dritten Schluss" entspricht):

> „Der Geist ist so aus der Natur hervorgegangen. Das Ziel der Natur ist, sich selbst zu tödten, und ihre Rinde des Unmittelbaren, Sinnlichen zu durchbrechen, sich als Phönix zu verbrennen, um aus dieser Äußerlichkeit verjüngt als Geist hervorzutreten. Die Natur ist sich ein Anderes geworden, um sich als Idee wieder zu erkennen und sich mit sich zu versöhnen. Aber es ist einseitig, den Geist so als *Werden* aus dem Ansich nur zum Fürsichseyn kommen zu lassen. Die Natur ist zwar das Unmittelbare, – aber ebenso, als das dem Geiste Andere, nur ein Relatives: und damit, als das Negative, nur ein Gesetztes. Es ist die Macht des freien Geistes, der diese Negativität aufhebt; er ist ebenso vor als nach der Natur, nicht bloß die metaphysische Idee derselben. Als der Zweck der Natur ist er eben darum *vor* ihr, sie ist aus ihm hervorgegangen: jedoch nicht empirisch, sondern so dass er in ihr, die er sich voraussetzt, immer schon enthalten ist"[30].

Aus dem bisher Gesagten dürfen wir also folgern, dass im Gegensatz zu dem, was Gentile meint, Hegel gleichermaßen bemüht ist, die absolute Freiheit des selbstbewussten Geistes hervorzuheben; aber während ersterer glaubt, ein solches Ziel „scavando più profondo l'abisso"[31] (durch die Vertiefung des Abgrundes), der die Natur vom Geist abtrenne, erreichen zu können, schlägt letzterer einen anderen Weg ein, der ihn dazu führt, eine äußerst komplizierte philosophische Wissenschaft aufzubauen, die beabsichtigt, auf Grund einer synoptischen Betrachtung der bedeutendsten Grundsätze und Resultate der Naturwissenschaften zu beweisen, dass eine vernünftige Erklärung der Natur nur möglich ist, wenn man einerseits die Negativität und Relativität ihrer unmittelbaren Äußerlichkeit anerkennt, und andererseits ihr substantielles Inneres mit einer vorläufigen und unvollkommenen Entwicklungsstufe der sich nur im selbstbewussten Bereich des Geistes völlig verwirklichenden Vernunftidee identifiziert.

§ 3. Grundriss von Harris' Naturphilosophie

Um der Wiedergeburt eines ernsten und schöpferischen Interesses für die konkreten philosophischen Fragen, die im zweiten Teil der *Enzyklopädie* erörtert werden, beizuwohnen, müssen wir bis auf die zweite Hälfte des 20. Jahrhunderts warten. Man darf ohne Übertreibung behaupten, glaube ich, dass eines der merkwürdigsten und tröstendsten Ereignisse in einem von Grund auf unphiloso-

---

29 Vgl. Enzyklopädie der philosophischen Wissenschaften, a. a. O., Bd. 3, §§ 575–77, S. 393–94.
30 Die Naturphilosophie, a. a. O., § 375, S. 721.
31 G. Gentile, Teoria generale dello spirito come atto puro, a. a. O., S. 506.

phischen und geistig unfruchtbaren Zeitalter wie dem unsrigen gerade in den zahlreichen und oft sorgfältigen Studien, die in den letzten Jahrzehnten der Hegelschen Naturphilosophie gewidmet worden sind, und insbesondere in der originellen systematischen Metaphysik der Natur von Errol E. Harris zu sehen ist. Deren Grundprinzipien waren schon in seinem 1954 erschienenen ersten wichtigen Werk, *Nature, Mind and Modern Science*, mit der für ihn charakteristischen Klarheit und Schärfe umrissen worden. 1965 folgte ein umfangreiches Buch, *The Foundations of Metaphysics in Science*, das eine systematische Darstellung seiner Naturphilosophie darbietet, die 1991 in seinem geistreichen Aufsatz, *Cosmos and Anthropos. A Philosophical Interpretation of the Anthropic Cosmological Principle*, weiterentwickelt wurde[32].

Das Charakteristikum der Harris'schen Metaphysik der Natur liegt einerseits in ihrem entschiedenen Festhalten an dem spekulativen Prinzip der Hegelschen Naturphilosophie, nämlich dass das Wesen der Natur nichts anderes ist als die Selbstentfaltung der Ein-und-Allheit der denkenden Vernunft in der Form des Andersseins, so dass ihre Aufgabe darin besteht, die bestimmten Stufen des unbewussten Prozesses im einzelnen zu entfalten, durch die die Natur ihre unmittelbare raumzeitliche Äußerlichkeit schrittweise transzendiert und zu ihrem Selbstbewusstsein in der Subjektivität des menschlichen Geistes kommt. Aber

---

32 Vgl. E.E. Harris, Nature, Mind and Modern Science, London 1954; ders., The Foundations of Metaphysics in Science, London 1965. Nachdruck (mit dem einzigen Zusatz eines kurzen aber wichtigen Vorworts, S. 9–11), Atlantic Highlands, NJ–London 1993; ders., Cosmos and Anthropos: A Philosophical Interpretation of the Anthropic Cosmological Principle, Atlantic Highlands, NJ–London 1991. Eine explizite kritische Auseinandersetzung von Harris mit Hegels Naturphilosophie findet sich in drei wichtigen Artikeln von ihm: The Philosophy of Nature in Hegel's System, in: The Review of Metaphysics *3* (1949), S. 213–28; ders., Hegel and the Natural Sciences, in: Beyond Epistemology, ed. by F. Weiss, The Hague 1974, S. 129–53; ders., Hegel's Naturphilosophie, Updated, in: The Owl of Minerva *10:3* (1978), S. 2–7. Zu Harris's neuhegelscher Metaphysik vgl. D.E. Christensen, Der universelle Systemgedanke bei Errol Harris, in: Wiener Jahrbuch für Philosophie VIII (1975), S. 195–211; G. Rinaldi, Saggio sulla metafisica di Harris, a. a. O.; Dialectic and Contemporary Science: Essays in Honor of Errol E. Harris, ed., and with an Introduction by Philip T. Grier, Lanham–London 1989 (es enthält Schriften zum Harris'schen Denken von Ph.T. Grier, B. Blanshard, G.R. Lucas, Jr., J.E. Smith, G. Rinaldi, T. Rockmore, R. Hepburn, W.H. Walsh, W.N.A. Klever, Ph. Muller and W. Earle); G. Rinaldi, „Introduzione", in: E.E. Harris, Salvezza dalla disperazione. Rivalutazione della filosofia di Spinoza, a cura di G. Rinaldi, Milano 1991, S. 13–45; ders., L'idealismo attuale tra filosofia speculativa e concezione del mondo, a. a. O., Appendice, §§ III and IV, S. 141–53; ders., Harris, Errol Eustace (1908–2009), in: Dictionary of Modern American Philosophers, ed. by J.R. Shook, 2005, S. 1036–1040. Nachgedruckt in: Biographical Encyclopedia of British Idealism, ed. by W. Sweet, London–New York, Continuum International Publishing Group 2010, S. 302–306.

andererseits distanziert sich seine Naturphilosophie insofern von der Hegelschen, als diese, wie bekannt, auf der eindeutigen Entsprechung zwischen der hierarchischen Ordnung der in der *Wissenschaft der Logik* abgeleiteten „Denkbestimmungen" und derjenigen der in der *Naturphilosophie* entfalteten „Begriffsbestimmungen"[33] (nämlich der apriorischen Grundlagen der von den positiven Wissenschaften ausgearbeiteten Theorien der Naturphänomene) beruht, während sich die Folge der von Harris beschriebenen Naturformen viel enger nach der besonderen Beschaffenheit der Resultate der zeitgenössischen Naturwissenschaften richtet. Dieser Unterschied zwischen beiden methodischen Perspektiven ist keineswegs zufällig, sondern gründet sich auf eine Grundannahme der Harris'schen Auffassung der geschichtlichen Entwicklung der Naturwissenschaften. In der Tat hält er es für nötig, einen erkenntnistheoretisch überaus wichtigen *qualitativen Sprung* von der wissenschaftlichen Weltauffassung der Neuzeit zu derjenigen des 20. Jahrhunderts festzustellen[34]. Die neuzeitlichen Wissenschaften (die er häufig auch die Wissenschaften der *Renaissance* nennt[35], und die schon aus chronologischen Gründen die einzigen waren, die Hegel zum Stoff für den Aufbau seiner Naturphilosophie dienen konnten) seien im allgemeinen auf die theoretischen Voraussetzungen der Newtonschen Physik gegründet und förderten folglich eine streng pluralistische, atomistische, realistische und mechanistische Weltanschauung. Die zeitgenössischen Wissenschaften – unter denen er insbesondere A. Einsteins Relativitätstheorie[36], die Quantenphysik von M. Plank, W. Pauli und W. Heisenberg[37], die von Sir A. Eddington, W.D. Sciama, F. Capra, J.D. Barrow, F.J. Tipler, D. Boehm, usw. umrissene „vereinheitlichte" Weltauffassung"[38] sowie die „systemische" und „morphogenetische" Biologie von L. von Bertalanffy[39] und R. Sheldrake[40] behandelt – würden sich dagegen einer vorwiegend apriorisch-deduktiven Methode bedienen; und darüber hinaus würden sie einstimmig eine Auffassung der Natur ent-

33 Vgl. G.R.G. Mure, A Study of Hegel's Logic, a. a. O., S. 321.
34 E.E. Harris, Nature, Mind and Modern Science, a. a. O., S. 352–92; ders., Cosmos and Anthropos, a. a. O., S. 164–70.
35 Ders., Nature, Mind and Modern Science, a. a. O., S. 55–59, 117 ff.
36 Ders., The Foundations of Metaphysics in Science, a. a. O., S. 41–63.
37 Ebd., S. 124–41.
38 Ders., Cosmos and Anthropos, a. a. O., S. 14–15, 35–44.
39 Ders., Nature, Mind and Modern Science, a. a. O., S. 362–65. Zur „allgemeinen Systemtheorie" von L. von Bertalanffy vgl. G. Rinaldi, Il concetto speculativo di „sistema" tra filosofia e scienze dell'uomo, in: Studi urbinati LXI (1988), S. 479–505; und ders., Hegels spekulativer Systembegriff und die zeitgenössischen Wissenschaften, in: W. Neuser, S. Roterberg (Hg.), Systemtheorie, Selbstorganisation und Dialektik. Zur Methodik der Hegelschen Naturphilosophie, Würzburg, Könighausen & Neumann, im Druck.
40 E.E. Harris, Cosmos and Anthropos, a. a. O., S. 71 ff., 97 ff.

wickeln, nach welcher diese ein einziges organisches Ganzes ausmache. Dieses dirimiere sich nach Harris in eine *scala naturae*[41] von Entwicklungsstufen zunehmender Komplexität und systematischer Integration, in der die möglichen Gegenstände von Kausalerklärungen denjenigen, die nur durch die Idee einer allgemeinen inneren Zweckmäßigkeit der Natur erklärbar seien, streng untergeordnet würden, so dass das unorganische Universum nicht nur als eine systematische Totalität, sondern auch als die unmittelbare Grundlage eines einzigen teleologischen Prozesses betrachtet werden könne, dessen absoluter Endzweck, der schon in seinen unmittelbaren Stufen – die so genannte *spatio-temporal matrix*[42] – virtuell immanent wäre, mit der Erzeugung der biologischen Bedingungen der *emergence* und Erhaltung der menschlichen Intelligenz und der von ihr geschaffenen *noösphere*[43] (intellektuelle Welt) zusammenfalle.

Die Annahme eines solchen erkenntnistheoretischen Grundunterschiedes in der geschichtlichen Entwicklung der Naturwissenschaften erlaubt Harris, den Charakter des Verhältnisses der positiven Wissenschaften zur Philosophie anders darzustellen als es bei Hegel der Fall war. Nach dem letzteren, wie bekannt, seien sie nichts mehr als ein Erzeugnis der theoretischen Aktivität des *endlichen Verstandes*, der auf die Mannigfaltigkeit der sinnlichen Gegebenheiten eine unverbundene Pluralität von abstrakten und formalen Denkbestimmungen anwende; so dass sie, obwohl sie die Aufgabe erfüllten, der Naturphilosophie den nötigen Stoff für ihre Konstruktion eines vernünftigen Bildes der Natur zu verschaffen, notwendig nichtsdestoweniger derjenigen totalen, organischen Allgemeinheit entbehren würden, die für die philosophische Vernunft typisch sei, und folglich keinen unbestreitbaren Beweis der Wahrheit (oder Falschheit) der Behauptungen der Naturphilosophie beibringen könnten. Wie Hegel im Zusatz zu § 246 ausdrücklich bemerkt,

„[d]ie Naturphilosophie nimmt den Stoff, den die Physik ihr aus der Erfahrung bereitet, an dem Punkte auf, bis wohin ihn die Physik gebracht hat, und bildet ihn wieder um, *ohne die Erfahrung als die letzte Bewährung zu Grunde zu legen*"[44].

---

41 Ders., The Foundations of Metaphysics in Science, a. a. O., S. 279–80; ders.: Cosmos and Anthropos, a. a. O., S. 41–44, 59–61. Der Begriff der *scala naturae*, dessen ursprüngliche Aristotelische Herkunft offensichtlich ist, wurde jedoch am Anfang des 20. Jahrhunderts einer tiefgehenden und geistreichen dialektischen Bearbeitung in Collingwoods Theorie der „scale of forms" unterzogen (vgl. R.G. Collingwood, An Essay on Philosophical Method, a. a. O., Ch. III, S. 54–91), in der also der wirkliche Vorläufer dieser Harris'schen Auffassung in der Tat zu sehen ist.
42 Ders., The Foundations of Metaphysics in Science, a. a. O., S. 64–84.
43 Ders., Cosmos and Anthropos, a. a. O., S. 149–51.
44 Hegel, Die Naturphilosophie, a. a. O., § 246, Zusatz, S. 44 (Hervorhebung von mir. G.R.). Ich kann deshalb nicht umhin, mit der These nicht übereinzustimmen, die K. Gloy

Nach Harris erlaube dagegen die holistische, organizistische und teleologische Grundrichtung der zeitgenössischen Wissenschaften ohne weiteres, in ihren bedeutendsten theoretischen Aussagen ein Produkt der spekulativen Vernunft statt bloß des endlichen Verstandes zu erblicken[45], und in mehr als einem Zusammenhang zögert er nicht, die heutige wissenschaftliche Weltauffassung als einen faktischen, objektiven Beweis der Wahrheit der Metaphysik des „objektiven Idealismus" beizubringen[46], dessen die Hegelsche Naturphilosophie wegen des eigentümlichen Charakters der Naturwissenschaften im 19. Jahrhundert unglücklicherweise noch entbehrte.

Unter den *revelations* der zeitgenössischen Wissenschaften, denen Harris eine besondere philosophische Bedeutung zuschreibt, sind vor allem diejenigen der Evolutionstheorie zu erwähnen. Er weist zwar die von Darwin und den heutigen Neudarwinisten ausgearbeitete Fassung derselben wegen der offensichtlich

---

in ihrem Aufsatz: Naturphilosophie versus Naturwissenschaft. Die Aktualität einer Hegelschen Intention, demonstriert am Beispiel von Hegels Newton-Kritik, in: Jahrbuch für Hegelforschung III (1998), S. 11–21 vertreten hat, nach der Hegels Naturphilosophie durchaus abhängig von den empirischen Ergebnissen der Naturwissenschaften seiner Zeit sei, so dass sich jede mögliche Aktualität von ihr letztlich auf die bloße Behauptung des „Postulats" der rationalen Notwendigkeit einer einheitlichen Auffassung der Natur beschränke. Eine solche These nimmt erstens offensichtlich keine Rücksicht auf Hegels ausdrückliche Äußerungen wie die soeben zitierte; zweitens auf den eigentümlichen negativ-dialektischen Charakter von Hegels Auffassung des Grundverhältnisses, die die einseitige Abhängigkeit des Resultats von seinen Bedingungen – und also, in diesem Fall, der Naturphilosophie von den positiven Wissenschaften – grundsätzlich ausschließt (vgl. oben, Anm. 28); und endlich auf die radikale Diskrepanz zwischen der erkenntnistheoretischen Form des Postulats und der Hegelschen Idee des „spekulativen Wissens". In der Tat ist ein Postulat beispielsweise nach Kant „einen theoretischen, als solchen aber nicht erweislichen Satz [...], so fern er einem *a priori* unbedingt geltenden praktischen Gesetze unzertrennlich anhängt" (Kant's Werke, hg. von der Königlich Preußischer Akademie der Wissenschaften, Bd. V: Kritik der praktischen Vernunft, Berlin 1913, S. 122); und also würde das Postulieren überhaupt im Fall eines Wissens, wie des Hegelschen, das einerseits nach der vollständigen Vermittlung (Beweis) seiner eigenen Voraussetzungen strebt, und andererseits sich als die innere, dialektische Einheit der „Idee des Erkennens" und der „Idee des Guten", und also der theoretischen und der praktischen Vernunft, wesentlich setzt, nicht erlaubt scheinen.

45   Vgl. E.E. Harris, Nature, Mind and Modern Science, a. a. O., S. 390: „But in one respect at least it [die zeitgenössische Physik] has gone beyond Hegel; for Hegel restricted natural science to the level of the understanding, and by recognizing the inseparability of subject and object the modern physicist has adopted what, according to Hegel, is the attitude of speculative reason".

46   Vgl., z.B., ders., The Foundations of Metaphysics in Science, a. a. O., S. 28–32; ders., Cosmos and Anthropos, a. a. O., S. VII, usw.

mechanistischen und materialistischen Voraussetzungen ihrer Grundbegriffe von *natural selection* und *casual variation* zurück, deren erkenntnistheoretische Unhaltbarkeit er scharfsinnig hervorhebt[47]; andererseits aber teilt er unbedingt ihre Annahme, dass, im Unterschied zu dem, was Hegel in der Anmerkung zu § 249 behauptet, wirklich eine *zeitliche*, nicht bloß logisch-ideelle Entwicklung der lebendigen Organismen und sogar der unorganischen Natur selbst stattgefunden habe. Dies veranlasst ihn, eine Auflösung der beiden ersten Kantischen Antinomien vorzuschlagen, die beträchtlich von derjenigen abweicht, die Hegel im Zusatz zu § 247 umreißt[48]. Nach dem letzteren bestehe ihr letzte Grund darin, dass die Begriffsbestimmungen von Raum, Zeit und Materie die sinnliche Verkörperung der Denkbestimmung der *Quantität* seien, die aus zwei entgegengesetzten, aber komplementären Momenten, Kontinuität und Diskretion, bestehe. Auf der Grundlage des ersteren habe also die Welt weder einen Anfang in der Zeit noch eine Grenze im Raum, und die Materie könne nicht in unteilbare Atome eingeteilt werden. Auf der Grundlage des letzteren sollten hingegen die entgegengesetzten Thesen behauptet werden. Beide Antinomien entsprängen also daraus, dass der endliche Verstand hartnäckig danach strebe, das Wesen des Raumes, der Zeit und der Materie entweder durch den bloßen Begriff der abstrakten Kontinuität oder durch den des abstrakten Unterschiedes zu bestimmen, während ihre Wahrheit nur in ihrer konkreten Einheit bestehe. Allerdings erreiche letztere eine bestimmte Gestalt und Wirklichkeit erst im Bereich des Lebens und des Geistes; in der Sphäre der unorganischen Natur bleibe der Gegensatz zwischen der Kontinuität und der Diskretion ihrer Grundbestimmungen dagegen unaufgelöst, so dass Hegel zum Schluss kommt, es sei grundsätzlich unmöglich, solchen kosmologischen Fragen „eine runde Antwort" zu geben.

Geht man dagegen mit Harris davon aus, dass die logisch-ideelle Selbstentwicklung der Idee in der Natur notwendig eine entsprechende real-zeitliche Evolution impliziere, so dass ihr ideeller Anfang mit einem bestimmten Zeitpunkt zusammenfallen müsse, so wird eine „runde Antwort" auf die genannten Fragen offensichtlich unumgänglich. Und in der Tat scheint er die von den zeitgenössischen Wissenschaftlern aufgestellten Annahmen über das vermutliche Alter des Universums (18. 10^{10} Jahre[49]) ernst zu nehmen. Andererseits erblickt er zu Recht in Einsteins relativistischer Auffassung des untrennbaren Zusammenhangs von

---

47   Ebd., S. 77–91, 100.

48   Vgl. Hegel, Die Naturphilosophie, a. a. O., § 247, Zusatz, S. 51–54; und auch Hegels bewundernswürdige Erörterungen von Kants zweiter kosmologischen Antinomie in der Anmerkung 1 zum Kapitel über die „reine Quantität" und von der ersten Antinomie in der Anmerkung 2 zum Kapitel über den „quantitativen unendlichen Progreß" in der Wissenschaft der Logik, a. a. O., Bd. 1, S. 216–27 und 271–76.

49   E.E. Harris, Cosmos and Anthropos, a. a. O., S. 47.

Raum, Zeit und Materie in der *original matrix* des physischen Universums ein kosmologisches Grundprinzip, das von entscheidender Bedeutung für die wissenschaftliche Begründung einer „holistischer" Metaphysik der Natur ist; und somit zieht seine Lösung des Problems des zeitlichen Anfangs der Welt auch die weitere Behauptung der wesentlichen Endlichkeit des Raumes nach sich (dessen Radius in Lichtjahren seinem Alter entspräche[50]) sowie die Möglichkeit, die Beschaffenheit und sogar die Zahl (10^{80}) der Elementarteilchen – der so genannten *nucleons*[51] – wissenschaftlich zu bestimmen, aus denen die Materie bestehe. Ein ähnlicher Versuch war in der Tat schon am Anfang des 20. Jahrhunderts von Sir Arthur Eddington gemacht worden[52], scheint mir aber nicht besonders einleuchtend zu sein.

Viel bedeutsamer und origineller ist hingegen die Folgerung, die Harris aus seiner die Endlichkeit des physischen Universums behauptenden Lösung der beiden ersten Kantischen Antinomien zieht. Insofern jedes bestimmte Dasein im unorganischen Universum nichts anderes sei als das Resultat einer immanenten Selbstunterscheidung seiner *original matrix* (die nach Harris wie nach manchen zeitgenössischen Kosmologen durch eine einzige, äußerst komplexe mathematische Formel ausdrückbar wäre)[53], solle das Universum also als ein einziges systematisches Ganzes von sphärischer Form (auf Grund von Einsteins Annahme der durch die Materie erzeugten „Krümmung" des raumzeitlichen *continuum*) aufgefasst werden, das jede mögliche Andersheit in sich enthalte, und so einerseits *unbounded*, andererseits aber – indem es, wie gesagt, einen Anfang in der Zeit und eine Grenze im Raum habe – *finite* sei[54]. Es setze sich also als eine ursprüngliche Synthese von Endlichem und Unendlichem, und folglich als eine realphilosophische Verkörperung jener logisch-metaphysischen Kategorie der „wahren Unendlichkeit", die Hegel bekanntlich als einen der Hauptbegriffe des „spekulativen" Wissens betrachtet[55]. Im Unterschied zu Harris glaubt Hegel jedoch, wie es durch den Zusatz zu § 337 eindeutig belegt wird, dass „das Spekulative" vielmehr das eigentümliche Vorrecht der organischen Natur gegenüber der unorganischen ausmache:

> „Das Lebendige begibt sich immer in die Gefahr, hat immer ein Anderes an ihm, verträgt aber diesen Widerspruch; was das unorganische nicht kann. Das Leben

---

50 Ebd.
51 Ebd., S. 51.
52 Vgl. ders., The Foundations of Metaphysics in Science, a. a. O., S. 98.
53 Ders., Cosmos and Anthropos, a. a. O., S. 36 ff.
54 Ders., Nature, Mind and Modern Science, a. a. O., S. 378–80; ders., The Foundations of Metaphysics in Science, a. a. O., S. 85–91; ders.: Cosmos and Anthropos, a. a. O., S. 12, 35–44.
55 Hegel, Wissenschaft der Logik, a. a. O., Bd. 1, S. 149–73.

ist aber zugleich das Auflösen dieses Widerspruchs; und darin besteht das Spekulative, während nur für den Verstand der Widerspruch unaufgelöst ist. Das Leben kann also nur spekulativ gefaßt werden; denn im Leben existiert eben das Spekulative"[56].

In diesem Zusammenhang ist die von Harris vorgebrachte Interpretation von W. Paulis „Ausschließungsprinzip"[57], nach dem es grundsätzlich unmöglich ist, dass zwei Elektronen, die dieselbe Ladung haben, dieselbe Bahn besetzen, zweifelsohne bemerkenswert. Es impliziere, dass die elementare Struktur der angeblichen „Materie" des physischen Universums (die in Wahrheit nur eine „Falte" des raumzeitlichen *continuum* wäre), weit davon entfernt, sich in ein atomistisches Aggregat von abstrakt sichselbstgleichen Elementarteilchen aufzulösen, vielmehr eine in sich differenzierte Totalität, und also ein organisches Ganzes, sei, das auf der „mikrokosmischen" Ebene dasselbe *infinitum actu* darstelle, das auf der „makrokosmischen" gerade durch das raumzeitliche *continuum* verkörpert werde[58].

Wenn Harris also einerseits die substantielle ontologische Kontinuität zwischen unorganischer und organischer Natur mit größerem Nachdruck als Hegel betont, vernachlässigt er andererseits nicht, die *innere Zweckmäßigkeit* als das spezifische erklärende Grundprinzip der organischen Natur hervorzuheben, und folglich die häufigen, obwohl unvernünftigen und letztlich auch wissenschaftlich unbegründeten Versuche mit Entschlossenheit zurückzuweisen, die von manchen berühmten Vertretern der heutigen Molekularbiologie gemacht worden sind (und die zu Unrecht, glaube ich, auch von einem gründlichen Hegel-Kenner wie V. Hösle für legitim gehalten werden)[59], das Wesen des Lebendigen zu einem bloß zufälligen Produkt der mechanischen Evolution der unorganischen Natur herabzusetzen[60]. Harris verneint ausdrücklich die Wirklichkeit des Zufalls und des Chaos[61], und jedem möglichen ontologischen oder erkenntnistheoretischen Kontingentismus setzt er das Prinzip des strengsten Determinismus – *non datur casus* – als das Hauptgesetz der ganzen Entwicklung des physischen Uni-

---

56 Die Naturphilosophie, a. a. O., § 337, S. 451.

57 E.E. Harris, The Foundations of Metaphysics in Science, a. a. O., S. 131 ff.; ders., Cosmos and Anthropos, a. a. O., S. 31, 52.

58 Ebd., S. 43–44.

59 Vgl. V. Hösle, Hegels System. Der Idealismus der Subjektivität und das Problem der Intersubjektivität, Hamburg ²1998, Bd. 2: Philosophie der Natur und des Geistes, S. 313–20.

60 E.E. Harris, The Foundations of Metaphysics in Science, a. a. O., S. 163 ff.; ders., Cosmos and Anthropos, a. a. O., S. 63–75.

61 Vgl. ebd., S. 13: „we have to conclude that random activity is always parasitic on some sort of order and cannot have ultimate priority"; S. 33: „chaos is simply a superficial mask of the most intricate and entrancing forms of order and pattern".

versums entgegen, das er allerdings in einer teleologischen und „morphogeneti-
schen" statt in einer bloß mechanistischer Weise auslegt: der unendlich komplizierte apriorische Zusammenhang der Kausalverhältnisse, die die ontologische
Grundstruktur der Natur ausmachen würden, sei nicht einfach die Selbstentfaltung eines riesigen, blinden Totalmechanismus, sondern, wie gesagt, existiere
und wirke nur in Hinblick auf die Verwirklichung eines einzigen absoluten End-
zwecks, der, vom unzweideutig anthropozentrischen Standpunkt aus, den Harris
wiederum mit Hegel teilt, sich konkret nur in der Subjektivität des menschlichen
Geistes erfülle.

§ 4. Kritik von Harris' Naturphilosophie

Obwohl das bisher Gesagte dem Reichtum der Harris'schen Metaphysik der Natur keine Gerechtigkeit widerfahren lässt, genügt es doch dazu, sie als eine der
folgerichtigsten und bedeutendsten Entwicklungen von Hegels Naturphilosophie
im 20. Jahrhundert zu betrachten, die sozusagen *ad oculos* beweist, dass diese
im Gegensatz zur *opinio recepta* kein obsoletes theoretisches Unternehmen,
sondern noch lebendig und aktuell ist. Sie erschließt zweifelsohne neue theoretische Perspektiven, die nur die philosophische Forschung der Zukunft, glaube
ich, wird adäquat formulieren und verwirklichen können. In diesem Zusammenhang darf ich mich jedoch nicht davon entpflichten, auch einige ihrer offensichtlichen Mängel hervorzuheben. Erstens, wenn es einerseits wahr ist, dass
sich die zeitgenössischen Wissenschaften von denjenigen des 19. Jahrhunderts
durch ihren häufigen Gebrauch von erklärenden Hypothesen unterscheiden, die
auf den organizistischen Kategorien des Begriffs beruhen, scheint es mir andererseits unleugbar, dass das Unterscheidungsmerkmal der Naturwissenschaften
von der spekulativen Philosophie, das Hegel im Zusatz zu § 247 äußerst scharfsinnig feststellt, *mutatis mutandis* auch für die zeitgenössischen Naturwissenschaften gilt. In der Tat bleiben diese selbst insofern ein bloßes Produkt des endlichen Verstandes, als sie noch an der erkenntnistheoretischen Voraussetzung
der unmittelbaren Wahrheit der Gegenstände der sinnlichen Anschauung festhalten, und folglich sind sie nicht imstande, sich auf den eigentümlichen Standpunkt der spekulativen Philosophie zu erheben, der derjenige der absoluten
Identität von Sein und selbstbewusstem Denken ist. Wenn Einstein z.B. die Absolutheit der Geschwindigkeit des Lichts behauptet, ist es sehr wahrscheinlich,
dass er das Licht, gerade wie Hegel[62], wenigstens implizit als eine Verkörperung
der reinen Identität des Wesens statt als bloße empirische Tatsache betrachtet;
trotzdem ist er als Physiker sicherlich weit davon entfernt, es für eine bloße „Er-

---

62 Hegel, Die Naturphilosophie, a. a. O., § 275, S. 155–56.

scheinung" zu halten, deren unterliegende „Wirklichkeit" sich restlos im System
der Denkbestimmungen der selbstbewussten Vernunft erschöpft, die dazu beigetragen haben, seine prinzipielle Denkbarkeit zu ermöglichen.

Zweitens, wenn Harris zweifellos Recht hat, mit Hegel und gegen Bradley
und Croce den eigentümlichen theoretischen Charakter der positiven Wissenschaften zu betonen, ist es doch schwieriger, seine Neigung zu teilen, in den Resultaten einer bestimmten Phase ihrer geschichtlichen Entwicklung so etwas wie
einen apodiktischen Beweis der Wahrheit der spekulativen Philosophie zu erblicken. Man dürfte wohl einwerfen, dass diese ihrerseits keineswegs eine solche
äußere Bewährung braucht, insofern ihre ganze Arbeit gerade darauf abzielt, einen immanenten, *a priori* notwendigen Beweis der Grundannahme, von der sie
ausgeht, nämlich der Wirklichkeit des Absoluten als Idee und Geist, vollständig
zu entwickeln. Darüber hinaus hat gerade die eigentümlich relativistische und
evolutionistische Einstellung der zeitgenössischen Naturwissenschaften dazu
beigetragen, die unaufhebbare Abhängigkeit sogar ihrer strengsten und formal-
sten Ergebnisse von der geschichtlichen Veränderlichkeit der begrifflichen „Pa-
radigmen" hervorzuheben, die ihre innere Möglichkeit und wirkliche Entwicklung durch und durch vorausbestimmen. Und tatsächlich zögert Harris selbst
nicht, im abschließenden Abschnitt seines jüngsten Werkes zuzugeben, dass

> „[e]mpirical science [...] is not the eternal truth – or at least not all of it. It has
> been admitted that conceptual schemes contain frustrating inconsistencies and from
> time to time require adjustment and modification, periodi/cally amounting to revo-
> lutionary change. Even now there is an alternative theory of the physical world wait-
> ing in the wings to replace the belief in the Big Bang, with all its consequences and
> corollaries"[63].

Aber wenn „das Wahre", wie Hegel tiefsinnig in der Anmerkung zu § 258 behauptet, an und für sich „ewig", und wenn die spekulative Philosophie nichts
anderes ist als die Entfaltung des Prozesses der Selbsterkenntnis der Wahrheit in
der Form des Begriffs, was für einen Sinn kann es haben, nach ihren letzten
foundations in der äußerlichen Vergänglichkeit der Resultate der heutigen Naturwissenschaften zu suchen?

Drittens ist es bekanntlich eine der erkenntnistheoretischen Hauptabsichten
von Hegels Naturphilosophie, den typischen Mangel jeder unangemessenen Metaphysik der Natur wie z.B. der Schellingschen, nämlich den „schematisierenden
Formalismus"[64], zu vermeiden, der in der äußeren Anwendung eines zwar rationalen, aber bloß formalen und abstrakten Prinzips auf eine Mannigfaltigkeit von
Daten, Problemen, besonderen Theorien besteht, deren letzter Ursprung und

---

63 E.E. Harris, Cosmos and Anthropos, a. a. O., S. 172–73.
64 Vgl. Hegel, Phänomenologie des Geistes, a. a. O.: „Vorrede", S. 49.

Rechtfertigungsgrund nicht aus seiner immanenten Selbstentfaltung *a priori* abgeleitet werden kann, und die deswegen bloß empirisch angenommen werden. Hegel versucht, diese Schwierigkeit durch die Hervorhebung des immanenten systematischen Zusammenhangs von logischer Idee, Natur und Geist zu überwinden, die so ineinander griffen, dass sich die logische Folge der in der *Wissenschaft der Logik* entfalteten Denkbestimmungen in diejenige der Begriffsbestimmungen der Natur genau reflektiere, und folglich eine eindeutige oder (wie Hösle sagen würde) „lineare"[65] Entsprechung zwischen den Gliedern beider Reihen festgestellt werden könne, deren erkenntnistheoretische wichtigste Folge gerade die grundsätzliche Möglichkeit wäre, in die unmittelbare Zufälligkeit oder relative Notwendigkeit der Ergebnisse der Naturwissenschaften denjenigen absolut notwendigen Zusammenhang einzuführen, der das Charakteristikum der logischen Denkbestimmungen als solchen ausmache. Infolgedessen sei es der Naturphilosophie selbst erlaubt, sich als ein vernünftiges Ganzes zu gestalten, in welchem jede bestimmte These, in die es sich dirimiert, *a priori* gerechtfertigt werden dürfe. Alle Fassungen der Harrisschen Naturphilosophie, die mir bekannt geworden sind, zeigen dagegen einstimmig, dass die von ihm zumeist benutzte Methode vielmehr darin besteht, die bedeutendsten theoretischen Errungenschaften der zeitgenössischen Wissenschaften zu beschreiben, und dann auf Grund ihrer größeren oder kleineren Angemessenheit zum „holistischen", teleologischen und geistigen Hauptprinzip seiner Metaphysik zu bewerten; und dass der letzte Grund für eine solche methodische Diskrepanz offensichtlich auf seine Subsumption des wissenschaftlichen Wissens unter den Begriff der spekulativen Vernunft statt unter den des endlichen Verstandes zurückzuführen ist – was, wäre dies wirklich möglich, die Suche nach einem weiteren Grunde ihres Anspruchs auf apriorische Notwendigkeit und Wahrheit im Bereich der rein logisch-metaphysischen Selbstentwicklung der Idee freilich überflüssig machen würde. Aber, wie wir soeben gesehen haben, ist eine solche Subsumption in Wahrheit ungerechtfertigt, und so bleibt die Frage nach einer systematischen Letztbegründung der Ergebnisse der positiven Wissenschaften in der theoretischen Perspektive der Harris'schen Naturphilosophie unaufgelöst.

§ 5. Bedeutung und Aktualität von Hegels Naturphilosophie

Aus den bisherigen Betrachtungen ergibt es sich also deutlich, dass die beiden wahrscheinlich bedeutendsten Vertreter des zeitgenössischen Idealismus eine völlig verschiedene Stellung zu Hegels Naturphilosophie eingenommen haben:

---

65 Vgl. V. Hösle, Hegels System, a. a. O., Bd 1: Systementwicklung und Logik, S. 104 ff.

während der eine ihre grundsätzliche Möglichkeit selbst in Frage stellt, arbeitet der andere dagegen eine neue, den veränderten Stand der Naturwissenschaften berücksichtigende Fassung von ihr aus. Meine vorangehende Diskussion von Gentiles kritischer Perspektive hat hervorgehoben, dass diese trotz ihrer unleugbaren Schärfe und Bündigkeit nicht völlig überzeugend erscheint; und andererseits haben wir gesehen, dass auch die komplexe und originelle Metaphysik der Natur von Errol Harris (besonders was ihre Methode betrifft) nicht vollkommen frei von Schwierigkeiten ist. Könnte es also nicht der Fall sein, dass die von Hegel in seiner *Naturphilosophie* entfalteten Lehren – trotz ihrer inhaltlichen Abhängigkeit von einer Menge wissenschaftlicher Theorien, die heute (wenigstens teilweise) obsolet geworden sind – auf rein erkenntnistheoretisch-metaphysischer Ebene noch heute imstande wären, einen wertvollen Beitrag zur Identifizierung und womöglich Überwindung der erwähnten Schwierigkeiten zu leisten? Und dass folglich auch dem zweiten Teil der *Enzyklopädie* eine philosophische Bedeutung und Aktualität zukomme, die ihm freilich meistens abgesprochen worden ist?

Um diese Frage zu beantworten, müssen wir über den eigentümlichen philosophischen Charakter von Hegels Naturphilosophie ins Reine kommen. Obwohl die von K.L. Michelet in den wichtigen Zusätzen gesammelten Texte, die aus der Jenaer Zeit stammen, manchmal noch eine unleugbare Analogie mit der Sprache und den Problemen der Schellingschen Naturphilosophie aufweisen, ist erstens zu bemerken, dass sich die Hegelsche Naturphilosophie insgesamt von dieser – und *a fortiori* von den romantischen Auffassungen der Natur bei J.W. Ritter, F. von Baader, L. Oken, H. Steffens, usw. – radikal unterscheidet, weil sie weder eine analogisch-phantastische oder eine mystisch-irrationale Auffassung der Naturphänomene ist, noch sich anmaßt, direkt in dessen Inneres dank einer privilegierten „intellektuellen Anschauung" eindringen zu dürfen, sondern auf nichts anderes hinausläuft als eine nüchterne Auslegung, Bewertung und Konstruktion der bedeutendsten Ergebnisse der Naturwissenschaften seiner Zeit sowie derjenigen, die durch die ganze Geschichte der abendländischen Wissenschaften – von Platon und Aristoteles zu Galilei, Kepler und Newton – überliefert worden sind, und dies auf Grund eines einzigen, absoluten Wahrheitskriteriums, das mit dem ontologischen Grundprinzip seiner ganzen Philosophie zusammenfällt – nämlich der Selbstgewissheit der spekulativen Vernunft. Von diesem Standpunkt aus darf man ohne weiteres behaupten, dass Hegels Naturphilosophie sehr wahrscheinlich die *vernünftigste* und *systematischste* Metaphysik der Natur ist, die vom philosophischen Denken je aufgebaut wurde.

Man muss deshalb Claus-Artur Scheiers Bemerkung unbedingt teilen, dass es Hegel, im Unterschied zu Schelling und den romantischen Naturphilosophen, tatsächlich gelungen sei,

„die Naturphilosophie als Philosophie der Natur der fortwährenden Umwälzung
ihrer Grundlagen zu entreißen und zu einem vernünftigen Ganzen zu bilden"[66].

Zweitens unterscheidet sich Hegels Naturphilosophie entschieden auch von derjenigen philosophischen Tendenz der Neuzeit, zu der Bruno, Spinoza und letztlich auch Schelling gehören, und die man die Metaphysik des „naturalistischen
Pantheismus" zu nennen pflegt (obwohl sie der unmittelbare Vorläufer der Hegelschen Philosophie selbst ist), weil Hegels theoretische Hauptabsicht keineswegs die Auflösung der negativen Besonderheit der Naturphänomene in die
„indifferente" Einheit einer absoluten Totalität ist, die als solche weder Natur
noch Geist sein soll, obwohl sie beide in sich enthält, indem alle qualitative Entgegensetzung in Wahrheit nur ein bloß äußerlicher, „quantitativer" Unterschied
sei[67]. Nach Hegel bleibt hingegen auch eine solche Totalität eine leere und widerspruchsvolle Abstraktion, insofern sie nicht restlos in die immanente Selbstbewegung des denkenden Selbstbewusstseins aufgehoben werden kann. Die Integration der zerstreuten und chaotischen Mannigfaltigkeit der Naturphänomene
und der diesbezüglichen wissenschaftlichen Theorien in einem einzigen organischen Ganzen geht also in seiner Naturphilosophie in gleichem Atemzug mit der
nachdrücklichen Zurückforderung des ursprünglichen metaphysischen Vorrangs
des Geistes gegenüber der Natur. Diese, betont er in der Anmerkung zu § 248,
sei in der Tat nichts anderes als „der unaufgelöste Widerspruch", ein „Gesetztsein" und ein „non-ens", nämlich etwas bloß Relatives und Negatives, wenn
nicht geradezu „der Abfall der Idee von sich selbst". Infolgedessen sei sie etwas
Göttliches „nur an sich", und als solche solle sie nicht „vergöttert" werden, indem jede mögliche affirmative Bestimmung von ihr (z.B. Idealität, organische
Totalität, innere Zweckmäßigkeit) nur eine unvollkommene, unbewusste Vor-
gestaltung der konkreten Wirklichkeit des selbstbewussten Geistes sei. Man
kann deswegen nicht umhin zu folgern, dass die wirkliche Thematik seiner ganzen Naturphilosophie restlos mit dem systematischen Entwurf einer *idealistischen Metaphysik der Natur* zusammenfällt; denn, wie er selbst im Zusatz zu
§ 246 bemerkt,

„[d]er philosophische wahrhafte Idealismus besteht in nichts anderem als eben
in der Bestimmung, dass die Wahrheit der Dinge ist, daß sie als solche unmittelbar
einzelne, d.i. sinnliche, – nur Schein, Erscheinung sind"[68].

---

66 C.-A. Scheier, Die Bedeutung der Naturphilosophie im deutschen Idealismus, in: Philo-
    sophia naturalis XXIII (1986), S. 389–98, hier 390.
67 Vgl., z.B., F.W.J. Schelling, System der gesammten Philosophie und der Naturphiloso-
    phie insbesondere, a. a. O., §§ 29–31, S. 189–92.
68 Hegel, Die Naturphilosophie, a. a. O., § 246, Zusatz, S. 42.

Die eigentümliche theoretische Leistung der Hegelschen Naturphilosophie wird also drittens darin bestehen, in Bezug auf jedes bestimmte Naturphänomen oder naturwissenschaftliche Theorie zu zeigen, dass sie, insofern sie an die unmittelbare raumzeitliche Äußerlichkeit gebunden bleiben, die das Charakteristikum der Natur gegenüber der Idee und dem Geist ausmacht, nichts mehr sind als negative und vorübergehende Erscheinungen; insofern sie dagegen eine konkrete wirkliche oder logische Totalität darstellen, machen sie nur eine vorläufige und untergeordnete Stufe des Prozesses der Selbstverwirklichung der denkenden Vernunft aus. Zweifellos muss es Dietrich von Engelhardt[69] als Verdienst angerechnet werden, dies nicht nur deutlich erkannt, sondern daraus auch ein überzeugendes kulturgeschichtliches Argument für ihre bestrittene theoretische Aktualität gewonnen zu haben. Die philosophische und wissenschaftliche Kultur unseres Zeitalters sei in großem Maße vom Gegensatz zwischen idealistischer und positivistischer Weltanschauung bestimmt. Nachdem diese in letzten beiden Jahrhunderten viele Jahrzehnte lang geherrscht habe, verrate sie heute unzweideutige Symptome einer erkenntnistheoretischen Legitimationskrise, die irreversibel zu sein scheine. Es sei also geschichtlich unumgänglich, dass die eigenen Probleme, Methoden und Lösungen des neuzeitlichen und zeitgenössischen Idealismus heute wieder aktuell würden; und es sei ebenso unleugbar, dass in einer solchen veränderten geistigen Umwelt die von der Hegelschen Naturphilosophie repräsentierte idealistische Metaphysik der Natur uns noch viel zu lehren habe. Diesem Argument darf ich freilich unbedingt zustimmen, zumal ich meinerseits anderswo zu zeigen versucht habe, dass die zahlreichen heutigen Versuche (wie z.B. Derridas Dekonstruktivismus), einen solchen Gegensatz durch die gleichberechtigte Verneinung beider Extreme zu überwinden, unabwendbar dazu bestimmt zu sein scheinen, sich in diejenigen unfruchtbaren und unauflösbaren

---

69 Vgl. dazu: D. von Engelhardt, Das chemische System der Stoffe, Kräfte und Prozesse in Hegels Naturphilosophie und der Wissenschaft seiner Zeit, in: Stuttgarter Hegel-Tage 1970. Hegel Studien, Beiheft 11 (1974), S. 125–39; englische Übersetzung: The Chemical System of Substances, Forces and Processes in Hegel's Philosophy of Nature and the Science of His Time, in: R.S. Cohen and M.W. Wartowsky (eds.), Hegel and the Sciences, Dordrecht–Boston–London 1984, S. 41–54; ders.: Hegels philosophisches Verständnis der Krankheit, in: Sudhoffs Archiv LIX (1975), S. 225–46; engl. Übers.: Hegel's Philosophical Understanding of Illness, in: Hegel and the Sciences, a. a. O., S. 123–41; ders., Der metaphysische Krankheitsbegriff des Deutschen Idealismus. Schellings und Hegels naturphilosophische Grundlegung, in: Medizinische Anthropologie, hg. von E. Seidler, Berlin 1984, S. 17–31; ders., Hegels Organismusverständnis und Krankheitsbegriff, in: Hegel und die Naturwissenschaften, hg. von M.J. Petry, o. O., 1987, S. 423–41; ders., Gestalt und Funktionen des Organismus in der Naturphilosophie Hegels, in: Aufsätze und Reden Senck. naturf. Ges. XLI, Frankfurt a. M. 1994, S. 32–43.

Widersprüche zu verwickeln, die für jede skeptische und nihilistische Weltanschauung typisch sind[70].

Nun haben wir endlich alle unentbehrlichen Elemente zur Verfügung, die eine hoffentlich befriedigende Antwort auf die Frage gestatten, ob und wie weit man heute von einer möglichen theoretischen Bedeutung und Aktualität der Hegelschen Naturphilosophie sprechen darf. Ich glaube, dass ein sorgfältiges Studium von Gentiles unermesslicher philosophischer Produktion leicht beweisen kann, dass wenige andere zeitgenössische Philosophen einen vergleichbaren Feinsinn für die Wirklichkeit, und insbesondere für die eigentümliche *Menschlichkeit* des Geistes gehabt haben. Immer wenn das zeitgenössische idealistische Denken also dazu genötigt wird, gegen die realistische oder naturalistische Metaphysik nicht weniger als gegen den Empirismus, den Materialismus und den evolutionistischen Positivismus die Tiefe der „ontologischen Differenz" zwischen dem menschlichen Geist und jeder möglichen Art von natürlicher Äußerlichkeit zu betonen, dann werden Gentiles scharfsinnige Versuche, „den Abgrund zu vertiefen", der zweifelsohne zwischen ihnen besteht, notwendig zum Zentrum unserer Überlegungen werden. Aber es ist gleicherweise unleugbar, dass, falls dieses Denken die ganz verschiedene aber nicht weniger wichtige Aufgabe erfüllen sollte, gegen den relativistischen und historizistischen Subjektivismus die *Absolutheit* und *Totalität* des Geistes hervorzuheben, uns gerade und nur Hegels Naturphilosophie die passendsten theoretischen Grundsätze zur Verfügung stellen kann. In der Tat, insofern sie mit unübertrefflicher Schärfe zeigt, dass sogar die äußerlichsten und abstraktesten Begriffsbestimmungen der Natur – z.B. Galileis und Keplers Gesetze des Falles der Körper und der Bewegung der Planeten[71] – in Wahrheit unmöglich und undenkbar sind, wenn man von der Immanenz der vernünftigen Totalität des Begriffes in ihnen absieht, der letztlich mit dem Wesen des Geistes zusammenfällt, kann sie beträchtlich dazu beitragen, die irrtümliche Annahme zu widerlegen, dass die Wirklichkeit des Geistes auf die bloß endliche Subjektivität eines abstrakt menschlichen Selbstbewusstseins beschränkt ist, und dagegen zu beweisen, dass er, als der metaphysische Grund der Natur selbst, ein nicht weniger objektives als subjektives Prinzip, und also an und für sich total und absolut ist.

Sehr verschieden, aber nicht weniger bedeutsam, scheint mir andererseits der Beitrag zu sein, den Hegels Naturphilosophie zur Lösung der Fragen anbieten kann, die von den heutigen „holistischen" Auffassungen der Natur wie der von Errol Harris erhoben werden. Sie drehen sich alle, wie wir gesehen haben, um die Bestimmung des Verhältnisses der zeitgenössischen Naturwissenschaf-

---

70 Siehe oben, Anm. 1.
71 Vgl. Hegel, Die Naturphilosophie, a. a. O., §§ 267–70 und Zusätze, S. 111 ff.

ten zur Philosophie, und können nur gelöst werden, glaube ich, wenn man den inneren Zusammenhang zwischen dem Prozess der Selbstentfaltung der Idee in der Sphäre der logisch-metaphysischen Kategorien und demjenigen seiner Verkörperung und Offenbarung in den Begriffsbestimmungen der Natur adäquat hervorhebt. Was also Not tut, ist eine Naturphilosophie, die, wie es gerade bei der Hegelschen der Fall ist, sich nicht darauf beschränkt, die bedeutendsten Errungenschaften der Naturwissenschaften zu beschreiben, zu klassifizieren und zu interpretieren, sondern sie in das organische Ganze des philosophischen Wissens im engsten und tiefsten Sinn zu integrieren weiß.

Ich bin also der Auffassung, dass wir die hier erörterte Frage nach der gegenwärtigen theoretischen Bedeutung von Hegels Naturphilosophie letztlich ohne weiteres positiv beantworten dürfen. Denn einerseits scheint sie imstande zu sein, für die durch die Krise der positivistischen Weltanschauung aufgeworfenen erkenntnistheoretischen Probleme eine einzigartige Lösung zu bieten; und andererseits kann sie dem zeitgenössischen idealistischen Denken selbst dazu verhelfen, weder sich zu einem bloß relativistischen Subjektivismus herabzusetzen, noch außer sich jene Letztbegründung seiner Wahrheit zu suchen, die es im Gegenteil nur *in interiore homine* finden kann.

IV.

ÜBER DAS VERHÄLTNIS DER DIALEKTI-SCHEN METHODE ZU DEN NATURWISSEN-SCHAFTEN IN HEGELS ABSOLUTEM IDEA-LISMUS

§ 1. Hegels Absoluter Idealismus und die Naturwissenschaften

Das Interesse für die Problematik und die Epistemologie der Naturwissenschaften war in Hegels Geist während des gesamten Verlaufes seiner philosophischen Entwicklung immer lebendig. Der erste Teil seiner Habilitationsschrift *De orbitis planetarum* ist in der Tat einer geschlossenen, radikalen Kritik der experimentalen Methode gewidmet, die von Newtons *philosophia naturalis* in die Naturwissenschaften eingeführt worden war[1]. Dieselbe Problematik wird dann

---

[1] Vgl. Hegel, Dissertatio Philosophica de Orbitis Planetarum. Philosophische Erörterung über die Planetenbahnen. Übersetzt, eingeleitet und kommentiert von W. Neuser, Weinheim 1986, S. 80–119.

In seiner sorgfältigen „Einleitung" (S. 1–60) hebt Neuser einerseits zu Recht den eigentümlichen logisch-philosophischen Charakter dieser Hegelschen Kritik der Newtonschen Physik hervor: was sie in Frage stelle, sei nur die innere Konsistenz ihrer theoretischen Grundbegriffe, nicht die Plausibilität ihrer empirisch-experimentalen Grundlage (vgl. S. 7–10). Andererseits vernachlässigt er nicht, zu bemerken, dass viele Aspekte dieser Hegelschen Kritik durch die jüngsten Entwicklungen der zeitgenössischen Physik selbst (wenigstens implizit) als gültig anerkannt worden sind (vgl., z.B., S. 13–17, 22–23). Das schließt aber nicht aus, dass er, wie es übrigens bei den meisten Wissenschaftshistorikern der Fall ist, andere Aspekte von Hegels anti-Newtonschen Argumenten als Missdeutungen betrachtet und folglich zurückweist. In Wahrheit aber scheinen die meisten dem jungen Hegel vorgeworfenen „Fehler" (vgl. insb. S. 16–17, 22) mehr die Ungenauigkeit gewisser terminologischer Gebräuche (z.B. des Ausdrucks „Trägheitskraft" als gleichbedeutend mit „Zentrifugalkraft") zu betreffen als den erkenntnistheoretischen Kern seiner Kritik. Eine der Hauptthesen von Hegels Kritik der Newtonschen Physik, dass die Anwendung des Gesetzes der Trägheit an die Revolutionsbewegung der Planeten die beständige und unbegrenzte Zunahme ihrer Geschwindigkeit in der Nähe des Perihelium impliziere, und so den darauf folgenden Übergang zu einer Bewegung, deren Geschwindigkeit allmählich abnimmt, nicht erklären könne, wird von Neuser zurückgewiesen, indem er sich auf den von Hegel vermutlich vernachlässigten Unterschied zwischen der Zentripetalkraft und ihrer Normalkomponente zum einen und der Zentrifugalkraft und ihrer Tangentialkomponente zum anderen beruft. Dem könnte man erwidern, glaube ich, dass die Konsistenz von Newtons Theorie in dieser Hinsicht von ihm nur

von ihm ausführlich in zwei wichtigen Gestalten der *Phänomenologie des Geistes*, „Kraft und Verstand, Erscheinung und übersinnliche Welt" und „Beobachtende Vernunft", behandelt[2]. Die zahlreichen Vorlesungen über die Naturphilosophie, die er in Jena und in Berlin hielt, beginnen in der Regel mit der Darstellung des „Begriff[s] der Naturphilosophie"[3], in welcher gerade das Problem ihres Charakters und ihrer Beziehung auf die Methoden der Naturwissenschaften angegangen wird. In der „Einleitung" zum zweiten Teil der *Enzyklopädie* (1830) und in den folgenden §§ 245–246[4] wird schließlich die systematische Stelle der Epistemologie der Naturwissenschaften im weiteren Kontext der Darstellung der „Wissenschaft des *Wahren* [...] in der *Gestalt des Wahren*"[5], nämlich der „spekulativen Philosophie" oder des „absoluten Wissens" endgültig bestimmt. Die theoretische Notwendigkeit dieser Hegelschen Bestimmung wird von ihm selbst kurz und bündig aber sehr wirksam in der folgenden Behandlung des „Begriff[s] der Natur" (§ 247 und Zusatz) angegeben. Die spekulative Philosophie ist Hegel zufolge die Wissenschaft der konkreten Totalität der Idee, und diese ist das Setzen: 1. ihrer reinen Identität mit sich, die das Wesen des „Logischen" als solchen ausmacht; 2. ihrer Entäußerung oder „Andersseins", das mit der unmittelbaren Realität der *Natur* zusammenfällt; und schließlich 3. ihrer Reflexion oder „Rückkehr-in-sich-selbst" dank der selbstbewussten Tätigkeit des *Geistes*. Die Naturphilosophie, d.h. die philosophische Wissenschaft oder Metaphysik der Natur, ist folglich ein integraler und unumgänglicher Teil des Systems der philosophischen Wissenschaften. Im Unterschied zur Wissenschaft der logischen Idee aber kann sie – geradeso wie die Geistesphilosophie – die bestimmten Begriffsbestimmungen, in welche ihr eigentümlicher Inhalt gegliedert ist, nicht kraft ei-

---

durch eine *Vervielfältigung* derjenigen Kräfte gerettet wird, deren unverbundene Mannigfaltigkeit dagegen er selbst in einem anderen Zusammenhang (vgl. ebd., S. 20) zu Recht als erkenntnistheoretisch unhaltbar betrachtet hatte.

2 Vgl. Hegel, Phänomenologie des Geistes, a. a. O., S. 107–136 und 185–225. Für eine sorgfältige Analyse der phänomenologischen Gestalt der „beobachtenden Vernunft" vgl. D. Wandschneider, Die phänomenologische Auflösung des Induktionsproblems im szientistischen Idealismus der ‚beobachtenden Vernunft', in: Hegels Jenaer Naturphilosophie, hg. von K. Vieweg, München 1998, S. 369–382.

3 Vgl., z.B., Hegel, Vorlesung über Naturphilosophie. Nachschrift von Boris von Uexküll, hg. von G. Marmasse und Th. Posch, Frankfurt am Main u. a., Peter Lang 2002, S. 1–13.

4 Vgl. Hegel, Enzyklopädie der philosophischen Wissenschaften., a. a. O., Bd. 2, S. 9–23. Eine vortreffliche Schilderung der Grundlinien von Hegels Naturphilosophie ist auffindbar in K.J. Schmidts Aufsatz: Die logische Struktur der Natur, in: Sich in Freiheit entlassen. Natur und Idee bei Hegel, hg. von H. Schneider, Frankfurt a. M. u. a., Peter Lang 2004, S. 31–61. Vgl. auch meine Rezension dieses Sammelbandes in: Jahrbuch für Hegelforschung X/XI (2004/2005), S. 273–284.

5 Hegel, Phänomenologie des Geistes, a. a. O., S. 40.

ner rein immanenten Entwicklung des Akts des Denkens „ableiten" oder „konstruieren". Denn die spezifische Form des Andersseins der Idee ist das Element der unmittelbaren, d.h. zufälligen *Faktizität*[6], die als solche den Inhalt des wahrnehmenden Bewusstseins, nicht den des reinen Denkens ausmacht, und deswegen nicht durch die Philosophie selbst, sondern nur durch „Tatsachenwissenschaften" wie gerade die Naturwissenschaften (oder, im Falle der Geistesphilosophie, die „unmittelbare Historiographie") zum Thema gemacht werden kann; denn letztere setzen zu ihrer Grundlage gerade die unmittelbare Evidenz der sinnlichen Anschauung (Beobachtung und Experiment) voraus. Insofern sie aber dieser notwendigerweise die Form der Allgemeinheit erteilen, verwandeln sie *eo ipso* die Einzelheit des empirisch Gegebenen ins Produkt einer Mannigfaltigkeit von „Kräften, Materien oder Gattungen", die dagegen eine spontane „Konstruktion" der theoretischen Tätigkeit des endlichen *Verstandes* des Menschen sind. Sein formelles, abstraktes, analytisches, bloß reproduktives Wissen ist aber als solches der Ausdruck einer noch inadäquaten und untergeordneten Art von Rationalität, die sich dagegen nur insofern völlig entfalten kann, als sie ins konkrete, totale, synthetische *a priori*, ins unendliche Wissen der *spekulativen Vernunft* aufgehoben wird, einen integralen Teil dessen, wie gesagt, die Naturphilosophie selbst ausmacht. Hegel kann deshalb zum Schluss kommen, das vernünftige Verhältnis der Naturwissenschaft zur Naturphilosophie, das diese selbst thematisiere, bestehe darin, dass erstere die „Voraussetzung und Bedingung", den „Stoff" und die äußere Entsprechung zu den von der letzteren entwickelten Begriffsbestimmungen liefere, und also hänge die Naturphilosophie zwar von ihr in Bezug auf ihre „Entstehung und Bildung"[7], keineswegs aber in Bezug auf den „Beweis" ihrer absoluten Notwendigkeit und Gültigkeit ab.

Hegels Analyse des Charakters und der Grenzen der Methoden der Naturwissenschaften ist äußerst scharfsinnig und erleuchtend. Erstens unterscheiden sie sich sowohl vom „praktischen Verhalten" des sinnlichen Bewusstseins als auch vom reinen Denken der spekulativen Vernunft deswegen, weil sie von der Voraussetzung der absoluten Gültigkeit der *Differenz des Bewusstseins* ausgehen. Das von ihnen thematisierte Objekt wird in der Regel als ein Teil der Außenwelt aufgefasst, dessen Dasein und Identität-mit-sich vor und unabhängig von seiner zufälligen Beziehung auf unser Selbstbewusstsein existieren würde. Das naturwissenschaftliche Wissen betrachtet sich selbst in der Tat als ein bloß vorstellendes Wissen, das sein Objekt weder auflöst noch modifiziert, sondern sich darauf beschränkt, ein Bild oder Vorstellung desselben in unserem subjektiven Bewusstsein zu produzieren. Aber wegen der Form der „Einfachheit" oder

---

6 Vgl. Enzyklopädie der philosophischen Wissenschaften, a. a. O., Bd. 2, § 248.
7 Vgl. ebd., § 246, Anm.

abstrakten Allgemeinheit seiner Bestimmungen sowie wegen seines Ursprungs in der produktiven, abstrahierenden Tätigkeit der Reflexion ist ein solches Bild nur ein *ideelles* Moment des theoretischen Bewusstseins selbst. Die vorausgesetzte Realität des äußeren Objekts aber fordert, dass es als „wahr", d.h. als theoretisch gültig nur insofern anerkannt werden kann und muss, als es sich mit einer solchen Objektivität identifiziert, oder ihr wenigstens äußerlich oder analogisch entspricht. Wie ist es aber möglich, das wirkliche Bestehen dieser Identität, Entsprechung oder Analogie nachzuweisen? Die grundlegende erkenntnistheoretische Errungenschaft des transzendentalen Idealismus von Kant und Fichte ist bekanntlich gerade, dass es nicht nur faktisch, sondern grundsätzlich *unmöglich* ist, eine solche Grundfrage affirmativ zu beantworten: insofern das theoretische Bewusstsein das Objekt als ein ihm äußeres Dasein, als einen „Gegenstand" auffasst, und folglich die „Realität der Dinge" behauptet, muss es seinem eigenen Wissen jede objektive und *a fortiori* absolute Gültigkeit notwendigerweise absprechen[8]. Das theoretische Wissen der Naturwissenschaften verwickelt sich also in einen unlösbaren Widerspruch, das Verdienst von dessen Entdeckung Hegel dem alten Skeptizismus noch eher als dem Idealismus von Kant und Fichte zuschreibt[9]. Einer der genialsten und tiefsten Aspekte von Hegels spekulativer Philosophie, und insbesondere von der ihr eigentümlichen dialektischen Methode, besteht m. E. gerade darin, dass sie imstande war – im Unterschied zu jedem alten oder neuen Kritizismus, Relativismus und Nihilismus – den *unendlichen Wert* und die *affirmative Bedeutung* der skeptischen Auflösung der Objektivität des theoretischen Bewusstseins zu erfassen und zu entfalten. Sie wird, wie gesehen, durch die „dogmatische" Voraussetzung der unüberwindlichen Differenz von Subjekt und Objekt unumgänglich gemacht. Folglich erweist sie

---

8 Über diese grundlegende erkenntnistheoretische Problematik vgl. G. Rinaldi, Prolegomeni ad una teoria generale della conoscenza, in: Studi urbinati LXIX (1999), S. 915–974, hier § 3, S. 923–932; und auch: ders., Essenza e dialettica della percezione sensibile, in: Studi urbinati LXVI (1993/1994), S. 813–851.

9 Vgl. Hegel: Vorlesungen über die Geschichte der Philosophie, in: Werke, a. a. O., S. 369 ff., insb. 376: „Dagegen richtet sich der alte Skeptizismus, [...] eben *gegen die Realität der Dinge*" (Hervorhebung von mir. G.R.). Die grundlegende philosophische Relevanz der Rolle, die die Negativität der Skepsis in der Ausgestaltung des Denkens des jungen Hegels sowie in der Gliederung seiner dialektischen Methode selbst gespielt hat, ist heutzutage von K. Vieweg betont worden. Vgl. K. Vieweg, Philosophie des Remis. Der junge Hegel und das >Gespenst des Skepticismus<, München 1999; ders., Der Anfang der Philosophie – Hegels Aufhebung des Pyrrhonismus, in: Das Interesse des Denkens. Hegel aus heutiger Sicht, hg. von W. Welsch/K. Vieweg, München 2004, S. 131–146; ders., Die „freie Seite jeder Philosophie" – Skepsis und Freiheit, in: Die freie Seite der Philosophie – Skeptizismus aus Hegelscher Perspektive, hg. von B. Bowman/K. Vieweg, Würzburg 2005.

sich nicht nur als machtlos gegenüber einem Wissen, wie dem spekulativen, das sich auf das entgegengesetzte Prinzip der absoluten Identität von Subjekt und Objekt gründet, sondern sie leistet sogar den inneren, sonst unauffindbaren Beweis seiner absoluten Notwendigkeit und Wahrheit. Um das plausibel zu machen, was ich soeben behauptet habe, reicht es hin, das Verhältnis von kontradiktorischer Entgegensetzung zwischen dem Wissen des endlichen Verstandes und dem der spekulativen Vernunft zum einen, und die „skeptische" Auflösung der Wahrheit des ersteren zum anderen, in der logischen Einheit des folgenden *disjunktiven Schlusses*[10] zu verbinden:

1. Die Erkenntnis der Wahrheit wird entweder durch die Kategorien des endlichen Verstandes oder durch die der spekulativen Vernunft ermöglicht.

2. Die skeptische Auflösung der Wahrheit des Objekts des theoretischen Bewusstseins aber hat den unüberwindlichen Widerspruch der ersteren bewiesen.

3. Die Erkenntnis der Wahrheit wird also nur durch die Kategorien der spekulativen Vernunft ermöglicht.

Der letzte Satz, in welchem man gewissermaßen die Epitome selbst von Hegels spekulativer Philosophie oder absolutem Idealismus plausibel sehen könnte, ist in der Tat kein bloß assertorisches, sondern ein apodiktisches Urteil, denn er folgt aus den beiden vorhergehenden mit logischer Notwendigkeit, und findet deswegen in dieser den Grund und den Beweis seiner Wahrheit.

Gerade wie in der metaphysischen Perspektive der Naturphilosophie die bedeutendsten Begriffe und Resultate der Naturwissenschaften aufgehoben, aufbewahrt und integriert werden, so werden in ihrer eigentümlichen Methode, der „Dialektik", sowohl die „analytische Methode" der beschreibenden Wissenschaften als auch die „synthetische Methode" der deduktiven Wissenschaften gleicherweise aufgehoben, aufbewahrt und integriert. Denn die einen trennen die unmittelbare Einheit des sinnlich Gegebenen in eine *unverbundene* Mannigfaltigkeit von abstrakt äußeren Reflexionsbestimmungen; die anderen vereinigen sie durch die nicht weniger abstrakte Innerlichkeit einer apriorischen Beziehung, die die von ihr verbundenen Glieder *außer sich*, nicht in sich selbst hat, so dass beide letztlich die Notwendigkeit und also Wahrheit ihrer eigenen Voraussetzungen, und folglich auch der von ihnen erreichten Resultate, nicht rechtfertigen können[11]. Die dialektische Methode leitet dagegen die durch sie analysierten und

---

10   Auf die allerwichtigste logisch-metaphysische Bedeutung dieser gipfelnden Denkbestimmung von Hegels Lehre vom subjektiven Begriff habe ich wiederholt aufmerksam gemacht. Vgl. G. Rinaldi, L'atto logico-etico come principio della filosofia, in: Studi filosofici V/VI (1982–1983), S. 291–323, hier 322; und ders., A History and Interpretation of the Logic of Hegel, a. a. O., § 32, S. 245–246.

11   Vgl. Hegel, Wissenschaft der Logik, a. a. O., Bd. 2, S. 502–541.

geprüften Denkbestimmungen aus der Idee einer absoluten und allumfassenden *Totalität* ab, die als solche keine unmittelbaren Bedingungen oder ungerechtfertigten Voraussetzungen mehr außer sich hat. Sie kann ihre innere Notwendigkeit und Wahrheit in und durch sich selbst adäquat entfalten und beweisen[12].

Andererseits impliziert die Beziehung des theoretischen Bewusstseins als endlichen Verstandes auf eine vorausgesetzte, passiv gegebene und ihm äußere Objektivität unumgänglich auch seinen radikalen Gegensatz zum (unmittelbaren) *praktischen Verhalten* des Menschen, in welchem die Einzelheit des sinnlichen Gegenstandes in der Tat nicht als ein unabhängiges, mit intrinsischem Wert versehenes Objekt, sondern als ein bloßes Mittel zur Befriedigung seiner natürlichen Bedürfnisse, und also als ein Sein-für-Anderes betrachtet wird, das nur in seiner Negation, Zerstörung oder Verbrauch seine eigene Wahrheit erreichen kann. Nun, eine solche Negation der Realität des äußeren Gegenstandes findet, wie gesehen, *mutatis mutandis* auch in der Sphäre des spekulativen Denkens selbst statt, und Hegel kann also zum tiefen Schluss kommen, im Unterschied zur Reflexion des endlichen Verstandes und der Naturwissenschaften sei es kein einseitig theoretisches, und also passives, Verhalten des menschlichen Geistes, sondern es erzeuge und beweise sich notwendigerweise als die innere, substantielle Einheit von Denken und Tat, Theorie und Praxis, spekulativer Vernunft und ethischem Willen, oder, mit Hegels Worten: der „Idee des Wahren" und der „Idee des Guten"[13].

§ 2. Die zeitgenössische Kritik von Hegels Auffassung der Naturwissenschaften

Hegels Auffassung des Verhältnisses der naturwissenschaftlichen Methoden zu der dialektisch-philosophischen, die ich jetzt summarisch angegeben habe, wurde bekanntlich in der Geschichte des zeitgenössischen Denkens zum Objekt einer lebhaften Kritik nicht nur seitens der Gegner des Idealismus, sondern auch der Vertreter von verbreiteten philosophischen Richtungen – wie z.B. dem Historismus, dem metaphysischen Holismus und dem historischen Materialis-

---

12 Vgl. ebd., S. 548–573; Enzyklopädie der philosophischen Wissenschaften, a. a. O., Bd. 1, §§ 79–82 und Zusätze. Für eine ausführliche Erörterung der dialektischen Methode als der eigentümlichen Methode der Philosophie überhaupt siehe: G. Rinaldi, Prolegomeni ad una teoria generale della conoscenza, a. a. O., §§ 11–14, S. 956–974.

13 Vgl. Hegel, Wissenschaft der Logik, a. a. O., Bd. 2, S. 487–548. Für eine heutige systematische Entwicklung der Problematik des Verhältnisses von Denken und Wille, Theorie und Praxis, die ihre substantielle Identität in ihrem erscheinenden Unterschied betont, siehe: G. Rinaldi, Teoria etica, a. a. O., §§ 24–28, S. 93–115.

mus –, die dem Hegelschen Denken nichtsdestoweniger in gewissen Fällen fast das Ganze ihrer Metaphysik und/oder Methodenlehre entnahmen. In diesem Aufsatz werde ich also versuchen, die von einigen der bedeutendsten Vertreter dieser Richtungen erhobenen Grundeinwände gegen die genannte Auffassung vorzubringen, und sie dann einer immanenten Kritik zu unterziehen, so dass es möglich wird, trotz der Grenzen dieses Kontextes die entscheidende erkenntnistheoretische Frage, ob eine solche Auffassung – und samt ihr der ganze Hegelsche Entwurf einer Naturphilosophie – heute noch theoretisch gültig und aktuell ist, in einer rational begründeten und also plausiblen Weise zu beantworten.

Nach Benedetto Croce, dem einflussreichsten Vertreter des italienischen Historismus im 20. Jahrhundert, sei nicht nur die spezifische Hegelsche Bestimmung des Verhältnisses der naturwissenschaftlichen zur dialektischen Methode, sondern auch die Idee einer Naturphilosophie selbst überhaupt ganz und gar irrtümlich und inakzeptabel, und sie gehöre, mehr als jede andere Hegelsche Lehre, zu demjenigen Teil seiner Philosophie, den er als endgültig „tot" betrachtet. Denn, wie gesagt, ist seine Naturphilosophie in der Tat eine *Metaphysik der Natur*, während Croce der Meinung ist, das echte dialektische Denken, das gerade von Hegel begründet wurde, könne nicht umhin, insofern es auf der Grundkategorie des *Werdens* basiere, das Ganze des Wirklichen restlos in die *Geschichte* (*res gestae*) aufzulösen, und also grundsätzlich die Möglichkeit einer von ihr unterschiedenen Wirklichkeit der Natur zu negieren, und entsprechend das Ganze der menschlichen Erkenntnis mit einem bloßen *historischen* Verständnis der Geschichte (*historia rerum gestarum*) zu identifizieren. Die Metaphysik, insofern sie auf dem entgegengesetzten Prinzip der unbewegten Identität des *Seins* gründe, sei deswegen als solche unmöglich, und die einzige wahre Philosophie sei diejenige, die sich auf die Ausarbeitung einer bloßen „Methodologie der Historiographie" beschränke[14]. Zweitens setzt Hegels Auffassung des Verhältnisses der Naturphilosophie zu den Naturwissenschaften, wie gesehen, die Anerkennung des *theoretischen* Charakters der Begriffe der letzteren voraus, während Ernst Machs empiriokritische Epistemologie unwiderlegbar bewiesen habe, dass sie bloße Produkte der *ökonomischen* Tätigkeit des menschlichen Geistes, nämlich allgemeiner Gültigkeit entbehrende „*finzioni*" (Fiktionen) seien, und dass ihr wirklicher Wert deshalb auf den bloß instrumentellen ihrer *praktischen* Nützlichkeit hinauslaufe[15]. Drittens sei die Hegelsche Auf-

14 Vgl. B. Croce, Logica come scienza del concetto puro, a. a. O., II. Teil, Kap. 4: „Identità di filosofia e storia", S. 185–195; und ders., Teoria e storia della storiografia (1917), Bari [11]1976, Anhang III: „Filosofia e metodologia", S. 140–153. Für eine summarische Darstellung und Kritik von Croces Historismus vgl. unten, S. 167–184.

15 Vgl. ders., Logica come scienza del concetto puro, a. a. O., I. Teil, Kap. 2: „Il concetto e gli pseudoconcetti", S. 14–25; und II. Teil, Kap. 5: „Le scienze naturali", S. 196–213.

fassung einer ideellen Hierarchie von Wissensformen, in welcher die Naturwissenschaft die abstraktere und untergeordnetere Stufe, die Philosophie dagegen die höhere und konkretere ausmache, und die entsprechende Ausgestaltung
ihres Verhältnisses als desjenigen der Materie zur Form des Erkennens, geradezu die Folge eines verhängnisvollen *logischen* Fehlers. Denn indem sie zwischen einer höheren und einer niedrigeren Gestalt des Wissens, und also der
Wahrheit, unterscheidet, setze sie offensichtlich die objektive Wirklichkeit einer
Reihe von verschiedenen *Graden* der Wahrheit voraus, während Wahres und
Falsches dagegen sich ausschließende Entgegengesetzte seien, zwischen denen
tertium non datur. Wenn also das „konkrete Allgemeine" der Philosophie wahr
sei, dann seien die „abstrakten Allgemeinheiten" der Naturwissenschaften notwendigerweise falsch; wenn, umgekehrt, letztere wahr seien, dann sei ersteres
notwendigerweise falsch:

> „Giacché, infatti, o si pensa che il metodo empirico sia in grado di porre alcune
> leggi, alcuni generi, alcuni concetti, alcune verità insomma; e allora non si riesce a
> intendere perché mai le altre leggi, generi, verità e concetti, e il sistema totale di es-
> si, non siano conseguibili con lo stesso metodo: quell'attività, insomma, che pone il
> primo concetto naturalistico, mostra con ciò la capacità di porre gli altri e il tutto,
> come l'attività poetica, che forma il primo verso, è quella medesima che compie
> l'intero poema. Ovvero si pensa che il metodo / empirico non sia capace di nessuna
> verità, neppure piccola; e, in tal caso, il metodo speculativo non solo non ha neces-
> sità dell'altro, ma non può trarne alcun aiuto"[16].

Viertens sieht Croce in Hegels berühmter These der „Ohnmacht der Natur"[17],
nämlich dass die innere Notwendigkeit ihrer Gesetze die Zufälligkeit ihrer äuße-

---

16 Ders., Saggio sullo Hegel, a. a. O., S. 111–112. („Denn entweder man denkt, dass die
empirische Methode imstande ist, einige Gattungen, einige Begriffe, also einige Wahrheiten zu setzen, und dann kann man nicht verstehen, warum die anderen Gesetze, Gattungen, Wahrheiten und Begriffe, und ihr Gesamtsystem, durch dieselbe Methode nicht
erreichbar sind: denn diejenige Tätigkeit, die den ersten naturalistischen Begriff setzt,
zeigt damit ihre Fähigkeit, die anderen und das Ganze zu setzen, geradeso wie die dichte-
rische Tätigkeit, die den ersten Vers bildet, dieselbe ist, die die ganze Dichtung vollführt.
Oder man denkt, dass die empirische Methode keiner auch kleinen Wahrheit fähig ist,
und in einem solchen Fall braucht die spekulative Methode die andere nicht nur nicht,
sondern sie kann auch keine Hilfe von ihr bekommen".) In diesem Buch umriss Croce
vollständig den Inhalt seiner eigenen Interpretation und Kritik von Hegels Philosophie
überhaupt und der Naturphilosophie insbesondere (vgl. Kap. 8, S. 99–113). Einige spä-
tere Schriften über dieselbe Topik, die er in seinem Buch: Indagini sullo Hegel e schiarimenti filosofici (1952). Bari ²1967, I. Teil, S. 3–130 sammelte, fügen gar nichts dem
hinzu, was im vorhergehenden Aufsatz dargestellt worden war, und sind darüber hinaus
von viel niedrigerer wissenschaftlicher Qualität.
17 Vgl. Hegel, Enzyklopädie der philosophischen Wissenschaften, a. a. O., Bd. 2, § 250.

ren Erscheinung nicht ausschließt, eine Verletzung des methodologischen Grundprinzips des Historismus, das er Hegel selbst zuschreibt, dass „il fatto è sacro"[18] – d.h., dass die Faktizität als solche vernünftig, und also an und für sich notwendig ist. Schließlich richtet Croce gegen die Hegelsche Naturphilosophie dieselbe Anklage, die Hegel gegen Schelling und die romantischen Naturphilosophen erhoben hatte – nämlich dass ihre Naturphilosophie auf die bloße Behauptung einer Reihe von phantastischen und willkürlichen Analogien hinauslaufe –, die aber bei Hegel, im Unterschied zu ihnen, zwischen den empirischen Tatsachen der Natur einerseits und den kategorialen Formen der logischen Vernunft andererseits festgestellt würden:

> „Ma anche la filosofia della natura di Hegel non può svolgersi se non per mezzo dell'analogia; sol che in essa l'analogia è quella delle forme del concetto, e vi si parla di giudizio, di sillogismo, di opposti dialettici"[19].

Ganz verschieden, und in vielen Hinsichten dem echten Geist der Hegelschen Philosophie viel näher, ist der Grundeinwand, den Errol E. Harris gegen Hegels Auffassung des Verhältnisses der Naturphilosophie zu den Naturwissenschaften in zahlreichen Schriften erhoben hat, in welchen er die Grundlinien einer auf den Resultaten der zeitgenössischen Naturwissenschaften gegründeten „holistischen" Metaphysik der Natur schildert[20]. Er erkennt zwar ihre *geschichtliche* Plausibilität und Notwendigkeit an, aber verneint entschieden ihre *allgemeine* Gültigkeit. Denn sie setze voraus, dass die Naturwissenschaften legitim als ein bloßes Produkt der Tätigkeit des endlichen Verstandes und seiner abstrakt analytischen, atomistischen und mechanischen Kategorien betrachtet werden könnten. Nun, das sei zweifellos der Fall bei der Newtonschen Wissenschaft – oder

---

18 B. Croce, Saggio sullo Hegel, a. a. O., S. 113.
19 Ebd., S. 108. („Auch Hegels Naturphilosophie aber kann ohne die *Analogie* nicht zustande kommen; nur dass in ihr die Analogie die der Formen des Begriffs ist, und man in ihr von Urteil, von Schluss, von dialektischen Entgegengesetzen spricht".)
20 Die bedeutendsten Schriften, in welchen er seine Auffassung der Geschichte der Naturwissenschaften und der naturwissenschaftlichen Methode umreißt, sind: E.E. Harris, Nature, Mind and Modern Science, a. a. O.; ders., The Foundations of Metaphysics in Science (1965), a. a. O.; ders.: Hypothesis and Perception. The Roots of Scientific Method, a. a. O.; ders., Dialectic and Scientific Method, in: Idealistic Studies *3:1* (1973), S. 1–17; ders., Nature, Man, and Science: Their Changing Relations, in: International Philosophical Quarterly *19:1* (March 1979), S. 3–14; ders., Formal, Transcendental and Dialectical Thinking: Logic & Reality, a. a. O.; ders.: Cosmos and Anthropos: A Philosophical Interpretation of the Anthropic Cosmological Principle, a. a. O.; ders., The Restitution of Metaphysics, Amherst, NY 2000. Über Harris' holistische Metaphysik der Natur vgl. oben, S. 86–96, insb. Anm. 32; über seine Interpretation von Hegels Logik siehe unten, S. 185–204.

der „Renaissance science", wie er sagt –, die wegen selbstverständlicher chro-
nologischer Gründe die *einzige* war, mit der Hegel bekannt sein konnte. Aber in
Folge der „Krise der Grundlagen" der mechanistischen Weltauffassung am Ende
des 19. Jahrhunderts und des Anbruchs einer neuen Epoche in der Geschichte
der Naturwissenschaften, habe eine ganz verschiedene Orientierung des naturwissenschaftlichen Denkens angefangen, dessen logische Grundlagen nicht die
Kategorien des Verstandes, sondern gerade diejenigen organischen, holistischen
und teleologischen Denkbestimmungen seien, in die sich die spezifische Tätigkeit der spekulativen Vernunft nach Hegel entfaltet. Gegen Hegel kann Harris
deshalb behaupten, dass

> „metaphysical explanation is the same in character as, and is continuous with,
> scientific explanation, and metaphysical method is in principle a development and a
> continuation of scientific method, as the latter may be said to be a specification of
> the former in different fields"[21].

Die einzigen wichtigen Unterschiede zwischen beiden beständen letztlich darin,
dass das wissenschaftliche Denken eine bloß partielle und vorläufige Synthese
der von ihm thematisierten Phänomene hervorbringe, das metaphysische Denken dagegen nach einer totalen und voraussetzungslosen Einheit strebe; und ferner, dass

> „in the special sciences, theory is more directly related to observation, whereas
> metaphysical theory relates to observation only indirectly; it depends for its empiri-
> cal evidence on what the natural sciences provide"[22].

Harris kann deshalb die These vertreten, dass die zeitgenössischen Naturwissenschaften selbst die Wahrheit derjenigen holistischen Auffassung des Absoluten
entfalten und beweisen, die dagegen nach Hegel nur durch die philosophische
Logik begründet werden könnte.

Geradeso wie Croce und Harris weist auch Renate Wahsner das von Hegel
behauptete Unterordnungsverhältnis der Naturwissenschaften zur spekulativen
Philosophie zurück; aber ihre Kritik ist viel tiefer und radikaler, weil sie nicht
nur den Hegelschen Entwurf der Naturphilosophie als „Metaphysik der Natur",
sondern auch die erkenntnistheoretische Plausibilität des philosophischen Idealismus überhaupt in Frage stellt, dem sie eine naturalistische und szientistische
Weltanschauung entgegenstellt, die auf den methodologischen Voraussetzungen
von Newtons experimentaler Philosophie zum einen, und auf den ontologischen
Prinzipien von Marx' historischem und dialektischem Materialismus zum ande-

---

21   E.E. Harris, The Restitution of Metaphysics, a. a. O., II. Teil, Kap. 6: „Method and Ex-
     planation in Science and Metaphysics", S. 92.
22   Ebd., S. 93.

ren gründet[23]. Der Grundfehler von Hegels Auffassung der Naturwissenschaften
bestehe darin, dass er zu Unrecht die ursprüngliche ontologische Unabhängigkeit ihres Objekts, nämlich der Natur als der Totalität des Sinnlichen, vom Geist,
und ihrer spezifischen theoretischen Form, der experimentalen Methode, von der
des philosophischen Wissens, der Dialektik, negiere, und darüber hinaus seine
These durch eine Analyse ihrer Begriffe zu rechtfertigen versuche, die den ela-
boriertesten und kompliziertesten Aspekten ihres epistemologischen Inhalts keine Gerechtigkeit widerfahren lasse, und sie grundsätzlich zum Niveau des trivialsten Gemeinsinnes herabsetze[24]. Hegels Subsumtion des naturwissenschaftlichen Wissens unter den Begriff des einseitigen und abstrakten „theoretischen
Verhaltens" verkenne ferner, dass diejenige dialektische Einheit von Theorie
und Praxis, die nach ihm nur in den höheren geistigen Sphären der absoluten
Sittlichkeit und der spekulativen Philosophie stattfindet, dank des untrennbaren
Zusammenhangs der physikalischen Theorien mit ihren technischen Anwendungen in Wahrheit schon im Bereich der Naturwissenschaften selbst zustande
komme[25]. Andererseits vernachlässige die Hegelsche Auffassung der naturwissenschaftlichen Begriffe als durch die reflexive Tätigkeit des empirischen Denkens hergestellter „abstrakter Allgemeinheiten" den wesentlichen Unterschied,
den dagegen die Analysen von Ernst Cassirers Erkenntnistheorie angemessen
hervorgehoben hätten, zwischen dem abstrakten metaphysischen „Substanzbe-
griff" und dem konkreten mathematischen „Funktionsbegriff", auf den sich
letztlich die ganze Physik der Neuzeit als „mathematisierte empirische Naturwissenschaft" gründe[26]. Denn kraft der immanenten Entwicklung eines solchen
Begriffs sei sie imstande, einen allgemeinen Zusammenhang der Naturphänomene festzustellen, der es ermögliche, aus der apriorischen Allgemeinheit der

---

23 Unter den zahlreichen wissenschaftlichen Arbeiten von Wahsner beschränke ich mich,
    hier zu zitieren: R. Wahsner, ‚Das Bedürfnis einer Umgestaltung der Logik ist längst ge-
    fühlt'. Hegels Anliegen und der Mißbrauch einer dialektischen Methode, in: Mit und ge-
    gen Hegel. Von der Gegenstandslosigkeit der absoluten Reflexion zur Begriffslosigkeit
    der Gegenwart, hg. von A. Kahl u. a., Lüneburg 2000, S. 203–235; dies., Ist die Natur-
    philosophie eine abgelegte Gestalt des modernen Geistes?, in: Die Natur muß bewiesen
    werden. Zu Grundfragen der Hegelschen Naturphilosophie, hg. von R. Wahsner und Th.
    Posch, Frankfurt a. M. u. a., Peter Lang 2002, S. 9–40; dies.: Die Macht des Begriffs als
    Tätigkeit (§ 208). Zu Hegels Bestimmung der Betrachtungsweisen der Natur, in: Wiener
    Jahrbuch für Philosophie XXXIV (2002), S. 101–142; dies., ‚An seinen Werkzeugen be-
    sitzt der Mensch die Macht über die äußere Natur...' Hegels Rezeption des τέχνη-
    Begriffs in seiner Logik, in: Jahrbuch für Hegelforschung VIII/IX (2002/2003), S. 173–
    195.
24 Vgl. dies., Die Macht des Begriffs als Tätigkeit, a. a. O., S. 103–104, 123 und 131–133.
25 Vgl. ebd., S. 135–139.
26 Vgl. ebd., S. 112–117.

kausalen Grundgesetze der Natur die spezifischen quantitativen Unterschiede ihrer besonderen Fälle und der einzelnen Individuen abzuleiten. Aber gerade die
Wirklichkeit und Notwendigkeit eines solchen Zusammenhangs mache es
grundsätzlich unmöglich, den Inhalt und die Bedeutung von bestimmten, durch
die Naturwissenschaften gebildeten Teilbegriffen zu isolieren, und ihnen dann
einen epistemologischen Vorrang gegenüber den übrigen zuzuschreiben. Das
aber sei gerade das typische Verfahren, auf dem sich die Hegelsche Aufhebung
der mutmaßlichen „Abstraktheit" der naturwissenschaftlichen Begriffe in die
höhere begriffliche „Konkretheit" der Naturphilosophie stütze. Diese sei also insofern grundsätzlich unmöglich, als sie auf der willkürlichen Trennung der Verbindung zwischen den Teilen und dem Ganzen der naturwissenschaftlichen
Theorien gründe, die dagegen absolut unauflöslich sei[27]. Hegels unrechtmäßige
„Ontologisierung der Platonischen Idee"[28], die das Charakteristikum seines absoluten Idealismus ausmache, erlaube ihm schließlich nicht, die intrinsische Bedeutung und den erkenntnistheoretischen Wert von zwei Grundannahmen der
neuzeitlichen Naturwissenschaft – nämlich den Thesen der *Wirklichkeit des
Sinnlichen* und der *Pluralität des Möglichen* – gebührend anzuerkennen[29]. Denn
dank der ersteren seien die Naturwissenschaften imstande, ein „Allgemeines"
auszuarbeiten, das wirklicher und fruchtbarer sei als die abstrakte Platonische
Idee, und das Wahsner mit dem berühmten Marxschen Ausdruck „Gattung" bezeichnet:

> „Die Gattung muss als ein sich nicht nur geistig, sondern auch gegenständlich,
> sinnlich sich selbst produzierendes Ganzes begriffen werden"[30].

Dank der letzteren werde es möglich, den Fortschritt des menschlichen Wissens
nicht als die stufenweise Verwirklichung einer *einzigen* Möglichkeit in einer
hierarchischen Reihe von unterschiedlichen Wissensformen – was zu Unrecht
die Identität und Selbständigkeit der für „niedrigere" gehaltenen negiere –, sondern als den Gestaltungsprozess einer Pluralität von theoretischen Ganzheiten
(z.B. der des naturwissenschaftlichen Wissens und der des philosophischen Wissens selbst) aufzufassen, in welcher das ihnen unleugbar immanente „gemein-
schaftliche" Element trotzdem ihre ursprüngliche Differenz und gegenseitige
Autonomie nicht aufhebe[31].

---

27 Vgl. ebd., S. 131–133.
28 Ebd., S. 140.
29 Vgl. ebd., S. 124–125.
30 Ebd., S. 140.
31 Vgl. ebd., S. 117.

§ 3. Erwiderung auf die angegebenen Einwände

Eine artikulierte und überzeugende Erwiderung auf die nun angegebenen Einwände würde die vorherige Ausführung einer geschlossenen Auseinandersetzung mit den theoretischen Voraussetzungen der philosophischen Auffassungen, innerhalb welcher sie vorgebracht werden – nämlich des absoluten Historismus, der holistischen Metaphysik der Natur, der neukantischen Epistemologie und des historischen Materialismus –, erfordern. In zahlreichen Schriften habe ich versucht, diese unumgängliche historisch-kritische Aufgabe zu erfüllen[32]; in diesem Aufsatz darf ich mich also darauf beschränken, kurz und bündig die Gründe dafür anzugeben, dass sie letztlich nicht akzeptiert werden können.

Gegen Croce könnte man vor allem einwenden, dass die Hegelsche Kategorie des Werdens als dialektischer Einheit von Sein und Nichts eine Denkbestimmung des rein *logischen* Denkens, und als solche die Entfaltung keiner bloß geschichtlich-zeitlichen Folge, sondern des ideal-*ewigen* Prozesses der *metaphysischen* Idee ist. Diese ist andererseits möglich und denkbar nur als Bewegung von Selbstentäußerung und Rückkehr-in-sich-selbst. Das Ganze der Natur ist nun gerade nichts anderes als der Ausdruck des Resultats der Selbstentäußerung der Idee in der Form des unmittelbaren Seins. Im Gegensatz also zu dem, was Croce behauptet, impliziert die Erhebung der dialektischen Methode zur eigentümlichen Form des philosophischen Denkens weder die Verneinung seines intrinsischen *metaphysischen* Charakters noch die der Möglichkeit, innerhalb seiner eine spezifische philosophische Disziplin wie gerade die Metaphysik der Natur oder Naturphilosophie zu unterscheiden. Zweitens, wäre die empiriokritische Reduktion der Allgemeinheit der naturwissenschaftlichen Begriffe zu bloß willkürlichen, durch die ökonomische (also praktisch-*einzelne*) Tätigkeit des menschlichen Geistes hervorgebrachten Fiktionen plausibel, dann sollte man folglich (unter anderem) auch die objektive Gültigkeit eines von der Epistemo-

---

32 Was die Interpretation und die Kritik von Croces Historismus sowie von Harris' metaphysischem Holismus betrifft, vgl. unten, S. 167–204. Eine summarische Angabe der Grenzen von Cassirers Auseinandersetzung mit Hegels Logik ist auffindbar in: G. Rinaldi, A History and Interpretation of the Logic of Hegel, a. a. O., § 45, S. 357–361. Einer ausführlichen Analyse und Kritik der materialistischen Auffassung der Geschichte ist mein ganzes Buch: Dalla dialettica della materia alla dialettica dell'Idea. Critica del materialismo storico, a. a. O., gewidmet. Vgl. auch: ders., Die Selbstaufhebung der materialistischen Reduktion des „Bewusstseins" auf das „gesellschaftliche Sein" bei Marx, a. a. O. Die Marxsche und Engelssche Theorie der Dialektik wurde später von mir in meinem Buch: A History and Interpretation of the Logic of Hegel, a. a. O., § 44, S. 344–357 erörtert. Eine systematische Kritik der ökonomischen Grundlagen von Marx' Kritik der politischen Ökonomie enthält schließlich der Anhang zum II. Teil meiner Teoria etica (a. a. O., §§ 100–103, S. 373–390).

logie der Naturwissenschaften dagegen gewöhnlich festgestellten Unterschieds, nämlich desjenigen zwischen den „beschreibenden" (*a posteriori*) und den „deduktiven" (*a priori*) Wissenschaften, negieren. Denn letztere sind, was sie sind, nur kraft der strengen *Allgemeinheit* ihrer *theoretischen* Form, nämlich der „linearen" apriorischen Deduktion. Eine solche Negation aber ist in Wahrheit wenigstens darum unmöglich, weil jeder empirische Inhalt des sinnlichen Bewusstseins, oder des Willens, nur aufgefasst oder hervorgebracht werden kann, indem man ihn unter seine „Idee", nämlich gerade die apriorische Allgemeinheit seines (theoretischen) Begriffs subsumiert. Drittens überrascht es, dass Croce einerseits den erkenntnistheoretischen Wert von Hegels dialektischer Methode ohne weiteres anerkennt, andererseits aber die Theorie der Grade der Wahrheit auf Grund des trügerischen Arguments zurückweist, dass zwischen Wahrem und Falschem *tertium non datur*, und dass folglich der Unterschied zwischen einer „wahreren" und einer „weniger wahren" Theorie in letzter Instanz bloß äußerlich-quantitativ sei. Denn dieser berühmte Grundsatz der herkömmlichen Logik – wie Hegel selbst übrigens ausdrücklich bemerkt[33] – drückt vielmehr den typisch *antidialektischen* Standpunkt des endlichen Verstandes aus. Nach der echten dialektischen Logik dagegen ist in der Idee des Wahren selbst eine *negative Beziehung* auf die des Falschen enthalten, und diese, als „bestimmte Negation" der Idee des Wahren, ist nicht bloß ihr „Anderes" oder ausschließendes Entgegengesetztes, sondern auch eine unumgängliche intrinsische Bestimmung ihrer konkreten Totalität selbst. Diese selbst ist also das von Croce zu Unrecht verneinte *tertium* zwischen der abstrakten Idee des Wahren und der des Falschen[34]. Viertens kann Croce Hegel selbst die eigentümliche historistische These, dass „*il fatto è sacro*", nur darum zuschreiben, weil er offensichtlich die wahre Bedeutung des Hegelschen Grundprinzips der Identität von Denken und Sein, Vernunft und Wirklichkeit missversteht. Denn die genannte Identität hat notwendigerweise einen *dynamischen* Charakter, und schließt also gerade diejenige unmittelbare Übereinstimmung beider aus, die durch den Begriff der „Faktizität" (oder Existenz) gewöhnlich ausgedrückt wird. Nicht die isolierte und vorübergehende Unmittelbarkeit der historischen Tatsachen, sondern nur die vollständige Offenbarung der Vernunft in der ewigen Totalität des Wirklichen (z.B. als absoluter Sittlichkeit, Weltgeist oder absolutem Geist) kann mit einiger Plausibilität als „heilig" betrachtet werden. Schließlich beweist die von Croce gegen die Hegel-

---

33   Vgl. Hegel, Wissenschaft der Logik, a. a. O., Bd. 2, S. 73–74, und Enzyklopädie der philosophischen Wissenschaften, a. a. O., Bd. 1, § 119, Anm. und Zusatz 2.

34   Vgl. dazu die berühmte, erleuchtende Stelle in der „Vorrede" zur Phänomenologie des Geistes (a. a. O., S. 40–41), wo diese dualistische Entgegensetzung von Wahrem und Falschem, die sowohl für den Gemeinsinn als auch für den endlichen Verstand typisch ist, einer vernichtenden Kritik unterzogen wird.

sche Naturphilosophie erhobene Anklage, dass sie wiederum die von Hegel selbst kritisierte Schellingsche analogische Methode gebrauche, indem sie die Naturphänomene – besser gesagt: die diese interpretierenden naturwissenschaftlichen Theorien – durch ihre Entsprechung zu bestimmten Kategorien der logischen Vernunft erkläre, in Wahrheit nichts anderes, als dass er wiederum nicht verstanden hat, dass nach Hegel die Bestimmungen des logischen Denkens, infolge desselben Prinzips der Identität von Denken und Sein, keine dem wirklichen Inhalt der Naturphänomene äußeren Formen sind, sondern ihre innere Substanz und letzten Erklärungsgrund ausmachen, so dass ihre Subsumtion unter diese durch das naturphilosophische Denken keinen äußerlich analogischen Charakter hat, sondern innerlich notwendig ist.

Was Harris' Auffassung des veränderten Verhältnisses der Naturwissenschaften zur spekulativen Philosophie im zeitgenössischen Zeitalter betrifft, könnte man vor allem bemerken, dass seine zahlreichen und ausführlichen Berichte über die physikalischen Theorien der Relativität, der Quanten, des *expanding universe*, usw. zwar unleugbar zeigen, dass sie, im Gegensatz zu Newtons atomistischer Physik, die Mannigfaltigkeit der Naturphänomene auf Grund eines einheitlichen kosmologischen Prinzips zu erklären versuchen, das meistens die Gestalt eines tendenziell allumfassenden systematischen Ganzen annimmt. Es ist aber auch wahr, dass die kategoriale Form seiner Selbstunterscheidung eine bloß „metrische", nämlich äußerlich-quantitative bleibt (gerade wie es bei der verachteten „Renaissance science" der Fall war!), und dass folglich die von diesem kosmologischen Holismus angenommenen konkreten theoretischen Gestalten, mangels einer adäquaten und vollständigen qualitativ-wesentlichen Differenzierung, zur bloßen Subsumtion des Mannigfaltigen unter eine *unbestimmte* oder „indifferente" Einheit verfallen, die in Wahrheit nicht nur mit dem echten dialektisch-spekulativen Begriff der konkreten Totalität des Absoluten nichts gemein hat, sondern offensichtlich den von Hegel stigmatisierten Grundfehler desjenigen „schematisierenden Formalismus" wiederum begeht, der nach ihm bekanntlich die ganze Naturphilosophie seiner Zeit unterminierte[35]. Ferner lässt Harris' Behauptung einer mutmaßlichen (obwohl nur „indirekten") Abhängigkeit des metaphysischen Denkens vom empirischen Datum der sinnlichen Anschauung (Beobachtung und Experiment) einer der entscheidenden und bedeutendsten Errungenschaften von Hegels Philosophie des absoluten Idealismus, nämlich seiner „skeptischen" Negation des „dogmatischen" Glaubens des Gemeinsinnes an die Evidenz der sinnlichen Wahrnehmung, keine Gerechtigkeit widerfahren. Drittens scheint er bedauerlicherweise auch eines der Grundresul-

---

35 Vgl. ebd., S. 22 und 49–51; und Enzyklopädie der philosophischen Wissenschaften, a. a. O., Bd. 2: „Einleitung", S. 9–10.

tate der Hegelschen „Lehre vom Begriff" zu vergessen, nämlich dass das metaphysische Denken nicht einfach die Suche nach einer *Letzt*begründung des Wissens (d.h. eine Begründung durch den Begriff der Substanz oder des Absoluten),
sondern nach einer solchen Letztbegründung ist, die sich notwendigerweise als
eine *Selbst*begründung (d.h., eine Begründung durch den Begriff des Begriffs)
konstituiert – was sie offensichtlich nicht sein könnte, wenn die Wahrheit seiner
Thesen letztlich von den Resultaten der sinnlichen Beobachtung und der experimentalen Untersuchung *abhängen* würde[36]! Schließlich habe ich in diesem

---

36 In der Tat hebt Hegel ausdrücklich an einer zentralen Stelle der *Wissenschaft der Logik*,
    nämlich der Darstellung des Übergangs vom Wesen zum Begriff, hervor: (1) dass das
    Absolute als Substanz und als unmittelbare oder äußere Notwendigkeit nicht mehr ist als
    eine widersprüchliche Abstraktion, die ihre Wahrheit nur im Akt des spekulativen Den-
    kens, das sie denkt, d.h. im „Begriff", erreicht; (2) dass die reale Existenz des Begriffs
    das „Ich", d.h. der Akt des selbstbewussten Denkens ist; und (3) dass letzteres, als die
    Wahrheit der äußeren Notwendigkeit, absolut frei (d.h. selbstbestimmend, vom Anders-
    sein der sinnlichen Anschauung absolut unabhängig) ist – besser gesagt: dass seine ei-
    gene Substanz selbst mit der Idee der Freiheit restlos zusammenfällt. Vgl., z.B., Wissen-
    schaft der Logik, a. a. O., Bd. 2, S. 246: „So ist der Begriff die Wahrheit der Substanz,
    und indem die bestimmte Verhältnisweise der Substanz die Notwendigkeit ist, zeigt sich
    die Freiheit als die Wahrheit der Notwendigkeit und als die Verhältnisweise des Be-
    griffs". In Bezug auf die Gültigkeit des spekulativen „Begriffs des Begriffs", fährt Hegel
    fort, „kann es jedoch nicht um eine durch die Autorität des gewöhnlichen Vorstellens
    [und also auch der Naturwissenschaften!] begründete Bestätigung zu tun sein; in der
    Wissenschaft des Begriffs kann dessen Inhalt und Bestimmung allein durch die imma-
    nente Deduktion bewährt werden, welche seine Genesis enthält" (ebd., S. 252). Vgl.
    auch: Enzyklopädie der philosophischen Wissenschaften, a. a. O., Bd. 1, § 160, Zusatz:
    „Allerdings ist der Begriff als Form zu betrachten, allein als unendliche, schöpferische
    Form, welche die Fülle alles Inhalts in sich beschließt und zugleich aus sich entläßt [...]
    der Begriff als solcher läßt sich nicht mit den Händen greifen und überhaupt muß uns,
    wenn es sich um den Begriff / handelt, Hören und Sehen vergangen sein".
       Sowohl die allerwichtigste philosophische Problematik der „Letztbegründung des Wis-
    sens" als auch die nicht weniger bedeutende der Aktualität von Hegels Naturphilosophie
    sind heutzutage von D. Wandschneider in zahlreichen Aufsätzen behandelt worden (vgl.
    D. Wandschneider, Das Problem der Emergenz von Psychischem – im Anschluss an He-
    gels Theorie der Empfindung, in: Jahrbuch für Philosophie des Forschungsinstituts für
    Philosophie Hannover X (1999), S. 69–95; ders., Hegel und die Evolution, in: Hegel und
    die Lebenswissenschaften, hg. von O. Breidbach und D. v. Engelhardt, Berlin 2000, S.
    225–240; ders., Ist das System der Fundamentallogik *ohne* das System der Fundamen-
    tallogik rekonstruierbar?, in: System der Philosophie?, a. a. O., S. 225–240; ders., Hegels
    naturontologischer Entwurf – heute, in: Hegel-Studien XXXVI, Hamburg 2001, S. 147–
    169; ders., Absolutes Wissen? Zu Hegels Projekt der Selbstbegründung einer absoluten
    Logik, in: Hegel-Jahrbuch 2004: Glauben und Wissen. II. Teil, a. a. O., S. 90–94; ders.,
    Zur Dialektik des Übergangs von der absoluten Idee zur Natur. Eine Skizze, in: Sich in

Freiheit entlassen, a. a. O., S. 107–124). Der bestimmte Weg aber, den er gewählt hat, um beide Problematiken zu formulieren und aufzulösen, scheint mir durch tiefgehende und wahrscheinlich unüberwindliche Schwierigkeiten unterminiert zu werden. Erstens ist es offensichtlich inkonsequent, einerseits den *Totalitäts*anspruch der „Fundamentallogik" (korrekt) hervorzuheben (vgl., z.B., Ist das System der Fundamentallogik *ohne* das System der Fundamentallogik rekonstruierbar?, a. a. O., S. 237) und sein Verhältnis zum bestimmten Akt des Denkens (wiederum korrekt) als einen *Prozess* von „Explizierung" seiner Möglichkeit oder seines Ansichseins aufzufassen (ebd., S. 239), und andererseits die absolute Gültigkeit des Widerspruchsprinzips zurückzufordern (ebd., S. 225, 231, 235), den ursprünglich dynamischen Charakter der Einheit von Sein und Nichts (d.h. als Werden) zu negieren (ebd., S. 223, 232–233), die unüberwindliche Endlichkeit des menschlichen Wissens zu behaupten (vgl. ebd., S. 238), und schließlich den *inhaltsvollen* dialektischen Gegensatz (oder Negation) in der völlig inadäquaten Gestalt des *leeren* Aristotelischen Widerspruchs (A ist nicht-A) auszudrücken (ebd., S. 231. Vgl. dazu: G. Rinaldi, Prolegomeni ad una teoria generale della conoscenza, a. a. O., S. 944; ders., Idea e realtà della Logica. Parte I, in: Studi urbinati LXXI (2001–2002), S. 91–137, hier § 5.5; ders., Idea e realtà della Logica. Parte II, in: Studi urbinati LXXII (2002–2003), S. 29–57, hier § 7.4). Denn der Begriff der Totalität ist möglich und denkbar (wie Kant selbst schon scharfsinnig bemerkt hatte: vgl. I. Kant, Kritik der reinen Vernunft, a. a. O., I, 2: „Transz. Analytik", I, § 11) nur durch die innere (negative) Einheit der *entgegengesetzten* Begriffe von Einheit und Pluralität; und dasselbe ist auch der Fall bei den Begriffen der Möglichkeit (als Einheit von Identität und Negativität) und des Prozesses (als Einheit von Sein und Nichts). Ferner ist Hegels spekulativer Begriff des Organismus als die „Wahrheit" der mechanischen und der physischen Natur und als ein Ganzes, in welchem sich die „einfache" Einheit der Seele in ihrer immanenten teleologischen Selbstentwicklung setzt und erhält, ohne weiteres unvereinbar mit der von Wandschneider umrissenen „systemtheoretischen" – in Wahrheit: naturalistischen und szientistischen – Auffassung derselben, nach welcher seine „Ganzheit" auf eine bloße, an sich leere „Eigenschaft" eines Dinges hinauslaufe, dessen Teile in einer bloß mechanisch-kausalen Weise erklärt (oder sogar technisch-praktisch hergestellt!) werden könnten (vgl. ders., Das Problem der Emergenz vom Psychischem, a. a. O., S. 71–72 und insb. 81, Anm. 11). Schließlich scheint Wandschneiders Annahme der unbedingten Gültigkeit von Darwins Evolutionstheorie zu unmittelbar und zu unkritisch zu sein (vgl. ders., Hegels naturontologischer Entwurf – heute, a. a. O., S. 160–163; und ders., Hegel und die Evolution, a. a. O., S. 233–236), denn sie stimmt – wenigstens was ihre geläufigen Fassungen betrifft – nicht nur mit Hegels sicherlich zu kurzer Erklärung in § 249 der *Enzyklopädie*, sondern auch mit den letzten Grundlagen seiner Naturphilosophie selbst nicht überein. Die Hauptschwierigkeit besteht darin, dass nach Darwin die genetischen Mutationen *zufällig* in den lebendigen Individuen entstehen und die natürliche Selektion durch den mechanisch-kausalen Einfluss der *äußeren* Umwelt bewirkt wird, während die spekulative Auffassung des Organismus als Objektivierung des Begriffs im Element der Unmittelbarkeit grundsätzlich die absolute Wirklichkeit sowohl der Zufälligkeit als auch der *determinatio ab extra* verneint. Eine verlachende, aber tiefsinnige und noch heute lehrreiche Kritik von Darwins Evolutionismus wurde vom großen italienischen Hegelianer Augusto Vera in

Aufsatz selbst die Gelegenheit schon gehabt, zu bemerken, dass, wenn es wahr ist, dass innerhalb der Naturphilosophie das empirische Datum die unumgängliche Bedingung oder den Stoff (aber nicht das Prinzip oder den Grund!) ihrer immanenten Entwicklung ausmacht, es auch wahr ist, dass innerhalb der Wissenschaft der Logik *jede* Beziehung auf eine vorausgesetzte Sinnenwelt oder wahrnehmendes Bewusstsein vollständig beseitigt wird, so dass sich in Bezug auf sie Harris' angegebene Behauptung ohne weiteres als völlig unhaltbar erweist.

Was endlich die von Wahsner versuchte „konstruktive Aufhebung" der Hegelschen Naturphilosophie betrifft, könnte man erstens bemerken, dass Hegel in Wahrheit im I. Abschnitt der *Phänomenologie des Geistes* den Standpunkt des naturwissenschaftlichen Wissens, der der des „Verstandes" ist, sorgfältig von dem des „gesunden Menschenverstandes", der mit der elementareren Gestalt der „Wahrnehmung" zusammenfällt, unterscheidet[37]. Andererseits sind unter die am tiefsten eingewurzelten theoretischen Überzeugungen des Gemeinsinnes gerade jene Thesen der Wirklichkeit des Sinnlichen und der Pluralität des Möglichen zu zählen, die sie selbst für unumgängliche Elemente der wissenschaftlichen Weltauffassung hält, und in deren Namen sie Hegels idealistischen Monismus zurückweist. Über dieses Thema könnten wir also zum Schluss kommen, dass das naturwissenschaftliche Wissen zwar beständig danach strebt, sich von den bornierten Überzeugungen des gesunden Menschenverstandes zu befreien, aber nichtsdestoweniger in sie immer wieder zurückfällt, und dass gerade darin seine unüberwindlichen epistemologischen Grenzen, und also die Notwendigkeit seiner Aufhebung in die höhere Sphäre des spekulativen Wissens bestehen. In Bezug dann auf die These, dass der mathematische „Funktionsbegriff" die abstrakte Allgemeinheit der Kategorien des endlichen Verstandes transzendiert, kann man erwidern, dass auch er wenigstens zwei erkenntnistheoretische Grundforderungen nicht befriedigt, die von Hegels Idee des konkreten Allgemeinen unumgänglich erhoben werden. Die erste ist, dass die Besonderung der Einheit des Allgemeinen grundsätzlich einen *qualitativ-wesentlichen*, und nicht bloß einen äußerlich-quantitativen Charakter haben soll, wie es nach Wahsner selbst bei der mathematischen Physik als einer „messenden" Naturwissenschaft der Fall ist. Die zweite ist, dass die Beziehung der Gattung auf ihre Arten keine bloße Beziehung-auf-Anderes (wie bei der herkömmlichen Formallogik) bleiben, sondern zu einer *Selbstbeziehung* (Beziehung-auf-sich-selbst) werden soll, während der Funktionsbegriff, insofern Ursache und Wirkung, unabhängige und abhängige

---

seinem Buch: *Strauss. La vieille et la nouvelle foi*, Napoli 1873, S. 189–240 meisterhaft vorgebracht.

37 Vgl. Hegel, Phänomenologie des Geistes, a. a. O., S. 93 ff.

Variable in ihm logisch unterschiedliche und zeitlich aufeinander folgende Momente sind, nur das Verhältnis der Beziehung-auf-Anderes, nicht den der Selbstbeziehung zum Ausdruck bringt. Und dieser Mangel kann auch nicht beseitigt werden, wie Wahsner zu glauben scheint, indem man ihn durch den Begriff der „Wechselwirkung" oder des „Gegeneinanders" integriert, denn diese Denkbestimmung kann letztlich nur eine indifferente, neutrale, nivellierende Einheit der Entgegengesetzten hervorbringen, die wiederum nicht diejenige ist, die durch die Idee des konkreten Allgemeinen impliziert wird, und die vielmehr das „Hinübergreifen" des Subjekts über das Objekt, des Unendlichen über das Endliche, usw.[38], und folglich den Aufbau einer *hierarchischen* Ordnung der Kategorien und Wissensformen unbedingt erfordert. Ferner schließt gerade der unüberwindlich *äußere* Charakter der durch den Funktionsbegriff ausgedrückten Beziehung grundsätzlich aus, dass das Ganze der von einer naturwissenschaftlichen Theorie betrachteten bestimmten Begriffe eine solche untrennbare theoretische Einheit ausmache, aus welcher es absolut unmöglich sei, irgendeinen Begriff, den man für erkenntnistheoretisch bedeutender halte als andere, herauszuholen, und ihn auf diese Weise in die höhere Totalität der spekulativen Philosophie aufzuheben. Was schließlich die Einheit von Theorie und Praxis betrifft, die nach Wahsner das naturwissenschaftliche Wissen selbst dank der in ihm implizierten technischen Anwendungen charakterisiert, kann man erwidern, dass die faktische Existenz einer solchen Einheit zwar unleugbar ist, sie selbst aber innerhalb der *unwirklichen* Sphäre der Erscheinung und des Endlichen insofern eingeschlossen bleibt, als die Technik nichts anderes als die empirische Objektivierung der logisch-metaphysischen Kategorie der „äußeren Zweckmäßigkeit" ist, die ihrerseits nur der inadäquate und widersprüchliche kategoriale Vorbote der wahren Teleologie, nämlich der „inneren Zweckmäßigkeit", in der abstrakten Sphäre der Objektivität ist[39].

---

38 Vgl. oben, S. 13–14 und Anm. 43.
39 Über den von Kant ursprünglich hervorgehobenen und dann von Hegel vollständig entfalteten allerwichtigsten Unterschied von innerer und äußerer Zweckmäßigkeit vgl. G. Rinaldi, Innere und äußere Teleologie bei Kant und Hegel, in: Hegel und das mechanistische Weltbild. Vom Wissenschaftsprinzip Mechanismus zum Organismus als Vernunftbegriff, hg. von R. Wahsner, Frankfurt a. M. u. a., S. 77–92; und auch ders., Filosofia critica e pensiero speculativo nella „Critica del giudizio" di Kant, in: Studi urbinati LXXVI (2006), S. 53–77. In meinem Buch: Teoria etica (a. a. O., § 81, S. 311–313; § 88, S. 331–334; § 90, S. 337–341) habe ich ausführlich die weit reichenden kategorialen Implikationen dieser Denkbestimmungen der spekulativen Logik in Bezug auf die vernunftrechtliche Problematik der Arbeit überhaupt als erscheinender Bedingung der Selbstproduktion des sittlichen Willens entfaltet. Der wesentliche kategoriale Unterschied zwischen dem Erscheinungscharakter der Technik und der Substantialität des sittlichen Willens scheint auch von B. Braßels Interpretation der Hegelschen Lehre von der Einheit von Denken

Wenn wir jetzt, zum Schluss dieses Aufsatzes gekommen, einen Rückblick auf unsere Besprechung der angegebenen Einwände gegen die Hegelsche Auffassung des Verhältnisses der dialektischen Methode zu den Naturwissenschaften werfen, werden wir leicht bemerken können, dass sie alle im Rahmen von ausschlaggebenden philosophischen Perspektiven vorgebracht werden, deren Ursprung zwar in vielen Hinsichten durch das Hegelsche Denken selbst beeinflusst wurde, die aber leider die entscheidende erkenntnistheoretische Rolle, die der Versuch, eine streng *idealistische Erkenntnistheorie* mit einer konsistent *monistischen Metaphysik des Absoluten* zu vereinigen, in ihm spielt, weder adäquat verstanden noch gebührend geschätzt zu haben scheinen. Die philosophische Bedeutsamkeit eines solchen Versuchs ist dagegen dem historiographischen Scharfsinn von Kuno Fischer nicht entgangen, als er Hegels absoluten Idealismus treffend als eine „Identitätsphilosophie in transzendentalem Geiste"[40] definierte.

---

und Wollen nicht gebührend berücksichtigt zu werden. Vgl. B. Braßel, Das Verhältnis von Logik und Natur bei Hegel, in: Sich in Freiheit entlassen, a. a. O., S. 87–105, hier 103–104.

40 K. Fischer, System der Logik und Metaphysik oder Wissenschaftslehre, Heidelberg ³1909: „Vorrede zur dritten Aufgabe", von H. Falkenheim, S. VI.

V.

THE CONTEMPORARY HISTORICAL RELEVANCE OF ABSOLUTE IDEALISM

§ 1. Internal and External Perspectives on Hegel's Thought

Is Hegel's thought still theoretically and historically relevant in the epoch in which we live – the Age of Globalization? In order to answer this crucial question in a plausible and well-founded way, one must, of course, first develop a consistent interpretation and critical evaluation of its peculiar philosophical gist and orientation. Now, if we recall the fundamental guidelines of the "philosophical critique" outlined by Hegel himself in his 1801 homonymous essay[1], we should easily realize that to this end we are not allowed to resort to the taking up of an "external perspective"[2] on the theoretical doctrines developed by it – namely, of a perspective consisting in the determination of its self-identity and degree of truth on the basis of epistemological, metaphysical, ethical or theological presuppositions that are extraneous to it, although being dogmatically held to be valid and appropriate in relation to it as well. For in this way one would plainly violate the peculiar right and duty of any genuine philosophical research, which is that of constituting itself as a "presuppositionless" (*voraussetzungslos*) or, what amounts to the same, "foundation-free" knowing[3]. In fact, such a knowing rejects in principle the (more or less surreptitious or declared) admission of any preconceived "truths", "prejudices" (*Vorurteile*), or subjective "convictions" (*Überzeugungen*) that cannot be justified within the immanent development and self-mediation of the research itself. The more illegitimate and, in the last resort, also theoretically unfruitful and inconclusive the external perspective typical of every "transcendent critique" of Hegel's thought becomes, if

---

1   Cf. Hegel, Über das Wesen der philosophischen Kritik überhaupt und ihr Verhältnis zum gegenwärtigen Zustand der Philosophie insbesondere, in: Jenaer Schriften (1801–1807), *op. cit.*, pp. 171–187.

2   Enlightening remarks on the difference between the "internal perspective", which is typical of speculative thought, and the "external" one, which lies instead at the root of empirical and scientific knowing, are to be found in D.E. Christensen's book: The Search for Concreteness, a. a. O., pp. 68 ff., 212–231 etc. On Christensen's interpretation and appropriation of Hegel's thought see my review of this book in: Idealistic Studies *18:2* (1988), pp. 181–185; and also G. Rinaldi, Attualità di Hegel. Concretezza, autocoscienza e processo in Gentile e in Christensen, *op. cit.*

3   See above, pp. 58–59, und below, pp. 232 ff.

it connects up (as is especially the case with Adorno's "critical theory of society"[4]) with a merely "strategic" appropriation of the philosophical residue held to be valid (in the quoted example, the "negative dialectic") – namely, an appropriation aimed at using that thought as a mere theoretical weapon against alternative epistemological conceptions (e.g., logical Neo-Positivism) or artistic phenomena (e.g., "cultural industry"), which one wishes to refute or to discredit, while, on the other hand, refusing to acknowledge, or even sometimes openly and contradictorily denying, its intrinsic truth and value. Yet if one recalls that Hegel's whole philosophy does not consist, in the last resort, in anything else than a *theory of the Absolute*[5]; and that the Absolute, as such, can be consistently conceived always and only as an "end-in-itself", and not as a mere means for the realization of subjective ends other than it, one immediately realizes the intimate inconsistency – if not even the manifest intellectual *perversity* – of such a transcendent approach to Hegel's thought. We cannot therefore avoid concluding that an adequate interpretation of it can be carried out only if, and to the extent that, one is able to take up on it a perspective strictly *internal* to its own specific conceptual content, and then to develop, in the light of the historico-critical achievements thus reached, a systematic, all-sided *immanent critique* of it. And this should inquire, ascertain, and finally evaluate *juxta propria principia*, to use an ancient Latin expression that appears to be especially appropriate to the philosophical exigency just pointed out, the truth and contemporary relevance of Hegel's philosophy not only from an abstractly theoretical, but also – as is required by its own inmost spirit[6] – from an ethico-political and historical viewpoint.

§ 2. The Idealism of Philosophy and Hegel's Philosophy of Absolute Idealism

Where, then, will a summary outline of an adequate immanent interpretation of Hegel's thought, such as is (hopefully) that which I shall now try to sketch, have to start from? If we open Book I of the *Science of Logic*, and pay attention to a crucial developmental stage of the dialectical deduction of the thought-determinations which is articulated in it with unquestionable clarity and conceptual

---

4   Cf. *Id.*, Dialettica, arte e società, *op. cit.*, Part 2, Ch. 1, pp. 83–99.
5   See below, pp. 146–149.
6   The reason for this is that according to Hegel the Absolute Idea, which is his peculiar determination of the essence of the Absolute, is the intrinsic identity of the Idea of Knowing (i.e., theoretical thought) and the Idea of the Good (i.e., ethical praxis). Cf. above, pp. 71–73.

rigor – namely, the transition from the category of True Infinity into that of Being-for-Itself – we find, in the second Note, an enlightening *excursus* on his peculiar conception of the nature of philosophical knowing and on the position that
his doctrine consequently comes to occupy in the history of the philosophical
systems worked out by Western thought. In the clearest, most unambiguous and
indisputable way he there declares that

> „[d]er Satz, daß das *Endliche ideell ist*, macht den *Idealismus* aus. Der Idealis-
> mus der Philosophie besteht in nichts anderem als darin, das Endliche nicht als ein
> wahrhaft Seiendes anzuerkennen. Jede Philosophie ist wesentlich Idealismus, oder
> hat denselben wenigstens zu ihrem Prinzip, und die Frage ist dann nur, inwiefern
> dasselbe wirklich durchgeführt ist. Die Philosophie ist es sosehr als die Religion;
> denn die Religion anerkennt die Endlichkeit ebensowenig als ein wahrhaftes Sein,
> als ein Letztes, Absolutes, oder als ein Nicht-Gesetztes, Unerschaffenes, Ewiges.
> Der Gegensatz von idealistischer und realistischer Philosophie ist daher ohne Be-
> deutung. Eine Philosophie, welche dem endlichen Dasein als solchem wahrhaftes,
> letztes, absolutes Sein zuschriebe, verdiente den Namen Philosophie nicht"[7].

Hegel's philosophy, then, simply because it is a philosophy, is a form of "idealism"; and his claim, peremptorily made already in his "Introduction" to the *Phenomenology of Spirit*[8], that only his philosophy fully realizes the requirements of
"real knowing" (*wirkliches Wissen*) essentially inherent in any historically given
form of philosophy, but by none of them so far fully met, plainly involves that,
if the *genus proximum* in a possible correct definition of Hegel's thought is the
concept of "idealism", its *differentia specifica* consists instead in the fact that it,
unlike the previous philosophical systems, *carries out more and better than all
of them the innermost idealistic tendency immanent in any genuine philosophical knowing.* If the principle of idealism consists in the negation of the finite's
absolute reality, we could then conclude that, whereas in the systems of Plato,
Aristotle, Descartes, Spinoza, Kant, Fichte and Schelling such a requirement is
met in an only *partial* way, insofar as they continue to acknowledge to the finite
as finite a residual degree of ontological reality and truth, and thus contradictorily render the Infinite's self-affirmation *relative* to the presupposed reality of a
limit external to it, in the Hegelian system the negation of the finite's positive
reality becomes, instead – as is required by its very concept – *total* and *absolute*.
The denomination, which has traditionally prevailed in contemporary philosophical historiography (suffice it to recall, in this regard, the writings of Gentile
and Cassirer[9]), of Hegel's philosophy in terms of an "absolute idealism" which

---

7   Cf. Hegel, Wissenschaft der Logik, *op. cit.*, Vol. 1, p. 172.
8   Cf. Phänomenologie des Geistes, *op. cit.*, p. 14.
9   Cf. G. Gentile, La riforma della dialettica hegeliana, *op. cit.*, Part II, Ch. VIII, pp. 229–
     230; *Id.*, Teoria generale dello spirito come atto puro, *op. cit.*, Ch. XVII, § 2, p. 664; E.

is essentially opposed, owing to just such a peculiarity, to Kant's "critical idealism", and which constitutes itself as the qualitative synthesis of Fichte's "subjective idealism" and Schelling's "objective idealism", *does* therefore appear to be
appropriate and shareable even nowadays. On the other hand, explicit definitions
of his own philosophy in terms of "absolute idealism" are not missing in Hegel's
texts themselves:

> „Diese Auffassung der Dinge [not as things-in-themselves, but as mere pheno-
> mena] – he remarks in the Addition to § 45 of the *Encyclopedia* – ist dann gleich-
> falls als Idealismus, jedoch im Unterschied von jenem subjektiven Idealismus der
> kritischen Philosophie als *absoluter Idealismus* zu bezeichnen, welcher absolute
> Idealismus, obschon über das gemein realistische Bewußtsein hinausgehend, doch
> der Sache nach so wenig bloß als ein Eigentum der Philosophie zu betrachten ist,
> daß derselbe vielmehr die Grundlage alles religiösen Bewußtseins bildet".

And in the Addition to § 160 he analogously declares that

> „[d]er Standpunkt des Begriffs ist überhaupt der des absoluten Idealismus, und
> die Philosophie ist begreifendes Erkennen, insofern, als in ihr alles, was dem sonsti-
> gen Bewußtsein als ein Seiendes und in seiner Unmittelbarkeit Selbständiges gilt,
> bloß als ein ideelles Moment gewußt wird".

In order to understand the character, the meaning, the innermost spirit, and finally the very contemporary historical relevance of Hegel's thought, then, one
must go thoroughly into the concept of "absolute idealism". Every true philosophy, Hegel maintains, is "idealism" insofar as philosophical thought, like religious consciousness, denies the positive, original, independent reality of the finite. But how does the concept of the finite take concrete shape in Hegel's
thought? A careful examination of his system can readily bring out an extremely
detailed analytical differentiation of its concept in the spheres of the logical
Idea, of nature, and of spirit. In the theoretical ambit of the "Doctrine of Being"
all the thought-determinations are finite except for that of the Infinite *qua tale* in
the sphere of Quality, of the Quantitative Infinite in that of Quantity, and of the
Measureless *(Maßlose)* in that of Measure. In the logical sphere of Essence the
idea of the Infinite presents itself, in the form of the Relation of Substantiality,
only at the end of its development. The full logical realization of its content
comes to be the case in the "Doctrine of the Concept", which, in a sense, is all a

---

Cassirer, Das Erkenntnisproblem in der Philosophie und Wissenschaft der neuren Zeit,
op. cit., Vol. 3, Ch. 4, § 6. Hence I cannot but reject as misleading, or at least one-sided,
the denomination of Hegel's philosophy as "objective idealism" recently upheld both by
Errol Harris and by Vittorio Hösle. Cf. G. Rinaldi, Warum, und inwiefern, ist Hegels
"absoluter Idealismus" heute noch aktuell?, in: Hegel-Jahrbuch 2004: Glauben und Wissen, Zweiter Teil, a. a. O., pp. 95–101, here 98 and n. 15.

logic of the Infinite, because, owing to the essentially organic or "holistic" character of the thought-determinations unfolded in it, the Infinite's systematic and relational structure *is* present and immanent, in an explicit and easily identifiable way, also in those which seemingly concern typically finite logical relations, such as, e.g., Judgment or Mechanism. In the sphere of nature, whose essential form, self-externality (*Außereinander*), is, as we shall shortly see, the peculiar seal of every finite existence, the idea of the Infinite presents itself, this notwithstanding, in an abstractly quantitative form in the dialectical deduction of Kepler's laws, which constitutes the object of "Absolute Mechanics"[10]; in a prevalently negative form in the ambit of the "Physics of Total Individuality" (in the phenomena of magnetism and chemism[11], for example); and in a more affirmative, differentiated form in the processes of the living individual analyzed by "Organic Physics"[12]. In the sphere of spirit, finally, all the thought-determinations set out by the Philosophy of subjective spirit and by the Philosophy of objective spirit fall within the ambit of the finite – with the significant exception of the State, which in the Note to § 258 of the *Philosophy of Right* is in fact explicitly presented by Hegel as the realization of "the Infinite and Rational in and for itself" (*das an und für sich Unendliche und Vernünftige*) in the sphere of the will. Only in the sphere of Absolute Spirit – namely, in the historico-real process of the formation of humanity's artistic, religious, and philosophical consciousness – does the idea of the Infinite achieve full actuality, manifestation and self-consciousness.

Yet, despite such categorial variety, a careful analysis of Hegel's conception of the finite can easily identify the original form in which it presents itself to consciousness. The finite, Hegel very well remarks in the *Science of Logic*, is essentially a "Being-for-another" (*Sein-für-Anderes*)[13] – i.e., that which has not in itself, but in the other than itself, or outside itself, the principle both of its existence and of its knowability, and thus is by its very concept a "Being-outside-itself" (*Außereinander*). Hegel's definition of the concept of the finite coincides, in substance, with Spinoza's definition of the "mode", which is, in fact, that which "*in alio est, per quod etiam concipitur*"[14]. The finite, then, is that which "ex-ists", is the "ex-istence", insofar as this term means a reality having the essential character of "externality" (*Äußerlichkeit*). Yet the externality of the finite

---

10 Cf. Hegel, Enzyklopädie der philosophischen Wissenschaften, *op. cit.*, Vol. 2, §§ 269–271.
11 *Ibid.*, §§ 312–314 and 326–336.
12 *Ibid.*, §§ 337 ff.
13 Cf. Wissenschaft der Logik, *op. cit.*, Vol. 1, pp. 125 ff.
14 Cf. B. Spinoza, Ethica ordine geometrico demonstrata, in: *Id.*, Opera, *op. cit.*, Pars 1, Def. 1.

thought-determinations (*Denkbestimmungen*) and conceptual determinations (*Begriffsbestimmungen*), into which the content of, respectively, the logical Idea and spirit is articulated, is only *relative*, in that it inheres in ontological spheres, such as the logical Idea and spirit, which are in themselves *ideal*, and therefore *internal*, self-contained. *Radical* externality can therefore turn up only in the sphere of *nature*, whose (ideal) immanent development, in fact, starts from the absolutely immediate being-outside-itself of space and time – or rather: of space-time[15]. Can we, then, plausibly identify the latter with the real, original essence of the finite *qua* finite? An unconditionally affirmative answer to this crucial question is rendered impossible by the fact that, as Kant had already acutely understood[16], space and time are only "ideal" *abstractions*, mere possibilities or *a priori* forms of sensible existence, which as such do not yet involve the positing of any actual reality, including that of the finite. Actually real, in fact, is only their content – namely, the *matter* of sensation. This latter, and only it, then, is the real original essence of externality, and thus of the finite. As a consequence, the idealism of philosophy, insofar as it negates the positive, independent reality of the finite, also negates, *in primis et ante omnia*, the alleged positive reality of matter itself.

§ 3. Hegel's Critique of Materialism

The conclusion, to which I have come just by following the inner logic of Hegel's arguments (although not necessarily their "letter"), is undoubtedly of crucial relevance for the problem I am now discussing. Every true philosophy, Hegel affirms, is idealism insofar as it negates the finite's original reality; but the finite as finite – the finite κατ'ἐξοχήν – is *matter*. As a consequence, materialism, understood in the widest meaning of the term – namely, as that metaphysics, or world-view, which raises matter to the ultimate principle of reality – constitutes the πρῶτον ψεῦδος of that "philosophy" which "does not deserve its name", and therefore is rather in itself anti-philosophy, pseudo-philosophy, or,

---

15 Cf. Hegel, Enzyklopädie der philosophischen Wissenschaften, *op. cit.*, Vol. 2, §§ 254–259. Indeed, unlike Kant, who merely juxtaposes space, as the form of external sense, and time, as that of inner sense, Hegel conceives instead of them as inseparable moments of one continuum. Time is, then, in the last resort nothing other than the explication of the contradiction inherent in space as radical self-externality. Errol Harris has rightly seen in this Hegelian doctrine an enlightening historical forerunner and metaphysical foundation of Einstein's relativistic physics. Cf. E.E. Harris, The Foundations of Metaphysics in Science, *op. cit.*, Part I, Ch. 3, pp. 41–63.

16 Cf. I. Kant, Kritik der reinen Vernunft, *op. cit.*, I, 1: „Transz. Ästhetik", S. 51–73 (B 37–73).

to resort to a pregnant Hegelian expression, *Unphilosophie*[17]. The relevance of
the implications of this conclusion of ours for understanding the genuine significance and contemporary historical relevance of Hegel's thought turns out to be
evident if only one recalls that one of the prevailing ideologies of the 20th century, which just from Hegel's philosophy borrowed the dialectical method and
some others of its fundamental concepts, has defined itself as "the materialistic
conception of history", or as "dialectical materialism". Despite a widespread,
but in truth superficial and distorting, historiographic perspective, which sees, in
Marx's materialism, the ineluctable "exit point" (*Ausgang*) of Hegelian philosophy itself[18], it turns out to be clear that this latter – at least with respect to the
crucial metaphysical problem of matter's essence and ontological status – constitutes, rather, *its most radical and uncompromising adversary*. But how is
Hegel's theory of matter in the concrete articulated? And what are the main arguments addressed by it against the naturalistic, realistic, but especially materialistic theories which, on the contrary, vindicate, in one sense or another, its
original reality? A definite answer to these questions is easily to be found in the
§§ 261–265 of the *Encyclopedia* and in the respective Additions. But no less
enlightening, on this subject, is the *Nachschrift* by Heinrich Wilhelm Dove of
the lectures on the philosophy of nature delivered by Hegel in Berlin in 1825–
26[19].

Space and time, I have said, are in themselves only abstractions, merely unreal forms or possibilities of intuition. But there is no abstraction which does not
presuppose the reality from which it abstracts; nor is there a form (*a priori*)
without an intuition (empirical, sensible); and the only truly possible possibility
is that which realizes itself[20]. Matter, then, is originally nothing but the essential
"content" (*Inhalt*) or "filling" (*Erfüllung*) of the form of space-time, and distinguishes itself from its abstract ideality because, with respect to this latter, it is

---

17 Cf. Hegel, Über das Wesen der philosophischen Kritik überhaupt und ihr Verhältnis zum
     gegenwärtigen Zustand der Philosophie insbesondere, *op. cit.*, pp. 174 ff.

18 Cf. F. Engels, Ludwig Feuerbach und der Ausgang der klassischen deutschen Philoso-
     phie, *op. cit.*, p. 293. I have criticized in detail this thesis by Engels in the context of the
     more general critique of historical and dialectical materialism I have set out in my book:
     Dalla dialettica della material alla dialettica dell'Idea. Critica del materialismo storico,
     op. cit.: "Introduzione", § 4, pp. 51–63.

19 Cf. Hegel, Vorlesungen über die Philosophie der Natur. Berlin 1825/1826. Nachgeschrie-
     ben von Heinrich Wilhelm Dove, Hamburg, Meiner 2007, and also my review of this
     book, in: The Owl of Minerva, in publication.

20 Cf. Wissenschaft der Logik, *op. cit.*, Vol. 2, pp. 202–213, and Enzyklopädie der philoso-
     phischen Wissenschaften, *op. cit.*, Vol. 1, § 143, as well as the eloquent and enlightening
     Zusatz.

something "real"[21]. Hegel, then, although denying, as we shall shortly see, matter's *absolute* reality, yet admits its *necessity* and *relative* reality. But the pure concept of reality is that of Being-for-itself (*Fürsichsein*) – i.e., of the being which affirms itself through the exclusion of Being-for-another (*Sein-für-Anderes*[22]). Matter, then, is the original *Versinnlichung* – i.e., sensible manifestation – of the logical category of Being-for-itself. This, Hegel profoundly remarks[23], explains the fundamental predicates which immediate consciousness and scientific thinking alike generally ascribe to it: namely, *radical manifoldness* (for matter in reality exists only as a plurality of material *bodies*), the *exclusive externality* (impenetrability, repulsion) of its constitutive elements, their *divisibility* into more elementary parts, and finally the *resistance* it offers to man's sensible praxis (e.g., as an object of work). But Being-for-itself, as the negation of Being-for-another – i.e., of externality – which is in itself manifold, is also a negation of the manifold, and thus is unity, identity of itself with itself. The very dispersed manifoldness of material bodies, then, involves a tendency, a "striving" (*Streben*) towards a "center" (*Mittelpunkt*), i.e., a unity of the manifold: *gravity*. This latter, then, Hegel rightly concludes in polemic with Newtonian physics, is no accidental property of material bodies, but rather the sensible manifestation of their very concept.

Hegel's recognition of the necessity and relative reality of matter, however, does not amount – unlike any materialistic world-view (be it "metaphysical" or "historical", positivistic or "dialectical" in character) – to the admission of its original, positive reality. Indeed, one of the most brilliant and theoretically relevant achievements of his whole Philosophy of nature consists in the very arguments by which it proves, in the most cogent and enlightening way, *the insuperable contradictoriness of the concept of matter*, which indisputably invalidates its ingenuous claim to unconditional validity and objective reality. Matter, Hegel maintains in the quoted *Nachschrift*[24], does offer resistance "against us" (*gegen uns*) as sensible beings, and to that extent it *is* a Being-for-itself, but "against thought it is not for itself" (*gegen den Gedanken ist sie nicht für sich*). For by unfolding the insuperable antinomies involved in the concept of matter, thought *eo ipso* invalidates its claim to absolute reality.

The main arguments raised by Hegel against the thesis of matter's positive reality are substantially four.

---

21 Cf. *ibid.*, Vol. 2, §§ 262–268.
22 Cf. Wissenschaft der Logik, *op. cit.*, Vol. 1, pp. 174 ff.; Enzyklopädie der philosophischen Wissenschaften, *op. cit.*, Vol. 1, §§ 96–98 and *Zusätze*.
23 Cf. Vorlesungen über die Philosophie der Natur, *op. cit.*, pp. 50–52.
24 *Ibid.*, p. 51.

1. First of all, as an exclusive manifoldness matter is an *aggregate* of *simpler* elements, and for this reason, as I have said, is essentially divisible. But it is also the content of space-time, which is in itself a *continuous* magnitude, and therefore divisibility, insofar as it inheres in the essence of matter, is also typical of its constitutive elements. These latter, then, far from being really simple, are *in principle divisible* for the same reason for which matter as such is divisible. The concept of the "atom", framed both by ancient materialism and by modern physics just to determine the nature of such allegedly simple, and then indivisible, constitutive elements of matter, is, in truth, an inconsistent *fiction*, produced by an ingenuous thought incapable of critically reflecting on the essential conditions for its own possibility. But if the allegedly simple constitutive elements of matter are in truth themselves divisible, and if matter's division can therefore go on *in infinitum*, one cannot avoid concluding that *such elements, in truth, do not exist*; that, consequently, matter is only an aggregate of *inactual*, fictional entities; and that the belief in its positive reality, which is typical of every materialism – be it ancient, modern or contemporary – is only a *prejudice* of ingenuous consciousness, which a more mature philosophical reflection can and must do away with *in toto*.

2. Secondly, matter distinguishes itself from space-time because, while the latter, as I have said, is only an unreal abstraction, the former constitutes instead its real content. But this difference too is in truth merely *relative* and, in the last analysis, *illusory*. The well-known example, put forward in this regard by Hegel in § 261 of the *Encyclopedia* as well as in the quoted *Nachschrift*[25], is that of the convertibility in a lever of the "moments" of the length (of its arm) and of the mass (raised by it). They are, as such, nothing other than the results of the quantitative determination (which is in principle always possible), respectively, of space and of matter. Yet the increase of the length of the lever's arm obtains the same physical effect as the (proportional) decrease of the mass raised. The real causality exerted by material mass, then, is not different from that which is brought about by space's abstract ideality! As a consequence, their difference is merely relative, and the alleged positive reality of matter turns out to be, also in this further respect, illusory.

3. Thirdly, as a content of space-time matter is a radical *exclusive* manifoldness, is therefore *in itself different from itself*. As real, however, it is a Being-for-itself, and then *unity* and *self-identity*, which manifests itself, as we have seen, in the physical phenomenon of its gravity, insofar as this is an immanent "striving" to reach a *center*. Such a striving, however, is ineluctably doomed to failure. For if the center of gravity were actually reached, matter would come to "condense"

---

25   Cf. *ibid.*, p. 53.

(*zusammenschwitzen*) in it, thus annihilating nothing less that its very essence, insofar as this is just exclusive manifoldness. In other words: if matter truly exists, it must be at the same time an external manifoldness and an actual reality. But this is in principle impossible, for the essential feature of reality is unity and self-identity, which is nothing less than the *contradictory opposite* of exclusive manifoldness, insofar as this, as we have seen, is *in itself different from itself.* What matter's exclusive manifoldness, then, really excludes, is in the last resort *nothing other than itself* – which plainly annihilates at its root the inner plausibility of its claim to positive, original reality. That unity, which matter vainly seeks through its gravity, can actually realize itself, Hegel profoundly concludes, *only beyond and above the whole sphere of material existence*: more precisely, in a still inadequate, because immediate, form in the "soul" (*Seele*) as the enlivening principle of the animal organism; in an adequate, because intellectual, form in *spirit* – i.e., in the self-conscious I, who is thus the *only true reality*. The gravity of material bodies, he remarks, in this regard, in the Note to § 262 of the *Encyclopedia*,

> „ist sozusagen das Bekenntnis der Nichtigkeit des Aussersichseins der Materie in ihrem Fürsichsein, ihrer Unselbständigkeit, ihres Widerspruchs".

And a little further, in the Addendum:

> „Die Einheit der Schwere ist nur ein Sollen, eine Sehnsucht, das unglückseligste Streben, zu dem die Materie ewig verdammt ist; denn die Einheit kommt nicht zu sich selbst, sie erreicht sich nicht. Wenn die Materie das erreichte, was sie in der Schwere sucht, so schwitzte sie in einen Punkt zusammen. [...] Die Schwere ist eine Weise der Innerlichkeit der Materie, nicht ihre tote Äußerlichkeit; diese Innerlichkeit hat indessen hier noch nicht ihre Stelle, sondern jetzt ist die Materie noch das Innerlichkeitslose, der Begriff des Begrifflosen".

4. The fourth main argument raised by Hegel against the thesis of matter's positive reality is easily identifiable at the beginning of the Chapter on "Physics" in the *Nachschrift* by Dove[26], and is certainly no less lucid, cogent and profound than the previous ones, but can be fully understood only in the light of a fundamental principle of Hegel's philosophy, the identity of thought and being[27], whose full explication and ultimate foundation largely transcend the theoretical ambit of the Philosophy of nature, where, as we have seen, his treatment of the peculiar topic of matter (suitably) takes place. Matter is what it is only insofar as it distinguishes and sets itself over Form – i.e., that system of determinations (predicates), relations, mediations which differentiate and specify its immediate self-identity. This means that matter, although being held to be real by the mate-

---

26 *Ibid.*, pp. 78–80.
27 See below, pp. 195–215.

rialistic world-view, and even identified by it with the very substance of reality, yet, if considered in and for itself, is absolutely *formless*. This, however, gives rise to a further, insuperable antinomy. Form, as such, is a self-determination of the act of thinking, is the very essence of thought such as it manifests itself in nature's sensible externality or in consciousness's experience. But thought is originally identical with being, is the ultimate ground of the very reality of the real. If, then, matter is, as such, formless, Hegel correctly concludes, *it cannot in principle be in itself real*. If, conversely, it *is* in any degree or measure real, it cannot be in itself formless, but will exist always and only as a *formed matter* – namely, as a negative, abstract, merely "potential" moment of Form's becoming, which is encompassed and resolved into its more concrete ideal wholeness, and consequently devoid, as such, of independent reality. Whereas, then, the materialistic view of matter and history tends to resolve, more or less radically, the system of spirit's ideal forms, in which thought's creative activity objectifies and manifests itself, into a mere "reflex" (*Abbild*) – to use a term dear to Engels[28] – of formless matter's blind working; Hegel's Absolute Idealism, on the contrary, conceives nature's becoming as a process of progressive *dematerialization* of the exclusive spatio-temporal immediacy of finite existence, culminating in the emergence of spirit from the immanent dialectic of the animal organism. In the enlightening Addition to § 389 of the *Encyclopedia* Hegel therefore does not hesitate to conclude that "spirit is the existing truth of matter, is just this truth, that matter has no truth" (*[d]er Geist ist die existierende Wahrheit der Materie, daß die Materie keine Wahrheit hat*).

§ 4. Hegel's Absolute Idealism in the Age of Globalization

According to Hegel, then, every true philosophy is of necessity idealism, and philosophy's idealism consists in the negation of the positive reality of the finite. Yet such a negation can be either more or less partial, relative, "abstract", or total, absolute, "concrete". The second alternative comes to be the case, indeed, in Hegel's Absolute Idealism, and thus constitutes its peculiar *fundamentum distinctionis* from the manifold historical forms of idealism worked out by Western thought. Now, the finite, which philosophical idealism, as such, negates, originally takes up the phenomenal shape of outer sensible existence – i.e., of matter. As a consequence, idealism can actualize its concept – i.e., demonstrate its truth – only in and through a concomitant *refutation* of those philosophies, or world-views, which instead affirm matter's positive reality. The

---

28   Cf. F. Engels, Ludwig Feuerbach, *op. cit.*, p. 293; *Id.*, "Vorrede" to K. Marx, Das Kapital. Drittes Band, in: K. Marx–F. Engels, Werke, *op. cit.*, p. 20.

above-outlined arguments raised by Hegel against materialism therefore constitute a *pars integrans* of its complex theoretical construction, so that an adequate
critical evaluation of Hegel's system cannot be successfully carried out without
taking an explicit stand about their real theoretical cogency and validity. Of
course, this would require a global examination of such a system, which within
the limits of this article cannot possibly be outlined, not even summarily. Since,
however, I have already tried to fulfill this all-important historico-critical task in
numerous writings[29], I can here confine myself to remarking that Hegel's critique of materialism starts from a definition of the concept of matter which not
only is fully adequate and consistent, but also contains within itself the (ideal)
genesis of its content, and, along with it, the proof of its necessity and consistency. The antinomies, which Hegel discerns in such a concept, appear to be all
really inherent to it, and therefore do invalidate its claim to absolute validity.
Only the appeal, in the fourth argument, to the principle of the identity of
thought and being seems to require a further, more explicit justification; but it
had already be given us, in truth, by consciousness's whole dialectical development analyzed and deduced in the *Phenomenology of spirit*[30]. We must, then,
conclude that *we are bound to unconditionally recognize the truth of the critique
of materialism essentially inherent in Hegel's concept of philosophical idealism.*
This outcome of our critico-theoretical evaluation of this fundamental aspect of
Hegel's thought does involve consequences that are crucial for ascertaining the
persistent relevance of such a thought in our epoch – the 21st century.

As Richard D. Winfield has convincingly shown in his latest book, *Modernity, Religion, and the War on Terror*[31], the historical age, in which we happen
to live, is that of Globalization. This is because the fundamental trend of its development consists in the process of progressive, gradual transmission to all the
peoples of the earth of the philosophical and ethico-political principles of Modernity, i.e., of the world-view that is based on the acknowledgement of the absolute value of those ideas of Reason and of Freedom, which originally developed in Europe between the 16th and the 17th century in consequence of the crisis
of Mediaeval civilization, of the religious Reform and of the scientific Revolu-
tion. But the genesis of the Age of Globalization has also a further fundamental
historical presupposition – namely, the general breakdown (at least in Europe) of
communist regimes and parties, which had instead played a certainly primary
world-historical role in the 20th century. Well, such regimes and parties aimed at

---

29   Cf. G. Rinaldi, A History and Interpretation of the Logic of Hegel, *op. cit.*; above, pp. 1–
     122, and below, pp. 139–163.
30   Cf. Hegel, Phänomenologie des Geistes, *op. cit.*: "Vorrede", pp. 29 ff.
31   See below, pp. 229–255.

realizing in the concrete, up to the minimal details of every man's everyday life, the materialistic conception of history stated by Marx, Engels and Lenin, which entirely rests on the fundamental ontological presupposition of matter's positive, original, independent reality. Yet, unlike Hegel – as I have tried to show in my essay *Dalla dialettica della materia alla dialettica dell'Idea. Critica del materialismo storico*, which appeared as long ago as 1981 – none of the upholders of historical and dialectical materialism has ever been able to set out a theoretically adequate and cogent definition of the concept of matter. But, on the basis of what they in more than one context *en passant* assert, it seems easy to conclude that, when they use such a term, they too do not mean, in the last resort, anything else than the finite, external things that are the object of men's perception, consciousness and work[32]. *Hegel's refutation of the truth of matter, which I have summed up above, therefore holds true also for the concept of matter on which the world-view upheld by Marx and Engels rests, thus invalidating at its root its plausibility as well.*

1. Just in this crucial critical implication of Hegel's philosophical idealism I hold it legitimate to see a first, decisive reason for vindicating to his thought – despite the fact that it was worked out by him at the beginning of the 19th century – full theoretical and ethico-political relevance in the 21st as well. The Age of Globalization, I have said, historically arises from the breakdown of the at its leanings universal hegemony established by communism on men's consciousness and life in the 20th century. The self-consciousness of the Age of Globalization – namely, the comprehension of its affirmative significance and historical necessity – consequently presupposes, as the unavoidable condition for its possibility, *the previous elaboration of a systematic critique of historical and dialectical materialism.* Now, Hegel's philosophical idealism, insofar as it involves and carries out a thoroughgoing critique of materialism, to which Marx's thought itself (owing to the substantial identity of the concept of matter in the two opposed conceptions) cannot avoid succumbing, therefore constitutes an essential presupposition of the self-consciousness of our historical epoch. Already in this first regard, then, it can be held to be eminently up-to-date still nowadays.

2. A second, fundamental reason for ascribing to Hegel's philosophy, and *only* to it, full theoretical relevance for our epoch can be easily drawn from even a summary examination of the peculiar character of Modernity. It substantially consists, as I have said, in the working out of a world-view grounding the whole development of civilization, history and human society on the fundamental ideals of Reason and of Freedom. We all know that, according to Kant, the only

---

32   Cf. G. Rinaldi, Dalla dialettica della materia alla dialettica dell'Idea. Critica del materialismo storico, *op. cit.*, Ch. 1, § 2, pp. 94–98.

true religion is just "the religion within the limits of pure reason"[33], and that for him freedom is nothing less than the *ratio essendi* of any possible morality[34]. Now, even a generic knowledge of the history of Western philosophy suffices in order to become convinced that only in Hegel's Absolute Idealism do such ideals reach full systematic explication and theoretical foundation. For only in Hegel's thought does Kant's limited philosophical project of a "critique of pure reason" transform itself into the more complete and consistent construction of the "system of pure reason". And it is equally well-known that the ultimate drive of the whole world-history – not only, then, of individual morality, as is instead, in essence, the case with Kant – for Hegel is nothing other than the ideal of freedom[35]. To the extent, then, that the ultimate aim of the Age of Globalization is the realization worldwide of the ideals of Modernity, it turns out to be clear that its adequate philosophical self-consciousness can be fully achieved only in the ambit of Hegel's thought – or, anyway, of a thought that, however original and innovative it may aspire to be, yet holds firmly to its most decisive theoretical results.

3. But from the analysis of the immanent aim of the Age of Globalization it seems possible to draw also a third fundamental reason for vindicating nowadays the full contemporary relevance of Hegel's thought. Such an aim consists, as I have said, in the effort to extend to all the peoples of the earth the fundamental theoretical and practical achievements reached by European Modernity, so as to allow the unification of all the States and all the civilizations historically given into a single global community, which would be governed by the same ethical and political principles. Now, how should we forget that the peculiar characteristic distinguishing the "absolute knowing" worked out by "speculative philosophy" from that which is produced by the finite understanding acting in the sphere of the positive sciences is that, whereas the latter divides the absolute

---

33 Cf. I. Kant, Die Religion innerhalb der Grenzen der bloßen Vernunft, in: Kant's gesammelte Schriften, hg. von der Königlich Preußischen Akademie der Wissenschaften, Bd. VI, hg. von G. Wobbermin, Berlin 1914. For a detailed analysis and critical evaluation of this crucial Kantian work see G. Rinaldi, Ragione e Verità. Filosofia della religione e metafisica dell'essere, *op. cit.*, Part II, Ch. I, § 1.3.

34 Cf. I. Kant, Kritik der praktischen Vernunft, *op. cit.*, §§ 5–6, pp. 28–30 (51–54).

35 The essence of Right, whose realization is the immanent aim of Objective Spirit's self-development, including World-History as its most concrete stage, is in fact held by him to be nothing other than the "existence of free will" (*Dasein des freien Willens*). Cf. Hegel, Grundlinien der Philosophie des Rechts, *op. cit.*, § 29. But see also the eloquent Note to § 482 of the *Encyclopedia*, where he significantly identifies the last and culminating conceptual determination of the whole philosophy of Subjective Spirit, which is the ideal starting-point of the process of Objective Spirit, just with "Free Spirit" (*Freie Geist*).

totality of reality and of consciousness into a contingent manifoldness of isolated, "one-sided" categories or viewpoints, the former instead theorizes and carries out a programmatic "fluidification" (*Verflüssigung*) of such immediate, stiff
differences, which aims at constructing an intimately unitary, organic – or just
"global" – "rational image of the Universe" (*vernünftiges Bild des Universums*)[36]? That rigorous *metaphysical monism* or – to use a word that is now more
fashionable and, in the last resort, also more appropriate – that "holism" which
is so deeply rooted in Hegel's Absolute Idealism therefore appears to be far
more adequate to the synthetic and universalistic trend of the Age of Globalization than is instead the case with the analytic, atomistic empiricism of "classical
physics" and of 20th century logical Neo-Positivism, of which his whole thought
– already from his habilitation writing of 1801[37] – constitutes, without doubt, an
immanent, peremptory refutation *in extenso*. On the other hand, it also deserves
to be remembered that, according to his philosophy of history, the ultimate and
unitary subject of World-History, the *Weltgeist*, although necessarily embodying
itself in the temporal succession of the particular "national spirits" (*Volksgeister*)
which played a more or less significant role in the development of human civilization[38], yet does not coincide as such with any of them, so that it seems legitimate to advance the conjecture that a "universal state" (*Weltstaat*), englobing in
its ethico-political structure all the peoples of the earth, and as such constituting
just the ultimate historical aim of the Age of Globalization, could be the only
adequate realization of the Hegelian crucial concept of the *Weltgeist*[39].

---

36 Cf. Enzyklopädie der philosophischen Wissenschaften, *op. cit.*, Bd. 3, Anhang: „Konzept
    der Rede beim Antritt des philosophischen Lehramtes an der Universität Berlin (Einlei-
    tung zur Enzyklopädie-Vorlesung 22. Okt. 1818)", S. 405.
37 The generally negative, sometimes even disparaging judgment passed by most historians
    of philosophy and of science on this writing by Hegel – which, as is well-known, was his
    first original publication – not only falls short of an adequate and fair understanding and
    evaluation of its real theoretical contents and achievements (cf. above, p. 103, n. 1), but
    does not even do justice to an all-important feature of it, consisting in the fact that, al-
    though only with respect to a particular scientific problematic – i.e., Newton's theory of
    celestial mechanics – Hegel, in truth, set out there the fundamental principles and argu-
    ments of a radical, systematic critique of the empiricist or positivistic world-view that is
    still nowadays valid, tenable and inspiring.
38 Cf. Grundlinien der Philosophie des Rechts, *op. cit.*, §§ 341–360.
39 This conjecture has been elaborated in some detail by Wolfgang Schild in two thought-
    provoking papers: Menschenrechtsethos und Weltgeist. Eine Hegel-Interpretation, in:
    Würde und Recht des Menschen. Festschrift für Johannes Schwartländer zum 70. Ge-
    burtstag, hg. von H. Bielfeldt, W. Brugger, K. Dicke, Würzburg 1992, pp. 199–222; and:
    Der rechte Hegel: ein Rechtshegelianer? Bemerkungen zur Hegelschen Rechtsphiloso-
    phie, in: Recht und Pluralismus. Hans-Martin Pawlowski zum 65. Geburtstag, hg. von S.

What I have said seems to me to be sufficient, at least in this context, to give an unconditionally affirmative answer to the question with which I began this article – namely, if, and to what extent, Hegel's Absolute Idealism is still today theoretically plausible and historically up-to-date.

Smid/N. Fehl, Berlin 1997, pp. 179–215. Schild maintains there that the "ethical" spirit, which would enliven current human rights movements and activists, could rightfully be regarded as an incipient realization of the ideal of the *Weltstaat*. From a genuinely Hegelian viewpoint, however, one could easily reply that the evident lack of recognized political reality and binding constitutional organization characterizing them undermines, in principle, the possibility of seeing in them anything more than, at best, a modernized version of the viewpoint and praxis of the individual will's abstract *Moralität*. This seems to me to find an enlightening counterpart in the result of Schild's intriguing attempt to identify in Hegel's conception of the State the ultimate ground for the legitimacy of the constitution of the Bundesrepublik Deutschland itself (cf. *Id.*, Die Legitimation des Grundgesetzes als der Verfassung Deutschlands in der Perspektive Hegels, in: Legitimation des Grundgesetzes aus Sicht von Rechtsphilosophie und Gesellschaftstheorie, hg. von W. Brugger, Baden-Baden 1996, pp. 65–96). In fact, he finally admits that, while the abstract dimension of the "äusserer Staat" *does* find an objective juridical-institutional implementation in that constitution, its concrete ethical substance has no other reality than in the subjective "Gesinnung" of its citizens. One must instead unconditionally agree with Schild's rejection of H. Kiesewetter's misinterpretation of Hegel's doctrine of the State as the immediate forerunner of Hitler's national socialism, by virtue of the argument that the final sublation of the *Volksgeister* in the *Weltgeist*, and of the whole of Objective Spirit in Absolute Spirit, in which that doctrine culminates, is plainly incompatible with any sort of nationalistic "Machtpositivismus" whatsoever.

VI.

SKEPTIZISMUS UND METAPHYSIK IN HEGELS DENKEN

§ 1. De Vos' missverstehende Kritik von *Teoria etica*

Im letzten Band des *Jahrbuchs für Hegelforschung* ist unter dem Titel *Ethik oder Metaphysik bei Hegel? Zu G. Rinaldis Teoria etica*[1] eine „Rezension" dieser Schrift von mir[2] erschienen. Die Anführungszeichen sind nötig, weil der Leser in ihr überhaupt nicht das findet, was er sich gewöhnlich von dieser Art von Veröffentlichungen erwartet – nämlich eine summarische Analyse des Inhalts des rezensierten Werkes, die Identifizierung des spezifischen, mehr oder weniger originellen Beitrags zu einem bestimmten Bereich des Wissens, und schließlich eine unvoreingenommene und hoffentlich sympathetische Bewertung seiner wissenschaftlichen Qualität und Bedeutung. Nichts davon ist hingegen auch nur entfernt in dieser Schrift zu finden. Denn der einzige Zweck, den sein Autor, Lu De Vos, durch sie zu verfolgen scheint, ist, vor den Lesern dieses Jahrbuchs von Hegel-Studien – gegen die elementarste historische und begriffliche Evidenz, wie wir gleich sehen werden – die echt Hegelsche Herkunft und Inspiration der „Metaphysik" des „absoluten Idealismus" zu diskreditieren, mit welcher ich die philosophische Ethik zu begründen versucht habe. Zu diesem Zweck extrapoliert er aus der in ihr entfalteten Gesamtkonstruktion des sittlichen Geistes, die aus drei Teilen mit 132 Paragraphen besteht, nur die Paragraphen 18–23 des 1. Teiles, in welchen diejenigen „metaphysischen Voraussetzungen", die der Verfasser als für jede echte philosophische Ethik unabdingbar betrachtet, summarisch vorgebracht werden, und er versucht dann zu beweisen, dass sie eine „religiös-metaphysische" Auslegung der Hegelschen Philosophie implizieren, die zwar für ihre Aneignung und Weiterführung in der philosophischen Tradition der Vereinigten Staaten typisch sei, die aber von der „kritischen deutsch-europäischen [Hegelforschung], die Hegel als Erbe Kants versteht"[3] aus zwingenden „Text- und Verständnisgründen"[4] zurückgewiesen werden müsse. Denn weit davon entfernt, der letzte große Metaphysiker des abendländischen Denkens zu sein, habe Hegel sich wenigstens in den Jahren seiner Reife – nämlich nach dem Abschluss der Jenaer Periode – einer grundlegend „kritischen" und „skepti-

---

1   Vgl. L. De Vos, Ethik oder Metaphysik bei Hegel? Zu G. Rinaldis Teoria etica, in: Jahrbuch für Hegelforschung XII–XIV (2010), S. 315–322.

2   Vgl. G. Rinaldi, Teoria etica, a. a. O.

3   L. De Vos, Ethik oder Metaphysik bei Hegel?, a. a. O., S. 317.

4   Ebd., S. 322.

schen" Auffassung der Philosophie zugewandt, und im Bereich der Ethik habe
er sich eher für die Ergebnisse der in seiner Epoche durchgeführten soziologischen, politologischen, ökonomischen und historiographischen Untersuchungen
interessiert als für die strikt philosophischen Behandlungen ihres Inhalts[5]. De
Vos äußert deshalb seine tiefste Bestürzung darüber, dass meine *Teoria etica* dagegen „nur" die von den „Klassikern" der Moralphilosophie aufgestellten Lehren in Betracht zieht, und dass sie sich also „nur" den „Philosophen", und nicht
auch dem breiteren Publikum der Gemeinleute[6] zuwendet. Die offensichtlich un-
ehrliche Absicht von De Vos' Kritik aber zeigt sich nicht nur in diesem im Fall
einer philosophischen Ethik wie der in der *Teoria etica* vorgebrachten klar absurden Anspruch (denn wäre er in irgendwelchem Maße plausibel, dann sollten
wir aus demselben Grund Spinozas *Ethik*, Kants *Kritik der praktischen Vernunft*
und *Metaphysik der Sitten* und Fichtes *System der Sittenlehre* verurteilen!), sondern auch in seiner hartnäckigen Verweigerung, den spezifischen wissenschaftlichen Charakter des rezensierten Werkes zu berücksichtigen, und sogar in der
Wahl seiner Ausdrücke. Die *Teoria etica* ist kein Kommentar zu *Grundlinien
der Philosophie des Rechts*, noch will sie es sein. Im Gegenteil ist sie ein theo-
retischer Aufsatz, der sich nach einer eigenen autonomen formalen Struktur die
Hauptprobleme der Moralphilosophie zu erörtern vornimmt[7]. Was für einen
Sinn kann es denn haben, ihrem Verfasser vorzuwerfen, dass er die Analyse der
„Übergänge" zwischen den von Hegel in seinem Aufbau der sittlichen Welt entfalteten aufeinander folgenden Begriffsbestimmungen weglasse[8]? Warum sollte
der in ihm minutiös ausgeführten dialektischen Deduktion der ethischen Haupt-
kategorien das jeder philosophischen Theorie anzuerkennende Recht verweigert
werden, *juxta propria principia* geprüft – und eventuell auch kritisiert – zu werden? De Vos scheint den unumgänglichen, gerade von Hegel in Bezug auf die
philosophische Kritik erhobenen Anspruch, dass sie ihrem Gegenstand „immanent" sein sollte[9], völlig zu ignorieren, oder wenigstens vergessen zu haben. Ferner, ist es fair, einerseits diejenigen philosophischen Lehren, die ich in vorhergehenden Schriften vorgebracht habe, und deren strikte Entsprechung zum Hegelschen Denken er seinen besten Anstrengungen zum Trotz nicht leugnen kann,

---

5   Vgl. ebd., S. 316.
6   Vgl. ebd., S. 316 und 322.
7   In seiner ausgewogenen Rezension meiner *Teoria etica* hat Vittorio Hösle diese Eigen-
    tümlichkeit derselben treffend hervorgehoben, und betrachtet sie sogar als die be-
    deutendste Errungenschaft meiner philosophischen Arbeit. Vgl. Humanitas *52:5–6*
    (Sept.–Dez. 2007), S. 1174–1177. Ein Nachdruck dieser Rezension ist jüngst in Magaz-
    zino di filosofia XVIII (2005–2010), S. 61–64 erschienen.
8   Vgl. L. De Vos, Ethik oder Metaphysik bei Hegel?, a. a. O., S. 316.
9   Vgl. oben, S. 123, Anm. 1.

verächtlich als bloße „Wiederholungen" desselben zu bezeichnen[10], und anderer-seits mit sittenstrenger Empörung diejenigen andersartigen theoretischen Kon-texte zu tadeln, in welchen der von mir ausgearbeitete Aufbau der sittlichen Welt vom Hegelschen marginal divergiert, oder sich erlaubt, eine leicht abwei-chende Terminologie zu benützen[11]? Der Rezensent scheint präjudiziell über-zeugt zu sein, dass sich der rezensierte Autor, was er auch immer sagen möge, schon deswegen irre, weil er den Mund öffnet! Wenn das, was er sagt, mit den Hegelschen Formulierungen buchstäblich zusammenfällt, tue er in Wahrheit nichts anderes, als Hegel mechanisch zu wiederholen; wenn er sich hingegen auch nur im kleinsten Maße davon entfernt, mache er sich einer schlechten Ori-ginalität schuldig.

Der vollständige Mangel an wissenschaftlichem Ernst und Würde, der diese tadelnswerte Schrift von De Vos kennzeichnet, kann mich aber nicht davon ent-binden, mir die undankbare Mühe ihrer detaillierten Diskussion und Widerle-gung aufzubürden. Denn einerseits wurzeln alle von ihm gegen meine *Teoria etica* erhobenen Einwände in einer radikalen Verfremdung mehr noch des inner-sten Geistes von Hegels Denken selbst als des rezensierten Werkes, die leider geläufige Attitüde in den Schriften der schlechtesten Vertreter der heutigen He-gelforschung geworden ist[12], und die einem adäquaten Verständnis eines solchen Denkens, das selbstverständlich die unumgängliche Bedingung für jede mögli-che theoretische Weiterführung desselben ist, unüberbrückbare Hindernisse den-jenigen, die sich von ihren falschen Behauptungen und unehrlichen Argumenten irreleiten lassen, in den Weg legt. Andererseits werden die Fehler, die De Vos meiner *Teoria etica* vorwirft, nicht so sehr der individuellen Persönlichkeit des rezensierten Autors zugeschrieben, als vielmehr der von der „religiös-meta-physischen Tradition der Vereinigten Staaten" formulierten Hegel-Auslegung konstitutionell inhärent betrachtet. Ich lasse einem aufmerksameren und scharf-sinnigeren Leser als De Vos entscheiden, ob die von mir in diesem Buch umris-senen ethischen Lehren von der philosophischen Tradition des angelsächsischen

---

10 Vgl. ebd., S. 315.
11 Vgl. ebd., S. 320 und 322. S. 320 stigmatisiert De Vos als unhegelsch die Benutzung der „Terminologie der Gewissheit" auf S. 82 meiner *Teoria etica*, um den Grundbegriff der Idee als unendlichen Selbstbewusstseins zu erklären. Auch in diesem Fall aber habe ich mich in Wahrheit nicht als sehr originell erwiesen, denn gerade im entscheidenden Kon-text der Definition des „absoluten Wissens" in der *Phänomenologie des Geistes* behaup-tet Hegel selbst ausdrücklich, dass in ihm „[d]ie Wahrheit ist nicht nur an sich vollkom-men der Gewißheit gleich, sondern hat auch die Gestalt der Gewißheit seiner selbst, oder sie ist in ihrem Dasein, d.h. für den wissenden Geist in der Form des Wissens seiner selbst" (Hegel, Phänomenologie des Geistes, a. a. O., S. 582–583)!
12 Vgl. oben: „Einleitung", S. 1 ff.

Idealismus stärker beeinflusst wurden als von der der Nation, in deren Sprache es geschrieben wurde. Meinerseits leugne ich gewiss die Präsenz und Relevanz eines solchen Einflusses nicht, und rechne es mir sogar zur Ehre an, dass er mir zugeschrieben wird. Die gegliederte Erwiderung auf die Kritik von De Vos, die ich in der zweiten Sektion dieses Aufsatzes entfalten werde, weist deshalb zweifellos ein viel weiteres historisch-kritisches Interesse auf als das der bloßen Verteidigung der persönlichen philosophischen Perspektive seines Verfassers, und das ist der Grund dafür, dass ich es im ersten Teil des vorliegenden Bandes nachdrucke.

§ 2. Die Überwindung des Skeptizismus in Hegels Metaphysik des Absoluten

1. De Vos' feste Überzeugung, dass das Hegelsche Denken wesentlich antimetaphysisch sei, scheint vor allem nichts anderes zu sein als das Resultat eines trivialen Missverständnisses der in der *Enzyklopädie der philosophischen Wissenschaften im Grundrisse* vorgetragenen Lehre von den vier „Stellungen des Gedankens gegenüber der Objektivität". Dort unterzieht Hegel tatsächlich die „vormalige Metaphysik"[13] einer systematischen Kritik, insofern sie die „Vernunftgegenstände" – d.h. die Ideen der Seele, des Universums und Gottes – durch die abstrakten, dualistischen, mechanischen Kategorien des endlichen Verstandes zu begreifen versucht. Seine Kritik ist aber keineswegs gleichbedeutend mit einer unbedingten Verurteilung *jeder* möglichen Metaphysik. Denn die „spekulative Philosophie", die er ihr gegenüberstellt, *ist selbst eine „Metaphysik", d.h. eine vernünftige Lehre vom Absoluten.* Ihr Unterschied von der vormaligen Metaphysik liegt nur darin, dass sie sich dieselben Vernunftgegenstände durch die adäquateren (organischen, holistischen, dynamischen) Kategorien des spekulativen Denkens zu begreifen vornimmt. In § 85 der *Enzyklopädie*, z.B., behauptet er ausdrücklich, dass „[d]as Sein selbst sowie die folgenden Bestimmungen nicht nur des Seins, sondern die logischen Bestimmungen überhaupt", die, wie bekannt, den eigentümlichen Gegenstand der spekulativen Philosophie ausmachen, „als Definitionen des Absoluten, als *die metaphysischen Definitionen Gottes* angesehen werden" können. Und in der „Vorrede" zur ersten Ausgabe der *Wissenschaft der Logik* zögert er nicht, in vehementer Polemik gegen das zeitgenössische antimetaphysische Denken und insbesondere gegen den Kantischen Kritizismus, die Metaphysik als das „Allerheiligste" jedes gebildeten Volkes zu bezeichnen:

---

13 Vgl. Enzyklopädie der philosophischen Wissenschaften, a. a. O., Bd. 1, §§ 26–36; und auch Wissenschaft der Logik, a. a. O., Bd. 1, S. 61.

„Indem so die Wissenschaft und der gemeine Menschenverstand sich in die Hände arbeiteten, den Untergang der Metaphysik zu bewirken, so schien das sonderbare Schauspiel herbeigeführt zu werden, *ein gebildetes Volk ohne Metaphysik* zu sehen, – wie einen sonst mannigfaltig ausgeschmückten Tempel ohne Allerheiligstes"[14].

Und zwei Seiten danach erklärt er nicht weniger unzweideutig, dass „die logische Wissenschaft [...] die eigentliche Metaphysik oder reine spekulative Philosophie ausmacht"[15]. Andererseits stützt die von ihm in den *Vorlesungen über die Geschichte der Philosophie* vorgebrachte Auslegung des Denkens des Aristoteles, die deshalb von entscheidender Bedeutung ist, weil er in ihm den Gipfel der ganzen Entwicklung der alten Philosophie erkennt, auf der Unterscheidung zwischen dem vergänglichen und oberflächlichen Teil der aristotelischen Lehren, der mit der Logik und gewissermaßen auch mit der Ethik zusammenfalle, und ihrem zeitlos gültigen und aktuellen Kern, der mit der *Metaphysik* am ausdrücklichsten identifiziert wird[16]. Also sollte De Vos uns erklären: 1. wie und warum Hegel, der vermeintliche antimetaphysische Philosoph, gerade den Vater der abendländischen *Metaphysik* für den größten Vertreter der alten Philosophie hielt; 2. wie und warum er im aristotelischen *corpus* den Schwerpunkt gerade auf die 12 Bücher der *Metaphysik* legte; und schließlich, 3. wie und warum er, um seine *Enzyklopädie* würdig zu beschließen, kein besseres Zitat finden konnte als eine berühmte Stelle... aus dem 12. Buch der aristotelischen *Metaphysik*[17]! Kommen wir nun zu Hegels Religionsphilosophie, die von vielen Interpreten zu Recht oder Unrecht, und mit entgegengesetzten philosophischen oder theologischen Absichten, als die ausschlaggebende Disziplin des ganzen Hegelschen Systems betrachtet wurde. Die Grundthese, die Hegel in ihr vertritt, ist bekanntlich diese, dass die Religion eine wesentliche und unumgängliche Form der Entwicklung des absoluten Geistes deswegen ist, weil (aber auch *nur* weil!) ein *wahrer* Inhalt in ihr immanent ist, der mit dem Begriff der spekulativen Vernunft zusammenfällt, und das erste Moment ihrer ideellen Entwicklung, das ihrer unmittelbaren Identität mit sich, ausmacht, welches von der Idee Gottes ausgedrückt wird. Der Wahrheitsgrad, der einer bestimmten geschichtlichen Religion zuerkannt werden muss, hängt folglich strikt von der geringeren oder größeren Konsistenz und Konkretheit des von ihr aufgestellten „metaphysischen

---

14 Ebd., Bd. 1, S. 14.
15 Ebd., S. 16.
16 Vgl. Vorlesungen über die Geschichte der Philosophie, a. a. O., S. 132 ff., aber insb. 151: „Seine [des Aristoteles] spekulative Idee ist vorzüglich in den Büchern der Metaphysik zu schöpfen".
17 Vgl. Enzyklopädie der philosophischen Wissenschaften, a. a. O., Bd. 3, § 577, und Aristotelis Metaphysica. Rec. W. Jaeger, Oxford 1957, XII, 7, 1072 b 18–30.

Begriffs"[18] vom Wesen Gottes ab. Während also nicht nur die ganze christliche orthodoxe Tradition, sondern auch der romantische (und heute existentielle) Irrationalismus den letzten Grund des Wertes und der Bedeutung der Religion in den Glauben, die Wunder oder das Gefühl legt[19], erkennt ihn Hegel, der vermeintlich antimetaphysische Denker, nur in der Tiefe und Konsistenz der in ihrem dogmatischen Inhalt implizierten *metaphysischen* Definition vom Wesen Gottes! Der heutige pseudophilosophische *bavardage* über Hegel als dem „empiristischen und antimetaphysischen"[20] oder sogar „pragmatistischen" Philosophen[21] wird von meiner *Teoria etica* nicht geteilt – im Gegenteil, er wird von ihr entschieden zurückgewiesen –, aber gerade deswegen hätte De Vos, wenn er der Wahrheit einen guten Dienst hätte tun wollen, in ihrer entgegengesetzten theoretischen Orientierung statt eines angeborenen und unverzeihlichen Mangels einen objektiven und unbestreitbaren Beweis ihrer inneren Treue zum echten Geist der Hegelschen Philosophie erkennen müssen.

2. Seiner nachdrücklichen Zustimmung zu der antimetaphysischen Interpretation von Hegels Denken zum Trotz kann sich schließlich auch De Vos der inneren Notwendigkeit seiner eigentümlichen theoretischen Richtung und der unzweideutigen Evidenz seiner Formulierungen nicht entziehen, und indem er unbeholfen die Natur des Gegenstandes der spekulativen Logik zu erklären versucht, gibt er zu, dass er nach Hegel mit dem der „eigentliche[n] Metaphysik" unmittelbar zusammenfalle[22]. Worin aber unterscheidet sich diese von derjenigen Wissenschaft, die durch das Wort „Metaphysik" gewöhnlich bezeichnet wird, und deren entscheidende Präsenz in meiner *Teoria etica* er so polemisch hervorhebt? Er scheint mich so zu verstehen, dass der von mir begangene Grundfehler darin bestehe, dass ich das Absolute zu Unrecht mit dem „reine[n] Begriff als Selbstbegriff, unendliche[m] Selbstbewusstsein"[23] identifiziere, während der wahre Gegenstand der spekulativen Logik nichts anderes wäre als die „reine Form des (endlichen) Denkens"[24], und sie deshalb letztlich auf „bloss ei-

18 Vgl. Vorlesungen über die Philosophie der Religion, a. a. O., Bd. 1, S. 305; Bd. 2, S. 16 und 205.
19 Vgl. G. Rinaldi, Ragione e Verità. Filosofia della religione e metafisica dell'essere, a. a. O., Teil I, Kap. 8, § 2 und Kap. 13, § 5.
20 Der Urheber dieser irreführenden Definition ist bekanntlich J.N. Findlay. Vgl. J.N. Findlay, Hegel. A Re-examination, London, a. a. O., S. 346 ff.; und auch oben, S. 54, Anm. 2.
21 Vgl. oben: „Einleitung", S. 4–19.
22 Vgl. L. De Vos, Ethik oder Metaphysik bei Hegel?, a. a. O., S. 319.
23 Ebd.
24 Ebd.

ne Aletheiologie" – nämlich, um klarer zu sprechen, auf eine Epistemologie des endlichen Verstandes[25] – hinauslaufe.

Hier erreicht De Vos' Abwandlung des echten Hegelschen Denkens den Gipfel der Unverschämtheit und des Lächerlichen. Denn an einer berühmten, schon oben zitieren Stelle der *Wissenschaft der Logik* behauptet Hegel am ausdrücklichsten, dass „[j]ede Philosophie ist wesentlich Idealismus oder hat denselben wenigstens zu ihrem Prinzip", und ferner dass „[d]er Idealismus der Philosophie besteht in nichts anderes als darin, *das Endliche nicht als ein wahrhaft Seiendes anzuerkennen*"[26]. Also entbehre das Endliche als solches jeder echten Wahrheit und Wirklichkeit. Wie könnte folglich die Endlichkeit des vermeintlichen Gegenstandes der spekulativen Logik seine innere *Falschheit* nicht implizieren? Und wie ist es möglich, dass die Logik, die nach Hegel bekanntlich nichts weniger ist als die Wissenschaft des „Wahre[n] in der Form des Wahren"[27], eine intrinsisch *falsche* Denkbestimmung als ihren eigentümlichen Gegenstand habe? Keine Antwort auf diese unvermeidliche Frage ist in De Vos' konfusen und verworrenen Argumentationen zu finden. Und auch wenn wir versuchen, ihm zu helfen, seinen Gedanken zu klären, indem wir die Hypothese aufstellen, dass sein Nachdruck auf die eigentümliche Endlichkeit des „Aktes des Denkens" in Wahrheit nichts anderes sei als der wahre Gedanke, dass sich das Absolute nur durch die Vermittlung eines endlichen Subjekts bewusst werden kann, wird die Situation keineswegs besser, denn auf derselben Seite ist er

---

25   Dass das die wahre Bedeutung der „Aletheiologie" – eines Hegels Sprachgebrauch ganz fremden Wortes! – ist, wird durch die ausschließende Entgegensetzung bestätigt, die De Vos zwischen den Begriffen des Denkens und des Absoluten feststellt: „solches Absolutes [d. h. dasjenige, das in meinem Aufsatz zum Gegenstand gemacht wird] wird zwar Idee genannt, aber wer, das Denken oder das Absolute, erkennt dem Absoluten den Ideengehalt zurecht zu?" In der Perspektive der echten spekulativen Vernunft löst sich selbstverständlich eine solche Entgegensetzung auf „wie Nebel an der Sonne". Denn das einzige wahre Denken ist das Denken, das sich selbst denkt, und dieses als solches ist *eo ipso* ein absolutes Denken, wie De Vos selbst endlich zugibt, wenn er – sich einmal mehr trivial widersprechend – das „endliche", und also wesentlich relative Denken, das der Gegenstand der Aletheiologie ausmache, als „absolutes Begreifen" bezeichnet (ebd., S. 319). Zu diesem offensichtlichen Unsinn fügt er sofort einen anderen, nicht weniger offensichtlichen hinzu, indem er behauptet, dass „der absolute Geist vom Endlichen, in dessen Denken abhängig" (ebd.) wäre. Denn insofern das vermeintliche Absolute vom endlichen Denken „abhängen" würde, wäre es ganz offensichtlich zu ihm *relativ*, so dass De Vos als angemessene Definition des Absoluten bzw. des absoluten Geistes... sinnloser Weise die des Relativen, nämlich seines unmittelbar kontradiktorischen Entgegengesetzten anbietet!

26   Vgl. oben, S. 125.

27   Hegel, Phänomenologie des Geistes, a. a. O., S. 39.

schließlich gezwungen zuzugeben, dass auch die in meiner *Teoria etica* ausgeführte Entfaltung des Begriffs des Absoluten es nicht versäumt, das Moment des „Relativen" zu „integrieren"[28], welches als solches *endlich* ist, und in der Sphäre des Bewusstseins gerade die konkrete Gestalt der endlichen menschlichen Individualität annimmt. (Selbstverständlich wird diese Anerkennung mit zusammengebissenen Zähnen von der Behauptung begleitet, dass es sich dabei nicht um ein besonderes Verdienst meiner Hegel-Auslegung handele, denn sie werde von den meisten Hegelianern geteilt!) Ich glaube also daraus folgern zu dürfen, dass der von De Vos vollbrachte Versuch, den „metaphysischen" Begriff des unendlichen Selbstbewusstseins von dem „spekulativen" (!) des „(endlichen) Denkens" zu unterscheiden, und einander gegenüberzustellen, zum Scheitern bestimmt ist, so dass seine ganze Polemik gegen die metaphysischen Interpretationen Hegels noch einmal im reinsten Unsinn endet.

3. Dies sind aber leider nicht die einzigen Missverständnisse der Grundsätze der spekulativen Logik, für die sich De Vos in seiner „Rezension" verantwortlich gemacht hat, denn ebenso katastrophal ist seine Auslegung der Theorie des Absoluten, die Hegel im dritten Abschnitt der als 2. Buches des 1. Teiles der *Wissenschaft der Logik* veröffentlichten „Lehre vom Wesen" vorgebracht hatte. Denn es scheint als ob De Vos daraus, dass die Hegelsche Analyse des Begriffs des Absoluten als des ersten Moments der Kategorie der Wirklichkeit auf den Beweis seiner wesentlichen Einseitigkeit und auf die konsequente Entkräftung seines Anspruchs auf Wahrheit und objektive Wirklichkeit hinausläuft, die extravagante Konsequenz zieht, … dass die Hegelsche Philosophie keine (metaphysische) Theorie des Absoluten sei noch sein wolle[29]. Und Hegels berühmte, in der Einleitung zur *Phänomenologie des Geistes* aufgestellte Erklärungen, „daß das Absolute allein wahr oder das Wahre allein absolut ist"[30]; dass der vermeintlich plausible „Unterschied zwischen einem absoluten Wahren und einem sonstigen Wahren" in Wahrheit „trüb" ist[31]; und dass das Absolute folglich im Denken selbst derjenigen, die sich wie Kant[32] vornehmen, es aus dem theoretischen Bereich ihrer Erkenntnistheorie programmatisch auszuschließen, notwendigerweise präsent und immanent ist? De Vos versucht, sich aus der Affäre zu ziehen, indem er zugibt, dass diese Lehre zwar von Hegel vertreten wurde, aber nur „bis zu den späten Jenaer Jahren"[33], während der reife Hegel dank der erwähnten dialektischen Auflösung der logischen Kategorie des Absoluten den

---

28 L. De Vos, Ethik oder Metaphysik bei Hegel?, a. a. O., S. 319.
29 Vgl. ebd.
30 Vgl. Hegel, Phänomenologie des Geistes, a. a. O., S. 70.
31 Ebd.
32 Ebd., S. 68 f.
33 L. De Vos, Ethik oder Metaphysik bei Hegel?, a. a. O., S. 319.

inadäquaten Standpunkt der „Metaphysik des Absoluten" endgültig überwunden hätte. Die wahre Bedeutung dieser Hegelschen Auffassung ist in Wahrheit von derjenigen, die von De Vos interpoliert wird, sehr verschieden, und ihr sogar diametral entgegengesetzt, und kann folgendermaßen erklärt werden. Die Theorie des Absoluten, die Hegel in der „Lehre vom Wesen" erörtert und zurückweist, ist diejenige, die seine Identität mit sich vom Standpunkt der „äußerlichen Reflexion" auffasst, und die er ausdrücklich mit Spinozas Metaphysik der Substanz identifiziert[34]. Die Inkonsistenz einer solchen Theorie kommt *nicht* daher, dass in ihr das Absolute *als* Absolutes zum Gegenstand wird, sie ist vielmehr die unvermeidliche Folge davon, dass in ihr das Absolute durch die abstrakten, endlichen und mechanischen Kategorien einer inadäquaten Reflexion gedacht wird. Auch in diesem kritisch-negativen Zusammenhang aber versäumt Hegel nicht, „diesem" von ihm kritisierten Absoluten nicht das Endliche, das Relative, das Positive usw., sondern „das wahrhafte Absolute" am klarsten entgegenzustellen:

> „Aber indem die Reflexion von ihrem Unterscheiden so nur zur *Identität* des Absoluten zurückkehrt, ist sie zugleich nicht aus ihrer Äußerlichkeit heraus und *zum wahrhaften Absoluten* gekommen"[35].

---

34 Vgl. Hegel, Wissenschaft der Logik, a. a. O., Bd. 2, S. 186: „Die Reflexion verhält sich gegen dies Absolute als äußerliche, welche es vielmehr nur betrachtet, als daß sie seine eigene Bewegung wäre. Indem sie aber wesentlich dies ist, ist sie als seine negative Rückkehr in sich". Der Ausdruck „dies Absolute" weist klar darauf hin, dass der Gegenstand von Hegels Kritik nicht der Begriff des Absoluten als solchen, sondern nur die von Spinoza oder allgemeiner von den „emanatistischen" Metaphysiken ausgearbeitete Auffassung desselben ist – wie übrigens er selbst wenige Seiten danach ausdrücklich behauptet: „Dem Begriff des Absoluten und dem Verhältnis der Reflexion zu demselben, wie es sich hier dargestellt hat, entspricht der Begriff der spinozistischen Substanz" (ebd., S. 195). Die „negative Rückkehr in sich" des Absoluten, die von der äußerlichen Reflexion verursacht wird, indem sie sich endlich dem Begriff des echten spekulativen Denkens anpasst, besteht darin, dass die spinozistische „Auslegung" des „absolut-Absolute[n]", d.h. der Substanz, in die Attribute (das „relativ-Absolute") und in die Modi, die innere Gliederung des reinen Begriffs in die logischen Grundmomente der Allgemeinheit, der Besonderheit und der Individualität widerspiegelt.

35 Ebd., S. 192. Die „Rückkehr der Reflexion in die Identität" ist diejenige, die in der spinozistischen Auffassung des Attributs implizit ist, nach welcher es letztlich nichts anderes wäre als das Produkt einer subjektiven Reflexion. Diese Hegelsche These setzt selbstverständlich die Zustimmung zu der „modalistischen" Auslegung von Spinozas Lehre vom Attribut voraus, die von echt Hegelschen Denkern wie Bertrando Spaventa und Errol E. Harris mit guten Gründen kritisiert worden ist. Vgl. E.E. Harris, Salvezza dalla disperazione. Rivalutazione della filosofia di Spinosa, a. a. O., S. 108 ff., und meine „Einleitung" zu diesem Aufsatz, S. 13–45, hier 20–26.

Hegels diesbezügliche Formulierungen, die ich hier wörtlich zitiert habe, sind
von unzweideutiger Klarheit, und deshalb ist es wahrlich schwierig zu verstehen, wie selbst ein mittelmäßiger Interpret, *in gutem Glauben*, deren offensichtlichen Sinn so roh missverstehen könnte. Wenn andererseits De Vos' extravagante historiographische Annahme wahr wäre, dann hätte der Begriff des Absoluten, und zusammen mit ihm auch der für seine Bezeichnung benutzte
sprachliche Ausdruck, aus den folgenden, nach 1807 veröffentlichten Hegelschen Schriften verschwinden müssen, in welchen der eigentümliche Gegenstand der Philosophie definiert wird. Das ist aber offensichtlich *nicht* der Fall.
Denn wenn wir die *Enzyklopädie* aufschlagen, finden wir schon in § 1 die unmissverständliche Erklärung, „[b]eide [die Religion und die Philosophie] haben
die *Wahrheit* zu ihrem Gegenstande, und zwar im höchsten Sinne – in dem, dass
Gott die Wahrheit und er *allein* die Wahrheit ist". Der genaue Sinn dieser Erklärung wird deutlicher in § 12, wo Hegel bemerkt, das Denken „findet so in sich,
in der Idee des *allgemeinen* Wesens dieser Erscheinungen, zunächst seine Befriedigung; diese Idee (das *Absolute*, Gott) kann mehr oder weniger abstrakt
sein". Also: der Begriff des Absoluten drückt die eigentümliche Natur des Gegenstandes des philosophischen Denkens nicht weniger angemessen aus als der
der Idee oder Gottes. Andererseits erklärt Hegel in der enzyklopädischen Version der *Wissenschaft der Logik* ausdrücklich, „[w]ird Sein als Prädikat des Absoluten ausgesagt, so gibt das die erste Definition desselben: *Das Absolute ist
das Sein*"[36]; und „[j]ede folgende Bedeutung, die sie [die Kategorien] erhalten,
ist darum nur als eine *nähere Bestimmung* und *wahrere Definition des Absoluten*
anzusehen"[37]. In der Einleitung zum 3. Teil der *Enzyklopädie*, der Philosophie
des Geistes, behauptet er, „*[d]as Absolute ist der Geist*: dies ist die höchste Definition des Absoluten"[38], und mit dem Ausdruck „absolute Idee" bezeichnet er
in der *Wissenschaft der Logik* die höchste Kategorie der ganzen Entwicklung der
logischen Idee[39], und mit dem Ausdruck „absoluter Geist" die gipfelnde und abschließende Begriffsbestimmung der ganzen Philosophie des Geistes[40]. Es ist offensichtlich, dass solche Ausdrücke, wenn das reife Hegelsche Denken den Begriff des Absoluten wirklich beseitigt hätte, im besten Fall als unangebracht, im
schlechtesten als schwer irreführend betrachtet werden müssten, und De Vos
hätte erklären sollen, welche dagegen die richtigen Worte wären, um solche
Grundbegriffe der Hegelschen Philosophie korrekt zu bezeichnen – aber er hütet
sich sorgfältig davor, etwas derartiges zu tun! Schließlich ist es merkwürdig,

---

36   Vgl. Hegel, Enzyklopädie der philosophischen Wissenschaften, a. a. O., Bd. 1, § 86.
37   Ebd., § 87, Anm.
38   Ebd., Bd. 3, § 384, Anm.
39   Vgl. ebd., Bd. 1, §§ 236–237, und Wissenschaft der Logik, a. a. O., Bd. 2, S. 548 ff.
40   Vgl. Enzyklopädie der philosophischen Wissenschaften, a. a. O., Bd. 3, §§ 554–555.

dass in der enzyklopädischen Version der Logik – vielleicht gerade um solche Missverständnisse wie diejenigen zu vermeiden, für die heutzutage De Vos verantwortlich zeichnet – ein solcher Gebrauch des Wortes „Absolutes" nicht mehr zu finden ist, und der Gegenstand der dialektischen Auflösung des Prinzips der spinozistischen Philosophie, die im dritten Abschnitt der „Lehre vom Wesen" durchgeführt wird, wird jetzt klarer und passender mit dem Ausdruck „Substantialitätsverhältnis" bezeichnet[41]. Während des ganzen Verlaufs seiner akademischen Karriere – von seinen Jugendschriften bis zur letzten, in der dritten Auflage der *Enzyklopädie* (1830) vorgebrachten Fassung der spekulativen Logik – fasst Hegel also ausdrücklich und unzweideutig seine Philosophie – oder, besser gesagt: diejenige, die er für die *einzige* wahre Philosophie hält – als eine *idealistische Metaphysik des Absoluten* auf.

4. Indem er seine missverstehende Diskussion der Paragraphen 18–23 meiner *Teoria etica* fortsetzt, entdeckt De Vos endlich zu seiner großen Enttäuschung, dass sich in ihr die Integration des Relativen in die Totalität des Absoluten mit einer ausdrücklichen Widerlegung des Skeptizismus verbindet. Dort habe ich in der Tat auf die in jedem Akt unseres Denkens inhärente apodiktische Gewissheit der Wahrheit als eine offensichtliche Manifestation der ursprünglichen Immanenz der Idee des Absoluten in unserem Selbstbewusstsein hingewiesen[42]: der Skeptiker selbst, der die grundsätzliche Möglichkeit der Erkenntnis der Wahrheit verneint, kann nicht umhin, *sich widersprechend* den Argumenten, die er vorbringt, um seine Verneinung plausibel zu machen, *Wahrheit* zu erteilen. Welchen überzeugenderen Beweis für den radikal unhegelschen Charakter meiner Lehre vom Absoluten könnte man also bringen? Hatte Hegel denn das zweite Moment der dialektischen Methode, das „negativ-vernünftige", mit dem „Skeptizismus" nicht ausdrücklich identifiziert, und so die „Skepsis" selbst in seine Philosophie nicht „integriert"[43]? Wie könnte man sonst die von Hegel – in Polemik gegen die Schellingsche Identitätsphilosophie und gegen das unmittelbare Wissen – der „Negativität" des „diskursiven" Denkens zugeschriebene ent-

---

41 Vgl. ebd., Bd. 1, §§ 150, 151 und Zusatz, 152. Ich sage „passender", weil die in der *Wissenschaft der Logik* umrissene Unterscheidung zwischen der vorhergehenden Kategorie des „Absoluten" und der darauf folgenden des „Substantialitätsverhältnisses" außer dem Risiko der erwähnten Missverständnisse auch den Nachteil hat, die Darstellung und Kritik von Spinozas Metaphysik in zwei verschiedene Behandlungen zu trennen, in der ersten von welchen nur die Begriffe des Attributs und des Modus erörtert werden, während der Substanz, der (zusammen mit dem der Akzidenz) ursprünglicher und grundlegender ist als die beiden anderen, nur innerhalb der folgenden Kategorie expliziert wird. In Wahrheit setzt der spinozistische Begriff des Attributs den Substanz voraus.

42 Vgl. G. Rinaldi, Teoria etica, a. a. O., § 19, S. 79.

43 L. De Vos, Ethik oder Metaphysik bei Hegel?, a. a. O., S. 319.

scheidende Rolle erklären? Auch in diesem Zusammenhang offenbart sich De Vos' philosophische Stumpfsinnigkeit mit entwaffnender Evidenz. Schon seit dem berühmten Skeptizismus-Aufsatz von 1802 basiert Hegels Auffassung des Wesens des Skeptizismus[44], die für das Verständnis seiner ganzen Philosophie gewiss höchst wichtig ist (aus Gründen aber, die den von De Vos angegebenen diametral entgegengesetzt sind), auf der Unterscheidung zwischen zwei radikal verschiedenen Arten der Skepsis, d.h. der Negation der grundsätzlichen Möglichkeit der Erkenntnis. Die erste ist die „edle" des „echten Skeptizismus"[45], den er philosophiegeschichtlich mit dem alten Skeptizismus – dem, damit das klar wird, des Pyrrhons und des Sextus Empiricus – unmittelbar identifiziert. Die zweite ist dagegen die des „jüngsten Skeptizismus", welchem „die edlere Seite des Skeptizismus"[46] fehlt, und dessen geschichtliche Verwirklichung er in typischen Formen des modernen Denkens wie dem psychologischen Empirismus von Hume und G.E. Schulze und dem Kantischen Kritizismus selbst[47] erkennt. Die Negativität der edlen Skepsis richtet sich gegen die Totalität der Erkenntnis: also, nicht nur gegen die Bestimmungen des Bewusstseins des Unendlichen (nämlich der spekulativen Vernunft oder der Metaphysik), sondern auch gegen die des Bewusstseins des Endlichen (sinnliche Wahrnehmung und Verstand). Die von der unedlen Skepsis durchgeführte Kritik wendet sich dagegen nur gegen die Wahrheit der Vernunftideen, indem sie an der Gewissheit der sinnlichen Anschauung festhält. Nun, aus den Hegelschen Behandlungen dieser Problematik geht übereinstimmend und unzweideutig hervor, dass die skeptische Negativität, die Hegel zweifellos in die dialektische Methode integriert, *ausschließlich die des edlen Skeptizismus ist*; und ferner, dass auch der edle Skeptizismus von ihm *kritisiert und zurückgewiesen wird*, insofern er sich nicht nur gegen die Bestimmungen des endlichen Bewusstseins, sondern auch gegen die Wahrheit der Vernunftideen richtet, und darüber hinaus auf willkürliche und zufällige Weise vorgeht[48]. Hegel erkennt in den späteren Tropen des Sextus Empiricus einen typischen Ausdruck dieses zweiten polemischen Zieles des edlen Skeptizismus,

---

44 Vgl. Hegel, Verhältnis des Skeptizismus zur Philosophie, in: ders., Jenaer Schriften (1801–1807), a. a. O., S. 213 ff.; Enzyklopädie der philosophischen Wissenschaften, a. a. O., Bd. 1, §§ 39 und 81, Zusatz; Vorlesungen über die Geschichte der Philosophie, a. a. O., Bd. 2, S. 360.
45 Vgl. Verhältnis des Skeptizismus zur Philosophie, a. a. O., S. 228.
46 Ebd., S. 249.
47 Besonders prägnant und bered ist in diesem Zusammenhang die siebte „Habilitationsthese": „*Philosophia critica caret ideis et imperfecta est Scepticismi forma*" (Hegel, „Habilitationsthesen", in: Jenaer Schriften (1801–1807), a. a. O., S. 533).
48 Hegel zögert deshalb letztlich nicht, den edlen Skeptizismus selbst zu den eigentümlichen philosophischen Manifestationen der Dekadenz der alten Welt zu zählen.

und lehnt sie entschieden ab, indem er sich einiger prägnanter Ausdrücke bedient, die unter seinen Kommentatoren berühmt geworden sind:

> „An dies eigentlich Spekulative hat sich nun der Skeptizismus auch gewagt; als Idee aber kann er ihm nichts anhaben, gegen das wahrhaft Unendliche sind seine Angriffe ungenügend; da kann er nicht anders ankommen, als wenn er dem Spekulativen selbst etwas angetan. [...] Indem diese Tropen die Kraft haben, das bestimmte Sein oder Gedachte als ein Endliches, somit als ein nicht Anundfürsichseiendes und Wahres aufzuzeigen, aber gegen spekulative Ideen ohne Wirkung sind, weil diese das Dialektische und das Aufheben des Endlichen in sich selbst haben, so ist, wie der Skeptizismus hier überhaupt gegen das Vernünftige verfährt, dies, dass er es zu einem Bestimmten macht, immer eine Denkbestimmung oder einen Verhältnisbe griff, eine endliche Bestimmung erst in dasselbe hineinbringt, an die er sich hält, die aber gar nicht im Unendlichen ist, und dann gegen dasselbe argumentiert, – d.h. daß er es falsch auffaßt und es nun so widerlegt. Oder (also) er gibt dem Unendlichen erst die Krätze, um es kratzen zu können"[49].

Man könnte wirksamer die Natur des verstellenden hermeneutischen Verfahrens nicht beschreiben, das De Vos mehr oder weniger bewusst auf den „spekulativen Kern"[50] von Hegels Denken anwendet, indem er es so in eine Art von Epistemologie des endlichen Verstandes verwandelt. Nur dass im Unterschied zum alten Skeptizismus eine solche vorläufige hermeneutische Verstellung die Grundlage einer Kritik desselben *nicht* wird, die von seiner vermeintlichen Zustimmung zu dem Standpunkt des endlichen Verstandes verursacht würde. Die Art der Skepsis, die De Vos' ganze Polemik gegen meine *Teoria etica* ausrichtet, erweist sich also gerade und nur als diejenige, die Hegel als den unedlen Skeptizismus definiert und am entschiedensten verurteilt hatte. Eine offensichtliche Bestätigung dieser Schlussfolgerung liegt darin, dass die weitere Anklage, die er nach der der Zurückweisung des Skeptizismus gegen meine Schrift erhebt, darauf hinausläuft, dass sie ungebührlich versäume, die entscheidende epistemologische Relevanz von positiven Wissenschaften wie der Soziologie, der Ökonomie, der Politologie usw. für die philosophische Theorie selbst anzuerkennen, und ihre Resultate für ihren Aufbau zu benützen. Der von De Vos befürwortete Skeptizismus wendet sich also *nur* gegen das absolute Wissen der Philosophie und nicht auch gegen das endliche Wissen der positiven Wissenschaften – und das ist gewiss das sicherste Anzeichen seiner „unedlen" Natur.

Das ist aber leider nicht der einzige Mangel, der der von De Vos im Namen des Skeptizismus gegen meine *Teoria etica* ausgeführten Polemik jeden wissenschaftlichen Ernst entzieht. Wenn der edle Skeptizismus, wie Hegel will, nichts

49 Vorlesungen über die Geschichte der Philosophie, a. a. O., Bd. 2, S. 397–398. Vgl. auch Verhältnis des Skeptizismus zur Philosophie, a. a. O., S. 247.
50 Vgl. G. Rinaldi, A History and Interpretation of the Logic of Hegel, a. a. O., § 2.

anderes ist als die Entfaltung der den endlichen Denkbestimmungen innewoh-
nenden Widersprüche, dann habe ich selbst keineswegs versäumt, sie im pas-
sendem Kontext – nämlich dem der Analyse der in der unendlichen Substantialität der Sittlichkeit wesentlich inhärenten endlichen Begriffsbestimmungen des
abstrakten Rechts und der Moralität – auf ausdrückliche und systematische Weise zu explizieren. Paragraph 43 der *Teoria etica* ist in der Tat, ganz gemäß seinem Titel, die Erörterung der „Dialektik des abstrakten Rechts", und Paragraph
45 die der „Dialektik der Moralität". Wie und warum kann De Vos solche weit-
gehenden theoretischen Entwicklungen einfach als inexistent betrachten? Wahrscheinlich aus keinem anderen Grund als diesem, dass er 70 Seiten früher mit
dem Lesen aufgehört hat! Andererseits besteht nach De Vos ein weiterer un-
verzeihlicher Fehler meiner *Teoria etica* darin, dass ich an der Wahrheit des
Begriffs des *Geistes* (den der reife Hegel, wie allgemein bekannt, aus seinem
System völlig ausgeräumt hätte!) festhalte, und ihn darüber hinaus als die „Identität" der Einzelheit des empirischen Ich und der Allgemeinheit der logischen
Idee auffasse[51]. Ist es tatsächlich nicht unleugbar, dass der Begriff der Identität
das Hauptprinzip der Schellingschen (und der neuplatonischen) Metaphysik
ausmacht[52], und dass Hegel hingegen dank der skeptischen Negativität und Diskursivität der dialektischen Methode imstande war, die vermeintliche absolute
Gültigkeit jenes falschen Begriffs zu entkräften? Hier erreicht die von De Vos
durchgeführte Verunglimpfung der echten Bedeutung der Hegelschen Dialektik
wiederum die Talsohle. Denn es ist leicht, gegen ihn einzuwenden, dass die Negativität, die nach Hegel das Wesen des dialektischen Denkens gewiss charakterisiert, im Unterschied zu der, die für jeden Skeptizismus (sei er edel oder un-
edel) typisch ist, nicht in der „unmittelbaren Negativität", die in der Auflösung
der affirmativen Identität des Gegenstands, auf den sie angewandt wird, besteht,
sondern die „sich auf sich beziehende Negativität" ist, die gerade und nur deswegen eine solche ist, weil sie sich gegen die Unmittelbarkeit der Negativität
selbst richtet, und sie in eine *unendliche Affirmation* auflöst. Was aber wird in
dieser Affirmation behauptet? Nicht mehr und nicht weniger als *die Wirklichkeit
und Wahrheit, die konkrete Identität mit sich des Absoluten als Geistes – ausgerechnet desjenigen Absoluten und desjenigen Geistes, die sich De Vos vornimmt,
aus Hegels reifem Denken systematisch zu streichen!*
    Nicht weniger missverstehend als De Vos' soeben erörterte Interpretation
von Hegels Begriff der dialektischen Negativität ist diejenige, die er in Bezug
auf den nicht weniger entscheidenden Begriff der Diskursivität des Denkens
ausführt. Letztere macht gewiss ein unentbehrliches Moment der absoluten Idee

---

51 Vgl. L. De Vos, Ethik oder Metaphysik bei Hegel?, a. a. O., S. 321.
52 Vgl. ebd., S. 320.

selbst aus, insofern die wesentliche Form des spekulativen Denkens die *Vermitt-lung*, und deren eigentümlicher Ausdruck gerade seine Diskursivität ist. Nun, die Vermittlung tritt ursprünglich als die Beziehung eines Begriffs (oder eines Satzes) zu einem anderen Begriff (oder Satz), der seinen Grund oder Voraussetzung ausmacht, und also als *Vermittlung mit einem Anderen* auf. Der endliche Verstand aber, der an der ursprünglichen Form der Vermittlung einseitig festhält, kann nicht umhin, sich offensichtlich in die Antinomie des *regressus in infinitum* zu verwickeln, der nur überwunden werden kann, insofern die Diskursivität des Denkens als (endliche) Vermittlung mit einem Anderen in die (unendliche) *Vermittlung seiner mit sich selbst* (oder Selbstvermittlung) aufgelöst wird. Trotz seiner entscheidenden spekulativen Relevanz wird der Begriff der Selbstvermittlung des Denkens in der Geschichte der abendländischen Philosophie erst seit Spinoza deutlich verstanden, der ihn tatsächlich schon in der Def. I des 1. Buches der *Ethica* mit dem berühmten Ausdruck *causa sui* bezeichnet:

> „Per causam sui intelligo id, cujus essentia involvit existentiam, sive id, cujus essentia non potest concipi, nisi existens"[53].

Aus diesem Grund hatte ich es für passend gehalten, in der von mir im 1. Kap. des 1. Teiles meiner *Teoria etica* vorgebrachten Definition der Idee der Philosophie[54] gerade auf diese Spinozistische Lehre als den unmittelbaren historischen Vorläufer der spekulativen Grundauffassung der absoluten Idee als „reinen Begriffs" oder „unendlichen Selbstbewusstseins" hinzuweisen. Indem er auch meine Erwähnung von Spinozas „metaphysischem" Begriff der *causa sui* tadelt[55], scheint De Vos offensichtlich nicht imstande zu sein, die Diskursivität des Denkens anders als die abstrakte Vermittlung mit einem Anderem aufzufassen, und

---

53 Die entscheidende erkenntnistheoretische (und ethische) Relevanz der Selbstvermittlung (oder Selbstbestimmung) ist heutzutage von R.D. Winfields systematischer Philosophie passend zurückgefordert worden. Vgl. unten, S. 229–239.

54 Vgl. unten, S. 262.

55 Vgl. L. De Vos, Ethik oder Metaphysik bei Hegel?, a. a. O., S. 318 und 319. Hierzu scheint es mir nicht unangebracht, daran zu erinnern, dass ausgerechnet im Skeptizismus-Aufsatz Hegel nicht nur die tiefe spekulative Bedeutung eines solchen Begriffs insofern hervorhebt, als er die Behauptung der Einheit der Entgegengesetzten impliziert, sondern auch Schulzes unedlen Skeptizismus darum tadelt, weil er ihm das Prinzip entgegenstellt, das „Gedachte, weil es ein Gedachtes ist, schließe nicht zugleich ein Sein in sich" (Hegel, Verhältnis des Skeptizismus zur Philosophie, a. a. O., S. 251). Indem er den Begriff der *causa sui* zurückweist, ergreift also De Vos – ohne zu zeigen, sich dessen im Mindesten bewusst zu sein! – Partei für Schulze und gegen Hegel: „Und wieso kann R. davon überzeugt sein, dass hier [in meiner Theorie des Absoluten] nicht *bloß ein Ideal oder eine leere Idee* dargestellt wird?" (L. De Vos, Ethik oder Metaphysik bei Hegel?, a. a. O., S. 318. Hervorhebung von mir. G.R.).

damit die ganze Theorie des Begriffs und der absoluten Idee – damit das Hauptprinzip von Hegels ganzer Philosophie selbst – radikal und unverzeihlich zu
missverstehen.

5. Die im 1. Kap. des 1. Teiles meiner *Teoria etica* durchgeführte Erörterung
des Begriffs des Absoluten entwickelt sich vom Abstrakten zum Konkreten, sie
spezifiziert nämlich seinen anfänglich unbestimmten Inhalt durch immer bestimmtere Begriffe wie die der Idee, des Geistes und des Willens. Denn nur so
kann man vermeiden, dass er vage und leer bleibt, und sich deswegen als dem
Wesen des spekulativen Wissens unangemessen erweist, das die Explikation
sowohl des Moments der Identität (Allgemeinheit) als auch desjenigen der Be-
stimmtheit (Besonderheit) fordert. Ich glaubte damit, den in den Hegelschen
Lehren des „konkreten Allgemeinen" und der methodologischen Priorität des
Abstrakten gegenüber dem Konkreten implizierten logischen Forderungen zu
entsprechen, und in einer Weise vorzugehen, die von derjenigen, der Hegel
selbst beim Aufbau seines Systems folgt, nicht grundlegend verschieden war.
Denn ist unleugbar, dass seine spekulative Philosophie letztlich in der Bestimmung des Grundbegriffs des Absoluten durch die aufsteigenden Reihen zuerst
der logisch-metaphysischen Denkbestimmungen und dann der natürlichen und
geistigen Begriffsbestimmungen besteht. De Vos bestreitet dagegen, dass dieses
Verfahren mit dem eigentümlichen kritischen Ansatz der spekulativen Logik zu
vereinen sei. Behauptet sie denn nicht die unüberwindliche Unangemessenheit
der Form des Satzes gegenüber dem durch sie ausgedrückten Inhalt? Und folgt
daraus nicht offensichtlich, dass der Prozess des spekulativen Denkens durch die
Zuschreibung einer Mannigfaltigkeit von Prädikaten einem und demselben
„Substrat" nicht expliziert werden kann? Die Anwendung eines solchen Verfahrens, zusammen mit der Auffassung der Philosophie als einer Metaphysik des
Absoluten, macht nach De Vos den unbestreitbaren Beweis des wesentlich unhegelschen Charakters meiner *Teoria etica* und ihres offensichtlichen Rückfalls
in die für die vormalige Metaphysik und insbesondere das Aristotelische Denken
typischen Schlussformen[56] aus. Dazu möchte ich sofort klarstellen, dass ich De
Vos's Charakterisierung meiner *Teoria etica* als „aristotelischer" keineswegs als
eine verachtende, oder reduktive Bewertung ihrer wirklichen philosophischen
Bedeutung betrachte. Denn das anhaltende Studium der aristotelischen Texte,
dem ich mich bereits gewidmet habe[57], hat mich dazu verleitet, gerade in Aristoteles einen der größten abendländischen Denker zu erkennen, deren systemati-

---

56 Vgl. ebd., S. 322.
57 Vgl. G. Rinaldi, A History and Interpretation of the Logic of Hegel, a. a. O., § 5: „Aristo-
    telian Metaphysics"; ders., Idea e realtà della Logica. Parte I, a. a. O., § 5, S. 114–137;
    ders., Idea e realtà della Logica. Parte II, a. a. O., §§ 6–7, S. 31–51.

scher Ansatz auch von einem strikt theoretischen Standpunkt aus noch heute viel
aktueller ist als das meiste moderne und postmoderne Denken. Wenn ich nichtsdestoweniger die Zuschreibung der genannten Bezeichnung unerbittlich zurückweise, geschieht das aus einem ganz anderen Grund – nämlich dass sie einerseits auf einem völligen Missverständnis der wirklichen Bedeutung der Hegelschen Lehre vom spekulativen Satz und folglich auf einer unbegründeten
Nichtanerkennung der inneren Konsistenz und Plausibilität meiner metaphysischen Auffassung des Absoluten, und andererseits auf seinem vermutlich ver-
säumten Lesen des Großteils des Werkes basiert, das er sich zu rezensieren vor-
genommen hatte[58]. Warum kritisiert Hegel denn die logische Form des Satzes?
In jedem Satz oder Urteil (1) wird ein *allgemeines* Prädikat einem *einzelnen*
(oder *besonderen*) Subjekt zugeschrieben, und (2) die Zuschreibung des genannten Prädikats impliziert den Ausschluss des entgegengesetzten Prädikats
aus demselben Subjekt. Das Ausschlussverhältnis, das im affirmativen Urteil
noch nur implizit ist, wird durch das negative Urteil expliziert: „Diese Rose ist
rot", bemerkt Hegel scharfsinnig in der *Wissenschaft der Logik*, bedeutet in
Wahrheit nichts anderes als: „Diese Rose ist *nicht* gelb, oder weiß, usw."[59] Nun,
die Einzelheit (oder Besonderheit) des Subjekts und der gegenseitige Ausschluss
der Prädikate implizieren notwendigerweise, dass sich ihre *allgemeine* Form der
Besonderheit sowohl ihres Inhalts als auch des Subjekts, dem sie zugeschrieben
werden, entgegenstellt, und dass sie so *verendlicht* und *relativiert* wird: was der

---

58 Dieser tadelnswerten beruflichen Unehrlichkeit von De Vos muss wahrscheinlich auch
    der Grund für den von ihm meiner *Teoria etica* erteilten Verweis zugeschrieben werden,
    dass sie diejenige „organische Durchdringung" von Ethik und Metaphysik, die im 1.
    Kap. des 1. Teiles programmatisch aufgestellt wird, nicht konkret verwirklicht (vgl. L.
    De Vos, Ethik oder Metaphysik bei Hegel?, a. a. O., S. 317 und 322). Denn wenn er das
    Lesen auch nur bis zum folgenden Kapitel fortgesetzt hätte, hätte er dort die systemati-
    sche Erörterung des letzten ontologischen Grundes einer solchen Durchdringung gefun-
    den – nämlich der absoluten Identität des Denkens (als Prinzips und Gegenstandes des
    theoretischen Wissens, und also der Metaphysik) und des Willens (als Prinzips und Ge-
    genstandes der Ethik).
       Ich habe das entscheidende spekulative Problem des Verhältnisses der Ethik zur Meta-
    physik erneut in Angriff genommen, und den Sinn meiner Auffassung seines Wesens als
    „organischer Durchdringung" von Denken und Willen in einem Vortrag weiter geklärt,
    den ich am 9. November 2007 im Institut für Philosophie der Universität Wien im Rah-
    men des Symposions „Ethik als prima philosophia?" gehalten habe, und der jüngst in den
    Akten desselben gedruckt worden ist. Vgl. G. Rinaldi, Über das Verhältnis der Ethik zur
    Metaphysik, in H.-D. Klein (Hg.), Ethik als prima philosophia?, Würzburg, Königshau-
    sen & Neumann 2011, S. 43–63.
59 Vgl. Hegel, Wissenschaft der Logik, a. a. O., Bd. 2, S. 316–318; und Enzyklopädie der
    philosophischen Wissenschaften, a. a. O., Bd. 1, § 172.

eigentümlichen Natur des Gegenstandes des spekulativen Denkens – nämlich des Unendlichen oder des Absoluten – *eo ipso* widerspricht. Also, *nur indem das Absolute der wahre Gegenstand des Erkennens ist, kann sich die Form des Satzes als unangemessen erweisen*[60]. Welche Plausibilität kann folglich der von De Vos gegen meine *Teoria etica* erhobenen Anklage, die „Sprache der Prädikate" noch zu gebrauchen, zuerkannt werden, da er, wie wir gesehen haben, entschieden verneint, dass das Absolute den eigentümlichen Gegenstand des philosophischen Wissens ausmache? Andererseits schließt Hegels Kritik der Form des Satzes keineswegs aus, dass er nichtsdestoweniger fortfährt, den affirmativen Gehalt seines philosophischen Systems in einer Reihe von ihrem unendlichen Gegenstand immer angemesseneren „Definitionen des Absoluten" vorzubringen, *obwohl die logische Form der Definition gerade die des affirmativen Satzes ist.* Die widersprüchliche Abstraktheit des affirmativen Urteils hindert also nicht, dass er durch den entgegengesetzten und komplementären Satz in die konkrete Einheit einer systematischen Theorie integriert werden kann und muss, so dass es dem philosophischen Denken ermöglicht wird, den *einheitlichen* Inhalt des Absoluten in die logische (und grammatische) Form einer *Mannigfaltigkeit* von Sätzen oder Definitionen widerspruchslos zu entfalten. „So soll auch im philosophischen Satze", bemerkt Hegel mit unzweideutiger Klarheit in der „Vorrede" zur *Phänomenologie des Geistes*, *„die Identität des Subjekts und Prädikats den Unterschied derselben, den die Form des Satzes ausdrückt, nicht vernichten, sondern ihre Einheit [soll] als eine Harmonie hervorgehen"*[61]. Nun, wie jeder unvoreingenommene Leser leicht feststellen kann, bin ich in meiner Erörterung der metaphysischen Voraussetzungen der Ethik geradeso wie Hegel vorgegangen, und so darf ich daraus folgern, dass diese von De Vos gegen meine *Teoria etica* erhobene Anklage nicht weniger inkonsistent und unplausibel ist als diejenigen, die ich zuvor in Betracht gezogen habe.

Kommen wir nun zum zweiten Grund, der mich veranlasst, die von De Vos vorgeschlagene Charakterisierung meiner *Teoria etica* entschieden zurückzuweisen. Denn wenn er sich, auch ohne das ganze Werk zu lesen, darauf beschränkt hätte, das Inhaltverzeichnis durchzusehen, hätte er leicht feststellen können, dass ich der Behandlung von Aristoteles' Ethik 6 Paragraphen gewid-

---

60 Vgl. Phänomenologie des Geistes, a. a. O., S. 59 f. Das ist so wahr, dass eine Logik wie die, die von Benedetto Croce ausgearbeitet wurde, der ähnlich Vos den metaphysischen Charakter der Philosophie entschieden verneint, gerade und nur im „individuellen Urteil" (*giudizio individuale*: „Dieses a ist B") den ursprünglichen Kern des logischen Denkens identifiziert. Für eine Diskussion und Kritik von Croces Logik vgl. G. Rinaldi, A History and Interpretation of the Logik of Hegel, a. a. O., § 52, und auch unten, S. 172–180.

61 Vgl. Hegel, Phänomenologie des Geistes, a. a. O., S. 59 (Hervorhebung von mir. G.R.).

met habe, deren Titel schon am ausdrücklichsten darauf hinweist, welcher ihr wirklicher Inhalt ist:

„§ 8. *Kritik* des aristotelischen moralischen Empirismus und Naturalismus.
§ 24. Das Verhältnis des Denkens zum Wollen nach Aristoteles, Kant, Fichte, Schopenhauer und Croce.
§ 26. *Kritik.*
§ 30. Das Wesen des ethischen Prinzips nach Platon, Aristoteles, J.S. Mill und Kant.
§ 31. *Kritik.*
§ 108. Bedeutung und *Grenzen* der aristotelischen Theorie der Tugenden"[62].

6. Daraus, dass nach Hegel der wesentliche Unterschied zwischen der spekulativen Philosophie und der alten Metaphysik in der unzulässigen Zustimmung der letzteren zum Standpunkt des endlichen Verstandes besteht, sollte folgen, dass meine *Teoria etica*, insofern sie, wie De Vos behauptet, in die Perspektive des metaphysischen Denkens zurückfällt, auch eine Auffassung der sittlichen Welt ausarbeiten sollte, die im Unterschied zu der echt Hegelschen an der positiven Wirklichkeit des Endlichen und seiner Erkenntnis als ihrem Grund oder wenigstens unumgänglichen Bestandteil festhalten würde. Die Erkenntnis des Endlichen als Endlichen in der sittlichen Welt – nämlich der unmittelbaren, mannigfaltigen, zufälligen, zeitlichen Faktizität, in die sich der Prozess des Willens vergegenständlicht – ist aber die eigentümliche theoretische Leistung der Humanwissenschaften und nicht der Moralphilosophie. Eine in diesem Zusammenhang auf meine *Teoria etica* eventuell gerichtete Kritik hätte deshalb vermutlich das Übermaß, nicht den Mangel von aus solchen Wissenschaften unmittelbar entnommenem empirischem Material beklagen müssen. De Vos aber gibt nicht nur zu, wie ich schon hervorgehoben habe, dass alle in meinem Aufsatz in Betracht gezogenen moralischen Lehren von strikt philosophischer Natur sind, sondern – mit einem noch größeren Nachdruck als demjenigen, der seine anderen Kritiken kennzeichnet – erhebt gegen ihn sogar die Anklage, im Unterschied zu Hegel die von der Soziologie, der Politologie, der Ökonomie und den zeitgenössischen juristischen und historischen Wissenschaften erreichten Grundergebnisse in die in ihm umrissene theoretische Konstruktion... nicht zu integrieren[63]! Was ich wirklich nicht verstehen kann, ist, wie die Benützung eines solchen empirischen, κατ'ἐξοχήν endlichen Materials irgendwie dazu hätte beigetragen können, meine *Teoria etica* von dem veralteten „metaphysischen" Ballast zu befreien und sie in eine echte *„spekulative Lehre der Freiheit"* zu

---

Die Hervorhebungen sind im zitierten Text nicht vorhanden.
63 Vgl. L. De Vos, Ethik oder Metaphysik bei Hegel?, a. a. O., S. 316.

verwandeln[64]! Ist es nicht offensichtlich, dass sich die beiden Anklagen – ungenügende spekulative Reinigung der metaphysischen Kategorien einerseits, und ungenügende Benützung des empirischen und endlichen Materials der Humanwissenschaften andererseits – widersprechen? Die innere Inkonsistenz und Unaufrichtigkeit der von De Vos gegen meine *Teoria etica* erhobenen Einwände scheint also offensichtlich zu sein, und so kann ich nicht umhin, zum Schluss zu kommen, dass die von ihrem Verfasser begangene einzige Schuld darin besteht, dass er einen Aufsatz über die philosophische Ethik geschrieben hat, der, indem er den gerade und nur von Hegel[65] am ausdrücklichsten geltend gemachten Ansprüchen der reinsten philosophischen Vernünftigkeit vollständig genügt, sich entschieden weigert, letztere mit aus den empirischen Wissenschaften des Willens willkürlich entnommenen unzulässigen Anleihen zu verunreinigen.

7. Ist aber eine Ethik als reine philosophische Wissenschaft wirklich möglich? Es handelt sich gewiss nicht um eine müßige Frage, auch wenn man von De Vos' Klagen absieht, denn auch berühmte Moralphilosophen wie Aristoteles und J.S. Mill haben es für passend gehalten, sie in Betracht zu ziehen und ihr eine negative Antwort zu geben, während meine *Teoria etica* tatsächlich den Anspruch darauf erhebt, eine philosophische Wissenschaft zu sein, und danach strebt, ihm durch eine detaillierte immanente Kritik der von den erwähnten Philosophen dagegen vorgebrachten Argumente zu genügen[66]. Die polemische Wut, die die „Rezension" von De Vos belebt, scheint auch diese erkenntnistheoretische Grundannahme meines Aufsatzes nicht auszulassen, und, um ihre Plausibilität zu bezweifeln, appelliert er wiederum an keine andere Autorität als die von Hegel selbst. Hatte er denn im von De Vos zitierten[67] § 148 der *Grundlinien der*

---

64 Vgl. ebd., S. 317 (Hervorhebung von De Vos).

65 Sein vermeintliches großes Interesse für die Ergebnisse der positiven Wissenschaften des Rechts, der Gesellschaft und der Politik beschränkt sich in Wahrheit, wenigstens in den von ihm gedruckten Schriften, auf die jugendliche Übersetzung des Aufsatzes von J.J. Cart (1798), auf eine kurze Analyse (nicht mehr als 14 S.) der politischen Lehren von Montesquieu im Jenaer Aufsatz *Über die wissenschaftlichen Behandlungsarten des Naturrechts, seine Stelle in der praktischen Philosophie und sein Verhältnis zu den positiven Rechtswissenschaften* (vgl. Jenaer Schriften, a. a. O., S. 440–453) und auf die Zitierung der Theorien von Juristen, Ökonomen oder Politologen wie G. Hugo, E.F. Klein, A. Smith, B. Say, D. Ricardo, F.K. von Savigny, L. von Haller und Stuhr in den Anmerkungen, oder sogar in den Anmerkungen zu den Anmerkungen, zu den §§ der *Grundlinien der Philosophie des Rechts*, in denen er, wie bekannt, gewöhnlich die dialektische Deduktion der kategorialen Grundbestimmungen seines spekulativen Denkens *nicht* ausführt, sondern nur gelegentliche Erörterungen, Erläuterungen, exoterische Kommentare zur vorhergehenden Entfaltung derselben hinzufügt.

66 Vgl. G. Rinaldi, Teoria etica, a. a. O., § 8, S. 25–27.

67 Vgl. L. De Vos, Ethik oder Metaphysik bei Hegel?, a. a. O., S. 316.

Philosophie des Rechts die herkömmliche „Pflichtenlehre" nicht ausdrücklich entkräftet, weil sie als Grundlage ihrer theoretischen Konstruktionen nicht die reinen Begriffe der spekulativen Vernunft, sondern nur die subjektiven „Vorstellungen" des gesunden Menschenverstandes voraussetze, und deshalb, streng genommen, *keine* „philosophische Wissenschaft" sei? Auch in diesem Zusammenhang aber scheint De Vos den wirklichen Sinn von Hegels Denken völlig zu missverstehen. Denn weit davon entfernt, die grundsätzliche Unmöglichkeit einer philosophischen Wissenschaft der Moral irgendwie zu behaupten, beschränkt sich Hegel dort darauf, die Unzulänglichkeit der herkömmlichen Versionen der Pflichten- und Tugendlehre festzustellen, die gerade und nur von einem im Bereich der spekulativen Philosophie ausgearbeiteten „System der Sittlichkeit" angemessen ausgeführt werden könnte und sollte:

> „Eine immanente und konsequente Pflichtenlehre kann aber nichts anderes sein als die Entwicklung der *Verhältnisse*, die durch die Idee der Freiheit notwendig, und daher *wirklich* in ihrem ganzen Umfange, im Staat sind"[68].

Also ist nach Hegel eine philosophische Wissenschaft der Pflichten grundsätzlich möglich, und die unumgängliche Bedingung für ihre Verwirklichung ist *die Anerkennung der intrinsischen sittlichen Natur des Staates als der höchsten Objektivierung der Idee der Freiheit*. Diese entscheidende Hegelsche These wird gewiss von meiner *Teoria etica* nicht ignoriert, denn sie widmet der Entfaltung einer gegliederten Metaphysik der Freiheit als Selbstbestimmung des unendlichen Willens den ganzen 4. Abschnitt des 1. Teiles, und dem spekulativen Aufbau der Idee des Staates als „höchsten sittlichen Organismus" den 2. und 3. Abschnitt des 3. Teiles. Indem ich überzeugt war, so die von Hegel in Bezug auf die Ausarbeitung einer konsistenten philosophischen Theorie der bestimmten Pflichten erhobenen Grundansprüche erfüllt zu haben, habe ich wirklich meinen Augen nicht getraut, als ich beim Lesen von De Vos' „Rezension" zur Stelle kam, wo er behauptet, dass mein Nachdruck auf die sittliche Substantialität und das immanente Selbstbewusstsein des Staates... in Wahrheit eine gefährliche Abweichung von der echten Hegelschen Auffassung desselben wäre! Denn letztere sei derjenigen, die ich in meiner *Teoria etica* umrissen habe, diametral entgegengesetzt, insofern sie die Inhärenz beider erwähnten Prädikate in seinem Wesen unmittelbar verneine, und in der staatlichen Institution nichts anderes erkenne als eine bloß geschichtliche und zufällige Objektivierung der menschlichen Freiheit[69]. Dieser Einwand von De Vos ist so offensichtlich falsch und sogar lächerlich und absurd, interpoliert so unverschämt in Hegels spekulativer Auffassung des Staates die entgegengesetzten Marxschen oder anarchistischen

---

68 Vgl. Hegel, Grundlinien der Philosophie des Rechts, a. a. O., § 148 Anm.
69 Vgl. L. De Vos, Ethik oder Metaphysik bei Hegel?, a. a. O., S. 321.

Vorhersagen, oder Wünsche, seines nächsten „Aussterbens", dass es nicht der
Mühe wert ist, weitere Zeit zu verlieren, um sie *in extenso* zu widerlegen. Hier
darf ich mich darauf beschränken, als unbestreitbare Textbeweise seiner Falschheit die von Hegel in § 257 seiner *Grundlinien der Philosophie des Rechts* vorgebrachte Definition der Begriffsbestimmung des Staates und einige interessante
Erklärungen dazu anzuführen, die im Zusatz zu § 258 zu finden sind:

> „Der Staat ist die Wirklichkeit der sittlichen Idee [wie kann man also verneinen,
> dass er nach Hegel einen intrinsisch sittlichen Charakter besitzt?] – der sittliche
> Geist, als der *offenbare*, sich selbst deutliche, substantielle Wille, der sich denkt und
> weiß [wie kann man also verneinen, dass er nach Hegel ein immanentes Selbstbe-
> wusstsein hat?] und das, was er weiß und insofern er es weiß, vollführt".

Als sittlicher Geist aber ist der Staat – im Unterschied zur endlichen Moralität
des Individuums – an und für sich „unendlich" und also „göttlich":

> „Es ist der Gang Gottes in der Welt, dass der Staat ist, sein Grund ist die Gewalt
> der sich als Wille verwirklichenden Vernunft. Bei der Idee des Staates muß man
> nicht besondere Staaten vor Augen haben, nicht besondere Institutionen, man muß
> vielmehr die Idee, diesen wirklichen Gott, für sich betrachten".

Ich lasse dem Leser dieser Schrift von mir entscheiden, ob derjenige, der die
Hegelsche Auffassung des Staates missversteht, der Verfasser der *Teoria etica*
oder ihr „Rezensent" ist!

§ 3. Charakter und Grenzen der jüngsten Hegelforschung

Zum Schluss meiner Erwiderung auf die „Rezension" von De Vos gekommen,
kann ich den Sinn der von mir hier vorgebrachten Argumente leicht zusammen-
fassen, indem ich bemerke, dass ich die Zugehörigkeit und Plausibilität der von
ihm gegen meine *Teoria etica* erhobenen Einwände *in toto* zurückweise, und
dass der letzte Grund für das Scheitern seiner Kritik einerseits in der wahrscheinlich unterlassenen Erfüllung der unumgänglichen Pflicht jedes Rezensen-
ten, den Text, den man kritisieren will, *ganz zu lesen*, andererseits in seiner Zustimmung zu einer „kritischen" und „skeptischen" Auslegung von Hegels Denken liegt, die in Wahrheit mit einer radikalen Verstellung nicht nur seiner Worte,
sondern auch und insbesondere seines innersten Geistes gleichbedeutend ist. Eine solche Auslegung aber wäre nach De Vos, wie gesagt, die in der „deutsch-
europäischen" Hegelforschung vorherrschende, während die in der *Teoria etica*
entfaltete theoretische Auffassung nur auf Grund der von der „religiös-meta-
physischen Tradition der Vereinigten Staaten" aufgestellten Interpretation gerechtfertigt werden könnte. In diesem weiteren Zusammenhang scheinen manche allgemeineren Betrachtungen ohne weiteres angebracht zu sein.

Da sich die von De Vos versuchte kritische Zerstörung meiner *Teoria etica* als total inkonsistent erwiesen hat, und da ich die von ihm hervorgehobene Wesensverwandtschaft zwischen meiner Interpretation von Hegels Denkens und derjenigen, die von den bedeutendsten Vertretern des angelsächsischen Idealismus ausgeführt wurde, gar nicht bestreite, im Gegenteil mit Zustimmung betone, kann ich vor allem nicht umhin, im Resultat der vorliegenden Erörterung, unter anderem, auch eine überzeugende Bestätigung des philosophischen Interesses und der Relevanz jener Strömung der zeitgenössischen Philosophie zu erkennen. Es handelt sich zweifellos um ein „starkes", logisch strenges und metaphysisch tiefes Denken, das imstande zu sein scheint, der vom zeitgenössischen Materialismus, Skeptizismus und Nihilismus durchgeführten zersetzenden Kritik der abendländischen philosophischen Vernünftigkeit erfolgreich zu widerstehen[70].

Eine weitere Betrachtung betrifft die wirkliche Plausibilität und die Implikationen von De Vos' These, dass die von ihm befürwortete kritische und skeptische Auslegung von Hegels Denken von der Mehrheit der Forscher geteilt werde, die im Bereich der so genanten „deutsch-europäischen" Hegelforschung tätig sind. Dazu kann ich hier bemerken, dass es unleugbar zu sein scheint, dass das den größten Teil ihrer Beiträge belebende Interesse eher von philologisch-gelehrtem als von echt theoretisch-systematischem Charakter ist. In der Tat vervielfältigen sich die Editionen zuvor unbekannter Manuskripte, die von Hegel selbst verfasst wurden, sowie von seinen Zuhörern zusammengestellter Mit- und Nachschriften, in welchen immer und nur derselbe theoretische Inhalt (obwohl mit manchmal interessanten sprachlichen, phraseologischen oder strukturellen Varianten[71]) vorgebracht wird, der auf viel vollständigere, elegantere und intelligiblere Weise in den von ihm selbst schon veröffentlichten oder von seinen Schülern 1832–1845 herausgegebenen Werken ausgeführt wurde. Nicht weniger häufig sind die Interpretationen, die Exegesen, die Kommentare zu solchen Texten, die Versuche, das wahrscheinliche Datum ihrer Verfassung und die Ur-

---

70 Was aber – im Gegensatz zu dem, was De Vos zu glauben scheint – die gleichzeitige Präsenz, sowohl in England als auch in den Vereinigten Staaten, von alternativen hermeneutischen Perspektiven keineswegs ausschließt, die dagegen in einer erklärtermaßen „empiristischen" und „antimetaphysischen" oder „pragmatistischen" Richtung orientiert sind. Vgl. oben, Anm. 20, und „Einleitung", S. 4–19.

71 Eine genauere Angabe des bestimmten Inhalts von drei solcher Mit- und Nachschriften ist in den diesbezüglichen Rezensionen zu finden, die ich für das *Jahrbuch für Hegelforschung* und *The Owl of Minerva* verfasst habe: Hegel, Vorlesungen über Logik und Metaphysik. Heidelberg 1817. Mitgeschrieben von F.A. Good, in: Jahrbuch für Hegelforschung, Bd. 3, 1997, S. 295–301; Vorlesungen über die Logik. Berlin 1831, in: Jahrbuch für Hegelforschung, Bd. 8–9, 2002/2003, S. 311–320; Vorlesungen über die Philosophie der Natur. Berlin 1825/1826. Nachschrift von H.W. Dove, in: The Owl of Minerva, im Druck.

heberschaft der anonymen festzustellen, und die meistens partiellen und popu-
lärwissenschaftlichen Analysen derjenigen Hegelschen Schriften, die schon zuvor bekannt waren. Schließlich vervielfältigen sich auch die Versuche, ange-
sichts der im willkürlich ausgewählten, herausgegebenen und kommentierten
Text angeblich hervorgegangenen philosophischen Neuigkeiten das ganze Hegelsche Denken neu zu interpretieren. Nun, welche ist die wirkliche Bedeutung
und philosophische Relevanz dieser ganzen Richtung der heutigen philosophiegeschichtlichen Forschung? Wenn De Vos' Behauptung, dass sie das erwähnte
kritische und skeptische – oder schlimmer noch empiristische und materialisti-
sche, oder jedenfalls antimetaphysische und antiidealistische – Missverständnis
von Hegels Denken voraussetze, bestätige oder befürworte, wahr ist, dann sollten wir gewiss am nachdrücklichsten verneinen, dass sie imstande sei, den mindesten positiven wissenschaftlichen Beitrag zum echten Verständnis, Aneignung
und Weiterführung der Hegelschen Philosophie zu leisten. Was für einen Sinn
soll es eigentlich haben, eine Vermutung (denn auch bestenfalls handelt es sich
immer nur um Vermutungen!) z.B. über das Datum der Verfassung und die Ur-
heberschaft des *Ältesten Systemprogramms des deutschen Idealismus*[72] aufzustellen, die wahrscheinlicher zu sein scheint als die vorhergehenden, und
zugleich einer hermeneutischen Perspektive zuzustimmen, die grundsätzlich
unmöglich macht, all das, was Schelling, Hölderlin oder Hegel wirklich gesagt
haben, und den letzten Grund für die Bedeutung und Aktualität ihres Denkens
zu verstehen? Eine in eine solche Richtung orientierte Hegelforschung würde
vielmehr der Erreichung der genannten Ziele ein zusätzliches Hindernis (außer
den gewöhnlicheren, die aus der leider auch in der zeitgenössischen Welt und
Kultur vorherrschenden philosophischen Stumpfsinnigkeit des gesunden Menschenverstandes stammen) entgegenstellen, insofern sie dazu beitragen würde,
das in den Hintergrund treten zu lassen, wenn nicht sogar in Misskredit zu bringen, was in Wahrheit die unumgängliche letzte Bedingung für ihre Möglichkeit
ist – nämlich, die Einsicht, dass *Hegels Denken wichtig, vertrauenswürdig und
ewig aktuell gerade und nur deswegen ist, weil es ihm, und ihm allein, gelungen
ist, in vollständiger und systematischer Form diejenige Idee des „absoluten
Wissens" zu entfalten, die das innerste Wesen selbst jedes echten philosophischen Idealismus ausmacht.* Wenn man umgekehrt, wie De Vos es tut, die
grundsätzliche Möglichkeit selbst jeder *Metaphysik des Absoluten* verneint,

---

72 Wer kann uns versichern, dass Hegel, dem es heute aus bloß graphologischen Gründen
im allgemeinen zugeschrieben wird, in Wahrheit einen schon von Schelling oder Hölderlin verfassten Text nicht nachgeschrieben hatte? Auf Grund einer immanenten Reflexion
über den philosophischen Inhalt desselben habe ich mich tatsächlich in meinem Buch
über Hegels Logik für eine solche Hypothese erklärt. Vgl. G. Rinaldi, A History and Interpretation of the Logic of Hegel, a. a. O., S. 111, Anm. 3.

dann verliert in letzter Instanz auch die ganze im Bereich der Hegelforschung ausgeübte historiographische Tätigkeit jedes echte philosophische Interesse und Bedeutung, die sie nur insofern zurückzubekommen hoffen darf, als sie eine solche Möglichkeit wieder ausdrücklich behauptet, und zu seiner Verwirklichung beiträgt, indem sie sich der unüberwindlichen Grenzen des von ihr erzeugten Wissens und der konsequenten Notwendigkeit, sich der Erreichung der vorrangigen theoretisch-systematischen Zwecke der Philosophie unterzuordnen, völlig bewusst wird.

Zweiter Teil

STUDIEN ZUM HEGELIANISMUS

I.
A FEW CRITICAL REMARKS ON CROCE'S HISTORICISM

§ 1. Italian Neo-Idealism and the Philosophy of Benedetto Croce

The philosophic, historical, and literary Italian culture of the first half of the 20th century was largely dominated by a trend of thought that can be correctly called "Neo-idealist", the most prominent exponents of which were Giovanni Gentile[1] and Benedetto Croce. The latter's very broad scientific activity (his *opera omnia* exceeds seventy-four volumes) moved, and attained its highest and most durable achievements, in the ambit of the theory and history of Italian and European literature, of civil historiography, and of social and political theory. I cannot here attempt even a very sketchy explanation, interpretation, and evaluation of the undoubtedly remarkable contribution which Croce's scientific work was able to offer to the development of European culture[2]. I shall confine my critical interest only to the philosophical theories *stricto sensu* elaborated by Croce in the course of his wider historiographic activities. They stem, indeed, among other matters, from a personal reading, interpretation, and criticism of Hegel's Absolute Idealism; and he proposed them to contemporary scholars as the extreme and most mature stage of modern thought's whole development. Thus, should they turn out to be generally tenable, any attempt today to vindicate Hegel's thought as fully up-to-date and valid (at least with respect to its deepest logico-metaphysical and methodologico-dialectical "substance") could not but appear to be openly anachronistic. Whence, then, the inescapable need for a careful critical examination of their content, meaning, and real plausibility in the present historical situation.

The fundamental assumption of Croce's philosophy is that any reality whatsoever turns immediately and exhaustively into human history, which can be

---

1   See above, pp., 80–86, and below, pp. 188–189.
2   For a well-informed introduction to Croce's thought see: G. De Ruggiero, La filosofia contemporanea, Bari, Laterza 1962[7], Part IV, Ch. III, § 4, pp. 418–432, and also R. Franchini, Intervista su Croce, a cura di A. Fratta, Napoli, SEN 1978. An attempt at further developing from a theoretical viewpoint Croce's conception of the dialectic had been made by Franchini in his previous book, Le origini della dialettica, Napoli, Giannini 1961, but it was unsuccessful, since it ultimately turned into the statement of a still more radical form of relativistic historicism.

fully understood neither by natural science nor by metaphysics, but only by means of a theoretical synthesis of historiography and anti-metaphysical philosophy. This divides into four distinct, mutually independent doctrines – Aesthetics, Logic, Economics, and Ethics – according to the human mind's four main activities – intuition, thought, utilitarian will, and ethical will – which are assumed by him to be original and irreducible to one another or, as he says, "autonomous".

Because of its fundamental import for his entire conception, the mentioned assumption would apparently have to be developed and demonstrated in a treatment prior to, and (at least relatively) independent of, any specific doctrine whatsoever. But, as this is not the opinion of Croce, who, on the contrary, deals with it only in Logic, we will postpone its discussion and criticism until we take up his logical doctrine.

§ 2. An Outline and Critique of Croce's Aesthetics

According to Croce, the most elementary (or, in his own words, "auroral") form of human mental development is *intuition*. This is assumed to be an *immediate* reference of consciousness to an object that is in itself purely *individual*[3]. As mediation and concrete universality are the typical features of logical thought, he evidently cannot but conceive of it as an essentially *alogical* frame of mind. Such a conception of intuition, of course, is very similar, if not identical, to that usually maintained by empiricist thinkers such as Locke or Hume. Since they almost unanimously identify its specific *content* either with the physical thing of the external world or with the sense-given perceptual datum, one would therefore be inclined to conceive the object of Croce's intuition in an analogous way. But this is not the case, because its only actual contents, for him, are *emotional* and *practical* states of mind – substantially, feelings of pleasure and pain. So he can determine the essence of intuition as an act of "contemplation of feeling", or also as "lyrical intuition"[4]; for classical Greek aesthetics denoted as "lyric" the genre of poetry whose specific object (unlike epos and drama that elaborated purely objective mythical contents) was just the expression of the artist's subjective feelings.

Is it, now, actually possible for philosophical knowledge to distinguish, specify, and systematize the manifold shades of feeling, so as to work out in detail a science of the *essential contents* of lyrical intuition? While some tenden-

---

3   Cf. B. Croce, Estetica come scienza dell'espressione e linguistica generale, Bari, Laterza 1965[11], Ch. I, pp. 3–14; and also *Id.*, Breviario di estetica, Bari, Laterza 1974[18], p. 15.

4   Cf. *ibid.*, pp. 33–35.

cies of contemporary philosophy, such as Hartmann's and Scheler's axiological phenomenologies, would certainly believe it practicable, Croce instead does not share their confidence. For him, in fact, every difference in the content of lyrical intuition is in principle merely empirical, and so devoid of universality and necessity. But any philosophical theory of intuition, as such, cannot but claim universal significance. It will be bound, therefore, to be concerned exclusively with the *formal* aspect of intuition[5], which, besides, turns into nothing more than the empty and abstract "*a priori*" determinations just mentioned – i.e., immediacy, individuality, and contemplative lyricism.

The next significant step of Croce's *Estetica come scienza dell'espressione e linguistica generale* (1902) is that he identifies such a concept of intuition with the very essence of *poetry*, considered, in general, as the whole of the artistic *expression* of the human mind. So he can tell us: "there is no intuition that is not artistic expression, and, vice versa, there is no artistic expression (provided it is *true* artistic expression), that does not turn into lyrical intuition, into a contemplation of subjective feeling"[6]. But, one could object, if it is perhaps true that there is no genuine art which does not convey some sort of lyrical feeling to us, it is yet also true that in the work of art there is much more than the mere subjective feeling: e.g., the *physical* reality of the work, or the *language* in which the emotional frames of mind are expressed. Croce answers the first objection by stating that the physical thing, as such, is nothing but an abstract construction of our utilitarian will pursuing merely economic aims, and so wholly devoid of any theoretical and artistic relevance[7]. To the second objection he replies that lyrical intuition is the essence not only of art, but also of language, which, consequently, cannot, in principle, be anything other than pure artistic expression[8].

Lyrical intuition, as we have seen, is conceived by Croce as a pure form. Since he identifies it with the very essence of art, he cannot but reduce all the meaning and value of the work of art to its *formal* aspect. Thus, no *ideal* content can any longer turn out to be essential to it[9]. A work devoid of any ethical, religious, or metaphysical meaning, but lyrically intense, might therefore be rightfully judged decidedly superior to another, which, however full of profound metaphysical, religious or other insights, could nevertheless in some way seem to be lacking in lyricism[10]. But likewise inessential is any *immediate* (sensible, physical) content as well. Consequently, both the differences among the genres

---

5   Cf. Estetica, *op. cit.*, p. 19.
6   Cf. *ibid.*, pp. 14 ff.
7   Cf. Breviario di estetica, *op. cit.*, pp. 15–16.
8   Cf. Estetica, *op. cit.*, Ch. XVIII, pp. 155 ff.
9   Cf. *ibid.*, Ch. IV, p. 38, and Ch. VI, pp. 57–59.
10   Cf. Breviario di estetica, *op. cit.*, pp. 21–25.

of art (architecture, sculpture, painting, music, literature) and those among the literary genres (epic, lyric, drama, comedy[11]) lose all significance in his Aesthetics, as well as the distinction between classic and romantic art[12].

However clear and convincing Croce's Aesthetics may appear at first, it is easy enough for philosophical criticism to point out fundamental difficulties in almost every thesis which it articulates.

1. The first assumption is that the human mind shows an activity of immediate intuition which is completely "autonomous" – i.e., independent of any other activity, and so also of *thinking*, whose own autonomy, on the other hand, he does not call into question[13]. But how is this really possible? First, the actual existence of two irreducible activities of the mind – intuition and thought – would immediately destroy the necessary condition of any spiritual act – its rigorous (concrete) *unity* – since this is just its specific *fundamentum distinctionis* from matter, datum, phenomenon, etc. Secondly, intuition *in itself* is merely passive; if, under certain circumstances, it also appears to be in some way active (e.g., in the act of attention), this is only because *thought* itself is already implicit in it[14]. Thirdly, there actually is nothing purely immediate. Every concrete reality, as such, is, rather, the unity of mediation and immediacy, because there is no concreteness without difference, and no difference without the relation, or just mediation, between its two sides; and mediation, furthermore, is as such the specific result of the activity of *thinking*.

2. A further contradiction, then, is detectable in Croce's statement that, on the one hand, art is pure intuitive *form*, and, on the other, its peculiar object is practical emotion. This, in fact, is in itself only a particular, specific content, not different, from this point of view, from other possible contents such as moral law, religious faith, or metaphysical ideas. Consequently, either the essence of art is pure form, and thus practical emotion, as such, cannot be its specific ob-

---

11 Cf. Estetica, *op. cit.*, Ch. IV, pp. 40–44; Breviario di estetica, *op. cit.*, pp. 51–55; *Id.*, Aesthetica in nuce, Bari, Laterza 1969[7], pp. 34–42.
12 Breviario di estetica, *op. cit.*, pp. 31–33; and also Aesthetica in nuce, *op. cit.*, pp. 47–51.
13 Cf. below, pp. 172 ff.
14 This is not only a philosophical contention, but also, as E.E. Harris has suitably pointed out, an experimental result of today's psychological research. Cf. E.E. Harris, The Foundations of Metaphysics in Science, *op. cit.*, Ch. XVI, pp. 326–28 and Ch. XX, pp. 414–20; *Id.*, Hypothesis and Perception, *op. cit.*, Ch. VIII; and *Id.*, Coherence and its Critics, in: Idealistic Studies 5:2 (September 1975), pp. 225–230. On Harris Neo-Hegelianism cf. above, pp. 86–96, and below, pp. 184–204.

ject, or practical emotion *is* its specific object, but then the essence of art cannot turn into pure form. In either case, Croce's theory is evidently self-refuting[15].

3. As we have seen, he furthermore unqualifiedly identifies the essence of intuition with that of art and language. Now, this point too appears clearly unsustainable, especially if one considers that, as Croce himself maintains, the object of immediate intuition is the mere individual. In fact, as regards language, it is undeniable that its object (except for the case of proper nouns, which, however, have no significance without a context of common nouns) is never the individual, but always and of necessity the universal[16]. Indeed, as Hegel acutely pointed out in his *Phenomenology of Spirit*[17], the very terms with which sensible consciousness tries to indicate the spatiotemporal singular ("this" and "now") have, rather, only a universal meaning. So, while Croce arbitrarily identifies the essence of language with that of intuition, Hegel, by contrast, and with much better grounds, through the appeal to the *truth* of language can demonstrate the *falsehood* of (sensible) intuition. As regards, then, the identification of art with intuition, it can be easily disproved by the quite simple observation that, if intuition, as a *generic* immediate reference of the mind to an object, were absolutely the same as *artistic* intuition, then, by the mere perception of the pen with which I am writing now, or of the books around me, I should *eo ipso* enjoy some artistic experience – which is very improbable! Croce could reply that not all intuition has artistic value, but only that whose content is feeling. But this, in its turn, is falsified, as we have already seen, by his assumption of the purely *formal* character of art. Besides, if there really were a non-artistic intuition, his philosophy of mind would be deplorably unable to account for it, since beside lyrical intuition he admits of no other theoretical form of the mind than discursive – i.e., *non-intuitive* – thought.

4. A further serious antinomy is implicit in Croce's statement that the object of artistic intuition, as such, is the mere individual. Indeed, the actual individual is devoid of any reality whatever, apart from the concrete universal: for the *principium individuationis* is none other than the total and fully articulated process of self-determination of the universal concept[18]. But, in this case, as in many

---

15 This contradiction was already pointed out by Giovanni Gentile in his admirable book: La filosofia dell'arte (1931), Firenze, Sansoni 1975³, Part I, Ch. V, § 1.

16 Cf., on this subject, G. Rinaldi, Fondamenti di filosofia del linguaggio, in: Studi urbinati LXVIII (1997/98), pp. 485–536, espec. § 6, pp. 501–507.

17 Cf. Hegel, Phänomenologie des Geistes, *op. cit.*, Ch. A, I, "Die sinnliche Gewissheit oder das Diese und das Meinen", pp. 82–92.

18 This was already implicit in Leibniz's principle of the identity of *indiscernibilia* (cf. G.W. Leibniz, La monadologie, in: *Id.*, Opera philosophica, hg. von J.E. Erdmann, Aalen, Scientia 1959, §§ 8–9, S. 705), and has more recently been stated and justified by

others, Croce's position is not only erroneous, but quite self-refuting. In fact, in a later work, *La poesia* (1936), he overtly states that "*cosmicità*"[19] too is an essential feature of all true art, and the only possible meaning of such a term is nothing more nor less than "pure universality"; which obviously gives rise to the following disastrous dilemma: either the statement of the "cosmic" character of poetry is true, and thus it must necessarily be false that pure individuality is the object of artistic intuition; or, vice versa, the assertion of the mere individuality of artistic intuition is true, and hence it must be false that it has a "cosmic" character.

§ 3. An Outline and Critique of Croce's Logic

The second essential form of human mental development, according to Croce, is the "pure concept" (*concetto puro*), or, in other words, the activity of thinking. As in his Aesthetics he insisted on the autonomous character of artistic intuition and its consequent independence of logical thought, so he now claims the original and irreducible "autonomy" of the pure concept against any empiricist attempt at reducing it to a mere sense-datum or sense-perception[20]. But he immediately declares that such an autonomy is merely *formal*, because the specific object of thought is not thought itself, or some of its active self-determinations, but only the products of preceding essential human activity – the "representations" of artistic intuition[21]. Consequently, the act of thinking cannot but appear to him as essentially devoid of any *creative*, productive, and so practical power. In fact, he explicitly conceives of it as *mere theory* – i.e., mere contemplation and reflection of a reality in itself *alogical*, which, therefore, can in some way be known, interpreted by thought, but not *actively determined* by it.

Since, now, the object of the concept is not concept itself, the specific features distinguishing it from the other forms of the human mind can, of course, belong only to its *subjective* form; and they turn, according to Croce, into nothing more than its *universality*[22] and *discursive mediation*[23], in evident opposition to the mere individuality and immediacy of artistic intuition. But not any deter-

---

E.E. Harris in: The Foundations of Metaphysics in Science, *op. cit.*, Ch. VI, pp. 138–39, and Ch. XXII, p. 455. See also G. Rinaldi, Critica della gnoseologia fenomenologia, *op. cit.*, Ch. IV, pp. 164–70.

19 Cf. B. Croce, La poesia, Bari, Laterza 1971³, pp. 11–14.
20 Cf. Logica come scienza del concetto puro, *op. cit.*, Part I, Section I, Ch. I, pp. 5–13; and Part III, Ch. II, pp. 242–45.
21 Cf. *ibid.*, Part I, Section II, Ch. IV, pp. 91–97; and also Part I, Section I, Ch. I, p. 13.
22 Cf. *ibid.*, Part I, Section I, Ch. III, pp. 26–27.
23 Cf. *ibid.*, Part I, Section I, Ch. I, pp. 9–12.

mined concept, as such, is for him actually universal. In fact, all *empirical* concepts, as well as the *scientific* ones[24], are on principle devoid of true universality, which is rather reserved to four *pure* concepts alone: the Beautiful, the True, the Useful, and (moral) Good[25]. Each of them, he maintains, is "autonomous" – i.e., has a meaning that is fully independent – or "distinct", as he says – of the others. Consequently, there can be no essential connection among them *as such* – i.e., considered under the aspect of their *form*, and so they cannot be *deduced* from one another. The only relation, and so *unity*, they can mutually bear concerns their mere *matter*[26] – e.g., the Beautiful is the aim of artistic intuition, whose object, or matter, is practical emotion, which, as we shall presently see, is nothing but the subjective form of the Useful – and so it is of necessity *external*.

A further consequence of their independence is that no relation of *opposition*, or contradiction, can take place among the four "distincts": for all opposition, or contradiction, as such, presupposes an identity, and therefore an *essential connection*, between the opposite, or contradictory, terms or statements. Indeed, Croce does not deny *any* opposition in the realm of pure concepts. According to him, it is undoubtedly immanent in them, but can occur only *inside* every distinct concept. The opposite of the Beautiful, therefore, is neither Truth, nor the Useful, nor Good, but *only* the Ugly, which is essentially implicit in it. Likewise, the opposites of the True, the Useful, and Good are, respectively, nothing but Error, the Harmful, and Evil[27]. Consequently, there are two fundamental relations among the pure concepts of his Logic: the "connection of the distincts" and the "connection (or dialectic) of the opposites." The first is purely *material* and *external* (though he avoids using such terms as far as he can), the second only *particular*, since it divides into four oppositions, whose mutual relations are as external and material as are those of the four distincts.

The divergence of this conception of the concept, opposition, and dialectic from that of Hegel's Logic is evident and overtly stated by Croce himself. For him, in fact, the deepest fault of Hegel's dialectic is that it does away with any autonomy of distinct concepts and spiritual forms, and, consequently, both with the reality of the material and external connection among them postulated by him, and with the merely particular and limited character of logical opposition. This, on the contrary, would unduly acquire an absolutely universal, ultimate

---

24 Cf. *ibid.*, Part I, Section I, Ch. II, pp. 14–25; and Part II, Ch. V, pp. 196–213.
25 Cf. *ibid.*, Part I, Section I, Ch. V, p. 48.
26 Cf., e.g., La poesia, *op. cit.*, p. 9: "in the living dialectic of the mind, what in a preceding stage was form, in the further one declines to matter and acquires a new form".
27 Cf. Logica, *op. cit.*, Part I, Section I, Ch. VI, pp. 56–64.

meaning in Absolute Idealism, destroying such an essential feature of the mind's thinking activity as the "distinction" among its functions and concepts[28].

If, now, one reflects upon the essence of Croce's theory of the four distincts, it is easy to remark that each of them closely corresponds to one of the four original activities, into which, according to the chief assumption of his Historicism, human mental development articulates itself. In fact, as the Beautiful is the essential aim of artistic intuition, which is the specific subject of Aesthetics, so Truth, the Useful, and Good are, respectively, the immanent goals of logical thought, utilitarian will and ethical will, and so the specific subjects of Logic, Economics, and Ethics. With reference to this only correspondence, the substantial content of Croce's Logic would already seem to be nothing other than a detailed explanation of such an assumption. And, indeed, all the mentioned theses, which necessarily follow from it, will turn out to be clearly detectable, if one proceeds in the analysis of his conception of logical thought.

Although the pure concept is its essential form, it is not also its content, for, as we have seen, this rather turns into mere immediacy. The fulfillment of the logical act – which, as such, is the specific form of any intelligence and actual knowledge – therefore requires its synthesis with artistic intuition. Consequently, according to Croce, there can be no knowledge whatsoever without a peculiar relation between intuition and concept, which he identifies with "individual judgment" (*giudizio individuale*)[29]. In fact, on the one hand, judgment, as such, is an external relation of two terms (subject and predicate) which are, at least immediately, as extraneous to each other[30] as are Croce's intuition and concept; and, on the other hand, the specific object of intuition, for him, is nothing but the mere *individual*.

Only a science that consists of pure individual judgments, then, could rightfully aspire to truth. Now, he declares, this is by no means the case for the natural sciences. As their concepts are merely empirical or particular, and as universality is the formal requirement of logical concept, they cannot apparently have, in principle, any theoretical meaning or value. But the overall object of scientific concepts is *nature*; it too cannot therefore be endowed with any reality whatever. It rather appears to be a mere construction of our utilitarian will[31]. But nei-

---

28 Cf. Saggio sullo Hegel, *op. cit.*, Ch. IV, pp. 53–66.

29 Cf. Logica, *op. cit.*, Part I, Section II, Ch. IV, pp. 91–97; and Section III, Ch. II, pp. 132–39.

30 Cf. Hegel, Wissenschaft der Logik, *op. cit.*, Vol. 2, pp. 301–10; and Enzyklopädie der philosophischen Wissenschaften, *op. cit.*, Vol. 1, §§ 166–71.

31 Cf., for instance, B. Croce, La storia come pensiero e come azione, Bari, Laterza 1973[3], p. 265: "What they call concepts of the things of nature are not strictly concepts, but abstractions carried out upon the world's living reality and, as abstractions, the product of

ther is it the case for metaphysics, as the rational science of Absolute Reality. Since this is in itself one, eternal, infinite, and supersensible, and the thinking mind can reflect upon it only if their acts are, at least in some degree, identical, it is evident that no thought, which is mere individual judgment, can possibly penetrate the essence of Absolute Reality. In fact, individual judgment, as such, is not fully *one*, but only an external synthesis of intuition and formal concept; and, moreover, the first of them is merely manifold, sensible, and finite. If Croce's contention of the substantial identity of logical thought and individual judgment is true, then metaphysics is certainly impossible[32], and its peculiar subject (Absolute Reality as Absolute Idea or Spirit) cannot but be reduced to a mere secularization and rationalization of a religious myth[33].

If, then, neither the empirical sciences nor metaphysics supply us with individual judgments, where could we search for them? Croce's conclusive answer is that in *historiography*, and only in it, can they be found[34]. In fact, its specific subject is neither the empirical abstractions of the natural sciences, nor the Absolute Reality of metaphysics, but rather concrete *human* actions and events (*historia rerum gestarum*); and the human mind, as we have seen, is for him the essential unity of intuition and thought. Both of the peculiar elements of individual judgment, therefore, are actually to be found in its history. Reality (Truth) and History thus turn out to be, according to Croce, absolutely *unum atque idem*, which is certainly the substantial nucleus of his entire conception rightly named "Historicism". Indeed, there *is* for him nothing below humanity (nature) and nothing above it (Absolute Spirit), but only the mutable historical becoming of human affairs[35].

And what about philosophy? What can its place be in reality, i.e., in History? If "philosophy", as such, could mean nothing but "metaphysics" (as was the case of its traditional concept from Plato to Aristotle up to Hegel), then, of

a practical operation, through which things are fixed and denoted, to be found again and, when necessary, used, and not to be understood".

32 Cf., e.g., Estetica, *op. cit.*, Ch. VIII, pp. 71–72.

33 Cf. Saggio sullo Hegel, *op. cit.*, pp. 199–202.

34 Cf. Logica, *op. cit.*, Part II, Chs III and IV, pp. 167–95; La storia come pensiero e come azione, *op. cit.*, pp. 25–26: "One could say that with the criticism of transcendent philosophy, the very philosophy, in its autonomy, died, for its claim to autonomy was founded just on its metaphysical character. What has taken its place, is no longer philosophy, but history, or, which is the same, philosophy as history and history as philosophy: the philosophy-history, whose principle is the identity of the universal and the individual, of intellect and intuition"; and also pp. 135–138.

35 Cf. G.R.G. Mure, Idealist Epilogue, *op. cit.*, p. 172.

course, there would be no room left for it in Croce's conception of reality[36]. But if with "philosophy" one denotes, as he does now, a mere elucidation of the necessary conditions of individual judgment, and so of historiography, or, in his own words, the "methodology of historiography"[37], it will be as essential to History as is the historical knowledge it clarifies and founds.

Thus, all the determinations of the chief assumption of Croce's Historicism reappear in his treatment of logical thought. Moreover, it necessarily involves, as we have seen, a decided polemic against metaphysics – in particular, Hegel's metaphysical dialectic. According to all this, the criticism of his Logic that I am going now to expound will evidently turn out to be of central importance in the economy of this article.

1. First of all, it is quite questionable that logical thought is merely subjective and formal, and its specific object and content nothing but immediate intuition: formally extraneous to, and passively assumed by, the former. In fact, there can be no act of thinking whose object is actually severed from it. This is true first because an act of thinking would in that case be referred to something transcendent of it, and consequently limited by that, and so *finite*. Now, can logical thought be legitimately conceived as essentially finite? The answer cannot but be "no". For thinking is an activity of the self-conscious I, and this can be aware of itself as finite only if, at the same time, it becomes in some way conscious of what limits it. But such a consciousness is evidently possible only if it contains *within itself* the object by which it is limited; and the kind of reality which contains its own limit (its "other") is really nothing other than the concrete and "true" Infinite[38]! Consequently, the act of thinking cannot be absolutely limited, and therefore neither can there be any reality essentially extraneous to it, as Croce's immediate intuition, nor is it merely formal and subjective[39]. Secondly, if its object were wholly other than it, subject and object should be essentially *different* in every act of thinking; and so there could be no act whatsoever in

---

36 Cf., e.g., the "Preface" of 1916 to the second edition of his *Logica come scienza del concetto puro*: "This logic should [...] be considered, rather than the end of science, the end of philosophy" (B. Croce, Logica, *op. cit.*, p. IX).

37 Cf. *Id.*, Teoria e storia della storiografia, Bari, Laterza 1976[11], Appendix III, p. 140: "Philosophy, according to the new relation in which it has been placed, cannot of necessity be anything else than the methodological moment of historiography"; and also *Id.*, Filosofia e storiografia, Bari, Laterza 1969[2], Ch. IV, pp. 38–42.

38 Cf. Hegel, Wissenschaft der Logik, *op. cit.*, Vol. 1, pp. 156–66; Enzyklopädie der philosophischen Wissenschaften, *op. cit.*, Vol. 1, § 94, *Zusatz* and 95.

39 Some very similar objections to Croce's historicism are to be found in two works by Gentile: La filosofia dell'arte, *op. cit.*, pp. 36–42, and Introduzione alla filosofia, *op. cit.*, pp. 259–70.

which they were fully coincident. But this is clearly disproved by the simple act of *self-consciousness*: here, indeed, *the subject who thinks and the object which is being thought of are rigorously identical*. So, the mere, irrefutable reality of the self-conscious I is already an evident and sufficient disproof of Croce's formal concept. Thirdly, the necessary condition for the logical concept's subjective formality is that its alleged object, immediate intuition, can be consistently conceived as a wholly "autonomous" activity. But also this contention has been disproved above by means of the observation that, in intuition, thought (judgment) is of necessity already implicit.

2. Croce's further identification of pure concept's essential object with *artistic* intuition, then, raises equally serious difficulties. In fact, if I reflect upon the history of art, or some artistic masterpiece, it is obviously true that the object of my thinking act is some kind of artistic intuition. But if I study logic, mathematics, or the history of philosophy, how can the object of my thought be rightfully identified with it? Is it not evident, rather, that in these cases not artistic intuition, but *thought itself is thought's essential object*? Croce himself felt the force of this possible objection and tried to avoid such evidently disastrous consequences of his logical theory by maintaining that artistic intuition is in some way immanent also in logical, mathematical, and other forms of thought; for the *language*, in which its concepts are expressed, would be nothing but intuitive "expression", and so a mere product of lyrical contemplation[40]. But, since such a thesis has also been disproved above[41], it obviously can by no means save the coherence and truth of Croce's logical theory.

3. Likewise questionable is Croce's conception of pure concept as dividing into four autonomous "distincts", each containing its opposite only within itself. First, since its essential feature, as *pure* concept, is *universality*, it is clearly impossible to obtain *four* such concepts, formally independent of one another; for in that case each of them would be limited by all the others, and so would be only *particular*, not universal. The multiplicity of concepts and spiritual acts, though certainly essential to the thinking mind, for otherwise it would be empty, cannot therefore be rightfully conceived as a complex of independent "distincts", but rather only as a multiform, particular self-determination of the *unique* Universal[42]. Secondly, it is unsound to put, as Croce does, the relation of

---

40 Cf. B. Croce, Logica, *op. cit.*, pp. 5–6 and 67–68.
41 Cf. above, p. 171.
42 Errol Harris has also come to this same conclusion in his remarkable, though very short, criticism of Croce's misunderstanding of Hegel's doctrine: "The parallel principle of the synthesis of distincts, which he recommends, is inadequate and unsound, for he asserts that each of the distincts is concrete and sufficient in itself, in which case it could have no

the "distincts" and that of the "opposites" on the same level of reality and truth. The first relation, as a mere external juxtaposition of independent terms, is obviously devoid of any substantial unity, while the relation of opposition is possible only on the foundation of an essential connection, and therefore of an intrinsic unity, even if not yet wholly adequate, of the two opposite terms[43]. As, now, the criterion of the reality and truth of logical concepts is the degree of the intrinsic, substantial unity (or coherence) of their different determinations, it follows of necessity that opposition displays a degree of logical truth decidedly superior to that of mere "distinction".

   4. Consequently, equally unsound is Croce's criticism of Hegel's dialectic[44]. First, it is true that this denies the autonomy of distinct concepts and resolves them into different "moments" of a single logical Totality. But, on the one hand, this procedure is fully legitimate, for truth, as such, is thought's concrete unity or "coherence" with itself, and so totality; and, on the other hand, Hegel's *Aufhebung* of distinction is not mere negation, but rather "sublation": i.e., conservation of the specific truth value of every distinct. What it denies is only their discreteness, not their possible significance. Secondly, Hegelian dialectic's vindication of the pre-eminence of opposition over mere distinction is not a fault; for opposition, as we have just seen, is a form of essential connection, and thus of intrinsic unity, while mere distinction, as such, is not. Finally, Croce's contention that in Hegel's dialectic opposition acquires ultimate significance and value seems to be nothing but a mere misunderstanding of it. In fact, the most concrete "moment" in the dialectical method is by no means the negative, but rather the "positive-rational" or "speculative", which consists in solving the contradiction still implicit in opposition, and so in "reconciling" the opposite terms in one single Totality, whose prominent feature is that its different determinations are organized in a "hierarchical" succession of degrees of progressive perfection, complexity, and integration[45].

   5. Finally, as regards Croce's identification of individual judgment with the very essence of logical thought, it too is unconvincing. Judgment, in fact, is, as such, only an *external* relation between two *independent* terms (subject and

---

nisus to further development, and no synthesis nor any further progress could result"
(E.E. Harris, Nature, Mind and Modern Science, *op. cit.*, p. 243).

43   Cf. Hegel, Wissenschaft der Logik, *op. cit.*, Vol. 2, pp. 46–63; and Enzyklopädie der philosophischen Wissenschaften, *op. cit.*, Vol. 1, §§ 116–20.

44   For a more detailed discussion of it see G. Rinaldi, A History and Interpretation of the Logic of Hegel, *op. cit.*, § 52, pp. 411–419.

45   Cf. Hegel, Enzyklopädie der philosophischen Wissenschaften, *op. cit.*, Vol. 1, § 82 and *Zusatz*; and E.E. Harris, The Foundations of Metaphysics in Science, *op. cit.*, Ch. VIII: "Wholeness and Hierarchy", pp. 142–62, and Ch. XIV, pp. 279–86.

predicate), while truth, as we have seen, rather requires *internal* relations and a totality of mutually *dependent* moments. For a judgment to prove true its terms must therefore be placed in connections more intrinsic than its original one. Now, the only activity which can establish "internal" connections among the mind's contents is not intuition (because of its mere immediacy), but *thought*, which, in fact, as essentially *mediation*, necessarily involves "internal" relations. Individual judgment can therefore prove to be true only under the condition of the fulfilment of a *prior* and *superior* act of thought, which, in its turn, cannot be conceived as an external synthesis of intuition and thought, for, in this case, it would obviously originate an irrational *regressus in infinitum*, but rather as, in one, *pure thought* (because transcendent of intuition) and *concrete thought* (because containing within itself, as negated, both terms of individual judgment: intuition and formal thought). It is, consequently, impossible to identify the essence of logical thought with individual judgment[46], and so the chief pillar of Croce's logic irreparably collapses.

But if individual judgment is not the essence of logical thought, then all the consequences Croce deduces from such an identification – the impossibility of metaphysics and the unreality of its object (Absolute Spirit), the elevation of historiography to the rank of the sole actual science, the reduction of philosophy to a mere methodology of historiography – can themselves no longer be consistently maintained. In fact, individual judgment really presupposes *pure* and *concrete* thought, which, as such, is not an external relation but an intrinsic (systematic) unity, and is not merely sensible or finite, but supersensible and infinite. So there is no absolute difference between human thought and Absolute Reality; consequently, this can be positively known by the former; and so, on the one hand, metaphysics is in principle possible, and, on the other, Absolute Spirit is not a mere rationalization of a religious myth, but is rather the only adequate scientific definition of Absolute Reality. As to philosophy, then, since it is again entitled to treat and solve metaphysical problems, it cannot obviously be any longer reduced to a mere methodology of historiography; neither can this latter, important though it may be, legitimately claim to exhaust the range of human knowledge. It could, at best, afford significant, useful materials for the elaboration of some particular branch of metaphysics, such as that concerning the "objective", practical mind, or the artistic and religious one.

---

46 About the inability of empirical (or individual) judgment (or proposition) to express the absolute truth, and the consequent necessity of its sublation into the "speculative proposition" (*spekulativer Satz*), *vide* Hegel, Phänomenologie des Geistes, *op. cit.*: "Vorrede", pp. 57 ff.; G.R.G. Mure, An Introduction to Hegel, *op. cit.*, p. 130, and also above, pp. 154–156.

But if a metaphysics of mind is, then, actually possible, why might not a metaphysics of nature be possible too? And, if this is the case, what kind of knowledge but the natural sciences could provide us with the indispensable matter for metaphysical construction? Croce's immediate reply would be that a metaphysics of nature, since this is devoid of any reality whatsoever, is *in principle* impossible, and therefore the materials supplied by the natural sciences, accurate and rich though they may appear, could not but turn out to be theoretically meaningless, as concerning a mere abstraction. Now, is such a negation of nature's reality actually justified? Certainly the degree of its reality (and truth) is much inferior to that of the mind, especially in its highest phases, such as art, morality, or philosophy; which nevertheless by no means implies that nature is but a *mere* appearance. For in it too the metaphysical Idea is immanent (in evident form especially in *organic* nature); and the Idea, as such, is the absolute principle and criterion of any reality whatever. Consequently, Croce's theses on nature and the natural sciences also appear to be unsustainable[47].

§ 4. An Outline and Critique of Croce's Philosophy of Practice

Aesthetics and Logic, for all their differences, nevertheless share a fundamental feature: their object is a kind of human *theoretical* activity. But our minds are plainly not limited to the merely formal determination of a passively "given" content; we can act as well and so modify the immediate situation in which we live and think. In so doing, we cannot but transcend the theoretical sphere, for this is conceived by Croce as purely contemplative, and enter into two new forms of activity, wholly autonomous and independent both of each other and of the theoretical ones, such as "economic" or "utilitarian" will, whose subject is *individual* personality striving for the achievement of the Useful (in essence, pleasure), and the "moral" or "ethical" one, whose specific aim, on the contrary, is the realization a *universal* practical ideal, Good[48].

In this way, an evident symmetry is outlined between the forms expressed in theoretical activity and those into which practical will divides. As intuition aims at knowing the individual and thought the universal, so the economic will pursues individual selfish interests, and the ethical universal values[49].

---

47   For a more extensive discussion of this problematic see above, pp. 109–111 and 115–117.

48   Cf. B. Croce, Filosofia della pratica. Economica ed etica, Bari, Laterza 1973[9], pp. 211 ff.

49   Cf. Estetica, *op. cit.*, Ch. VII, pp. 61–67.

Such a distinction in practical activity, of course, is in itself nothing new in the history of thought. That the original aim of human will is the satisfaction of immediate, natural, finite needs and desires; that they are as such merely individual, and so essentially selfish; that the subjective form of the fulfillment of economic aims is pleasure, and that of unsuccessful achievement is, on the contrary, pain; that, consequently, the practical life of individual people turns into a mutable alternation of pleasure and pain: all this was well-known to, and shared by, both the empiricists and the idealists. Yet, while the former decidedly inclined to resolve any form whatsoever of practical activity into the immediate one, the latter, on the one hand, distinguished, from the sensible "phenomenal" will, a purely "rational" volition, whose essential object was the accomplishment of *absolute* – i.e., universal, "eternal", supersensible – moral values. On the other hand, the latter also established a precise *hierarchical* order between utilitarian and ethical will. The first was not at all conceived by them as an "autonomous" spiritual form, but only as a lower phase, relatively unreal, of the second, from which alone it had to derive its essential *"Bestimmung"*. Correlatively, moral will was for them not merely a particular kind of the mind's practical activity, but rather its *substantial totality*, also containing, therefore, within itself economic will as a "moment" devoid of independence and merely "subservient" to its ideal aims[50].

It is just with reference to this idealistic conception of the *relation* between economic and moral will that the peculiarity and, so to speak, "novelty" of Croce's philosophy of practice can become fully evident. In fact, he concedes to economic will that independence the idealists constantly refused to admit; while, vice versa, denying moral will that all-pervasive, "holistic", ultimate reality and significance they, on the contrary, firmly asserted.

What could one, now, rightfully state about the essence, coherence, and truth of such a conception of practical human activity? First of all, one could remark that it appears to be an attempt at "reconciling" two quite divergent tendencies of ethical thought such as utilitarian empiricism and ethical idealism. In fact, in accordance with the former, Croce insists on the value, reality, and autonomy of utilitarian will; but, at the same time, in accordance with the latter, he refuses to deny, as the empiricists instead usually do, the substantiality of the moral will. But indeed, is there any need for such a "reconciliation"? If one considers that the object of Absolute Idealism, as a metaphysics of the spiritual *To-*

---

50   Cf., e.g., Hegel, Grundlinien der Philosophie des Rechts, *op. cit.*, §§ 5–27 and §§ 129–30; Enzyklopädie der philosophischen Wissenschaften, *op. cit.*, Vol. 3, §§ 469–82; B. Spaventa, Principi di etica (1869), in: *Id.*, Opere, Vol. 1, Firenze, Sansoni 1972, pp. 688–94; G. Gentile, Genesi e struttura della società, Firenze, Sansoni 1975², Ch. VII: "State and Economy", pp. 71–87.

tality, necessarily contains *within itself* its "other" – whatever form it may assume, whether nature, sense-datum, finite existence, God's transcendence, or just economic will – we cannot but conclude that Croce's attempt is both impossible and superfluous. It appears to be a mere expression of an *eclectical* attitude of mind, the philosophical results of which, in the whole course of the history of human thought, have constantly turned out to be quite unsuccessful.

But a far more serious difficulty is easily detectable in the application of his practical philosophy to questions concerning the origin, essence, and aim of political society, right, and State. In fact, in his *Filosofia della pratica* (1908), he overtly states that they all can be wholly reduced to the contingent historical results of economic struggles among individuals or social classes. Thus *right*, according to Croce, turns into nothing more than the mere "will of the (economically) stronger", so that any theory whatsoever about "natural", "human" or "rational" rights cannot but be on principle devoid of any significance and truth[51]. Likewise, the *State* has no ethical "substance", its actual aims being by no means moral ideals, but rather mere economic interests of some groups of individuals. In his polemic against the thesis of the State's ethical essence Croce went so far as to deny any substantial difference between the constitution of the State and that of criminal associations: indeed, in either case, the aim of the members of both forms of association is merely an economic one[52]! From all this it should obviously follow that no application of ethical categories to the history of political society could in any way be practicable. The only field still open to ethical "legislation" would therefore seem to be the mere interior conscience of the individual.

But is it not evident, even to most unphilosophical "common sense", that this is only a rather gross misinterpretation of the actual history of the human mind; that ethical principles, if not always, yet during wide periods of its development, have actually guided the policy of the State as well as the elaboration of right? Besides, Croce himself, in his later years, finally felt the need for a kind of political historiography distinct from, and prior to, that concerning mere economic facts and relations. Its subject, rather, had to be the progressive realization of an *ethical* ideal such as that of *freedom* in concrete *political* forms of State and institutions, so that it was denoted by him as "ethico-political" historiography[53]. But, now, how is it possible consistently to speak of ethico-political history without assuming the *ethical essence* of political institutions and, consequently, of the State? And if the State has an ethical substance, how can it still

---

51   Cf. B. Croce, Filosofia della pratica, *op. cit.*, pp. 319 ff.
52   *Ibid.*, p. 327.
53   Cf., e.g., La storia come pensiero e come azione, *op. cit.*, pp. 203–06.

be rightfully maintained: a) that it is a mere result of economic will; b) that this latter is wholly autonomous and so independent of the ethical one; and c) that the sphere of the action and validity of ethical law is the mere subjective conscience of the individual? In conclusion, only the disproof of all the main theses, which Croce's practical philosophy articulates[54], can offer us the real possibility of working out a coherent concept of "ethico-political" historiography.

§ 5. Concluding Remarks

If we limited our critical analysis of Croce's Historicism to this point, a fair judgment on its philosophical value could not, of course, be very positive. But, unfortunately, the situation becomes still worse if we take into account the last developments he gave to his conception of practical life in his essays *La storia come pensiero e come azione* (1938) and *Hegel e l'origine della dialettica* (1952). In fact, on the one hand, while in his previous works he asserted the autonomy of both moral and economic will, now he proceeds to deny the possibility of any specific theory of ethics, and consequently to resolve moral will into the three preceding activities of the human mind, so that it loses every peculiar feature and substantial reality[55]. On the other hand, in an obscure, vague language that gave rise to divergent interpretations among his followers and critics[56], he then seeks to determine the common origin of different human spiritual activities (once stated as four, now as three), and identifies it with the principle of "vitality" (*vitale*)[57]. Now, if one cannot of course deny that some relevant difference between the concepts of "vitality" and "utilitarian will" is in itself actually thinkable, and so definable by philosophical thought, it is nevertheless quite undeniable that Croce *never* expounded it. But then the surrender of his historicism to empiricism (if not to materialism) cannot but appear by now complete. For the elevation of "vitality", in the sense of utilitarian and therefore immediate

---

54 I have further developed the critique of Croce's philosophy of practice, and especially of his conception of the relationship between economic and ethical will, as well as of his theory of historiography in my book: Teoria etica, *op. cit.*, §§ 67–68 and 129.

55 Cf. B. Croce, La storia come pensiero e come azione, *op. cit.*, p. 44: "And what can morality add to these beautiful, true and variously useful works? One will say: the good works. But the good works, in the concrete, cannot be anything else than works of beauty, truth, utility".

56 Cf., e.g., E. Paci, La filosofia contemporanea, Milano, Garzanti 1974, pp. 66–72, and E. Garin, Cronache di filosofia italiana. 1900–1945, Bari, Laterza 1966, Vol. 1, pp. 257–258 and n. 45.

57 Cf. B. Croce, Hegel e l'origine della dialettica, in: *Id.*, Indagini su Hegel e schiarimenti filosofici, Bari, Laterza 1967², pp. 29–55.

sensible will, to the rank of the ultimate explanatory principle of human activity and history, and the consequent denial of any substantial efficiency of pure thought and rational will, is just the fundamental assumption of all empiricist, or materialist, theory of "human nature"[58].

What conclusion, then, can we legitimately draw from this brief analysis of Croce's philosophy? First of all, it turns out with undeniable evidence that his attempt at an overcoming and criticism of Hegel's philosophy was by all means unsuccessful, not least because it sets out from an openly one-sided and inadequate interpretation of it. On the other hand, the very difficulties, antinomies, and contradictions I have pointed out in almost all the fundamental "moments" of his original philosophical perspective do constitute the most brilliant confirmation of the ineluctable loss impending on the destiny of every philosophical tendency which should intend to enter a direction of development more or less divergent from that indicated to us by Hegel's Absolute Idealism – more precisely, by its innermost logical and metaphysical "spirit", which does not necessarily coincide with its exterior, historically contingent articulations[59]. From this standpoint a closer study and reflection on Croce's work might therefore prove advantageous with a view to a renewed and more decided appropriation and development of Hegel's thought, on the basis of which a re-examination and fair critical evaluation of the results attained by Croce in the fields more congenial to his mind – literary criticism and political historiography – could also become opportune and relevant.

---

58 Such, for example, was the case with Marx's and Engels' historical and dialectical materialism. For a criticism of Croce's misunderstandings concerning the interpretation of its essence, *vide* G. Rinaldi, Dalla dialettica della materia alla dialettica dell'Idea. Critica del materialismo storico, *op. cit.*, pp. 69, 114, 181, 196, 198.

59 Cf. above: "Einleitung", pp. 19–28.

II.

THE IDENTITY OF THOUGHT AND BEING IN HARRIS'S INTERPRETATION OF HEGEL'S LOGIC

§ 1. Thought as Wholeness

It is not easy in a brief essay to account fully for the speculative richness of Harris's interpretation and development of Hegelian Logic. On the one hand, this true "key to the whole system and [...] epitome of Hegel's thought"[1], as Harris rightly describes it, unifies an extraordinary, even bewildering, variety of ontological, epistemological, and historical content into a rigorously coherent and self-contained system of thought. On the other hand, Harris's interpretation constantly suggests connections – sometimes polemical, sometimes supportive, sometimes illustrative – between Hegel's thought and contemporary philosophical discussion. In order to offer the reader an image of it which should not turn out to be one-sided, or worse, arbitrary, I propose to focus attention on a few fundamental, organically connected issues, in which the most distinctive and profound contribution of Hegel's *Science of Logic* can be located. These are the issues which have most frequently been found at the center of the lively debates which characterize the complex, multifaceted history of Hegelianism in European thought, be it German, British or Italian. By examining Harris's interpretations of, and solutions to, these historically much-debated problems in Hegel's *Logic*, we will be able to specify with some precision the distinctive character and originality of his work.

Hegel's theory of logical thought, considered first in its pure self-identity, and apart from the problem of its metaphysical reach, can in one sense be understood as both the necessary outcome and the immanent self-criticism of the whole evolutionary development of western logic. This comprises two fundamental stages: the founding of formal logic by Aristotle, and that of transcendental logic by Kant. In the first, Aristotelian, stage, the human mind learned to distinguish, as an act of self-conscious reflection, an indefinite multiplicity of particular and contingent contents, conditioned by the empirical, "natural" existence of the individual subject, from an at least ideally definite multiplicity of universal and necessary forms (concept, judgment, syllogism, demonstration), the pure ideal objectivity of which appeared to be the indispensable norm and condition for the logical validity of any real act of thought. By virtue of the sec-

---

1 E.E. Harris, An Interpretation of the Logic of Hegel, *op. cit.*, p. XII.

ond, Kantian, development, it was then realized, on the one hand, that a purely formal, "analytic" validity is not sufficient to warrant the actual correspondence between the subjective concepts and the world of the concrete objects of experience; and, on the other, that a "sphere" of ideal objectivities prior to, and independent of, the immanent activity of universal-human thought ("transcendental Ego") is but an inconsistent abstraction. Aristotle's science of the ideal-objective forms of thought had therefore to be integrated by Kant's doctrine of the active, concrete forms of "thinking"[2] as transcendental conditions for experience.

The essential continuity between such development and Hegel's Logic becomes evident if one considers that, with Aristotle, Hegel still conceives of it as the science of thought in its ideal "purity", essentially distinct, therefore, from man's empirical-real thought, whose anthropological and psychological conditions are consequently held to be the subject not of Logic, but of the Philosophy of subjective spirit[3]. Not differently from Kant's, then, his Logic intends to expound the system of the "synthetic" conditions for both the possibility and the intelligibility of the concrete world of experience. Besides, as finally organized and unified into the superior category of the "Concept" (*Begriff*), whose affinity with Kant's transcendental Ego is stressed by Hegel himself[4], they are no less dynamic and active forms of thought than the Kantian ones.

The most crucial and active feature of Hegel's standpoint, nevertheless, is the full awareness that, despite their merits, neither formal nor transcendental logic, in traditional form, is truly able to offer us a coherent and adequate account of the essence of thought. Both, in fact, proceed in an analytic rather than synthetic way. Both separate the process and the results of the pure act of thought into an external, mutually exclusive and unrelated multiplicity of particular finite ideal forms. This reduces their evident identity to the vacuous, superficial unity of the "genus" which does not pervade its particular "species" by determining the species' content in an immanent way, but rather juxtaposes itself externally to it. Such a content thus turns out to be merely heterogeneous and not deducible from its unity. But in this way the very intrinsic possibility and truth of thought is jeopardized. Already Aristotle (and Plato), in fact, stressed *universality* (τὸ καθόλου) as the essence of the specific object of thought (εἶδος, γένος). But what sort of universality is possessed by Aristotle's or Kant's "category", which has outside itself a multiplicity of other categories, with respect to which it is then but a mere *particular* beside "other" particulars?

---

2   On this subject see G. Gentile, La riforma della dialettica hegeliana, *op. cit.*, pp. 4 ff.
3   Cf. Hegel, Wissenschaft der Logik, *op. cit.*, Vol. 1, pp. 46–47.
4   Cf. *ibid.*, Vol. 2, pp. 254–55.

Kant points out that true universality "analytically" involves rigorous necessity[5] – namely its *"Nicht-nicht-sein-können"* – but every one of his categories, as relative only to one aspect of experience and *not* to others, is devoid of validity with respect to them, and therefore "may-not-be"; it is, then, merely "contingent". Moreover, thought essentially differs from sense-intuition, owing to the fact that, while the latter manifests a mere exterior spatio-temporal multiplicity (*Außereinander*), the former, by contrast, explicates (or, rather, actively "posits") a system of relations (laws, grounds) intrinsic to the "data" they connect. Now, the essence of any "internal" relation is just the *a priori* synthesis of the manifold into a unique systematic totality. Finally, unlike not only sense-perception, but also the superior spiritual forms of intellectual intuition, faith, etc., an essential function of thinking is that of "founding", "mediating", "demonstrating" its assertions; and any demonstration, however conceived, cannot but turn into the insertion of the *demonstrandum* into an ideally total system of connections, "grounds", relations (themselves being forms of wholeness).

Logical (ideal, concrete) thought and (organic, systematic) wholeness thus turn out to be reciprocal, or rather identical, concepts. There is no thought which does not organize its particular contents into a more or less coherent and systematic totality, and there is no wholeness which is not – implicitly or explicitly – the work and product of thinking. But if so, the common-sense representation of its activity and result as a merely partial aspect of the world, limited by others in which it would not be intrinsically immanent (e.g., material nature) and thus with respect to them "finite", can only be dismissed as having no rational validity. Being essentially "total", pure thought cannot be denied the predicate of "infinity". No limit whatever which might be introduced, or imposed upon thinking, can be considered insuperable in principle. Rather, as wholeness, it is already always "beyond" any alleged limit whatsoever. One would have to say of any such limit, that it is either contained within thought, or is not. If it is so contained, it cannot but turn out to be (in greater or lesser degree) identical with it – itself thought, and so no longer a limit to thought. If, instead, it is not contained within but rather essentially transcends thought, it as such is nothing for thought, nothing thought can refer to so as to find itself limited; it is thus by no means an effective limit of thought.

Harris's interpretation shows itself to be fully, profoundly aware of this totality and infinity of pure thinking as both the fundamental assumption and outcome of Hegel's Logic, in opposition to both Aristotle and Kant.

---

5   Cf. I. Kant, Kritik der reinen Vernunft, *op. cit.*: "Einleitung", § II.

"The real solution (of the logical antinomies) is in the concept of infinity as wholeness, as negative self-relation, the identify of self and other in the absolute transparency of self-knowledge. It is to bring this out that Hegel criticizes Kant"[6].

"True explanation, or proof, in dialectical logic, is nothing more nor less than the tracing out of the development of the Concept (or whole) itself – its self-specification. It is the process of self-explication of the system of the real, and explanation is seeing, or finding, the proper place of each phase and item in the light of the whole and its principle of order"[7].

The "holism", namely the consideration of any determinate logical form with respect to a unique total rational principle, thus constitutes the ultimate foundation of Hegel's entire logical system[8].

The appropriateness of such observations by Harris seems to me brilliantly confirmed by their extraordinary similarity to remarks of the neo-Hegelian Gentile concerning the essence of "knowing" as "pure act". "Knowing is identifying, overcoming otherness as such"[9]. "Philosophy has therefore been at all times the effort to think not of this or that thing, but of all things in their unity"[10]. "The mind's unity is infinite, for the mind cannot hold its own reality to be limited by another reality"[11]. "Consciousness [...] posits itself only as a sphere whose radius is infinite"[12]. In effect, one can safely assert that the distinctive feature of Gentile's "actual idealism" is just his sense – perhaps still more marked, if that is possible, than that of Hegel himself – of the intrinsic totality and infinity of the human mind as pure self-conscious thought (and will).

This nevertheless does not mean at all that each and every moment of particularity and finitude ought to be eliminated from Hegel's concept of thinking. If so, in fact, its infinity could not fail to turn into a "beyond" transcendent to the finite. But the latter, by remaining excluded from its own self-identity, would limit its content from without, and this would therefore no longer be truly infinite. Moreover, any determinate content of thought can be conceived only if it distinguishes itself, at least relatively, from that which it is not, and so is of necessity limited by it, "finite". A merely infinite and not also finite thought would therefore turn out to be merely indeterminate, and thus devoid of content, abstract and "formal". In a similar way, the concept of wholeness is unthinkable without that of the "part". A thought which were only "total", which did not

---

6   E.E. Harris, An Interpretation of the Logic of Hegel, *op. cit.*, p. 138.

7   *Ibid.*, pp. 171–77.

8   Cf. *ibid.* p. XII.

9   G. Gentile, Teoria generale dello spirito come atto puro (1916), Firenze, Sansoni 1959[6], p. 16.

10   *Id.*, Sistema di logica come teoria del conoscere, *op. cit.*, Vol. 1, p. 12.

11   *Id.*, Teoria generale dello spirito come atto puro, *op. cit.*, p. 31.

12   *Ibid.*, p. 32.

pervade the multiplicity of *its own* parts, would in truth be, rather than actually total, only abstractly self-identical and thus partial[13]. According to Hegel, then, the essential infinity of thinking does not exclude, but rather implies, the equally essential moment of its finitude, just as its totality and universality are inconceivable apart from a plurality of particular and individual parts, or "moments", which it organizes into a unique coherent system. The most comprehensive and adequate category of such a system, the Absolute Idea as realized "Concept", is therefore, as Harris points out very well, but "the infinite whole – truly infinite, not as endlessly extensive nor forever beyond the finite, but as self-subsistently whole and all-inclusive, sublating the finite in its transcendent unity and consolidating its truth and value"[14].

Thought, then, cannot think of itself as infinite and total without positing itself, at the same time, as particular and finite. First of all, therefore, the very "moment" of its particularity (multiplicity, abstractness, externality) must explicitly become the object of its immanent self-reflection. Yet, what is thus assumed in such "intellectual" immediacy turns out to be, rather than adequate and necessary to the infinite totality of thinking, essentially negative and opposed to it. So, secondly, its position of immediacy is negated, turning into a universal opposition both among its particular-finite moments and between this overall multiplicity and the unity of the whole. The original identity of the finite and the infinite turns out therefore to be, equally essentially, immanent, "dialectical" self-contradiction. Yet a merely contradictory thought is actually unthinkable. The self-identity of thinking, its evident apodicticity (the certainty of the *cogito ergo sum*) requires, rather, that its initial self-contradictoriness, however necessary, be eventually transcended and reconciled in a third, superior and conclusive stage of development (the "positive-rational" or "speculative"). In this stage the finite determinations are certainly posited, yet not in their mutual externality and isolation, but as "flowing" moments which mutually "reflect" and "encompass" one another, all (in a gradual development) forming the unique totality. This latter, in its turn, ceases to oppose itself to the finite multiplicity as a transcendent "beyond", or to determine it merely formally, superficially. It rather reveals itself as the principle determining the very essence of the particular as particular, in all its constitutive moments, and is therefore fully, absolutely immanent in the particular. *Totum in toto et in qualibet parte.*

---

13 Cf. *Id.*, Sistema di logica come teoria del conoscere, *op. cit.*, Vol. 1, pp. 9–10.
14 E.E. Harris, An Interpretation of the Logic of Hegel, *op. cit.*, p. 287.

Such, then, is the form, the rhythm, the essential method of the immanent development of thought[15]. Hegel's much-discussed identification of logical method with "dialectic" and of this with the most elevated category of his logical system, Absolute Idea[16], seems to me therefore nothing other than the un-

---

15   On this subject see Hegel, Enzyklopädie der philosophischen Wissenschaften, *op. cit.*, Vol. 1, §§ 79–82.

16   Cf. Wissenschaft der Logik, *op. cit.*, Vol. 2, pp. 550 ff. The explicit identification, which Hegel carries out here, of the dialectical method with the very form of Absolute Idea (whose content would instead coincide with the whole system of the logical categories previously deduced) *does* amount to a sufficient refutation of I.A. Il'in's misleading contention that Hegel was "one of the greatest intuitionists in philosophy" (I.A. Il'in, The Philosophy of Hegel As a Doctrine of the Concreteness of God and Humanity, ed. by Ph.T. Grier, Evanston, Ill., Northwestern University Press 2011, Vol. 1, p. 11), because "[d]ialectic should be viewed only as a transitional stage of concreteness" (*ibid.*, Vol. 2, p. 226) in his system. But the inconsistency is in truth *internal* to his whole interpretation of Hegel's thought, radically undermining the plausibility of his attempted liquidation of Hegel's "monism", "pantheism", "panlogism" and "theodicy" set out in the final Chapter of his commentary. For, on the one hand, he himself admits that "[i]ntuiting [...] is an immediate relation of consciousness to its object" (*ibid.*, Vol. 1, p. 48), while, on the other, granting Hegel the merit of having conceived – unlike the traditional advocates of monism and pantheism – the identity of thought and being, of Reason and reality not as an immediate, immobile identity, but rather as the "result" of a teleological process realizing itself only through the *mediation* of the sublation of their transitory, but real, difference into the Absolute's final, all-encompassing identity. Now, the *negative* form of mediation lying at the root of that sublation *is unfolded precisely and only by the dialectical method*. Also: not intuition as an immediate, "mystical", or, worse, "imagistic" experience, but only the *pure act of logical thought* as a *dialectical* unity of opposites can fully account for the "inner purposiveness" or "teleological rationality" (*ibid.*, Vol. 2, p. 247) of the Absolute's process.

However, Il'in's misunderstanding is by no means limited to the undue disregarding of the crucial role played in Hegelian philosophy by its dialectical-discursive form, but extends to Hegel's no less crucial conception of "speculative" thought as well. Plainly confusing the concept of "intellectual intuition" formulated, even before Hegel, by Kant, Fichte and Schelling, with the *radically different* notion of "eidetic intuition" theorized by Husserl (cf. G. Rinaldi, Critica della gnoseologia fenomenologica, *op. cit.*, Ch. III, §§ 7–8), Il'in ascribes to the former too an affirmative ground in *imagination*, which would become manifest especially in Hegel's conception of "intuitive reason" as a "living" movement of thought, in which the Concept's logical form would inextricably fuse with the content of "suprasensuous images" (I.A. Il'in, *op. cit.*, Vol. 1, p. 62). This thesis is plainly absurd, because imagination is *always and of necessity "affected"* (behaftet) *with a sensuous content*. This is so true that even the "productive imagination", which Kant conceived as an "a priori faculty" of the human mind, is inseparable from sensuous givenness; for it consists in nothing other than the production of *temporal* "schemes", and temporality, as such, is a form of *sensuous* intuition. From the alleged inherence of

avoidable, "analytic" consequence of his fundamental conception of thought as infinite systematic totality. Because thinking is conceivable only as wholeness and infinity, it must necessarily be "dialectical". If, on the contrary, it were adequately thinkable as merely particular and finite, then dialectical method too would turn out to be superfluous. This holism, which, as we have seen, constitutes the essential *fundamentum distinctionis* of Hegel's Logic from the traditional one, is the indispensable key for treating, disentangling and solving the most complicated speculative problems connected with the theory of dialectical method. In this context it is obviously impossible to outline their specific content even in summary form. It will be sufficient to observe that with respect to them also Harris proceeds with admirable assurance, lucidity and fidelity to the spirit of Hegel's thought[17], and this just by virtue of his profound hermeneutic insight into the holistic principle of wholeness as the ultimate foundation of such thinking.

---

imagination in speculative thought Il'in then infers that also the processual conception of the Absolute worked out by Hegel, and his consequent endorsement of pantheism and theodicy, would be nothing more than a philosophical myth devoid of "scientific" and "objective" validity, if not even his "fundamental phenomenological error" (I.A. Il'in, *op. cit.*, Vol. 1, p. 48. See also pp. 67–68). His anti-Hegelian arguments, which he plainly draws from the ontological realism of thinkers such as Trendelenburg, Herbart, Bolzano and Rosmini, lose therefore any plausibility as soon as one remembers that the logical Concept's self-development is in truth *wholly independent of any "imagistic" presuppositions whatsoever* (as, on the other hand, Hegel himself points out with utmost clarity in § 455, *Zusatz* of the *Encyclopedia*: "Diese [i.e., pure thought] erkennt, daß es *selber allein*, und nicht die *Empfindung* oder die *Vorstellung*, imstande ist, die Wahrheit der Dinge zu erfassen"). Finally, Il'in's polemic against the "panlogism" of Hegel – namely, his attempt to resolve all reality into a content of pure self-conscious thought – on the one hand is backed by no other argument than the *dogmatic,* commonsensical and therefore anti-philosophical appeal to the positive reality of the external world; on the other, it ends up in a curious *contradictio in adiecto.* For in the very same paragraph, in which he erroneously reduces the Hegelian Absolute's inner purposiveness to nature's unconscious teleology, he at the same time declares that "facing the logically non-rational object [i.e., unconscious nature], the Concept raises itself, as it were, to *a higher level*', and that it "lives, *of course,* a *more perfected* life when it does think itself' (*ibid.*, Vol. 2, p. 247, italics my own). Also: the Concept, which lives a more perfected life when it thinks itself, becomes more perfect... when it does *not* think itself!

In his accurate "Introduction" to his translation of Il'in's commentary, as well as in the notes attached to it, Grier does not fail to point out his most serious misunderstandings (cf. *ibid.*, pp. 256–257), and opportunely quote a negative judgement on Il'in's Hegel interpretation by Errol Harris (cf. *ibid.*, Vol. 1, pp. LXXIV–LXXV, n. 19), on which I fully agree.

17   Cf. E.E. Harris, An Interpretation of the Logic of Hegel, *op. cit.*, pp. 29–45.

§ 2. Identity of Thought and Being

Thought can think of itself as nothing other than infinite totality in dialectical becoming. But how must we understand the sense of such intrinsic necessity? Is it simply a peculiar feature of "our" subjective intellect, and of its merely possible *a priori* connections? Or is the self-consciousness of thought as systematic totality necessarily the only adequate consciousness of objective actuality? In the first case, an insuperable hiatus would open between the sphere of pure thought, the subject of the Science of Logic, and the sphere of concrete reality, the subject, respectively, of metaphysics, if considered with respect to the universality of the principles of its becoming, and of the natural and historical sciences, if investigated with reference to its particular manifestations. In this case, whatever the measure of intrinsic coherence, comprehensiveness and evidence of Hegel's Logic might be, such a Logic could not fail to lack ultimate validity and meaning with respect to the fundamental problems of man's knowledge of reality. In the second case, on the contrary, each and every form and degree of difference between Thought and Being (e.g., between the thinking "subject" and the thought "object", the "ideal" thought and the "real" being, the rational "values" and the "hard facts"), however evident it might appear to immediate experience and the finite understanding, would nevertheless turn out to be devoid of absolute reality and objectivity. The science of pure thought-determinations, Logic, would therefore *eo ipso* acquire not only metaphysical, but also scientific-positive value and reach; and the logico-dialectical principle of systematic wholeness would rise to the status of ultimate truth criterion both of the method and of the results attained by metaphysics as well as by the natural and historical sciences.

In all his works, Hegel never failed to express himself with the greatest lucidity and decisiveness about this pre-eminent philosophical problem. The logical determinations of pure thought (*Denkbestimmungen*), he maintains, are at once the metaphysical determinations (*Wesenheiten*) of the objective essence of Reality; Thought and Being, therefore, are not only relatively and formally, but absolutely, in and for themselves, identical[18]. Their intrinsic identity is implicit in, and presupposed by, the very most abstract and immediate category of the whole logical system, that of indeterminate Being[19]. Such a presupposition, then, is objectively demonstrated, in the sphere of purely logical thought, by the entire dialectical-deductive development starting from Being and culminating in the category of Absolute Idea (for in it, in the last resort, the more concrete and co-

---

18   Cf. Hegel, Enzyklopädie der philosophischen Wissenschaften, *op. cit.*, Vol. 1, § 24; Phänomenologie des Geistes, *op. cit.*, C, V, p. 181.

19   Cf. Wissenschaft der Logik, *op. cit.*, Vol. 1, p. 68; Vol. 2, pp. 553–554.

herent subsequent categories actually ground the preceding ones[20]). With respect to the finite viewpoint of immediate experience and common sense, the identity of Thought and Being is proved by the dialectical-phenomenological development of consciousness, and especially by the self-criticism of "sense certainty"[21]. Besides, the apodictic certitude of the reality of thinking self-consciousness (*cogito ergo sum*), on one hand, and, on the other, the very principle of any genuine religious experience and culture – the idea of God as perfect thought (νόησις νοήσεως) which necessarily exists (ἐνέργεια, *Ens realissimum*) – bear in themselves intuitively evident witness to the truth of such identity. The traditional ontological argument for God's existence, indeed, does no more than explicate the content of such original certitude in the logico-syllogistic form of mediation – in which, as Hegel points out, its everlasting speculative value consists[22].

The deepest meaning of Hegel's concept of thought as wholeness and dialectic is thus that of constituting the absolute principle both of logic and of metaphysics at once. But if no true logic is really conceivable which is not already intimately metaphysics, nor any true metaphysics conceivable which does not turn into logic, then it is clear that neither a merely logical theory of thought (such as traditional formal logic and more recently symbolic and mathematical logic), nor the metaphysics of a reality which is not essentially thought (one could think, in this connection, of today's various "ontologies" of nothing, matter and the "irrational"), could be justified. Yet despite its evident necessity, this consequence is one of the points which has given rise to the most disagreements and criticisms, not only by openly anti-Hegelian philosophical tendencies, but also by thinkers who owe Hegel a great deal of their very doctrines.

In general, the polemics against the principle of the identity of Thought and Being proceeded along two fundamentally divergent lines. On the one hand, this identity was denied on the ground that, while Thought, as totality, is a systematic unity of manifold differences, relations and activities, Being, considered in its absolute universality, would instead be but pure unity, transcendent to any determinate difference, and therefore an adequate object not of thought, but of a static, ineffable intuition. So J.E. McTaggart, although widely recognizing the merits of Hegel's dialectic, nevertheless denied it a fully metaphysical-objective value. In each and every moment of development, the dialectic necessarily implies a contradiction between subject and object, whereas McTaggart maintains that Absolute Reality is a "harmony" excluding any difference from itself. Dia-

---

20   Cf. *ibid.*, Vol. 2, p. 570.
21   Cf. Phänomenologie des Geistes, *op. cit.*: "Vorrede", pp. 29–31.
22   Cf. Vorlesungen über die Beweise vom Dasein Gottes, *op. cit.*, Vol. 2, pp. 523–35.

lectic would therefore have a merely subjective-phenomenological value[23]; it would describe the ("reconstructive" and not "creative") ideal development of human thought, and not the objective essence of Reality, which could adequately manifest itself only in a superior mystical experience. "All true philosophy must be mystical, not indeed in its methods, but in its final conclusions"[24]. In a substantially similar way, F.H. Bradley denies that thought, as is humanly actualized in logic and philosophy, is truly adequate to the essence of reality, and so able to penetrate its inner constitutive laws. Whereas reality is possible only as excluding any thinkable contradiction from itself, Bradley's metaphysical account of the concepts of "self"[25], "activity"[26], and thought itself as a totality of "relations"[27], manifests numerous antinomies which, contrary to what Hegel held, cannot be "reconciled" by human reason. In Bradley's view, it is not abstract and incoherent "appearances" such as logical thought and "philosophy" itself[28], but only the fullness of an ineffable mystical experience which will prove able to show us something of Absolute Reality.

On the other hand, Hegel's identity of Thought and Being has been questioned for the opposite reason – namely, that, even supposing (and often not conceding) that thought is truly in itself that infinite totality which Hegel maintains it is, objective reality would still be nothing more than a mere exterior multiplicity of particular and finite "data", "facts" or "events". For example, Nicolai Hartmann does recognize the "formal correctness" of Hegel's logico-deductive system, and yet denies it any "metaphysical" meaning, because, according to him, logical thought would be but a "pure abstraction"[29], while actuality would rather turn into a discrete plurality of "phenomena" and "strata", whose unity is only the extrinsic one of the relation by which the inferior and more elementary ones (e.g., material nature) "determine" the superior and more complex (e.g., life, psyche and mind). Proceeding from the same "realistic" assumption, the

23 Cf. J.E. McTaggart, Studies in the Hegelian Dialectic, Cambridge 1922, p. 140.
24 Ibid., p. 255.
25 Cf. F.H. Bradley, Appearance and Reality, op. cit., Chs IX–X.
26 Cf. ibid., Ch. VII.
27 Cf. ibid., Ch. III.
28 Cf. ibid., Ch. XXV, p. 402; and also above, pp. 77–79.
29 Cf. N. Hartmann, Hegel und das Problem der Realdialektik (1935), in: Id., Kleinere Schriften, op. cit., pp. 343–346; Id., Aristoteles und Hegel, ibid., pp. 214–52; and Id., Die Philosophie des deutschen Idealismus, op. cit., Vol. 2. For a critique of Hartmann's interpretation and evaluation of Hegel's dialectic cf. G. Rinaldi, A History and Interpretation of the Logic of Hegel, op. cit., § 46. Husserl's position on this subject is wholly analogous, as also the gist of many of his followers' arguments against the principle of the identity of Thought and Being. Cf. G. Rinaldi, Critica della gnoseologia fenomenologica, op. cit., Ch. IV, § 4.

latest theorists of historical and dialectical materialism generally tend to sketch an interpretation of Hegel's thought which distinguishes in it a metaphysical/systematic aspect, hinged just on the "idealistic" principle of the identity of Thought and Being, and a methodological/dialectical one, which would instead essentially consist in the "laws" of the "conversion of Quantity into Quality", of the "interpenetration of the opposites" and of the "negation of negation". As for the first, it is unanimously rejected as a mere rationalization and "secularization" of the religious myth, with which it would share the "contradictory" and "alienated" character of the empirical historico-social life it unconsciously expresses, and would therefore turn out to be equally devoid of genuine scientific value. As for the second, there is a considerable divergence between those interpreters who, having at least understood the inseparability of Hegel's logico-dialectical method from his metaphysico-speculative system, prefer rejecting historical materialism's "Hegelian heritage" *in toto*; and those who, on the contrary, still think it possible, on the basis of a rigorously realistic-materialistic theoretical perspective, to "save" some of the essential moments of dialectical method (e.g., the above-mentioned "laws" of dialectic)[30].

One of the greatest merits of Harris's interpretation of Hegel's Logic is undoubtedly that of having avoided – nay, explicitly criticized – such opposite one-sided conceptions of reality as either a vacuous "mystical" unity or a mere "empirical" plurality; and of having rather laid due stress on the essential metaphysical reach of the logical principle of systematic totality. Despite the element of subjectivity in his doctrine, Kant

> "showed that (the categories) were principles of objectivity, conditions of the possibility of the experience of objects; but Hegel goes further and denies that objects are only phenomena (mere appearances). The principles must be the determinations of things as they actually are, or else they could not be principles of truth. Accordingly, they are just as much metaphysical as logical and epistemological principles, just as objective as they are subjective"[31].

Those, therefore, who imagine that the Hegelian dialectic is

> "simply a logical method, "subjective" as opposed to "objective" facts, to which it may be applied in various approximative ways, have simply failed to grasp Hegel's meaning. So have those who, like Karl Marx and Gotthard Guenther, allege that the method can be divorced from the philosophical system, or the logic from the ontology"[32].

---

30 For appropriate references see *Id.*, Dalla dialettica della materia alla dialettica dell'Idea. Critica del materialismo storico, *op. cit.*, *passim*, but especially the "Preface".

31 E.E. Harris, An Interpretation of the Logic of Hegel, *op. cit.*, p. 6.

32 *Ibid.*, p. 34.

To the "realistic" and "pluralistic" adversaries of Hegel's identity of Thought
and Being, Harris first of all objects that their attempt to construct a formal logic
apart from any metaphysical foundation not only gets entangled in internal for-
mal-deductive incoherences[33], but can grant a determinate sense to its own concepts (e.g., "atomic proposition", "propositional connective"), only by surreptitiously presupposing the possibility and validity of a pluralistic-atomistic metaphysics of the real[34]. Secondly, any exterior multiplicity of "sense data" can be
experienced in point of fact only as determined by a system of "internal" –
namely, universal and ideal – relations. The "bare particular" as that which has
no universality, no specification of its own, would be indefinable, indescribable.
It could exemplify nothing, and having no character or quality of its own, could
be nothing. (Indeed it could not even be "nothing", for the bare nothingness of
bare particularity also lacks the *universality* of the category of Nothing![35])
Thirdly, any internal or external difference necessarily presupposes a more
original unity to its foundation, for a relation of difference can be established between two facts only if the alleged differents appear to be such "in some respect
or other which is common to both of them"[36], and thus is (at least implicitly)
universal and total. A "is red", e.g., and differs from B, which "is yellow", only
in that both are colored objects: "color", then, at least in this particular respect,
is the "totality" of which they are "moments". Finally, any multiplicity can be
actually experienced only on condition that the Ego who theorizes it remains
self-identical in the whole process of his thinking activity, as a "total" unity[37].
The fundamental error of historical materialism, and so of the interpretations of
Hegel's thought inspired by it, is therefore that of presupposing the immediate
and unconditioned reality of the natural multiplicity, while this latter, being
really only the content of a determinate act of thought, is rather essentially mediated by, and dependent on, the metaphysical totality of ideal categories, which
constitutes its peculiar object[38].

No less pointed and appropriate is Harris's dispute with the supporters of the
conception of the Absolute as an indistinct, irrational and "mystical" unity. Such

---

33 Cf. *Id.*, The End of a Phase, in: Dialectica *17* (Nov. 1963), pp. 213–247; and G. Rinaldi,
    Saggio sulla metafisica di Harris, *op. cit.*, Ch. II, § 3.
34 E.E. Harris, An Interpretation of the Logic of Hegel, *op. cit.*, pp. 7–8.
35 *Ibid.*, p. 224.
36 *Ibid.*, p. 164.
37 *Ibid.*, pp. 164–65.
38 *Ibid.*, pp. 21–22. Cf. also G. Rinaldi, Dalla dialettica della materia alla dialettica
    dell'Idea, *op. cit.*, Ch. V, pp. 205–248, and *Id.*, Die Selbstaufhebung der materialistischen
    Reduktion des "Bewusstseins" auf das "gesellschaftliche Sein" bei Marx, *op. cit.*, pp.
    252–253.

a conception of the Absolute is not only unintelligible for us (which the mystic could certainly concede), but also in itself unthinkable and inconsistent, since, as indeterminate unity, it must be devoid of any difference capable of distinguishing it from pure nothing, into which, rather, it immediately goes over, thus annihilating itself. The unity of the mystic, he points out, "is not flawless, but eviscerated; it is in fact destroyed"[39]. Reality is not "a blank unity into which all the differences and distinct individuals are absorbed without trace. It is not 'the night in which all cows are black'. [...] Apart from its self-differentiation as system this principle is a mere abstraction and is virtually unintelligible"[40].

Contrary to such critics of Hegel's identity of Thought and Being, Harris shows a very deep sense of reason's full concreteness, of the effective immanence of ideas and values in any sphere whatsoever of reality. Reason, for Hegel, is no mere *raisonnement* or ratiocination.

"It is the constitutive reason operative in all rational conduct and theorizing, the genuine reasoning of practicing scientists actually advancing the frontiers of knowledge, the reason inherent in morals and social order, and that which, in religious doctrine and ritual, is figuratively and symbolically represented"[41].

The popular (as well as the Empiricist) use of "concept"

"implies something abstract and diaphanous, as opposed to the "concreteness" of the actual thing (its *Dasein*), whereas Hegel's usage is precisely the opposite. For him, the concept is concrete, and *Dasein*, by comparison, abstract, and the only sort of correspondence between them is that between the germinal and the mature"[42].

But it is not only in the real considered with respect to its *a priori* forms – i.e., as the subject of metaphysics – that Harris investigates thought's essential immanence, but also in its manifold particular manifestations, namely in the natural and human facts theorized by the positive sciences, and then in their specific research and verification methods. All the most remarkable achievements attained in fundamental works such as *The Foundations of Metaphysics in Science* and *Hypothesis and Perception*, appear therefore as the peculiar result of his deep insight into reason's intrinsic reality and concreteness – i.e., once again, into the identity of Thought and Being.

It is not easy to identify, among the very best European works on Idealism, those of thinkers who have been able to understand and develop this fundamental principle of Hegelianism with equal lucidity and originality. Perhaps only Karl Ludwig Michelet, Kuno Fischer and Bertrando Spaventa, in their admirable

39 E.E. Harris, An Interpretation of the Logic of Hegel, *op. cit.*, p. 293.
40 *Ibid.*, p. 28.
41 *Ibid.*, p. 241.
42 *Ibid.*, p. 105.

systems of metaphysical logic, have shown themselves equal to the complicated tangle of questions linked to such a principle. So, for example, from the identity of Thought and Being Michelet deduces the impossibility of a Being which should absolutely transcend thought, and therefore manifest itself to man only in virtue of a mythological or religious "revelation" to which reason's activity ought therefore to submit; and consequently he develops a courageous polemic against the later Schelling's fideistic irrationalism[43]. He also analyzes its logico-metaphysical content with subtle insight, bringing out the richness of issues and relations immanent in it, from the essential dynamic "creativeness" of pure thinking[44] to the necessity of a "release into immediacy" in the dialectical mediation of objectivity, etc.[45]

For their part, Fischer and Spaventa stress self-conscious activity as the essential condition of the identity of Thought and Being. They think it possible to show the explicit immanence of such an act already in the deduction of the first categories (Being, Nothing, Becoming); and thus criticize Hegel himself for deducing Nothing from Being on the basis of the mere recognition of their indeterminateness, and not of the original dialectic of self-conscious "abstracting" and thinking[46].

In order to reply convincingly to Trendelenburg's superficial and contrived, but provocative, objections to dialectical method[47], Fischer very carefully investigates the phenomenological and epistemological aspect of such an identity, showing that it is, rather, empirical sense-perception that radically and one-sidedly presupposes the activity of pure thinking – and thus its being, its actuality – and not thought (as Trendelenburg instead maintained) that "surreptitiously" depends on passive sensuous intuition[48]. And discussing Schopenhauer's irrationalism, he points out with utter lucidity and persuasiveness that any negation of the validity of rational thought is coherently tenable only by coming back unconfessedly to presuppose its objective truth, efficiency and autonomy[49].

---

43 Cf. K.L. Michelet, Das System der Philosophie als exacter Wissenschaft, *op. cit.*, pp. 26–27, etc.
44 Cf. *ibid.*, p. 25, etc.
45 Cf. *ibid.*, pp. 234–238.
46 Cf. K. Fischer, System der Logik und Metaphysik oder Wissenschaftslehre, *op. cit.*, § 77; B. Spaventa, Le prime categorie della logica hegeliana (1864), *op. cit.*, Vol. 1, pp. 369 ff., and *Id.*, Logica e metafisica (1867), in: *Id.*, Opere, *op. cit.*, Vol. 3, pp. 161–63.
47 Cf. A. Trendelenburg, Logische Untersuchungen, Leipzig 1870, Vol. 1, pp. 36–129.
48 Cf. K. Fischer, System der Logik und Metaphysik oder Wissenschaftslehre, *op. cit.*, § 73.
49 Cf. *ibid.*, § 64.

§ 3. Identity as Process

The determination of the essence of the relation between Thought and Being in terms of "identity", however suitable it may have proved in the above-mentioned contexts, can nonetheless only appear one-sided and deficient in others. First of all, the immanent logical development of the very category of Identity shows that this latter is really unthinkable apart from its essential "reflection" into the (seemingly opposite) concept of "difference". One can, in fact, assert that "A is identical with B" only if A, as the "subject" of such judgment, *distinguishes* itself from B as the "complement" of the same. Besides, in the very "principle of identity" (A is A), A posits itself as self-identical only in that, as "subject", it *differs* from itself as "predicate"[50]. Moreover, the thought that posits itself as identical with Being is essentially activity; and how is it possible to conceive an act of thought which does not articulate in a process of development, and to that extent *differentiate itself*? The concept one reflects upon is indeed in constant becoming; it is initially indeterminate, obscure, confused, then more determinate, clear, distinct, more *differentiated*, both in itself and with respect to its previous "phases" of development. Finally, while it is true that purely dialectical-speculative reflection demonstrates the necessary and objective identity of Thought and Being, it is also true that immediate experience, finite consciousness, practical life, and the historical world of the human mind, all bear witness to the reality of their difference with no less compelling evidence, especially as negativity, as difference of consciousness and self-consciousness, of the pure ideal "values" and the irrational reality of the "facts", etc. If, then, the Absolute, the total and original reality, is intrinsic, substantial identity, how and why should there be an infinite multiplicity of differences in the world of experience, of which the Absolute is nevertheless held to be the principle and ground? Moreover, this very difference between the Absolute and the "world" as (more or less) negative phenomenon derived from it, is already in itself unaccountable on the basis of the concept of the Absolute as pure self-identity.

The solution to this problem, which Hegel, in a passage of his *Science of Logic*, defines as the most important and difficult of any philosophy[51], must evidently be sought in a conception of the Absolute as an identity of Thought and Being which should not exclude the essential moment of difference, of "non-identity", but should rather actualize itself as "*Identität der Identität und Nicht-Identität*", according to the effective expression coined by Hegel in his early

---

50   Cf. Hegel, Wissenschaft der Logik, *op. cit.*, Vol. 2, pp. 39–45.
51   Cf. *ibid.*, Vol. 1, pp. 168 ff.; see also pp. 98 ff.

writings[52]. Yet the solution required is thus merely prefigured rather than really attained. In fact, it is by no means sufficient to assert that the Absolute is identity, which nevertheless necessarily contains the moment of difference within itself, and that Thought and Being are certainly identical, but also different. On the contrary, it is of vital importance to specify the "how", the determinate form, the necessary "conditions" of the possibility of such "identity of identity and non-identity". Moreover, it must be not merely asserted, but objectively proved. The principle to which Hegel resorts on this point is, again, that concept of "dialectical development", which, as we have seen, had already made it possible, within the sphere of pure logical thought, to "reconcile" the contradictory moments of the infinite Totality and the finite multiplicity of the particular concepts.

In order, indeed, that an evolutionary process in general be possible, (1) it is necessary that in the multiplicity of its different stages, degrees and forms of development, a *unique* "subject" should remain absolutely self-identical. If, in fact, its self-identity were denied, one would no longer have the continuity of *one* process, but only a mere plurality of particular processes, each of which corresponded to a determinate phase of the first. But, in such a case, every particular process would again turn into a further bare plurality of subordinate determinations, thus engendering an absurd *regressus in infinitum*. (2) Such fundamental identity is not immanent in the same way in all the phases of the process. In fact, at its (logical, not necessarily temporal) beginning it is but a simple, abstract, "implicit", indeterminate identity (a still merely "possible" aim); in the subsequent phases it becomes ever more intimately articulated, differentiated and concrete. Only in the final stage does it fully explicate all that which was originally immanent in it, giving itself a "reality" adequate to its pure "concept". (3) Since, in its initial phase, that identity is indeterminate, and any thinkable form of difference consists in a determination of the indeterminate, then Thought and Being, subject and object, can only turn out to be purely, absolutely identical: the original identity of Thought and Being is thus posited. In its intermediate phases, identity determines itself; yet such a determination amounts to an actualization of it still inadequate to its "concept" (for the adequate one is attained only in the final result). Concept and reality, Thought and Being, thus come to be distinguished, even opposed to each other. Finally, in its culminating phase identity's self-differentiation becomes complete, and its actualization fully adequate to its concept. The identity of Thought and Being is thus "restored" – even if, as a "result" of the whole evolutionary process, it is no longer the abstract

---

52 Cf. Hegel, Differenz des Fichteschen und Schellingschen Systems der Philosophie, in: *Id.*, Jenaer Schriften (1801–1807), *op. cit.*, p. 96.

"original" identity excluding any difference (fission, contradiction, negativity) from itself, but rather that "concrete" identity encompassing within itself the totality of the differences which happened to emerge in that development of which it is just the necessary outcome.

The analysis of Hegel's concept of process has, then, not only shown how identity and difference of Thought and Being, instead of excluding each other, are mutually implied in it, but also indicated the determinate form, the "rhythm" of development, so to speak, of their intrinsic relation. One can therefore safely assert that the essential condition for the possibility of a coherent conception of the Absolute as "identity of identity and non-identity" is to be seen in the concept of "evolution" (*Entwicklung*) as universal and fundamental law of any form of reality, natural or historical. But is it equally right to assert that Hegel has truly "proved", "demonstrated" the objective truth and necessity of such a principle? One can adequately answer this question only by considering the terms of the issue with respect to Hegel's whole system. Both the "real-subjective" dialectic of Phenomenology and the "ideal-objective" one of the Logic have demonstrated, as their unique outcome, the identity of Thought and Being. Such an identity, however, is neither coherently conceivable, nor adequate to the reality of the facts, apart from the moment of their difference. Identity and difference of Thought and Being, now, can be "reconciled" – namely, thought of without contradiction – only in the concept of evolutionary process. The same necessity and truth which belong to the Absolute conceived in terms of Identity must also be seen to belong to Identity conceived in terms of Process.

But just as the above-mentioned concept of thought as wholeness implied a critical revision of both formal and transcendental logic, so the concept now deduced of the Absolute as Process puts Hegel's thought into an at least partially polemical relationship with traditional metaphysics. From Aristotle up to Kant himself, in fact, the Absolute was generally conceived as a pure original identity, already complete and perfect in itself before, and independently of, both the natural "world" and the human mind. With respect to these it was understood as not merely partially and relatively, but absolutely, transcendent; as an objective entity not only distinct, but quite separate from the sphere of the finite, of becoming and negativity. Hegel's Absolute, on the contrary, is certainly also an "original" identity, but as merely original it is not truly self-identical; such it rather becomes only at the end of the whole cosmic process. As an essential "result" (*Resultat*) of the latter, however, the Absolute's self-identity must necessarily be mediated by nature's becoming and by the activity of human self-consciousness, which it therefore sublates, encompasses, contains within itself as indispensable conditions and "moments" of its Totality in becoming. It cannot consequently be any longer conceived as stationary, separate and transcendent objectivity, but rather as that unique, eternal, infinite Act, which subsists only as immanent organization, integration, idealization of the natural-human "positive". Hegel's Logic of the systematic Totality thus results in a metaphysics of *absolute immanence*.

It is an undeniable merit of Harris's interpretation of Hegel's Logic to have very lucidly comprehended the essential "processuality" and "immanence" of the Hegelian Absolute. Hegelianism, he rightly begins by observing, represents

> "in important respects a better philosophy of evolution and development than Spencer could ever grasp, one more self-sustaining and coherent than even later writers, such as Bergson and Samuel Alexander, succeeded in expounding"[53].

Hegel's Absolute, in fact, he goes on,

> "besides being neither a blank unity nor a block universe, is not 'pure perfection' divorced and floating loose from the imperfect and defective. Any such purely 'perfect' state or being is just as abstract as either of the other two misconceptions of the whole. The *Resultat* which is the truth holds within itself the entire dialectical process, without which it is less than whole and far from perfect"[54].
>
> "But that whole, we must insist, is not separable, as a presumably 'perfect being' divorced from the process of its own gestation. It absorbs and transfigures the memories of its own birthpangs, sublating them in a totality which includes the whole process"[55].
>
> "God is to be conceived not as substance but as subject. He is Absolute Spirit, in the true knowledge of whom human persons find their ultimate satisfaction and salvation, as necessary moments in the divine totality"[56].
>
> "The eternal and infinite nature of God is his eternal self-manifestation in Nature, in life and in human personality"[57].

The importance of such a profound sense of the divine Totality's intrinsic "immanence", "processuality" and "humanity", which is alive and active in Harris's Hegelianism (as it already was in that of Vera[58], Spaventa[59], Gentile[60] and Michelet[61]) becomes, by contrast, still more evident if it is compared with a divergent "line" of interpretation and development of Hegelianism such as that repre-

---

53   E.E. Harris, An Interpretation of the Logic of Hegel, *op. cit.*, p. 21.
54   *Ibid.*, p. 34.
55   *Ibid.*, p. 35.
56   *Ibid.*, p. 202.
57   *Ibid.*, p. 272.
58   Cf., e.g., A. Vera, Introduction à la philosophie de Hégel, Paris 1864, pp. 303–309.
59   Cf., e.g., B. Spaventa, Logica e metafisica, *op. cit.*, pp. 253, 421, etc.
60   Cf., e.g., G. Gentile, Introduzione alla filosofia (1933), *op. cit.*, pp. 105, 134–56, etc.
61   Cf. K.L. Michelet, System der Philosophie als exacter Wissenschaft, *op. cit.*, pp. 12, 295, etc.

sented by writers like Goeschel, Gabler, Erdmann[62], and especially Karl Rosen-kranz (undoubtedly the greatest of them). In his *Wissenschaft der logischen Idee*, in fact, Rosenkranz intends to propose a "reform" of Hegel's system which, first of all, should eliminate the undue "intrusion" of the "concrete" (e.g., the categories of Life, Knowledge and Will) into the pure "abstractness" of logi-cal Idea[63], and which should then exclude from its dialectic the opposition be-tween the moments of subjectivity and objectivity[64]. That opposition would be peculiar to the phenomenological process of consciousness alone. This, finally, would "purify" (in truth, radically transform) Hegel's concept of Absolute Spirit and of its relation to the world and the human mind:

> "Hegel's conception of speculative theology would stand out more clearly if what he calls Absolute Spirit were freed from the ambiguity which arises from the fact that he designated the sphere of reconciliation between finite and Absolute Spirit in religion, art and science not merely as the absoluteness of Objective Spirit but simply as Absolute Spirit"[65].

And concluding his work, Rosenkranz does not hesitate to criticize Hegel owing to the fact that "in his philosophy of spirit he does not treat at all of God in and for himself, but develops Absolute Spirit only in his manifestation as art, reli-gion and science, therefore from the human standpoint"[66]. For Rosenkranz, then, the obvious acknowledgment of the "originality" and "immediacy" of God's es-sence (as Absolute) would by all means amount – as was previously the case with the dualistic "alte Metaphysik" criticized by Hegel for just this reason[67] – to the assertion of its absolute, one-sided "independence", both from the cosmic process of its ontological mediation, and from the epistemological (and ethical) activity of human self-consciousness. The first, therefore, appears to him as merely "subjective" and "phenomenological"[68], while the second comes to be conceived as essentially finite, "anthropological", and fallible.

But is not Rosenkranz in truth carrying out a substantial distortion of the spirit of any true Hegelianism, in the guise of a simple "reform"? Did not the speculative nucleus of Hegel's metaphysics really consist in the very theses (1) that the more pure logical thought is self-consistent, the more it is also "con-

---

62 On J.E. Erdmann's Hegel interpretation and appropriation cf. G. Rinaldi, A History and Interpretation of the Logic of Hegel, *op. cit.*, § 42.

63 Cf. K. Rosenkranz, Die Wissenschaft der logischen Idee, Königsberg 1858, Vol. 1, pp. 22–34.

64 Cf. *ibid.*, p. 22.

65 *Ibid.*, p. 38.

66 *Ibid.*, Vol. 2, p. 436.

67 Cf. Hegel, Enzyklopädie der philosophischen Wissenschaften, *op. cit.*, Vol. 1, §§ 26–36.

68 Cf. K. Rosenkranz, Wissenschaft der logischen Idee, *op. cit.*, Vol. 1, p. XXX.

crete"; (2) that the original unity, the fission, and then the reintegration of the identity of subject and object, constitute the essence of any dialectical development, also of the purely logico-metaphysical one; (3) that Absolute Spirit is not an entity separate from man's conception of it, but is in and for itself the identity of itself (as absolute, divine) and the human mind; (4) that an essence (even that of God himself) "other" than its manifestation, far from being fully real, is in truth but a "mere show" (*blosser Schein*); (5) that the Absolute, God, as result, is mediated by the process of his becoming not only for us, but also in and for himself; (6) that, finally, human self-consciousness, as the act of speculative thought, is never merely "anthropological", but at once fully human and truly infinite and divine[69]?

Despite the limits of the present essay, it seems to me possible by now to finally formulate with some precision a definite answer to the historico-philosophical problem we started with. By virtue of his admirable capacity for penetrating the most hidden and profound sense of Hegel's thought, Harris's interpretation brilliantly succeeds in avoiding the opposing but complementary misinterpretations (or, at least, vulgarizations) such as the realistic-pluralistic (Hartmann, Kojève, etc.), the mystical (Bradley, McTaggart), and the dualistic-transcendent (Rosenkranz, etc.), thus taking its stand on the same line of development of Hegel's Logic pursued by its most rigorous and convinced interpreters and supporters, such as Michelet, Fischer, Spaventa and Gentile. Its peculiar originality with respect to these, on the other hand, is certainly to be seen in the analytic vigor with which it articulates the embodiment of the infinite Totality's logico-metaphysical determinations (*Denkbestimmungen*) in the multiplicity of concrete forms manifested in universal human experience, science and culture.

---

69 The sense of Michelet's dispute with Rosenkranz is analogous. Cf. K.L. Michelet, System der Philosophie als exacter Wissenschaft, *op. cit.*, pp. 91, 130, 148–49, 234–36, 249, and his admirable study: Logik und Metaphysik: Rosenkranz und Hegel, in: Der Gedanke. Erster Band (1861), pp. 20–58 and 81–111.

III.

DIALECTICAL AND METAXOLOGICAL THOUGHT IN THE PHILOSOPHY OF WILLIAM DESMOND

§ 1. Metaphysics and Contemporary Philosophy

One of the most widespread commonplaces in contemporary philosophy is certainly the belief in the definitive end of metaphysics. Divergent, if not even alternative, trends such as historical materialism, historicism, logical positivism, existential ontology, hermeneutics, and deconstructionism seem nevertheless all unconditionally to share such alleged certainty. Philosophy today, one maintains, if possible at all, can no longer be a metaphysics – neither in the traditional Aristotelian sense nor in the dialectical Hegelian one. The grounds put forward for backing up such a contention, as well as the degree of their plausibility, are obviously quite different. No less different is also the evaluation of that allegedly irrevocable historico-philosophical event. Whereas Benedetto Croce, for example, welcomes the breakdown of metaphysics as the end of an "old-fashioned" (*sorpassata*) conception of philosophy, which would be "unable to solve not only those of Methodology, but also its own problems in a not merely fantastic or arbitrary way"[1], Hans-Georg Gadamer instead expresses his disappointment and dismay for a "loss" (*Verlust*) that, however, is deemed to be ineluctable[2].

I believe it *is* out of question that much twentieth-century metaphysical thought has been unable seriously to meet the crucial modern objections to traditional metaphysics, raised, in the most analytic, close, and convincing way, by Kant's Critical Philosophy. In too many cases it has undoubtedly turned into a passive, unfruitful reshaping of the legacy of Greek and mediaeval ontology, without being able to realize, besides its unquestionable philosophical relevance,

---

1 B. Croce, Teoria e storia della storiografia, *op. cit.*, p. 143. In order to fully understand the sense of this Crocean sentence, one should remember that one of the most crucial assumptions of his Absolute Historicism is the identification of philosophy with the "the methodological moment of Historiography" (*il momento metodologico della Storiografia: ibid.*, p. 140). Cf. above, pp. 167–184.

2 Cf. H.-G. Gadamer, Hegels Dialektik. Sechs hermeneutische Studien, *op. cit.*, pp. 99 ff. For a critical discussion of Gadamer's "hermeneutic" reading of Hegelian dialectic, see G. Rinaldi, A History and Interpretation of the Logic of Hegel, *op. cit.*, § 47, and also above, pp. 42–45.

its insurmountable shortcomings as well[3]. These latter can be summarily stated as follows: (1) a deep-rooted radical *dualistic* orientation; (2) the ontological marginalization of *process*, of temporal, historical becoming in favor of a merely static, immobile eternity; (3) the failure to see in the form of *self-conscious thought* and *experience* a constitutive, essential moment of concrete actuality itself. But this is not the case at all with the "speculative philosophy" worked out in our century by outstanding thinkers such as Bradley, Royce, Gentile, and Errol Harris. For despite the undeniable divergences of their philosophical perspectives, all of them, while concordantly emphasizing their explicit metaphysical commitment, at the same time also stress the fact that their metaphysics cannot possibly be construed as mere updated versions of traditional or pre-Kantian metaphysics[4]. Even from a simply historical point of view, then, today's reiterated announcements of the end of metaphysics appear to be, in most cases, more a misleading expression of the subjective philosophical impotence, if not even ignorance, of the thinkers uttering them, than an *objective* certification of the actual extinction of the "ontological need" in contemporary mankind, or at least of the impossibility of an authentic, not an illusory or a fictitious, satisfaction of it[5].

Contrary to the *opinio recepta*, then, I think that any contemporary serious attempt at dealing with the "eternal problems" the tradition of Western metaphysics has bequeathed to us cannot be hastily rejected as out of date, but must, rather, be welcomed by the philosophical community. I would even dare to say that in this regard the crucial question today seems no longer to be the Kantian one: "Is metaphysics as a science possible?" For Hegel's *Science of Logic* has

---

3　This is especially the case, in twentieth-century Italian philosophy, with the philosophical trend that I have elsewhere called the "metaphysics of being", and, in contemporary French thought, with the neo-Thomist Jacques Maritain. Cf. G. Rinaldi, An Apology for Hegel's Idealism Against Its Realist-Metaphysician Critics, *op. cit.*, pp. 54 ff.; *Id.*, Italian Idealism and After: Gentile, Croce and Others, *op. cit.*, pp. 372–374; and Ragione e Verità, *op. cit.*, Part III, pp. 537–715.

4　For a systematic outline and critical evaluation of the Hegelian concept of "speculative knowing" (*spekulatives Wissen*), as well as of its historical and theoretical connections with Gentile's Actual Idealism, see G. Rinaldi, L'idealismo attuale tra filosofia speculativa e concezione del mondo, *op. cit.* About Errol Harris's neo-Hegelian metaphysics, cf. *Id.*, Saggio sulla metafisica di Harris, *op. cit.*; and above, pp. 86–96 and 185–204. On Bradley's and Royce's logical theories, cf. *Id.*, A History and Interpretation of the Logic of Hegel, *op. cit.*, §§ 54 and 57.

5　Hence I must emphatically disagree with Adorno's degradation of the *ontologisches Bedürfnis* to a "false need" (cf. Th.W. Adorno, Negative Dialektik, *op. cit.*, pp. 99–100; and G. Rinaldi, Dialettica, arte e società, *op. cit.*, p. 127).

already offered it a fully convincing affirmative response[6], so that, after that work, it has unavoidably lost much of its urgency, if not even its very meaning. The real philosophical problem we are nowadays faced with is rather: what metaphysics is to be held possible today on the basis of a rigorously critical, "scientific"[7] scrutiny and foundation of its fundamental assumptions? To what extent has it been consistently worked out in the thought of a particular philosopher? What is the actual philosophical contribution a particular metaphysician can offer to contemporary humanity's intellectual, ethical, and political life?

§ 2. Metaphysics As an Interpretation of the Fourfold Sense of Being

I think that in this problematic context the philosophy that William Desmond has set forth in wide-ranging books, as well as in numerous articles, is unquestionably worthy of being taken into careful consideration: first, because he emphatically vindicates, in lively polemic against the contemporary "rhetoric of the end of metaphysics"[8], its perennial philosophical and, more generally, cultural significance and up-to-dateness; secondly, because most of its theoretical assumptions and developments clearly stem from a constant *Auseinandersetzung* with Hegel's speculative idealism itself, which is in part critically appropriated, in part overtly contested and rejected; thirdly, because his philosophy tries to differentiate itself from "pre-modern" – that is, dogmatic – metaphysics by virtue of its acknowledgment of the intrinsically *processual* character of being, as well as of the ultimate inconsistency of the traditional subject-object *dualism*. "[T]he advent of original being", he says, "is a *dynamic process* of coming to be [. . .] also a *process* of becoming mindful"[9].

> "I am not saying that being is an object over against us, the knowledge of which we gain by crossing a dualism between us and it. The situation is more subtle. It might be put this way: There is an ontological intimacy to our mindfulness of being

---

6   This is indeed a fundamental philosophical point that I have tried to make in my book: A History and Interpretation of the Logic of Hegel, *op. cit.*, *passim*, but especially §§ 2 and 37.

7   Obviously in the peculiar sense of the German term *wissenschaftlich*, which – unlike its English and Italian equivalents "scientific" and "scientifico" – does not simply mean "conformable to the methodological requirements of the empirical, descriptive, physico-mathematical sciences", but also "systematically articulated, cogently deduced, grounded on the absolute self-evidence of an ultimate rational principle".

8   W. Desmond, Being and the Between, Albany, NY, State University of New York Press 1995, p. XVI.

9   *Ibid.*, p. 5.

which is immediate, and which is not constructed from two fixed poles (say, subject and object) that are then joined together"[10].

Some perplexities about the opportunity of going deeply into Desmond's philosophy might instead be stirred up by his reiterated claim that metaphysics, at its best, is no science at all – still less is it a science that is critically aware of its own conditions of possibility. Metaphysical thinking, he maintains, is no "system of categories", nor does it have any peculiar method at all. Rather, it is the attempt to convey to us, through "metaphysical metaphors"[11], the meaning of a being that is radically "other" to human thought. It is therefore held to be more akin to religious meditation, mystical experience, and poetic and prophetic inspiration than to a strictly logical account of concrete actuality's immanent self-development (as, on the contrary, is the case especially with Hegel's philosophy). And its subject-object is most often identified with the perspective of the mere "existential contingency" of man's "idiot" singularity[12] rather than with the far more significant one of the transcendental Ego.

If this were the whole story, any further philosophical effort to seriously cope with Desmond's metaphysics would clearly risk turning out unfruitful. For a philosophy unable to give us a rational, scientific account of concrete actuality, knowledge, ethicality, and so on would simply be no philosophy at all. Indeed, the form of systematic thought is just the peculiar *fundamentum distinctionis* of it from any sort of mystical experience or, in his own words, "agapeic astonishment"[13]. Furthermore, at least as far as philosophy is concerned, metaphorical language is in truth nothing more than an unhelpful surrogate for the "literal" language that is instead peculiar of systematic thought. For the fundamental topic of philosophy, being – or rather, in Hegelian terms, "the Absolute"[14] –

---

10 *Ibid.*, p. 4.
11 Cf. *Id.*, Desire, Dialectic, and Otherness: An Essay on Origins, New Haven and London, Yale University Press, 1987, pp. 27 and 39.
12 Cf. *Id.*, Philosophy and Its Others: Ways of Being and Mind, *op. cit.*, pp. 282–284, 303 ff., 309–311; *Id.*, Being and the Between, *op. cit.*, pp. 12–13.
13 Cf. *ibid.*, Part I, Ch. I, § 3.
14 This is not a merely terminological difference. For if one identifies *tout court* the peculiar topic of metaphysics with the interpretation of the sense of being – as was the case with Aristotle and Heidegger, still sooner than with Desmond – one tacitly presupposes: (1) that being is a self-identical category, and (2) that the process of thought by which it is explicated does not ultimately determine its very self-identity. Yet both of these metaphysically crucial presuppositions are plainly false, because: (1) as merely indeterminate, being, in truth, is nothing else than a vacuous, self-contradictory abstraction actually indistinguishable from nothing; and (2) despite its undeniable formal immediacy, it is ultimately mediated by a (not necessarily self-conscious) act of self-abstraction or self-othering carried out by metaphysical thinking itself the very moment it focuses on being's

transcends as such any sense-datum, whereas metaphorical language draws far more deeply than the literal one on the immediate, sensuous semantic content of human speech, and thus turns out to be in principle inadequate to expressing the intellectual essence of its object. Finally, it is easy to show that, even on the pre-philosophical level of mere everyday or literary language, a metaphor's real meaning and import can actually be understood only in the context of a *more original* literal language "speaking for itself"[15].

But fortunately Desmond's philosophy does offer us something more than a mere concoction of metaphysical metaphors. For he also maintains that philosophy "require systematic categorial thinking"[16], whose aim is to outline an "interpretation of the sense of being". This is articulated by him as an explication of four basic meanings of being: the "univocal", the "equivocal", the "dialectical" and the "metaxological", which follow one another in a somehow hierarchical succession[17]. The critical discussion of his metaphysics that I set out in this article will therefore be preceded by a brief outline of his conception of the "fourfold sense of being".

---

seeming self-identity. Hence I believe that the more neutral and less misleading Hegelian term "the Absolute" is far more appropriate than "being" to designate the peculiar object of metaphysics.

15   An excellent treatment of the philosophical topics of metaphor and literal language "speaking for itself" is to be found in D.E. Christensen, Hegelian/Whiteheadian Perspectives, *op. cit.*, Ch. IX, pp. 171–187, and Ch. XII, pp. 227–276. (On Christensen's interpretation and critical appropriation of Hegelianism see G. Rinaldi, Attualità di Hegel. Autocoscienza, concretezza e processo in Gentile e in Christensen, *op. cit.*) J. Derrida's well-known essay, "La mythologie blanche. La métaphore dans le texte philosophique" (cf. J. Derrida, *Marges de la philosophie*, Paris, Éditions de Minuit 1972, pp. 247–324), which is wholly devoted to the development of a detailed theory of metaphor, is incurably flawed by the peculiar epistemological shortcomings of his deconstructionist perspective, that is, the openly self-refuting denial of logical thought's original actuality, and the consequent, equally self-refuting semiologic identification of its origin with the non-originality of a mere textual trace. See, on this subject, my paper: A Hegelian Critique of Derrida's Deconstruction, *op. cit.*

16   W. Desmond, Being, Determination, and Dialectic: On the Sources of Metaphysical Thinking, in: The Review of Metaphysics *48* (June 1995), p. 763.

17   Cf. *Id.*, Desire, Dialectic, and Otherness, *op. cit.*, pp. 4–9; *Id.*, Philosophy and Its Others, *op. cit.*, pp. 3–6; *Id.*, Being Between, in: Clio *20:4* (1991), pp. 314–321; *Id.*, Being and the Between, *op. cit.*, Part I, Chs 1 ff.; *Id.*, Being, Determination, and Dialectic, *op. cit.*, pp. 762 ff.

§ 3. The Univocal Sense of Being

The univocal interpretation of the sense of being is typical of common sense, the positive sciences, the technological *ratio*, capitalistic economy, individualistic and utilitarian morals, and positivistic philosophies. The original being, concrete actuality is identified with the "this somewhat", that is, the finite, isolated, exclusive material thing of the external world. This is held to be identical with itself, and *only* with itself, and therefore different from any other. Conversely, what is different is held to be *only* different and not *also* identical. As a consequence, according to the univocal interpretation of the sense of being, there can be no original unity of beings, no all-pervasive, all-encompassing Wholeness. Moreover, just as every thing is different from any other and identical only with itself, so it is also different from its very concept, and likewise from the end, the τέλος, the value it may tend to actualize. Hence there are no "intrinsic", objective values, immanent in the process of living nature, in the concrete ethicality of society, and in the history of human civilization. What actually exists, and is as such a possible object of scientific analysis and explanation, is nothing other than a mere aggregate of "neutral" facts. Allegedly "absolute" values are, in truth, nothing other than another class of facts: psychical, subjective facts or historico-social events – devoid, in any case, of universal and necessary validity, as well as of unconditional significance. And this is also the case with the ends. They are not immanent in the very process of reality as an inescapable ontological condition of its *intrinsic* teleological essence. From the viewpoint of univocal thought, on the contrary, the only actual relations among the atomistic plurality of things are merely external, mechanical, and causal. Hence the only conceivable kind of teleology is the "extrinsic" one, which sets subjective ends over against objective means, thus reducing the whole of nature to an aggregate of mere means that can be manipulated at pleasure by an arbitrary will external to them. Such a will is that of a human community dominated by the will to power – Plato's "fevered city"[18]. It is a "deformed" expression of genuine human rationality, which has become famous in contemporary philosophy and sociology under the name of "instrumental reason" (*instrumentelle Vernunft*)[19]. The

---

18   Cf. *Id.*, Philosophy and Its Others, *op. cit.*, p. 171.
19   This expression, originally coined by Max Weber, was then appropriated and rendered famous by Max Horkheimer and Theodor W. Adorno in their book: Dialektik der Aufklärung (1941, *op. cit.*: see, on this matter, G. Rinaldi, Dialettica, arte e società, *op. cit.*, pp. 37 ff.). Desmond generally shares their critique of instrumental reason, but he seems to be also aware of its fundamental shortcoming, which consists in regarding speculative reason itself, which is in truth the radical antithesis of the instrumental *ratio*, as nothing more than a relatively "archaic" phase of its historical development (cf., e.g., Th.W. Adorno, Negative Dialektik, *op. cit.*, p. 15; and also above, pp. 47–48). The genuinely

economico-political reflex of it is the "capitalistic mentality", and the ethical one is utilitarian and pragmatic individualism. Both uncritically hold to the positive reality of the finite self, "deracinated" from any more original familiar, social, and ontological bonds. "Extroverted onto finite things"[20], onto their "neutral" plurality and material externality, univocal thought identifies the good with the *useful*, that is, with the possession and manipulation of their use values, and then with the universal form of their exchange value – *money*[21]. It extols the mindlessness of everyday practical life and disparagingly condemns as "useless" any purely *contemplative* relation to being, whether aesthetic, religious, or metaphysical. As far as logic is concerned, univocal thought mistakes formal-logical correctness and precision for truth, and it degrades the activity of thinking to a mere calculus or analysis producing a plurality of distinctions, of which it is then unable to offer anything more than a merely extrinsic synthesis in a totality that is nothing else than a mechanical sum of abstractly self-identical parts. The insuperable limit of any univocal interpretation of the sense of being, Desmond rightly points out, is its complete blindness to the ontological reality of the "original", infinite Being. This latter precedes any determinate, finite entity and grounds a "communivocity" of beings, of the manifold "ways of being and mind", in which any determination fluidifies, passes over into its other, and posits itself in unity with it. Such is ostensively the essence of living beings. Analytical thought presumes to know them by breaking up their concrete unity and organic wholeness into an unrelated plurality of abstract predicates – but, in truth, it only succeeds in killing them. "We murder to dissect", Wordsworth said[22]. Furthermore, one can univocally affirm the reality of a multiplicity of material things only by denying the original being of the self, that is, spirit's inwardness – which, however, is in principle impossible, for spirit, as (at least potentially) infinite and self-transcendent, is immanent in the very act of thought that denies it: "[T]here is no argument for the appearance of mind that does not itself presuppose mind, for every argument is a form of mind"[23].

"theoretical", "non-instrumental" character of speculative reason, he suitably points out, was, on the contrary, vindicated "by Plato and Aristotle, and with incisiveness by Hegel in the introduction to the *Phenomenology*" (W. Desmond, Philosophy and Its Others, *op. cit.*, p. 357, n. 6).

20 *Id.*, Desire, Dialectic, and Otherness, *op. cit.*, p. 215, n. 12.

21 Cf. especially his brilliant excursus on the meaning of the metaphor of "golden being" in *Id.*, Philosophy and Its Others, *op. cit.*, pp. 262 ff.

22 *Ibid.*, p. 216.

23 *Ibid.*, p. 63.

§ 4. The Equivocal Sense of Being

The different predicates of the concrete, then, cannot be isolated from one another. For in such a case, far from the "scientific" knowledge of it that is sought for, we would in truth get nothing more than a mere extrinsic sum of abstract determinations. Different predicates must therefore inhere, and be thought of as inhering, to one and the same subject. But how can identity be in itself different, and the differents, conversely, be in themselves identical? Is not the very concept of the concrete plainly self-contradictory, and thus self-refuting, or at least "equivocal"? Does not the very fundamental principle of traditional metaphysics, that is, Aristotle's principle of non-contradiction, absolutely exclude both the logical and the ontological possibility of the inherence of contradictory predicates to one and the same subject? Conversely, is not a thought that openly vindicates contradiction's objective truth and necessity (as is the case with any sort of *dialectical* thought) *eo ipso anti-metaphysical* in character? This is a point made especially by Engels[24] and Adorno[25], both of whom explicitly set "dialectical" philosophy over against "metaphysics" (more precisely, in the case of the latter, the "critical theory of society" over against "ontology") and reject the latter's claim rationally to explicate the essence of an absolute, eternal "identity" just because of the intrinsic contradictoriness – and then difference, "nonidentity" (*Nicht-Identität*) – of any concrete reality whatsoever. One must certainly acknowledge to Desmond the merit of having unmasked the illusiveness of such an alternative. Metaphysics, as an interpretation of the "plurivocal", "inexhaustible" richness of concrete actuality, need not deny at all that there is also something like an "equivocal" sense of being and, consequently, that difference is a moment of concrete actuality's self-development no less necessary and crucial than identity. It is true that traditional metaphysics has too often erroneously regarded a mere classification of abstractly self-identical, unrelated, static thought-determinations as an adequate explication of the essence of the Absolute. But it is also true that metaphysical thought itself – at least since Bruno and Spinoza, I would like to add – has not failed subsequently to realize that the only kind of identity that is actually existing and thinkable is that which contains

---

24 Cf. F. Engels, Herrn Eugen Dührings Umwälzung der Wissenschaft, in: K. Marx–F. Engels, Werke, *op. cit.*, Bd. 20: "Einleitung", I; *Id.*, Dialektik der Natur, in: K. Marx–E. Engels, Werke, *op. cit.*, Bd. 20: "Dialektik". On the intrinsic inconsistency of Engels's opposition of metaphysics and dialectical philosophy, see G. Rinaldi, Dalla dialettica della materia alla dialettica dell'Idea. Critica del materialismo storico, *op. cit.*, pp. 32–33, 54–56.

25 Cf. Th.W. Adorno, Negative Dialektik, *op. cit.*, especially Part II.

within itself the very moment of difference, and along with it (at least by implication) contradiction and process as its peculiar manifestations.

But it is also undeniable that the equivocal sense of being has usually been emphasized by more or less openly anti-metaphysical thinkers like Pascal[26], Kierkegaard, and today the deconstructionists[27], who, Desmond says, mistrusting the superficial optimism of instrumental reason's univocal thought and its merely utilitarian relationship to being, have instead preferred to "stare in the face" of the negative in nature and human history: alienation, anguish, aging, folly, death, and moral evil. The peculiar feature of such a negative is just the *difference*, that is, the splitting up of fact and value, being and ought-to-be, being-in-itself and being-for-itself, and contradiction is obviously the logical figure most apt to picture it. But Desmond rightly points out that a contradiction that stiffens as such, that is, remains unsolved up to the end of thought's self-development, is logically unthinkable and ontologically unreal. For it holds firmly to the radical mutual exclusion of contradictory predicates that, on the other hand, are said to inhere both to one and the same subject. The unsolved contradiction would thus destroy nothing less than the "communivocity" of its subject, and along with it its very actuality: "being as *energeia*, *Wirklichkeit*"[28]. Indeed, a merely equivocal thought like that of the above-mentioned thinkers *is* anti-metaphysical in character, since it denies the concrete identity of being as *Wirklichkeit*, which is just the peculiar topic of metaphysics. But what this really amounts to is rather its own condemnation than that of metaphysics. For the totality of being is more original than any possible negation and contradiction, which in fact is always somehow "parasitical" upon what is, what is more than a mere negation. The viewpoint of equivocal thought is today concretely embodied in Existentialism's ontological *nihilism* and "absurdism" and in Deconstruc-

---

26 On Desmond's interpretation of Pascal's philosophy in terms of a fundamentally equivocal thought, whose very literary form seems to foreshadow the peculiar fragmentariness of latest post-modernism, see his paper: Between Finitude and Infinity: Hegelian Reason and the Pascalian Heart, delivered as the Presidential Address for the Hegel Society of America, October 1992. Published in the following: Hegel on Modernity, ed. by A. Collins, Albany, NY, State University of New York Press 1994; and The Journal of Speculative Philosophy *9:2* (1995), pp. 83–110.

27 An effective critique of Derrida's Deconstructionism is set forth by Desmond in his paper: Hegel, Dialectic, and Decontructionism, in: Philosophy and Rhetoric *18:4* (1985), pp. 244–263, as well as in his book: Beyond Hegel and Dialectic: Speculation, Cult, and Comedy, Albany, NY, State University of New York Press 1992, Ch. V, pp. 251 ff.

28 Cf. *Id.*, Philosophy and Its Others, *op. cit.*, p. 228.

tionism's epistemological *skepticism*, and thus shares the plainly self-refuting character of both of these philosophical standpoints[29].

§ 5. The Dialectical Sense of Being

The equivocal interpretation of the sense of being must therefore be superseded, according to Desmond, by a higher position of thought which, on the one hand (unlike not only univocal thought but also pre-Kantian metaphysics[30]), does recognize the necessity of contradiction but, on the other hand (unlike equivocal thought), also acknowledges its no less necessary solution, or rather "reconciliation", in an original, "harmonious", coherent Wholeness of being. With explicit reference to Hegel, Desmond suitably designates as "dialectical" this further interpretation of the sense of being. Far from constituting the antithesis of metaphysical thought, as Engels and Adorno erroneously believed, then, dialectic rather grounds its very possibility and articulates its intrinsic essence. For the object of metaphysics is the original, absolute being. This, as such, is all-pervasive, all-encompassing. Hence it is self-identical only insofar as it also contains within itself the multiplicity of its differences, of its "others". Only a thought that is able to think through the essential "togetherness" of identity and otherness (or, according to Hegel's well-known expression: *"die Verbindung der Verbindung und Nichtverbindung"*[31]), then, can constitute the logical *organon* actually adequate to a metaphysical explication of the essence of the Absolute. As a consequence, dialectic is not the "other", that is, the antagonist of metaphysics, but rather its very peculiar method. I believe that the metaphysically most significant achievements of Desmond's interpretation of the dialectical sense of being are to be found in his treatment of two crucial philosophical topics such as the problem of dualism and what he calls the "intersection of time and eternity"[32] in a processual conception of being.

---

29 In the very act of thinking that thinks of the category of Nothing, in fact, this becomes an *object* of such a thought, and thus turns out to be, in truth, more than a mere nothing (cf. Hegel, Wissenschaft der Logik, *op. cit.*, Bd. 1, p. 83). On the other hand, the skeptical denial of truth is itself an affirmation that claims to be true. As Spinoza profoundly pointed out, the consistent skeptic can only *obmutescere* (cf. B. Spinoza, Tractatus de intellectus emendatione, in: *Id.*, Opera, *cit.*, Vol. 2, p. 18).

30 In fact, Desmond does not hesitate to subsume Aristotelian metaphysics itself under his category of univocal thought: "Aristotle exhibits a strong drift in thought to conceive of being as univocally as possible" (W. Desmond, Being and the Between, *op. cit.*, p. 16).

31 Cf. Hegel, "Systemfragment von 1800", in: Frühe Schriften, in: Werke, *op. cit.*, p. 422.

32 W. Desmond, Philosophy and Its Others, *op. cit.*, p. 301.

It seems to me undeniable that the tradition of Western metaphysics, from Plato to Leibniz (with the remarkable exception of Plotinus, Bruno, and Spinoza), has held firmly, in many respects, to an unmistakably *dualistic* conception of being (opposition of being and becoming, essence and existence, God and the world, time and eternity, *Jenseits* and *Diesseits*, etc.), of knowing (opposition of sense and intellect, immediacy and mediation, etc.), and of moral life (opposition of duty and happiness, the spirit and the flesh, etc.). And just this dualism is very likely to be the historically most influential reason for the almost general disrepute into which metaphysics has fallen in the contemporary age. Desmond's attempt at developing a non-dualistic metaphysics is therefore of itself laudable. On the other hand, one must not forget that the critique of dualism is one of the essential finalities of Hegelian dialectic itself. In fact, for the latter, the very thought-determination of "opposition" (*Gegensatz*) is possible only as a sort of internal relation between opposites, whose immediate mutual exclusion thus presupposes and implies also a more original and ultimate *identification* of them in the "speculative" unity of the "concrete"[33]. The most significant dualisms against which Desmond exerts his *vis polemica* are, in my opinion, Kierkegaard's opposition of religion and philosophy[34], the abstractly "spiritualist" (or rather, Cartesian) one of mind and body[35], nature and spirit; the aesthetic one of imitation and creation[36], and finally the theological one of God and man, which is certainly the deepest and most decisive of all:

"[B]eing religious is not a merely human product, nor contrariwise an external superimposition by an extrinsic divinity. It is a complex conjunction, indeed community and intermediation of the two in the double image"[37].

"This is not a dualistic opposition but a togetherness in inwardness of the self and its ultimate other. [...] God is always there in inwardness, but not necessarily known as there"[38].

---

33 Cf. *Id.*, Being Between, *op. cit.*, p. 313. An enlightening explication of Hegel's concept of the concrete is set forth by Desmond in his paper: Art, Philosophy, and Concreteness, in: The Owl of Minerva *16:* 2 (Spring 1985), pp. 131–36. He suitably remarks that neither traditional, Platonic essentialism nor contemporary existentialism are actually able to do justice to such a concept: "Hegel's response represents a further approach, neither exclusively existentialist nor simply essentialist. Thinking must be true to the concrete, and so be both existentialist and essentialist at once. We must, as it were, move between these extremes, and thus attempt to bind them together" (p. 135).
34 Cf. *Id.*, Philosophy and Its Others, *op. cit.*, p. 313, n. 5.
35 Cf. *ibid.*, pp. 87–93; see also *Id.*, Desire, Dialectic, and Otherness, *op. cit.*, p. 37.
36 Cf. *Id.*, Philosophy and Its Others, *op. cit.*, pp. 87–93.
37 *Ibid.*, p. 133.
38 *Ibid.*, p. 236.

"For it to be possible, the transcendent cannot be simply transcendent but must manifest itself. Since everything participates in the sacred order, all being may occasion the appearance of the divine. *All being may be hierophanous.* In worship God is at once present and other. [...] God is no longer remote and jealous but is within the world, really present, intertwined with its incarnate substance"[39].

Desmond does not fail to realize the ineluctable nihilistic outcome of any dissolution – e.g., the Heideggerian one – of being into time, and consequently he stresses the eternal's unity as the original ground of any temporal succession and caducity. But traditional metaphysics is certainly mistaken, he rightly points out, when holding to a merely static conception of eternity. For the latter is intrinsically dynamic in character and therefore cannot be thought of as actually "separated" from time and human history. It is an original process, and as such it involves an immanent articulation that manifests itself just in temporal and historical development[40]. The experience of the eternal, its manifestation in the "inward otherness" of the human mind, then, does not imply at all anything like "a leap into another world", but is an "epiphany" that occurs within temporal change itself constituting in it the "acme moment"[41], the ontological "ripeness"[42] of its immanent self-development.

§ 6. The Metaxological Sense of Being

But Desmond also deems that the dialectical interpretation of the sense of being is fraught with insuperable difficulties, and therefore must be transcended, or rather integrated, by the higher standpoint of "metaxological" thought, that is,

---

39 *Id.*, Hegel, Philosophy and Worship, in: Cithara *19:1* (1979), pp. 4–5. (A slightly modified version of the last sentence is also to be found in *Id.*, Beyond Hegel and Dialectic, *op. cit.*, p. 98.)

40 This, however, does not amount at all to an endorsement of the philosophical plausibility of contemporary historicism. For this latter, according to Desmond, falls entirely within the ambit of what he stigmatizes as the modem "trivialization of subjectivity" (cf. *Id.*, Philosophy and Its Others, *op. cit.*, p. 369, n. 212), insofar as it holds to the insuperable finitude of particular historical events. "Man's reason", he rightly observes, "is articulated through historical development; but in its coming to articulation, reason can free man from the limitations of subjectivity, and indeed from the particularities of historical conditioning" (*Id.*, Hegel, History and Philosophical Contemporaneity, in: Filosofia oggi *4:2* (1981), p. 217. See also *Id.*, Beyond Hegel and Dialectic, *op. cit.*, p. 35). In a similar vein, Desmond polemizes against the analogous trivialization of (metaphysical) creativity in contemporary aesthetics in his paper: Creativity and the Dynamis, in: The Philosophy of Paul Weiss, ed. by L.E. Hahn, Chicago and La Salle, Ill., Open Court, pp. 543–557.

41 *Id.*, Philosophy and Its Others, *op. cit.*, p. 295.

42 *Ibid.*, p. 297.

that which explicates the essence of the concrete as a μεταξύ – i.e., as an "intermediation" of self and other. But is not this the essential, self-elected finality of Hegelian dialectic itself? Obviously Desmond's distinction between dialectical and metaxological thought can turn out to be necessary and plausible only if the former, despite its declared intentions, should actually fail short of adequately accounting for the truth of the concrete. Its decisive limitation would indeed consist in Hegel's conception of the relation between absolute truth and self-conscious reason. According to Hegel, the ultimate outcome of the Concept's immanent self-development would be their exhaustive identification. In fact, he repeatedly asserts[43] that the nature of the Absolute *is* a "mystery" for the finite understanding, but not for speculative reason either: for in its self-transparency any mystery is "revealed" (*geoffenbart*), the intimate essence of its object becomes fully "manifest" (*offenbar*), and it is itself, in the last resort, nothing more nor less that the "truth that knows itself" (*sich wissende Wahrheit*)[44]. As a consequence, Desmond concludes, Hegel's conception of the relation between reason and truth would turn into a merely subjective self-mediation of human self-consciousness. Furthermore, if self-conscious reason in the final analysis mediates itself only with itself any possible form of otherness (whether the original reality of unconscious nature, or that of the other forms of spirit: ethicality, art, and religion) must necessarily be reduced to a merely internal difference of its total self-mediation, to a more or less adequate moment of its own inner self-development. For Desmond, on the contrary, the reality of otherness is "original" and "radical". Self-conscious reason's necessary self-mediation, consequently, cannot and must not do away with, or "absorb", its no less essential mediation-with-the-other. The reason for this would lie, first of all, in the plain, insuperable "finitude" of self-consciousness itself, which is conditioned, on the one hand, by the vital processes of the unconscious (sleep, dream, aging, poetic or prophetic inspiration[45], mythical "images"[46]) and transcended, on the other hand, by the inexhaustibility of the original, infinite, immediate actuality of being[47]. For him, then, self-conscious reason is certainly a necessary manifestation

---

43   Cf., e.g., Enzyklopädie der philosophischen Wissenschaften, *op. cit.*, Vol. 1, § 82, Zusatz.

44   Cf. Wissenschaft der Logik, *op. cit.*, Vol. 2, p. 549.

45   Cf. Philosophy and Its Others, *op. cit.*, pp. 283 ff.

46   Cf. W. Desmond, Plato's Philosophical Art and the Identification of the Sophist, in: Filosofia oggi *2:4* (1979), p. 400.

47   With respect to his characterization of man's radical ontological finitude, Desmond does seem to me to be heavily indebted, far more than to traditional, pre-modern metaphysics, to some contemporary existentialist thinkers such as Gabriel Marcel and Karl Jaspers. See, in this regard, his article: Philosophies of Religion: Marcel, Jaspers, Levinas, in:

of the Absolute, but not the ultimate, definitive one. For being, he says, transcends any possible conceptual "incapsulation", so that the ineffable inward experience of the mystic would seem to approximate its "enigma" or "mystery" more than the speculative arguments of the philosopher. On the other hand, ethicality, art, and religion too would ostensively manifest a radical "recalcitrant otherness"[48] to their "panlogist"[49] absorption into the pure self-mediation of speculative thought. They appear to him as manifestations of being no less original and irreducible than that which occurs in the sphere of philosophical reason. Unlike Hegel's Absolute Spirit, then, Desmond's "intermediate being" is articulated not as a hierarchical series of more and more adequate spiritual forms, culminating in speculative reason as their ultimate foundation, τέλος, and immanent unity, but as a plurality of "ways of being and mind", organically interpenetrating but irreducible to one another, whose unity is rendered possible by the "dynamic" and "indeterminate" (or rather, "overdeterminate") reality of the original, infinite, absolute being that is present in all of them. Unlike dialectical thought, then, the metaxological one constitutes itself not as a process of pure self-mediation but as the unity of self-mediation and intermediation, and thus not as a "closed totality" but as an "open whole", since its immanent self-mediation is constantly "broken down" by the "breakthrough" (*Durchbruch*, this being a term that Desmond draws from M. Eckhart's speculative mystic) into it of being's radical otherness, of the "other as other"[50], of the mysterious power of its ontological "charge".

§ 7. Some Critical Remarks on Desmond's Metaphysics

I will now follow this brief account of Desmond's metaphysics with some critical remarks about its inner consistency and historical interest. His apology for metaphysical thinking against the positivistic, nihilistic, and skeptical trends holding sway over much contemporary philosophy is plausible and timely, but does not constitute at all the most peculiar aspect of his thought, which is to be rather identified, in my opinion, with his explication of the metaxological sense of being. This is indeed regarded by him as the "truth of the univocal, the

---

Routledge History of Philosophy, Vol. 8: Twentieth-Century Continental Philosophy, *op. cit.*, pp. 131–74.

48 *Id.*, Desire, Dialectic, and Otherness, *op. cit.*, p. 215, n. 11.

49 *Id.*, Hermeneutics and Hegel's Aesthetics, in: Irish Philosophical Journal 2:2 (1985), p. 103.

50 *Id.*, Being, Determination, and Dialectic, *op. cit.*, p. 757.

equivocal and the dialectical"[51], and substantially turns, as we have just seen, into the outline of a pluralistic metaphysics openly antithetical to modern idealistic metaphysics. My discussion of Desmond's philosophy can therefore rightfully confine itself to assessing the philosophical plausibility of the fundamental assumptions of what he calls the metaxological interpretation of the sense of being.

1. First of all, Desmond can obviously identify the metaxological sense of being with the "truth" of the preceding ones only insofar as he (tacitly) admits that it is logically legitimate to arrange the plurality of the specific differences distinguishable within the unity of the concept of the "sense of being" into a hierarchical succession, in which the last and highest one determines the meaning and truth of all of those that precede it, which, consequently, cannot avoid turning out to be ultimately subordinated to it. But is such a logical arrangement not plainly identical, from a formal point of view, with the dialectical relationship established by Hegel among the absolute forms of spirit – that is, art, religion, and philosophy? If Desmond's complaint that Hegel's dialectic fails to do justice to the original being of art and religion is rightful, why, then, should this same charge not be leveled against his own subordination of the univocal, the equivocal, and the dialectical to the metaxological sense of being either? How to deny that he too, in the final resort, "unduly totalizes" the latter at the expense of the former?

2. I have pointed out earlier that Desmond, unlike Hegel, is inclined to identify the peculiar object of metaphysics with being rather than with the Absolute. On the other hand, he does not fail to openly acknowledge that "original being" is in truth "unthinkable"[52]. How, then, could metaphysical thinking be seriously concerned with it? If being is actually unthinkable, one could object to Desmond, then its intrinsic essence will eternally escape the self-conscious act of thinking, so that the building up of any sort of metaphysics – including, then, his metaxological metaphysics itself! – would turn out to be in principle impossible. One could obviously try to overcome this difficulty by maintaining that in a sense, that is, as original, being is unthinkable, but in another – that is, as a logical category or thought-determination – it can and must be thought of. Such a distinction, however, can easily be shown to be wholly unhelpful. For in the very act of thinking, in which being can be thought of as a category, it is negated as unthinkable, and then original, so that it cannot rightfully be held to constitute the origin and the affirmative, unshaken foundation of all metaphysical thinking. As a consequence, one must emphatically reject Desmond's contention that

---

51 Ibid., p. 763.
52 Ibid., p. 769.

"idealistic perplexity [...] puts roots down into something more original and darker than reason itself"[53]. For if that allegedly more original being were actually *unthinkable*, it would clearly make no sense to *think* of it as the origin of reason! If, on the contrary, metaphysical thinking can somehow think of being, this will turn out to be possible only insofar as the being which is the object of such a thinking is a logical category, that is, a self-determination of speculative reason – in which case, however, one is obviously bound to negate both that it is actually unthinkable and that it is more original than reason.

3. I am inclined to believe that the reason why this conclusion, despite its manifest logical cogency, can have escaped Desmond's perspicacity is likely to be traced back to his inveterate propensity for conceiving of both being and "agapeic astonishment" (as man's alleged original experience of being), not only as original but also as something merely "given". Indeed, he does not tire of reiterating that being is no product of the activity of self-conscious reason, or of the human will, but rather a "givenness" with respect to which the latter is merely passive. "We cannot will astonishment", he says. "It is a given. It is a gift"[54]. Such a contention, however, can easily be disproven by the simple remark that, since what is originally given is always and of necessity the sense-datum, original being itself, insofar as it is merely given, cannot possibly turn out to be anything different from a mere natural fact – and metaxological metaphysics, consequently, to be anything more than an updated version of traditional naturalistic ontology. I say naturalistic, but I could even have said materialistic. For it is obviously possible to distinguish metaxological from materialistic thought if, and only if, one is able precisely to discriminate between their respective fundamental principles, that is, being and matter. But I fear that this could hardly be done. For what Desmond says about original being is that it is

---

53 *Ibid.*, p. 750.
54 *Ibid.*, p. 760. Desmond's emphasis on the givenness of being finds a close counterpart in his reiterated polemic against the "false constructivist epistemology" (*Id.*, Philosophy and Its Others, *op. cit.*, p. 227). What constructivist epistemology is Desmond referring to in this passage? If the real target of his polemic is, as I suppose, Kant's transcendental idealism, I think he is misguided. For the Kantian conception of the objective unity of experience in terms of a product of the discursive activity of the transcendental unity of apperception *is* one of the most significant achievements of Western epistemological thought, although one cannot deny that Kant: (1) through his self-contradictory concept of the *Ding an sich* unduly sets an illusory limit to thought's productive activity, and (2) falls short of providing us with any intelligible account of the way the epistemological duality of sense and intellect springs from the more original unity of the human spirit. A careful and sympathetic outline of Collingwood's substantially Kantian doctrine of sense-perception is instead to be found in his paper: Collingwood, Imagination, and Epistemology, in: Philosophical Studies (Ireland) XXIV (1976), pp. 82–103.

unthinkable, indeterminate, passively given – and this is nothing more nor less that just what one usually means by the concept of matter!

The cogency of this inference can be strengthened by the further remark that if being as the peculiar object of metaphysical thought is given in a merely passive experience, and if for this reason it is original, then the activity of the human spirit cannot possibly be regarded by such a thought as something in and for itself original as well. As a consequence, since the will's "transcendental", that is, unconditional, freedom is the ultimate condition for the possibility of any genuine human morality and ethicality, and since it clearly coincides with the absolute autonomy, and consequently originality, of spirit's activity, one cannot avoid concluding that a consistent development of Desmond's metaxological metaphysics would run the risk of undermining nothing less than the very ultimate foundation of any serious attempt at a metaphysical understanding of the essence of the human will, praxis, and historicality[55].

4. A further feature of original being stressed by Desmond is its inexhaustibility. "Our sense of metaphysical thinking", he asserts, "must not falsely claim to have the categories that finally determine what itself is not exhausted by any determination"[56]. Original being, then, is indeterminate, or rather "overdeterminate", in the sense that its "plenitude" would exceed any possible determination of it, which thus would turn out to be ultimately inadequate to it. But how to deny that plurality itself *is* one of such determinations – if not even the *most determinate* (i.e., finite, exclusive, self-external) of all thought-determinations? As a consequence, it is logically impossible to maintain, on the one hand, that being is indeterminate and inexhaustible, and, on the other hand, that it is plural or plurivocal. For if it actually were plural, it would be *determined* by the thought-determination of plurality, and its alleged inexhaustibility would in truth be *exhausted* by its very being conceived as plural (both insofar as plurality is one *particular* thought-determination, and because its peculiar *content* is just the positing of the most radical determinacy as such). Unlike dialectical thought, which has long since learned to conceive of being's indeterminacy (*Sein*) and of immediate plurality (*Dasein*) as two opposite but equally contradictory abstractions, whose only possible truth and actuality lies in their synthesis in the concept of *infinite self-determination* or "Being-for-itself" (*Fürsichsein*), metaxological thought instead holds firmly to the affirmative truth of such unthinkable abstractions, thus losing sight of their necessary sublation into more concrete

55 About the peculiar "metaphysical presuppositions" that are required by a consistent philosophical understanding of the essence of ethicality cf. G. Rinaldi, Teoria etica, *op. cit.*, Parte I, pp. 75–212.

56 W. Desmond, Being, Determination, and Dialectic, *op. cit.*, p. 763.

and truer thought-determinations, and finally condemning itself to ultimate philosophical inconsistency.

5. A no less serious difficulty of the metaxological conception of being is easily to be found in Desmond's reiterated contention that original being, as a radical other to thought's self-identity, is "the other as other". What is indeed the actual difference between the notion of the "other" and that of the "other as other"? The former clearly expresses an immediate logical category, which as such can be directly applied to a sensuous thing (as when I say, e.g., "On my table there is another pen beside the red one"). The latter, on the contrary, names a *reflected* thought-determination, that is, the essential determinacy, or *self-identity*, of all things that can be regarded as other, and cannot as such be used to designate an empirical content (it would plainly be nonsensical to say, "On my table there is another pen as other beside the red pen"). But the category of self-identity is just the essential *opposite* of that of otherness. Hence the other as other, insofar as it is nothing else than the other as identical with itself, is in truth *the other which is no other*. Desmond fails to realize that the concept of otherness, far from being an affirmative determination of concrete actuality, or even a self-identical predicate of the Absolute itself, is rather a *radically dialectical* (or rather, negative-dialectical, i.e., *self-contradictory*) thought-determination, which as such can neither be, nor be thought of, prior to, and independently of, the more fundamental thought-determination of *self-identity*, which therefore must be regarded as a categorial determination of the essence of the Absolute, far more consistent, concrete, and significant than that of otherness.

6. But Desmond's crucial notion of radical "otherness" also gives rise to a further difficulty, which becomes manifest in his contention that the other bears a *relation* of "intermediation" to the self, constituting along with it the concrete as a "metaxological community of being". Every relation, as such, must be either internal or external. Since such an intermediation cannot obviously be merely external, for in this case its extremes would be related in a merely *mechanical* way, it must, consequently, be internal. But any internal relation necessarily involves the *identification* of the terms it connects. It is true that, if their identity is a concrete, dialectical, and not an abstract, formal logical one, they can nevertheless also be *distinguished* – but only as *relatively*, not as *radically*, other. Hence Desmond's concept of radical otherness seems to be repugnant, not only to a coherently dialectical but also to a genuinely organicistic or, in his own terminology, metaxological conception of the sense of being. As a consequence, it makes no sense, in my opinion, to polemicize, as Desmond does, against the *dualistic* conception of the subject-object relation while at the same time holding firmly to being's *radical* otherness.

7. As far as Hegel's doctrine of the Absolute's process is concerned, then, I have already pointed out that Desmond does maintain, along with him, that determinate beings are the outcome of a process of coming-to-be, and that being as such is in-and-for-itself dynamic. But he rejects Hegel's identification of Indeterminate Being as the "beginning" (*Anfang*) of the Concept's logical self-development with a mere negative abstraction, immediately turning into the radical emptiness of pure Nothing[57]. Unlike Hegel, for him the Absolute's concrete actuality is not the "result" (*Resultat*) of its own immanent self-movement, but rather coincides with Indeterminate Being itself as an immediate, original ontological "plenitude"[58]. But how is it possible to seriously think of any kind of process without conceiving of it as the essential negation of its immediate identity, and then as the necessary passing over of Being (insofar as it is the absolutely immediate) into Nothing? If the affirmative essence of actuality, on the contrary, were original or immediate, if it were not the result of the laborious activity of the Concept's self-completion through self-negation, then negativity, and consequently process itself, should necessarily be excluded from its self-identity, which thus could not be consistently conceived as being intrinsically "dynamic". Desmond's emphasis on the "agapeic" – that is, immediate – actuality of being, and his consequent polemic against what he (inappropriately) calls the "erotic" conception of the Absolute as immanent self-development, is therefore irreconcilable with his no less emphatic vindication of the dynamic character of being. On the other hand, if the plenitude of being were actually immediate or original – that is, not intrinsically mediated by its own absolute negativity – there could be no ground whatsoever for the further positing of a plurality of determinate beings beyond being's original indeterminacy. For if Indeterminate Being, as such, is fully actual since the beginning, how and why, after it, should an infinite manifold of finite beings be also posited? Desmond's anti-Hegelian stress on the originally self-sufficient character of being puts him in a hole that seems to me to be quite similar, in the final resort, to the philosophical impasse to which all traditional forms of pre-Hegelian metaphysics have more or less succumbed: that is, the inability to point out any intelligible ground for the further coming-to-be (in logical terms, the "deduction") of the (determinate) finite from the alleged original actuality of the (indeterminate) infinite.

8. In my foregoing outline of Desmond's metaphysics I have pointed out that, on the one hand, he emphasizes, not unlike traditional metaphysics, the transcendent character of being, while, on the other hand, he stresses, with Hegel, the fact that transcendence is impossible and unthinkable apart from its

---

57 Cf. *Id.*, Being and the Between, *op. cit.*, p. 4.
58 Cf. *ibid.*, Part I, Ch. 1, § 8: "Metaphysical Thinking and Hegelian Idealism".

manifestation in the immanence of actual, earthly experience. According to him, however, this would not amount at all to an "idealistic" identification of being's transcendence with the product of an act of *self-transcendence* carried out by the human spirit[59]. But what does it really mean that being's transcendence must necessarily manifest itself? Seeing that the manifestation of something is nothing other than its becoming known to a self-conscious subject, so that there cannot be any manifestation at all apart from an Ego to whom something manifests itself, the unavoidable consequence of Desmond's recognition of the necessity of the manifestation of being's transcendence is that this can be held to be fully actual only if and when it becomes the objective correlate of an act of consciousness. But since the latter cannot possibly become aware of an object that is not an immanent content of it, in which, consequently, it is essentially *reflected-into-itself*, so that no act of consciousness that does not turn, in the final resort, into an act of self-consciousness is really possible and thinkable, one cannot avoid concluding that being's very transcendence – insofar as it is necessarily manifest to, and thus incorporated into, spirit's self-consciousness – is, in truth, nothing more nor less than the necessary result of a specific, "transcendental" act of *self-transcendence* (or "self-othering"), originated in and by the immanent self-development of the self-conscious Ego.

9. One of the main reasons put forward by Desmond in order to back up his vindication of the primacy of metaxological thought over the dialectical one is the alleged inadequacy of self-conscious reason's self-mediation to being's absolute infinity and concreteness owing to its insuperable finitude, so that Hegel's radical identification of them could not avoid dissolving genuine metaphysical thought into a sort of merely humanistic, finite subjectivism. But in this regard, it is easy to retort to Desmond that not only Hegel, but all of the most outstanding exponents of German Idealism also, did not fail carefully to distinguish – in a logically more or less consistent way – the "subjective unity" of the "inner sense" (the finite Ego) from the "original synthetic unity of apperception" (the transcendental Ego, Kant[60]), or the "divisible Ego" from the Ego "who is absolutely" (Fichte[61]), or, finally, the "bad" or "one-sided" subjectivity from the "infinite" or "overreaching" one (the "self-consciousness" which is "reason", Hegel[62]). Desmond seems to overlook the fact that the actual subject of Hegelian

---

59 Cf. *Id.*, Being, Determination, and Dialectic, *op. cit.*, p. 767.
60 Cf. I. Kant, Kritik der reinen Vernunft, *op. cit.*: "Transzendentale Logik", 1: "Transzendentale Analytik", §§ 16 and 18.
61 Cf. J.G. Fichte, Grundlage der gesammten Wissenschaftslehre, *op. cit.*, Abth. 1, Bd. 1, §§ 1 and 3.
62 Cf. Hegel, Enzyklopädie der philosophischen Wissenschaften, *op. cit.*, Bd. 1, § 215; Phänomenologie des Geistes, *op. cit.*, p. 177.

"self-mediation" (*Vermittlung seiner mit sich selbst*), far from coinciding with the finite self, is rather the infinite "subject-object" as an *absolute Wholeness* whose moments are themselves (relative) *identities of subject and object*; and that with respect to the *systematic totality* of rational self-consciousness, it is far less easy to convincingly show that being's original plenitude ultimately transcends the very process of the former's self-differentiation and self-actualization as well!

10. Desmond himself, on one occasion, admits that his own metaxological conception of being as an "open whole", which he sets over against Hegel's "close totality", is "seemingly contradictory"[63]. But is it really possible to regard the contradiction it plainly involves as merely apparent? An open whole essentially differs from that which he stigmatizes as closed for the fact that there exists something *outside* (or *beyond*) it. This, however, is clearly a sufficient reason for denying that it is a *true* whole – or, at least, the ultimate, absolute one. For it cannot, as such, avoid constituting, along with what would lie beyond, or be other than, it, a new and higher Whole, including and sublating within its all-encompassing (and thus *closed*) self-identity both the former and its alleged other. With respect to the ultimate wholeness of the Absolute, then, any possible "open whole" is, in truth, nothing more than a mere *part* – that is, an abstract self-determination of the self-conscious act of thinking, which becomes immediately self-contradictory the very moment it is unduly raised to an objective determination of the very essence of the Absolute.

11. Finally, I believe that from the unavoidable necessity of conceiving of the essence of the Absolute in terms of a *unique* Absolute Whole, it is also possible cogently to deduce the logical impossibility of regarding ethicality, art, and religion as forms of mind radically other to philosophy. In fact, since one cannot possibly deny that in the latter the Absolute Whole actually achieves its adequate self-consciousness and actuality – for the simple reason that the very negation of this contention would be itself a *philosopheme*, that is, a philosophical thesis, claiming to *absolute* validity which, in turn, cannot be legitimated apart from an adequate (philosophical) knowledge of the very Absolute as a whole – the latter's self-identity must necessarily turn out to be identical with its philosophical self-understanding. As a consequence, we are bound to conceive the forms of mind other to philosophy in one of the three following alternative ways: (1) as themselves Absolute Wholes; (2) as relative totalities; and (3) as no totalities at all. Now, (1) is clearly inconsistent with the uniqueness of the Absolute Whole we have just demonstrated, while (3) must be rejected, for it radically undermines nothing less than their organic, genuinely "spiritual" nature.

---

63   W. Desmond, Desire, Dialectic, and Otherness, *op. cit.*, p. 215, n. 10.

Hence, the only practicable alternative is (2), which, however, is wholly coincident with Hegel's very conception of their relation and is, on the contrary, plainly irreconcilable with Desmond's vindication of their radical otherness to philosophy. For just as the Absolute Whole must necessarily *incorporate within itself* any possible relative totality, so philosophy too (as identical with such a Whole) cannot avoid "sublating" within itself – as necessary, but more or less *abstract* and *inactual* moments of its concrete actuality – the diversity of those spiritual forms, which, consequently, as sublated moments of it, turn out to be substantially identical with, rather than radically other to, philosophy. On the other hand, Hegel's position, just insofar as it allows us to regard ethicality, art, and religion as abstract and inactual moments of philosophy, does present a further theoretical advantage, which Desmond's opposite viewpoint instead necessarily lacks – namely, that of offering us the real possibility of realizing and explicating not only the (unquestionable) substantiality of their content, but also the unavoidable inadequacy of their peculiar forms to it, so as to render in principle possible something like a rational foundation and systematic development of a critical, scientific understanding both of their essence and historical development.

§ 8. Concluding Remarks

As long as the critical objections I have just made are not convincingly met, I do not believe that Desmond's metaxological metaphysics can rightfully be regarded as a sound alternative to dialectical thought and idealistic metaphysics. Despite, or rather just because of, its ultimate philosophical failure, however, I think that a careful study of it is rewarding. For it will not fail to persuade us that a revival of speculative philosophy in our age can hardly be fostered by more or less eclectically conflating the Hegelian heritage with the more realistic and pluralistic bent of the traditional metaphysics of being, or with existential ontology, but, on the contrary, by appropriating and consistently developing just its most genuinely *idealistic* core: that is, the peremptory denial of the actuality, meaning, and truth of any reality whatsoever – whether natural, social, or even theological – radically other than, and transcendent to, the immanent self-development of the self-conscious act of thinking, and the consequent identification of (transcendental) logic and (dialectical) metaphysics[64]. As is well known, a simi-

---

64 In my essay: Prolegomeni ad una teoria generale della conoscenza, *op. cit.*, I have criticized both the conception of the relationship between epistemology and metaphysics generally held by pre-Kantian metaphysics and the opposite Kantian solution, arguing, on the contrary, for the absolute identity of (transcendental) epistemology and (dialecti-

lar approach to Hegel's philosophy was the most peculiar feature of the philosophical perspectives worked out by the major exponents of Italian Idealism – that
is, Bertrando Spaventa and Giovanni Gentile. As a consequence, in spite of all
of the sometimes remarkable shortcomings that are easily discernible in their
own systematic constructions as well, and which I have not failed to set out
elsewhere in some detail[65], I think that they unquestionably deserve to come
back to the focus of our current philosophical concerns.

---

cal) metaphysics. Since there I have also shown that logical thought is the ultimate
ground of any real knowing whatsoever, also the further identity of (transcendental) logic
and (dialectical) metaphysics clearly follows from it in a purely analytic way.

65   As to Spaventa's Hegelianism, see G. Rinaldi, A History and Interpretation of the Logic
of Hegel, *op. cit.*, § 50; and as to Gentile's Actual Idealism, cf. *Id.*, L'idealismo attuale
tra filosofia speculativa e concezione del mondo, *op. cit.*

IV.

DIE RELIGIONFRAGE IN RICHARD D. WIN-FIELDS „SYSTEMATISCHER PHILOSOPHIE"

§ 1. Systematische Voraussetzungen von Winfields Religionsphilosophie

In der zeitgenössischen philosophischen Literatur zeichnen sich die Schriften von Richard D. Winfield (1950–) dadurch aus, dass er nicht nur gegen den empiristischen Atomismus und die postmoderne Fragmentierung des Wissens den intrinsisch *systematischen* Charakter der Wahrheit und der Erkenntnis unerbittlich zurückfordert, sondern auch imstande gewesen ist, seine theoretischen Vorsätze in einer Reihe von seit 1988 verfassten Werken zu verwirklichen, die die Grundfragen der Logik, der Philosophie des subjektiven Geistes und des abstrakten Rechts, der politischen Ökonomie, der Ethik, der Politik, der Ästhetik und der Religionsphilosophie auf erschöpfende und oft originelle Weise behandeln. In diesem Aufsatz werde ich die von ihm in seinem Buch *Modernity, Religion, and the War on Terror* (2007) umrissene Religionsphilosophie in Betracht ziehen.

Die Grundfrage, um die sich Winfields Behandlung dreht, ist die des Verhältnisses der Religion zur Politik in der zeitgenössischen Welt. Er unterscheidet zwei entgegengesetzte Stellungen des Gedankens gegenüber der Religion, die einen prägnanten Ausdruck und ihre konkrete Verwirklichung auch in den jüngsten geschichtlichen Ereignissen finden, die aber beide einseitig und unangemessen sind, und so Anlass zu unheilbaren realen oder ideologischen Konflikten geben, welche nur innerhalb einer dritten und davon verschiedenen Stellung des Gedankens, der der Philosophie als systematischer Theorie der autonomen Vernunft, versöhnt werden können.

Die erste Stellung des Gedankens ist typisch für das „vormoderne Zeitalter" (*Pre-Modernity*)[1], das die ganze Geschichte des christlichen Abendlandes und der außereuropäischen Völker bis zum 16. Jahrhundert umfasst, und das noch heute die vorwiegende kulturelle Lage der orientalischen und islamischen Länder ausmacht. Sie gründet sich auf der Voraussetzung, dass es wohl eine letzte und einheitliche Wahrheit von allen Dingen gebe, sie aber als solche weder vom endlichen Verstand des Menschen begriffen, noch *a fortiori* von seinem zerbrechlichen und verdorbenen Willen verwirklicht werden könne, und deshalb

---

1 Vgl. R.D. Winfield, Modernity, Religion, and the War on Terror, Aldershot, Ashgate 2007, S. 14.

ihm in immer und notwendigerweise unangemessenen Formen durch eine höhere „Offenbarung" manifestiert werden müsse, welche in einem historisch gegebenen Text enthalten sei, der für einen solchen gehalten wird, weil er von einem transzendenten, allmächtigen, allwissenden, von der von ihm willkürlich
geschaffenen Welt radikal verschiedenen Gott direkt „inspiriert" wurde. Falls
die Fähigkeit und Zuständigkeit der menschlichen Vernunft nicht völlig verneint
werden, wie es besonders bei dem religiösen Irrationalismus von Tertullian bis
Pascal und Kierkegaard der Fall ist, wird sie meistens mit einer bloß analytischen, reproduktiven Reflexion identifiziert, die jede mögliche Legitimität und
Wahrheit aus einem passiv gewussten Gegebenen entnehme, welches sie radikal
transzendiere, nicht nur was seinen ontologischen Inhalt (das Jenseits als letzten
Ursprung und Bestimmung des menschlichen Lebens), sondern auch was die er-
kenntnistheoretische Form seiner Gewissheit (das „unmittelbare Wissen" als
Anschauung, Gefühl oder Glauben) betrifft. Die eigentümliche theoretische
Funktion der Vernunft wird so die typisch „scholastische" der Explikation der
logischen Folgen, die in einer Annahme implizit sind, deren intrinsische Gültigkeit aber ihrer freien Prüfung grundsätzlich entzogen wird, und ihrer äußerlichen
Anwendung auf die Tatsachen der endlichen Erfahrung. Auf dem praktischen
Niveau sind die unumgänglichen Hauptfolgen einer solchen wesentlich *heteronomen* Auffassung der Vernunft die Trennung des Grundes der Legitimität des
menschlichen Verhaltens vom immanenten Prozess seiner Selbstbestimmung;
die Identifizierung eines solchen Grundes mit einem vom persönlichen transzendenten Gott dem Menschen auferlegten Gesetz oder „Gebot"; die Reduktion
der menschlichen Freiheit (falls man ihre Möglichkeit oder Wirksamkeit wegen
der totalen göttlichen Vorbestimmung oder der Folgen der Erbsünde nicht radikal verneint) auf die formelle und endliche Wahl einer Möglichkeit innerhalb
einer Alternative, deren Inhalt von seinem Willen nicht gesetzt wird; und
schließlich die Unterordnung der höchsten politischen Institution, die der Verwirklichung der Vernunftideale der Freiheit und der Gerechtigkeit dient, nämlich des Staates, unter die Kirche als die von Gott selbst für das Heil des Men-
schengeschlechts ausdrücklich eingerichtete Gemeinschaft, oder, wenn, wie es
bei der islamischen Religion der Fall ist, Staat und Kirche letztlich zusammenfallen, die Legitimation der politischen Funktion und Autorität des ersteren (des
„Sultanats") durch sein vorherrschendes religiöses Wesen und Zweck (das „Ka-
lifat"[2]).

   Dem Standpunkt des vormodernen Zeitalters ist der der „Postmoderne"
(*Postmodernity*) diametral entgegengesetzt[3]. Mehr als eine echte philosophische,

---

2   Vgl. ebd., S. 99 ff.
3   Vgl. ebd., S. 15–24.

theologische oder politische Lehre ist sie der Ausdruck von so etwas wie einer „mood"[4], d.h. einer Gemütsstimmung des radikalen Misstrauens gegen die Möglichkeit der Verwirklichung – und oft sogar die intrinsische Gültigkeit – derjenigen Ideale von Vernunft und Freiheit, die die Seele der „Moderne" (*Modernity*), nämlich der Epoche zwischen dem 16. und dem 19. Jahrhundert, ausgemacht hatten, in welcher die geschichtliche Entwicklung der abendländischen Zivilisation zweifellos ihren intellektuellen und moralischen Höhepunkt erreichte. Die historische Genese der Postmoderne wurzelt wesentlich in der materialistischen Geschichtsauffassung von Marx und Engels, die tatsächlich jenen Idealen jede intrinsische Wahrheit und objektive Wirklichkeit insofern verweigert hatten, als sie sie auf bloß täuschende und vergängliche „Überbaue" der kapitalistischen Produktionsweise und ihrer besonderen ökonomischen Interessen reduzierten[5]. Von jener Auffassung aber unterscheidet sie sich entschieden dadurch, dass unter dem Schlagen ihrer radikalen skeptischen und nihilistischen Auflösung jeder vernünftigen Theorie und Praxis der Anspruch des historischen Materialismus selbst auf ausschließliche und allgemeine „wissenschaftliche" Gültigkeit letztlich unterliegt, und zusammen mit ihm auch die Hoffnung auf die vollkommene Verwirklichung des „Menschenwesens" in der mehr oder weniger nächsten kommunistischen Gesellschaft[6]. Mit der Dekonstruktion der Wahrheit der Ideale der theoretischen Vernunft verbindet sich unvermeidlich, auf dem praktischen Niveau, die der absoluten Gültigkeit jeder juristischen, sittlichen, politischen Norm und Institution, so dass das Denken der Postmoderne letztendlich auf die fruchtlose Apologie einer Art von anarchistischem Individualismus hinausläuft,

---

4   Vgl. dazu: Th. Docherty, Postmodernist Theory. Lyotard, Baudrillard and Others, in: R. Kearney (Hg.), Routledge History of Philosophy, Vol. VIII: Twentieth-Century Continental Philosophy, a. a. O., S. 474–505, hier 479.

5   Für eine ausführliche Kritik der Marxschen Reduktion des „Bewusstseins" auf das „gesellschaftliche Sein" vgl. G. Rinaldi, Dalla dialettica della materia alla dialettica dell'Idea. Critica del materialismo storico, a. a. O., S. 205–249; und ders., Die Selbstaufhebung der materialistischen Reduktion des „Bewusstseins" auf das „gesellschaftliche Sein" bei Marx, a. a. O.

6   Die Kritische Theorie der Gesellschaft, der Post-Strukturalismus und der Dekonstruktivismus sind die typischen theoretischen Ausdrucke dieser äußersten Form des skeptischen Nihilismus, die m. E. die von Hegel seinerzeit zu Recht als „unedle" bezeichnete Spielart des herkömmlichen philosophischen Skeptizismus buchstäblich darstellt, weil sie bezweckt, die Wahrheit der Vernunftideen in Frage zu stellen, obwohl sie im Unterschied zum „edlen" alten Skeptizismus an der positiven Wirklichkeit der materiellen Sinnenwelt dogmatisch festhält. Vgl. dazu: ders., Dialettica, arte e società, a. a. O.; ders., A Hegelian Critique of Derrida's Deconstructionism, a. a. O.; oben, S. 149–152.

der die Legitimität jeder objektiven ethischen Substantialität unbegründet und inkonsequent bestreitet[7].

Die bedeutendste und fruchtbarste theoretische Errungenschaft dieses Buches besteht zweifellos in der von Winfield darin durchgeführten kritischen Zerstörung des ganzen Projekts der Postmoderne. Im Unterschied zu den philosophischen und theologischen Lehren des vormodernen Zeitalters[8], die die Tätigkeit und die Funktion der Vernunft nur insofern rechtfertigen, als sie ihre Wahrheit aus einer äußerlichen und transzendenten „Grundlage" (*foundation*) entnimmt – sei diese ein „bevorzugtes Gegebenes" (*privileged given*), wie es bei der alten und mittelalterlichen Metaphysik der Fall war, oder ein „bevorzugtes Bestimmendes" (*privileged determiner*), wie in Kants transzendentaler Philosophie –, erkennt Winfield scharfsinnig die innere Unhaltbarkeit dieser Weise, das Wissen und die Moralität des Menschen zu begründen. Denn wenn man, wie es unumgänglich ist, die Legitimität der Forderung nach der Grundlegung (oder Vermittlung) der unmittelbaren, unkritischen Gewissheiten des endlichen Bewusstseins zugibt, sollte eine solche Forderung aus Konsequenz auch gegenüber der restlichen Unmittelbarkeit seiner letzten Grundlage selbst erhoben werden. Diese aber, insofern sie gerade ein letztlich rechtfertigender Grund und nicht eine von einem Anderen gerechtfertigte Konsequenz ist, könnte nur in sich selbst, und nicht in Anderem den letzten Grund ihrer eigenen Legitimität haben. Das unmittelbare Bewusstsein (Anschauung, Glaube, usw.) und die reflexive Vermittlung mit einem Anderen (endlicher Verstand, Aristotelische Apodeixis, usw.) setzen also letztlich *die reflexive Vermittlung seiner mit sich selbst*, nämlich die „Selbstbegründung" (*self-grounding*) oder „Selbstbestimmung" (*self-determination*) voraus, die das innere Wesen der „autonomen Vernunft" (*autonomous reason*), d.h. der spekulativen Vernunft, und der substantiellen – juristischen, ethischen, politischen – Freiheit, d.h. der praktischen Vernunft, ausmacht. Der schwerste Fehler der postmodernen „Philosophien" und der ihnen nachgeahmten entarteten Formen des heutigen bürgerlichen und moralischen Lebens[9]

---

7 Sie ist grundsätzlich unbegründet, weil der „Grund" als solcher eine Selbstbestimmung gerade derjenigen logischen Vernunft ist, die die Postmoderne erfolglos zu vernichten strebt. Und sie ist grundsätzlich inkonsequent, weil sie nicht umhinkommt, ihrer Polemik gegen Moralität und Sittlichkeit gerade diejenige Wahrheit zuzuschreiben, deren innere Möglichkeit sie auf dem theoretischen Niveau bestreitet.

8 Aber auch, möchte ich hinzufügen, zu einem guten Teil derjenigen der Moderne selbst – ich denke insbesondere an die philosophische Tradition des britischen Empirismus.

9 Besonders katastrophal sind zweifellos die Folgen des postmodernen Relativismus im Bereich der positiven Rechtswissenschaften, und deswegen lohnt es sich, sie kurz und bündig anzugeben. Da manche von ihm beeinflussten heutigen Auffassungen des Strafrechts davon ausgehen, dass die Kategorie des Rechts als solche jeder inneren allgemei-

nen Gültigkeit entbehrt, können sie nicht umhin, daraus zu folgern, dass sich der Prozess der „Produktion" der Gesetze in den ihrer besonderen, zufälligen „Anwendung" restlos auflöst, und deshalb fordern sie das Recht des Richters als dieses einzelnen Individuums zurück, den Buchstaben des Gesetzes beliebig zu „interpretieren", das sogar auf einen „bloßen belegenden Vorwand", nämlich auf ein formelles Instrument reduziert werden könnte, das dazu geeignet ist, einen durch die vom Richter befürwortete persönliche Auffassung der Justiz ausschließlich bestimmten Zweck zu verwirklichen, so dass die objektive Allgemeinheit der juristischen Normen in eine subjektiv-relative Mannigfaltigkeit von besonderen Interpretationen derselben aufgelöst wird, womit die ursprünglichste Bedingung selbst für die Möglichkeit der ganzen Sphäre des abstrakten Rechts vernichtet wird. Denn die immanente Entwicklung des letzteren gipfelt in der Begriffsbestimmung der Strafjustiz, in welcher sich dem subjektiven und willkürlichen Willen des Verbrechers, der nach besonderen, strikt privaten Maximen handelt, der objektive Wille des Richters entgegenstellt, der nur ein wahrer Richter ist, wenn er, wie Aristoteles sagte (vgl. Aristotelis Ethica Nichomachea. Rec. F. Susemihl, Lipsiae ³1912, V, 7, 1132a 22), nichts anderes ist als das δίκαιον ἔμψυχον, nämlich ein Wille, der die Allgemeinheit der juristischen Norm als solcher und nicht für andere Zwecke (nämlich als bloßes Instrument) will. Nun, der juristische Relativismus negiert – nicht nur in diesem besonderen Verhältnis, sondern sogar grundsätzlich – gerade einen solchen wesentlichen Unterschied. Also müssen wir zum bitteren Schluss kommen, dass sich der postmoderne Richter in nichts Wesentlichem vom Verbrecher unterscheidet, den er nichtsdestoweniger zu verurteilen fortfährt, während das primäre Objekt seiner Verurteilung nur er selbst sein sollte. Es kommt hinzu, dass, falls die von den postmodernen Juristen befürwortete relativistische Auffassung des Rechts auf eine konsistente Weise angewandt würde, sie faktisch nichts weniger als die Gewissheit desselben abschaffen würde. Denn wenn das „wahre" Gesetz letztlich vom Richter selbst im Akt seiner Anwendung geschaffen würde, wäre jedes seiner Urteile in Wahrheit ein neues Gesetz, und so würde der Staatsbürger auf Grund von Gesetzen beurteilt, und eventuell verurteilt, die er nicht nur nicht kannte, sondern auch grundsätzlich nicht kennen konnte (eine Situation, die, wenn man sie sich bestimmter vorstellt, nicht weniger absurd und fürchterlich ist als diejenige, die im Prozess von Kafka beschrieben wird!). Damit wird die Existenz des Rechtsstaats selbst in sein Entgegengesetztes verkehrt – nämlich in die von den Richtern gegenüber jedes wirklichen Rechts entbehrenden Staatsbürgern ausgeübte unbeschränkte Tyrannei.
Es lohnt sich, in diesem Zusammenhang an eine beredte Stelle aus den *Fondamenti di filosofia del diritto* von Giovanni Gentile zu erinnern, der schon im fernen 1916 ähnliche Einwände gegen die „schöpferische Jurisprudenz" des anfangenden 20. Jahrhunderts erhoben hatte. Der seines Namens würdige Richter, behauptet er zu Recht, „muss [...] ein Mensch guten Willens sein, gerade auf Grund seiner Ergebenheit gegenüber dem Gesetz, das er auslegt und auf den besonderen Fall anwendet, und nicht derjenigen vermeintlichen freien Kreativität des Rechts, die man ihm jüngst unangemessen hat zuschreiben wollen" (G. Gentile, I fondamenti della filosofia del diritto, Firenze, Le Lettere ⁴1987, S. 101). Daraus dürfen wir also folgern, dass der postmoderne Richter gewiss kein „seines Namens würdiger Richter" ist! Zu Gentiles Neuhegelianismus vgl. G. Rinaldi, L'idealismo attuale tra filosofia speculativa e concezione del mondo, a. a. O. Für eine

ist also dieser, dass sie keineswegs verstanden haben, dass zwischen dem erkenntnistheoretischen Dogmatismus (*foundationalism*[10]) des vormodernen Zeitalters und dem entsprechenden politischen und religiösen Fundamentalismus (*fundamentalism*) einerseits, und dem von ihnen zu Unrecht befürworteten skeptischen und anarchistischen Nihilismus andererseits, *tertium datur* – nämlich die Idee einer philosophischen Erkenntnis der Wirklichkeit, die die Legitimität ihres eigenen Anspruchs auf objektive Gültigkeit nicht aus einer angeblichen Offenbarung oder transzendenten Inspiration, sondern nur aus der immanenten Entwicklung der autonomen Vernunft entnimmt, die die Wahrheit jeder ihrer besonderen Sätze durch das rein logische Kriterium ihrer Konsistenz gegenüber der systematischen Totalität ihrer weiteren Begriffsbestimmungen beweist. Es ist also gerade und nur in einem „System" wie dem Hegelschen, dass das theoretische Ideal der autonomen Vernunft – das einzige, das objektiv gerechtfertigt werden kann – seinen angemessenen Ausdruck und Entfaltung findet[11]. Der Kult, den die literarische und philosophische Postmoderne mit dem Fragment und der unwiderruflichen Einzelheit treibt[12], erweist sich also letztlich als nicht mehr als die perverse, selbstzerstörerische Verehrung des Irrtums, der Lüge, der

---

heutige sorgfältige und sympathetische Darstellung von Hegels Theorie des Strafrechts vgl. W. Schild, Die Aktualität des Hegelschen Strafbegriffs, in: Philosophische Elemente der Tradition des politischen Denkens, hg. von E. Heintel, Wien-München 1979, S. 200–233; und ders., Verbrechen und Strafe in der Rechtsphilosophie Hegels und seiner „Schule" im 19. Jahrhundert, in: Zeitschrift für Rechtsphilosophie (2002), Heft 1, S. 30–42.

10 Wenn die unbegründeten Voraussetzungen, von denen die Tätigkeit der Vernunft abhängig gemacht wird, von erkenntnistheoretischer statt von religiöser Natur sind, zieht Winfield vor, das Wort „foundationalism" statt des geläufigeren „fundamentalism" zu benützen. Da die deutsche Sprache die beiden Bedeutungen nicht unterscheidet, werde ich sie an der passenden Stelle durch den Zusatz des ursprünglichen englischen Wortes genauer angeben.

11 Vgl. Hegel, Phänomenologie des Geistes, a. a. O., S. 27: „Unter mancherlei Folgerungen, die aus dem Gesagten fließen, kann diese herausgehoben werden, daß das Wissen nur als Wissenschaft oder als System wirklich ist und dargestellt werden kann". Über die Bedeutung und die Aktualität von Hegels „Systembegriff" vgl. G. Rinaldi, Hegels spekulativer Systembegriff und die zeitgenössischen Wissenschaften, in: W. Neuser, S. Roterberg (Hrg.), Systemtheorie, Selbstorganisation und Dialektik. Zur Methodik der Hegelschen Naturphilosophie, Würzburg, Königshausen & Neumann, im Druck.

12 Man sollte jedenfalls diesbezüglich nicht vergessen, dass ein solcher Kult leider auch von anderen der Postmoderne gewiss fremden Auffassungen wie der Romantik und dem religiösen Existentialismus, und sogar von einigen heutigen Vertretern der herkömmlichen „Metaphysik des Seins" nachvollzogen wird. Vgl. dazu: G. Rinaldi, Ragione e Verità, a. a. O., Teil III: „Einleitung", S. 552–553, Anm. 19, und Kap. 4, §§ 4–6, S. 651–672.

Täuschung. Winfield kommt also zum richtigen Schluss, dass der postmoderne Philosoph in Wahrheit nur ein „Lügner"[13] ist.

Auf dem ethisch-politischen Niveau tut der von der Postmoderne befürwortete individualistische und rebellische Anarchismus nichts anderes, als die den ontologischen Grund einer Hauptrichtung des modernen politischen Denkens wie des Liberalismus unterminierenden Schwierigkeiten zu verschärfen. In beiden Fällen wird das Subjekt des politischen Lebens mit dem endlichen Individuum, und sein Endzweck mit der größtmöglichen Erweiterung der Willkür des letzteren identifiziert. Der Grundunterschied zwischen den beiden Richtungen liegt darin, dass, während nach dem Liberalismus eine Beschränkung der Funktion und der Zuständigkeit des Staates hinreichen würde, die wesentlich in der Negation seiner sittlichen Substantialität und in seiner Reduktion auf die äußere Sphäre des abstrakten Rechts oder der Nützlichkeit besteht, nach der Postmoderne sein völliges „Aussterben" wünschenswert wäre. Winfield hebt vortrefflich die unüberwindlichen Grenzen dieser irrtümlichen politischen Auffassung hervor, und legt zu Recht Nachdruck darauf, dass der höchste philosophische Ausdruck der Moderne, Hegels systematisches Denken, schon imstande war, sie durch die Ausarbeitung der *sittlichen Auffassung des Staates* gründlich und überzeugend zu kritisieren und zu überwinden. Das endliche Individuum ist deswegen ein solches, weil es, als endlich, das Andere seiner selbst aus sich selbst ausschließt. Das Verhältnis der unmittelbaren (Selbst)-Ausschließung und des äußerlichen Nebeneinanders aber ist das Wesen der *Natur*[14] selbst, die an sich jeder normativen Relevanz entbehrt, denn letztere fällt vielmehr, wie gesagt, mit der immanente Entwicklung der autonomen Vernunft zusammen. Indem der Theoretiker der Postmoderne die „Freiheit" des Einzelnen gegen die aus der sittlichen Totalität des Staates kommenden normativen Instanzen zurückfordert, tut er also in Wahrheit nichts anderes, als für das Böse gegen das Gute Partei zu nehmen[15]. Zweitens neigt der Liberalismus, und in einem noch größeren Maß die Postmoderne, dazu, die Freiheit mit der unterschiedslosen, launenhaften, unvernünftigen Willkür des unmittelbaren Bewusstseins (der „Freiheit" im Sinne von „liberty") restlos zu identifizieren, und so erweisen beide ihr Unverständnis, dass die einzige *wahre* Freiheit die Selbstbestimmung des Willens (die Freiheit im Sinne von „freedom") ist. Nun, die Selbstbestimmung

---

13 Vgl. R.D. Winfield, Modernity, Religion, and the War on Terror, a. a. O., S. 23.

14 Vgl. ebd., S. 30.

15 Das Böse ist in der Tat gerade das Nicht-Sein in der Sphäre des Willens, und die ontologische Grundlage eines solchen Nicht-Seins kann nur die Bestimmung des Willens nach einem aus dem normativen Nichts der Natur entnommenen Inhalt sein. Über das philosophische Problem des Bösen vgl. G. Rinaldi, Teoria etica, a. a. O., Teil I, Kap. 6, S. 189–212.

des Willens schließt gewiss seine *determinatio ab extra*, d.h. seine Abhängigkeit von der äußeren Notwendigkeit, aus, aber *nicht* seine Bestimmung durch ein ihm immanentes Gesetz (oder Zweck), das als solches notwendigerweise die Form der (konkreten, totalen) *Allgemeinheit* hat. Der sich selbst bestimmende Wille ist also grundsätzlich auch ein *allgemeiner* Wille, und der wesentliche Unterschied zwischen dem Willen des Staates und dem des Individuums besteht gerade darin, dass ersterer als solcher (konkret) allgemein, letzterer dagegen nur besonders (oder bestenfalls nur abstrakt allgemein) ist. Indem die Postmoderne die individuelle Willkür dem normativen Wesen des Staates überordnet, entzieht sie in Wahrheit dem Individuum die einzige reale Möglichkeit, die er hat, seine substantielle Freiheit konkret zu verwirklichen. Die naturrechtliche Behauptung des Daseins von „Menschenrechten", die jeder „Person" vor und unabhängig von ihrem möglichen Verhältnis zur Sittlichkeit des Staates „natürlich" innewohnen sollen, wird schließlich von Winfield durch das überzeugende Argument zurückgewiesen, dass, sooft das angeblich absolute Recht des Individuums mit der dem Staat zuerkannten restlichen Autorität (in Erwartung seines gewünschten endlichen Aussterbens!) unvermeidlich in Konflikt geraten würde, es erforderlich wäre, an eine dritte, von beiden Gegenparteien verschiedene und unabhängige „höhere Autorität"[16] zu appellieren, die aber grundsätzlich inexistent ist. Denn auch die von möglichen internationalen Gerichten gefällten Urteile sind gültig nur, wenn, und insofern, der Staat frei entscheidet, auf einen Teil seiner Souveränität zu verzichten, indem er ihre Existenz anerkennt. Also hängt auch ihre Autorität letztlich von der des Staates ab, und deswegen machen sie keine höhere Autorität aus als seine eigene. Die irrtümliche Annahme der (alten und neuen) Naturrechtslehre scheint offensichtlich zu sein, und kann leicht korrigiert werden, wenn man bedenkt, dass, wenn das Recht nichts anderes ist als die äußere Existenz der sittlichen Freiheit[17], und der Staat keinen anderen Zweck hat als die Verwirklichung derselben, diejenigen Menschenrechte, die die Naturrechtslehre und der Liberalismus gegen die sittliche Substantialität des Staates zu Unrecht zurückfordern, gerade und nur innerhalb des Staates und durch ihn selbst am besten gewährleistet werden könnten.

Während also das vormoderne Zeitalter die Legitimität und die Rechte der Vernunft anerkennt, aber ihre Tätigkeit und Zwecke dem Gegebenen der religiösen Offenbarung letztlich unterordnet, und entsprechend die erkenntnistheoretische Rolle der Philosophie zu der der *ancilla theologiae* herabsetzt, und wäh-

---

16 Vgl. R.D. Winfield, Modernity, Religion, and the War on Terror, a. a. O., S. 30, und ders., The Injustice of Human Rights, in: Philosophical and Social Criticism *9:1* (1982), S. 81–96.
17 Vgl. dazu: Hegel, Grundlinien der Philosophie des Rechts, a. a. O., § 29.

rend die Moderne dagegen den Begriff einer autonomen und systematischen Vernunft entfaltet, die den letzten Grund ihrer Gültigkeit nur aus sich selbst entnimmt, und ihre vollkommenste und organischste theoretische Entwicklung in der Hegelschen Philosophie findet, stellt sich die Postmoderne beiden entgegen, weil ihr philosophisches Selbstbewusstsein die Bedeutung und die Plausibilität der Ideen selbst von Vernunft und Freiheit radikal auflöst. Aber ist die Absurdität einer Philosophie nicht offenkundig, die einerseits die grundsätzliche Möglichkeit jeder möglichen Theorie und Wahrheit verneint, andererseits aber kein anderes Mittel hat, um ihre Negationen glaubwürdig zu machen, als dieses, zugunsten ihrer historische, erkenntnistheoretische oder sprachliche *Argumente* vorzubringen, die unvermeidlich ihren Inhalt in der *logischen* Form des Schlusses entfalten, und darüber hinaus den Anspruch auf die *Wahrheit* erheben? Andererseits, wenn die „postmoderne Lage", wie die Befürworter dieser philosophischen Richtung behaupten, wirklich das Erlebnis der schlechtesten der möglichen Welten wäre[18], wie ist es möglich, die Plausibilität des Einwandes zu bestreiten, dass das Bewusstsein einer schlechten und absurden Welt wie dasjenige, das in den postmodernen „Texten" (oder, besser gesagt, in der in ihnen durchgeführten *parasitären* „Dekonstruktion" der Klassiker der abendländischen Metaphysik) zu Worte kommt, *selbst schlecht und absurd ist*, und dass das von einem schlechten und absurden Bewusstsein hervorgebrachte Denken ohne weiteres *falsch* ist? Die innere Inkonsistenz der von den heutigen Vertretern der Postmoderne gegen die Vernunft entwickelten Polemik wird dadurch verborgen, dass sie im allgemeinen dazu neigen, den reinen Begriff derselben mit zwei seiner Manifestationen zu verwechseln, die, obwohl sie mit ihm notwendig zusammenhängen, nichtsdestoweniger von ihm auch wesentlich verschieden sind: die Sprache und die „instrumentelle Vernunft". Die Sprache ist gewiss das Werk und der Ausdruck des Denkens und sein unumgängliches Kommunikationsmittel, weil sie durch das sinnliche Element des Zeichens die ideelle Einheit einer *Bedeutung* manifestiert. Sie ist aber eine *unangemessene* Manifestation desselben, denn das Verhältnis des Zeichens zu seiner Bedeutung ist bloß willkürlich, und die sinnliche Unmittelbarkeit des Zeichens macht es unvermeidlich von der Zufälligkeit und Endlichkeit abhängig, die für jedes sinnliche Dasein typisch sind[19]. In der Sphäre der instrumentellen Vernunft, d.h. der äußeren Zweckmäßigkeit, verwirklicht sich andererseits die Idealität des Begriffs, der darin die Gestalt des *Zweckes* annimmt, auf gleich unangemessene Weise, weil er seinen

---

18 Was jedenfalls den Aufbau einer pessimistischen Metaphysik von der Art der Schopenhauerschen auch nicht rechtfertigen würde. Vgl. dazu: Th. Docherty, Postmodernist Theory: Lyotard, Baudrillard and Others, a. a. O., S. 500.

19 Vgl. dazu: G. Rinaldi, Fondamenti di filosofia del linguaggio, a. a. O., S. 525–530.

eigenen Inhalt aus der subjektiven Willkür und das Material und die Mittel für seine Verwirklichung aus der zufälligen Faktizität der äußeren Welt entnimmt. Beide ungebührliche Verfälschungen des Wesens der Vernunft werden von Winfield passend entlarvt und widerlegt. Die Identifizierung des Wesens des Denkens mit dem der Sprache ist vor allem unrechtmäßig, bemerkt er, weil, während die wesentliche Leistung des Denkens (oder der Vernunft) darin besteht, das Wahre vom Falschen zu unterscheiden, die Sprache gegenüber einer solchen Unterscheidung gleichgültig ist, sie kann in der Tat mit gleicher Genauigkeit, Wirksamkeit, Überzeugungskraft sowohl das Wahre als auch das Falsche ausdrücken[20]. Die vermeintlich Epoche machende „sprachliche Kehre" (*linguistic turn*), die von der zeitgenössischen analytischen Philosophie verwirklicht worden wäre, und die analoge, nivellierende dekonstruktivistische Reduktion der Bedeutung auf die „Schrift", erweisen sich also in Wahrheit als nicht mehr als das Ergebnis des unzulässigen Rücktritts des philosophischen Denkens von seinem wesentlichen Zweck und Verantwortung. Der Grundfehler, der von berühmten Kritikern der instrumentellen Vernunft wie Heidegger, Horkheimer, Adorno, Arendt, Oakeshott, Foucault and Huntington begangen wurde, besteht dagegen nach Winfield darin, dass die Herrschaft über die Natur, die im Verhältnis der äußeren Zweckmäßigkeit ausgeübt wird, die unmittelbare Differenz des Subjekts und des Objekts voraussetzt, und kann sich deswegen in der Sphäre der adäquaten praktischen Verwirklichung der Vernunft, nämlich in der Sittlichkeit des Staates, nicht wieder herstellen, denn in ihr löst sich ein solcher Unterschied in ein auf die gegenseitige Anerkennung seiner Mitglieder gegründetes Verhältnis auf:

„Because every institution of right involves interactions wherein individuals act in recognition of their equal opportunities, it is a fundamental mistake to identify modernity in terms of technique, where a single agency dominates objects by imposing form upon them. This mistake underlies all those characterizations of modernity as the dystopic triumph of instrumental reason, of technology, of an industrialization understood as a unilateral mastery of production and nature, of a subjection of

20 R.D. Winfield, Modernity, Religion, and the War on Terror, a. a. O., S. 31. Er fügt zu Recht hinzu, das gelte nicht nur für die Sprache, sondern auch für die ganze Sphäre des empirischen Bewusstseins: „Philosophical psychology may provide an account of the psychological enabling conditions of thought and philosophical investigation in general, but it cannot thereby distinguish between the true and false conceptions mind equally makes possible" (ders., The Limits of Intersubjectivity in Hegel's Philosophy of Subjective Spirit, S. 5. Es handelt sich um den Text des von Winfield am 4. Juni 2010 an der Universität Urbino im Rahmen des internationalen Kongresses „Il pensiero di Hegel nell'età della globalizzazione" gehaltenen Vortrags, und ist zur Zeit im Druck in den Akten des Kongresses).

all relations of life to an externally administered regulation. These characterizations completely ignore the non-monological, non-technical, intersubjective character of every one of the institutions of freedom to which modern emancipation is committed"[21].

§ 2. Grundriss von Winfields Religionsphilosophie

Die geschichtliche Entwicklung der abendländischen Philosophie und, allgemeiner, Kultur durchläuft also nach Winfield drei Grundstufen: das vormoderne, das moderne und das postmoderne Zeitalter. Während die erste Grundstufe in den geistigen Formen der Metaphysik und der Religion eine Auffassung der Vernunft und der Freiheit ausarbeitet, die insofern unangemessen bleibt, als sie den Prozess ihrer Selbstbestimmung einem „privilegierten Gegebenen" unterordnet, bringt die dritte nichts anderes hervor als den von Anfang an misslungenen Versuch, die skeptische und nihilistische Auflösung jeder Vernunft, Wahrheit und Wirklichkeit plausibel zu machen. Nur in der Moderne wurden also die wesentliche Autonomie der theoretischen Vernunft und der absolute sittliche Wert der Freiheit als Selbstbestimmung von der philosophischen Reflexion zuerkannt und systematisch ausgearbeitet: in einer noch einseitigen Form bei Kant und der nachkantischen transzendentalen Philosophie, insofern sie das Subjekt des Prozesses der Selbstbestimmung nur mit einem „privilegierten Bestimmenden" identifiziert; in einer völlig adäquaten, weil organischen und holistischen Form dagegen in Hegels spekulativem Idealismus. Von diesem Standpunkt aus kann und muss die Moderne, behauptet Winfield zu Recht, nicht nur als eine zufällige geschichtliche Epoche, sondern auch und insbesondere als ein „normatives Projekt" verstanden werden, das „danach strebt, eine Zivilisation zu gründen, in welcher die vernünftige Autonomie zu Hause sein kann"[22]. In diesem Aufsatz von Winfield wird also die Frage nach dem Ursprung, dem Wesen und der Bedeutung der Religion in Angriff genommen, indem er sie in engem Zusammenhang mit der normativen Dimension der Moderne bringt.

Winfield nimmt ausdrücklich von „Marx, Nietzsche und viel zeitgenössischer Sozialwissenschaft"[23] Abstand, die in der Religion die typischste und einflussreichste Form der „Ideologie", nämlich des falschen Bewusstseins sehen, weil er ihre Notwendigkeit und die Wahrheit ihres Inhalts anerkennt. Denn nur dank ihr wird der menschliche Geist bewusst, dass die endliche Welt von einer höheren, einzigen, ewigen, unendlichen Wirklichkeit abhängt. Diese wird zwar anfänglich in der Form der „Vorstellung" – d.h. des Bildes, des Mythos, des

---

21 R.D. Winfield, Modernity, Religion, and the War on Terror, a. a. O., S. 32.
22 Ebd., S. 11.
23 Ebd., S. 41, Anm. 4.

Symbols – als eine das Selbst des Menschen radikal transzendierende Person
vergegenwärtigt, im Prozess des Kultes aber strebt er dann, sich mit ihr irgendwie zu identifizieren, so dass was die Religion letztendlich der Gemeinde der
Gläubigen offenbart, vielmehr die innere Menschlichkeit des Göttlichen und
Göttlichkeit des Menschen ist. Die Notwendigkeit der Religion liegt andererseits
darin, dass, obwohl die adäquate Erkenntnis der Bedeutung und des letzten Wertes der Wirklichkeit nur durch die philosophische Vernunft erreichbar ist, letztere wegen ihres wesentlich vermittelten und selbstreflexiven Charakters nur am
Ende der immanenten Entwicklung des menschlichen Geistes auftreten kann,
der also unvermeidlich von einer unmittelbaren Anschauung des Absoluten ausgehen muss, in welcher es als ein seinem Bewusstsein *passiv* gegebenes Objekt
in den elementareren geistigen Formen des Gefühls, der Einbildungskraft und
des Glaubens vorgestellt wird. Obwohl das Objekt des religiösen Bewusstseins
in diesem irgendwie auch immanent ist (sonst könnte der Prozess des Kultes
seinen Zweck nicht erreichen), erscheint es ihm zugleich als ein Anderes, dessen
Wahrheit und Wirklichkeit es *voraus*setzt und *nicht* selbst setzt. Für das religiöse Bewusstsein ist Gott also die ursprüngliche *Voraussetzung* oder *Grund* seines Daseins (als schöpferisches Prinzip), seines Wissens (als Urheber oder wenigstens Inspirator der Texte, in denen das göttliche Wesen und Wollen „geoffenbart" werden), seines Handelns (weil dieses nur auf Grund der Observanz der
ihm von Gott willkürlich auferlegten „Gebote" gerechtfertigt werden kann) und
schließlich seines „Heils" (weil wegen seiner zugegebenen Endlichkeit, Ohnmacht und Verderbnis der religiös gestimmte Mensch daran verzweifelt, solche
Gebote ohne einen weiteren übernatürlichen Eingriff der Gottheit – die so genannte „Gnade" – befolgen zu können). Von diesem Standpunkt aus macht das
Wissen des religiösen Bewusstseins – nämlich die Theologie und die scholastische Philosophie, insofern letztere in erstere den letzten Grund ihrer Gültigkeit
setzt – die radikalste und ursprünglichste Form des erkenntnistheoretischen
Fundamentalismus (*foundationalism*)[24] aus, nämlich derjenigen „dogmatischen"
Auffassung der Erkenntnis, die *dualistisch* den ihr äußeren Grund oder Prinzip,
das den Resultaten ihrer kognitiven Tätigkeit Gültigkeit verleiht, dieser Tätigkeit
selbst entgegenstellt, der deshalb jede intrinsische Legitimität, Notwendigkeit
und Evidenz abgesprochen wird. Das religiöse Bewusstsein ist also konstitutionell unfähig, die unumgängliche Anforderung jeder echten vernünftigen Erkenntnis der Wirklichkeit zu befriedigen – nämlich die objektive Gültigkeit jedes möglichen Gegebenen oder Voraussetzung des Wissens, die innerhalb des
Prozesses des Denkens selbst nicht gerechtfertigt werden können, grundsätzlich
in Frage zu stellen, so dass letzteres den letzten Grund seiner Gültigkeit nicht

---

24 Vgl. ebd., S. 8 und 12–13.

außerhalb seiner, sondern nur *in sich selbst* finden kann, und sich also zugleich als das Erste und das Letzte, das Prinzip und das Resultat des Prozesses der Erkenntnis erweist. Daraus folgt, dass sich die adäquate Erkenntnis der Wirklichkeit nur in einer verschiedenen geistigen Form – der *Philosophie* – verwirklichen kann.

Dieser erkenntnistheoretische Grundunterschied erklärt nach Winfield, wie wir gesehen haben, auch die formell-generelle Struktur der geschichtlichen Entwicklung des menschlichen Geistes. Wegen des wesentlich fundamentalistischen (*foundationalistic*), d.h. *heteronomen* Charakters seines Wissens macht das religiöse Bewusstsein in der Tat das ursprüngliche und entscheidende geistige Prinzip des ganzen vormodernen Zeitalters aus, während sich die Philosophie dagegen nur in der Moderne von ihrer herkömmlichen knechtischen Abhängigkeit von der Theologie befreien, und sich als ein echtes *autonomes* Wissen herausbilden konnte. Die geschichtliche Verwirklichung des „Projekts der Moderne" ist also notwendigerweise durch die Kritik und die Überwindung des vormodernen Zeitalters vermittelt, und deshalb kann es nicht umhin, mit der eigentümlichen Gestalt seines geistigen Selbstbewusstseins – der Religion – in Konflikt zu geraten. Und ein solcher Konflikt scheint dazu bestimmt zu sein, immer größere Ausmaße anzunehmen, und endlich alle Völker und Religionen der Erde „global" einzubeziehen, weil das Prinzip der Moderne – die Idee der autonomen Vernunft – von Natur aus absolut allgemein ist, und deswegen kann sich keine juristische, ethische, kulturelle, religiöse Schranke seinen unbedingten normativen Forderungen entgegenstellen. Das moderne Zeitalter ist also zugleich das Zeitalter der „Globalisierung"[25]. Winfield sieht scharfsinnig in den tragischen Ereignissen der jüngsten Geschichte – dem islamischen Terrorismus gegen die westlichen Länder einerseits, und dem Krieg gegen den Terror, durch den das Land, das seines Erachtens am vollkommensten das ethisch-politische Ideal der Moderne verkörpert, nämlich die Vereinigten Staaten von Amerika[26], versucht, sich ihm entgegenzusetzen, andererseits – die anschauliche Entsprechung und objektive Bestätigung seiner Auffassung des Prozesses der Globalisierung als des unvermeidlichen Zusammenstosses zwischen Zivilisationen, die sich auf die Voraussetzung der äußeren Autorität der religiösen Offenbarung gründen, und Zivilisationen, die dagegen die ausschließliche Gültigkeit des philosophischen Prinzips der autonomen Vernunft anerkennen.

Zu den von Winfield in diesem Aufsatz entwickelten originellsten Betrachtungen zählen gewiss diejenigen, durch die er versucht, eine konsistente und plausible Lösung des Antagonismus zwischen der Selbstbestimmung der auto-

---

25 Vgl. ebd., S. 69–93.
26 Vgl. ebd., S. 7.

nomen Vernunft und der unüberwindlichen Heteronomie des religiösen Bewusstseins zu finden. Er schließt vor allem aus, dass sie in Übereinstimmung mit
dem zeitgenössischen Atheismus in einer Kritik der Religion gesucht werden
könnte, die beabsichtige, ihre zunehmende gesellschaftliche und kulturelle Aus-
grenzung und endlich ihr völliges Aussterben zu fördern. Denn das würde offensichtlich der erwähnten Anerkennung, seitens des Hegelianers Winfield, der geschichtlichen und ideellen Notwendigkeit der Religion und der Wahrheit ihres
Inhalts widersprechen. Was er sich vielmehr wünscht, ist eine Versöhnung zwischen Religion und Moderne, die auf einer „Reform" des religiösen Lebens gegründet werden sollte, die sie mit den von der philosophischen Vernunft erhobenen Ansprüchen vereinbar machen sollte[27]. Letztere identifiziert in der absoluten
Selbstbestimmung des Willens den „letzten" und „ausschließlichen" sittlichen
Wert, und im Staat die einzige Institution, in der er auf allgemeine und konkrete
Weise verwirklicht werden könnte und sollte. Das schließt also grundsätzlich
aus, dass eine bestimmte Religion (die von Rousseau entworfene „Zivilreligion"
inbegriffen[28]) den letzten Grund der Legitimität des Staates ausmachen könnte.
Denn die Erhebung jeder beliebigen religiösen Konfession zu „Staatsreligion"
diskriminiert ungebührlich diejenigen Staatsbürger, die als Ungläubige, oder als
Gläubige an andere Religionen, der privilegierten Religion nicht beitreten. Deshalb befürwortet Winfield nachdrücklich eine „radikale Trennung von Kirche
und Staat"[29], die, indem sie ersterer jede politische Rolle oder Zweck verweigert, dem religiösen Leben die normative Sphäre der bürgerlichen Gesellschaft
als den eigentümlichen Ort ihrer Entfaltung zuweist, und im privaten Gewissen
des Einzelnen ihr legitimes Subjekt erkennen sollte. Im Unterschied zum klassischen Liberalismus aber ist Winfield sich auch der Grenzen der Lehre von der
„freien Kirche im freien Staat"[30] tiefsinnig bewusst. Denn da beide Institutionen
absolute normative Ansprüche dem Gewissen des Individuums gegenüber erheben können und sogar müssen (insofern der einzige wesentliche Unterschied

---

27 Vgl. ebd., S. 64–68.
28 Vgl. ebd., S. 63.
29 Ebd., S. 40. Vgl. auch S. 78.
30 Er analysiert insbesondere den Versuch der Säkularisierung des Islams, der von Atatürk
    nach dem ersten Weltkrieg in der Türkei mit partiellem Erfolg durchgeführt wurde (vgl.
    ebd., S. 111–120), aber die Ergebnisse, zu denen er kommt, gelten auch in Bezug auf
    Cavours berühmte Auffassung des Verhältnisses der Kirche zum Staat. In der Tat waren
    schon im 19. Jahrhundert die Grenzen dieser Auffassung dem philosophischen Scharf-
    sinn eines treuen Auslegers und überzeugten Anhängers der Hegelschen Philosophie wie
    Augusto Vera nicht entgangen. Vgl. A. Vera, Il Cavour e Libera Chiesa in libero Stato,
    Napoli, Tip. R. Università 1871. Über Veras Hegelianismus vgl. G. Rinaldi, A History
    and Interpretation of the Logic of Hegel, a. a. O., § 49; und ders., Ragione e Verità, a. a.
    O., Teil II, Kap. 2, § 4.

zwischen ihnen darin besteht, dass die religiösen Gebote heteronomen Charakter und transzendenten Ursprung haben, während die sittlichen Normen des Staates auf der Immanenz und Autonomie der Vernunft gründen), könnte der Beitritt eines Individuums zu einer Religion, die eine der Sittlichkeit des Staates widersprechende Moral predigt, nicht umhin, die elementarsten normativen Bedingungen seiner Teilnahme als aktives Subjekt am politischen Leben zu unterminieren, das aber allein dasjenige ist, in welchem sich nach Winfield seine wesentliche Menschheit am vollkommensten verwirklichen kann. Außer der Trennung von Kirche und Staat befürwortet folglich die von ihm vorgeschlagene religiöse Reform auch die entschiedene Ablehnung des religiösen Fundamentalismus (*fundamentalism*)[31], nämlich derjenigen theologischen Auffassung, die den wörtlichen Formulierungen der in den heiligen Texten einer bestimmten Religion enthaltenen Erzählungen absolute Gültigkeit erteilt, und deshalb ihren dogmatischen Inhalt als fix und unveränderlich betrachtet, zugunsten der entgegengesetzten „allegorischen"[32] Auffassung, die, indem sie den „Buchstaben" vom „Geist" der heiligen Texte unterscheidet, zugibt, dass ersterer modifiziert werden könnte und müsste, um ihn den unumgänglichen, im Bereich des religiösen Bewusstseins selbst auftauchenden Ansprüchen der philosophischen Vernunft immer angemessener zu machen. Winfields religiöse Auffassung stellt sich also auf diejenige Entwicklungslinie der biblischen Hermeneutik, die von Paulus[33], Origenes und Averroes[34] bis zu Hegel und David Friedrich Strauss[35] reicht, und die sich zweifellos als viel fruchtbarer erwiesen hat als die strikte, trocken philologische Haftung am Buchstaben der Heiligen Schriften, die die fundamentalistischen Interpretationen mit den rationalistischen (Spinoza, Heinrich Paulus) und schließlich den atheistischen und antireligiösen (Bruno Bauer) vereint.

Ein anderer unbestreitbarer Pluspunkt der von Winfield in diesem Aufsatz umrissenen Skizze seiner Religionsphilosophie ist das klare, wiederum aus seiner Aneignung des Hegelschen Denkens stammende Bewusstsein des verschiedenen Wahrheitsgrades, der den dogmatischen Inhalt der geschichtlichen (bestimmten) Religionen charakterisiert, und der sie in verschiedenem Maß mit den normativen Forderungen der philosophischen Vernunft vereinbar macht, so dass sich das von ihm befürwortete Projekt der religiösen Reform je nach den Fällen als mehr oder weniger leicht erweist. Denn die Wahrheit des Inhalts der Religion, in welcher jeder mögliche Wert und geistige Bedeutung derselben besteht,

31 R.D. Winfield, Modernity, Religion, and the War on Terror, a. a. O., S. 68.
32 Vgl. ebd., S. 123.
33 Vgl. Paulus, „Brief an die Galater", 4, 24; „Brief an die Ephesier", 5, 32.
34 R.D. Winfield, Modernity, Religion, and the War on Terror, a. a. O., S. 123.
35 Vgl. G. Rinaldi, Ragione e Verità, a. a. O., Teil II, Kap. 3, § 3.

ist nichts anderes als die unendliche Tätigkeit der Vernunft oder des Geistes, der eine wirkliche, konkrete Totalität nur insofern ist, als er sich in eine bestimmte Reihe von (logischen, natürlichen, geistigen) Kategorien unterscheidet, die aber nicht außer einander bleiben, sondern als abstrakte und untergeordnete Momente in der unmittelbar folgenden aufgehoben werden, die ihre „Wahrheit" insofern ausmacht, als sie auf eine angemessenere, „vollkommenere" Weise die in allen präsente und immanente Vernunftidee verwirklicht. Nun, die positiven Religionen sind wesentlich nicht anderes als die reale, geschichtliche Objektivierung der im Begriff der Vernunft immanenten kategorialen Unterschiede, so dass es sinnvoll ist, in Bezug auf sie – im Gegensatz zu dem, was zahlreiche zeitgenössische Theologen in Übereinstimmung mit Schleiermachers religiösem Irrationalismus behaupten[36] – zwischen „vollkommeneren" und „weniger vollkommenen" Religionen insofern zu unterscheiden, als erstere eine höhere Stufe im Prozess der Verwirklichung des Geistes ausmachen. Ohne zu zögern erkennt Winfield im protestantischen Christentum (obwohl er sich im Unterschied zu Hegel auf die theologischen Lehren Calvins und Cromwells statt auf die Luthers beruft) die geschichtliche Religion, die die Wahrheit des wesentlichen Inhalts des religiösen Geistes am angemessensten ausdrückt:

> „Protestants worship a God encountered in conscience and not in positive edicts of revelation"[37].

Dank der protestantischen Verehrung der Innerlichkeit wird die für die religiöse Gestalt des Geistes typische Berufung auf eine "äußere Autorität" als den letzten Grund der Wahrheit der Religion, und also des ganzen menschlichen Wissens und Moralität, durch die Anerkennung des unverletzlichen Rechts auf die freie Auslegung der heiligen Texte allmählich ersetzt, das auf einer weiteren Entwicklungsstufe auch die freie Wahl, seitens des Individuums, der Religion vorsieht, der es eventuell beitreten will. Das protestantische Christentum ist also nicht nur ein besonderer Ausdruck des vormodernen religiösen Fundamentalismus, sondern auch und insbesondere die geistige Strömung, die die „Emergenz der Moderne"[38] ermöglichte, insofern sie der unmittelbare historische Vorläufer der Aufklärung und der Befürworter (im Falle des Puritanismus) derjenigen wesentlichen Form der politischen Selbstbestimmung war, die nach Winfield die parlamentarische Demokratie ist. Anders ist der Fall beim mittelalterlichen Katholizismus, in welchem die im christlichen Dogma der Einheit der göttlichen und menschlichen Natur implizierte affirmative Bedeutung dadurch vereitelt wurde, dass er

---

36 Vgl. ebd., Teil II, Kap. 13, § 5.
37 R.D. Winfield, Modernity, Religion, and the War on Terror, a. a. O., S. 110.
38 Ebd.

„put off the reconciliation of infinite and finite to an otherworldly beyond, leaving human dignity unrecognized in the prosaic present of feudal bondage"[39].

Viel größere Hindernisse für eine religiöse Reform im von Winfield gemeinten Sinne präsentieren die nicht christlichen Religionen, in welchen die erwähnte Versöhnung, obwohl sie die Grundwahrheit alles religiösen Bewusstseins ausmacht, zu einer hinreichenden Manifestation nicht kommt. Im Fall der jüdischen Religion kann der orthodoxe Nachdruck auf den Buchstaben der heiligen Texte die Gläubigen veranlassen, das jedem Individuum innewohnende Vernunftrecht, sich mit einer andersgläubigen Person zu verheiraten, zu verletzen, oder in der inneren Stimme des Gewissens das letzte Kriterium für die Rechtfertigung seines Verhaltens nicht zu erkennen. Aber weder impliziert der Charakter der von dieser Religion befürworteten moralischen Lehre notwendigerweise eine theokratische Auffassung des Staates, noch sanktioniert er die ausschließliche Legitimität dieser Religion oder die imperialistische Herrschaft über die anderen Völker:

„That divine law consists in moral commandments and religious observances that can all be fulfilled privately without conflicting with civil law and toleration of other ecumenical faiths. Nothing in the Ten Commandments precludes further legislation by independent political authorities"[40].

Winfield kommt deshalb zum Schluss, dass die jüdische Religion „für die Privatisierung des Glaubens, die ihre Integration in die bürgerliche Gesellschaft erlaubt, geeignet ist"[41]. Im Fall der orientalischen Religionen stammen die Hindernisse, die einer Reform derselben entgegenstehen, aus ihrer Unfähigkeit, das Wesen des Göttlichen von dem der Natur zu unterscheiden, und aus der konsequenten Neigung, einerseits Dinge und Tiere in Kultobjekte zu verwandeln, und so das Vernunftrecht des Individuums auf ihre unbeschränkte Aneignung und freien Gebrauch zu verletzen[42], und andererseits Naturunterschieden wie denjenigen der Geburt oder des Geschlechts eine ethisch-politische Relevanz, und eine diskriminierende gesellschaftliche Rolle zuzuschreiben, die mit dem normativen Grundprinzip der bürgerlichen Gesellschaft – nämlich der „Chancengleichheit" ihrer Mitglieder bei der Wahl des Berufs und der zu befriedigenden Bedürfnisse[43] – völlig unvereinbar ist. Die wirkliche Bedeutung des berühmten buddhistischen Mythos der Metempsychose, bemerkt Winfield scharf-

39 Ebd., S. 52.
40 Ebd., S. 101.
41 Ebd.
42 Vgl. ebd., S. 53–54.
43 Vgl. ebd., S. 57–58.

sinnig[44], besteht in der Tat in der moralischen Rechtfertigung des sozialen Systems der Kasten, denn wenn die Zugehörigkeit eines Individuums zu einer unteren Kaste die gerechte Strafe für eine in einem vorhergehenden Leben begangene Schuld ist, hat er kein Recht, sich wegen des Unterschieds zwischen seinen Lebensbedingungen und denjenigen zu beklagen, die den Mitgliedern der höheren Kasten vorbehalten sind.

Der hartnäckigste und furchtbarste Gegner des ganzen ethisch-politischen Projekts der Moderne aber ist ein anderer – die islamische Religion[45]. Denn sie entwickelt bis auf die letzten Konsequenzen das, was in Wahrheit die eigentümliche und unüberwindliche Grenze des religiösen Bewusstseins als solchen ausmacht – nämlich die *dualistische* Gegenüberstellung von Endlichem und Unendlichem, Gott und Mensch, und die konsequente Berufung auf eine äußere transzendente Autorität als die letzte Quelle der Legitimation der ganzen menschlichen Erkenntnis und Moralität. Die „ausschließliche Normativität der Selbstbestimmung"[46] der Vernunft wird also auf dem theoretischen Niveau vom Anspruch, dass sie einer angeblich höheren Wahrheitsquelle – der in einem als göttlich inspirierten betrachteten Text, dem Koran, vorgebrachten Offenbarung – ihre reflexive Tätigkeit unterordnen sollte, und auf dem praktischen von der Erhebung der *Shariah*, d.h. des „heiligen Gesetzes", zum letztem Grund der Legitimität jeder möglichen juristischen, moralischen und politischen Norm verletzt. Die islamische Religion macht also grundsätzlich die Entwicklung eines echten, originellen und konsequenten philosophischen Denkens unmöglich, indem sie letztlich keine andere Philosophie als die „scholastische"[47] erlaubt, die auf der (unbegründeten) Anerkennung der angeblichen Grenzen der Vernunft und auf dem konsequenten erkenntnistheoretischen Vorrang des religiösen Glaubens fußt. Noch schwerer sind auf dem moralischen Niveau die Konsequenzen der vom Islamismus befürworteten dualistischen und fundamentalistischen Auffassung des Göttlichen. Denn ihrem vermeintlichen göttlichen Ursprung zum Trotz legitimiert die Shariah rechts- und moralwidrige Institutionen wie die Sklaverei und das Konkubinat, und nicht weniger inakzeptable Verhalten wie die Praktik der körperlichen Strafen (Steinigung, Verstümmelung, Amputation), die soziale und politische Diskriminierung der Frauen, der Homosexuellen[48], der Ungläubi-

---

44 Vgl. ebd., S. 57.
45 Vgl. ebd. S. 68.
46 Ebd., S. 105.
47 Vgl. ebd., S. 108, Anm. 38.
48 In seiner Darstellung des Wesens der „gerechten Familie" betont Winfield nachdrücklich die sittliche Legitimität der Ehe zwischen Homosexuellen, und Wolfgang Schild billigt analog die 2001 in der Bundesrepublik Deutschland offiziell anerkannte Institution der „Lebenspartnerschaft" zwischen ihnen. Vgl. ders., The Just Family, Albany, NY, SUNY

gen oder der Andersgläubigen, das Verbot der Ehe mit Personen, die sich zu anderen Religionen bekennen, die Kriminalisierung der Apostasie und der Blasphemie, usw. Auf dem politischen Niveau schlägt das unleugbare Verdienst des islamischen Monotheismus gegenüber seinem unmittelbaren Vorläufer, dem jüdischen Monotheismus – nämlich die Überwindung der Beschränkung der Versprechung des Heils auf ein besonderes, von Gott zu einem solchen Zweck „auserwähltes" Volk, und die Behauptung der wesentlichen Allgemeinheit der religiösen Gemeinde – in den Anspruch um, allen Völkern der Erde nicht nur mit der Proselytenmacherei, sondern auch mit dem „Heiligen Krieg", und, falls der Krieg wegen der Unterlegenheit der technologischen und militärischen Mittel nicht zur Verfügung steht, mit dem Terrorismus, die absolute und ausschließliche Vorherrschaft dieser Religion zu erzwingen. Winfields eingehende Analyse bestätigt also im Detail die Plausibilität der Hegelschen Auffassung vom Wesen des Islamismus[49], die tatsächlich im „Fanatismus" – nämlich in der radikalen Entwertung jedes menschlichen Wertes zugunsten des angeblichen göttlichen Willens, und jeder von der islamischen verschiedenen Kultur oder Zivilisation – den eigentümlichen Charakter dieser Religion identifiziert hatte.

Wegen der angeborenen aggressiven Tendenzen des Islamismus muss das Problem, das er gegenüber den Ländern aufwirft, die sich mit dem politischen Ideal der Moderne identifizieren, auch durch militärische Mittel gelöst werden, und deshalb hält Winfield den „Krieg gegen den Terror", den die Vereinigten Staaten gegen die aus dem islamischen Terrorismus herrührende Drohung erklärt haben, für rechtmäßig, obwohl nicht hinreichend. Denn der militärische Einsatz sollte auf dem ökonomischem Niveau durch die Bemühung, diejenigen Schäden zu ersetzen, die viele Länder der islamischen Welt wegen der kolonialen Ausbeutung ihrer Ressourcen durch die westlichen Großmächte erlitten haben, und auf dem geistigen durch eine innere Reform der islamischen Religion selbst begleitet werden, die er auch in Beziehung zu ihr (obwohl mit größeren Schwierigkeiten als bei den anderen Religionen) für durchführbar hält. Trotz

---

Press 1998, Ch. 9, § 2.1; ders., Reason and Justice, a. a. O., S. 188–189; ders., Ethical Community without Communitarianism, in: Philosophy Today (Summer 1996), S. 310–320, hier 319; und W. Schild, Philosophische Anmerkungen zur Familie einst und heute, in: Familie – ein öffentliches Gut? Gesellschaftliche Anforderungen an Partnerschaft und Elternschaft, hg, von E. Völmicke und G. Brudermüller, Würzburg, Königshausen & Neumann 2010, S. 143–159. Hier kann ich mich darauf beschränken, zu bemerken, dass beide Auffassungen der Sittlichkeit der Familie nicht berücksichtigen, dass sie als eine unmittelbare Form der Sittlichkeit die Anerkennung der konstitutiven und diskriminierenden Rolle der natürlichen Differenz der Geschlechter nicht nur erlaubt, sondern ausdrücklich fordert. Vgl. dazu: G. Rinaldi, Teoria etica, a. a. O., § 115, S. 142–143.

49 Vgl. Hegel, Vorlesungen über die Philosophie der Religion, a. a. O., Bd. 2, S. 337.

seiner Unfähigkeit, die innere Einheit des menschlichen und des göttlichen Geistes zu begreifen, weist in der Tat auch der Islamismus die unmittelbare Identifizierung des „letzten Wertes" mit der Natur oder mit den besonderen Interessen
einer privilegierten Nation zurück, und so erkennt er, obwohl nur implizit, die
innere Allgemeinheit und Geistigkeit des Objekts der Religion an. Andererseits
behauptet auch der Islamismus, der Mensch sei „nach Gottes Vorbild"[50] geschaffen worden; und deshalb erstreckt sich grundsätzlich der absolute Wert,
den er dem Göttlichen zuschreibt, auch auf die Menschheit. Nach Winfield aber
läuft diese restlos auf seine Freiheit als Selbstbestimmung seines vernünftigen
Willens hinaus. Im Prinzip des Islamismus selbst ist also die Anerkennung der
normativen Grundforderungen der religiösen Freiheit und der ökumenischen To-
leranz enthalten, und er könnte und sollte deshalb von den Überbleibseln der dualistischen und theokratischen Auffassung des Göttlichen befreit werden, die in
dieser Religion die herkömmlich vorherrschende ist, so dass sie selbst mit dem
normativen Prinzip der Moderne vereinbar werden möge.

§ 3. Kritische Bemerkungen

Welchen Wert und Bedeutung müssen wir also der in diesem kurzen aber ge-
haltvollen Buch umrissenen Skizze von Winfields Religionsphilosophie zuschreiben? Die erste Betrachtung, die man darüber anstellen könnte, ist, dass er
auch in Bezug auf die heiklen Fragen, die von einer so komplexen und in vielen
Hinsichten widersprüchlichen geistigen Form wie der Religion aufgeworfen
werden, mit bewunderungswerter Kohärenz an der unbedingten Gültigkeit der
theoretischen Idee der Philosophie festhält, die er in seinen vorhergehenden
Schriften[51] formuliert und großenteils auch verwirklicht hatte. Die Philosophie
ist nach Winfield weder eine empirische noch eine historische, sondern eine vernünftige und systematische Wissenschaft. Denn ihr eigentümliches Objekt ist
nicht die Mannigfaltigkeit der Tatsachen – seien sie materiell oder geistig, natürlich oder historisch –, sondern die ideale Einheit der Begriffe, durch die allein
erstere da sein und gedacht werden können. Die wahren Begriffe aber sind keine
„abstrakten Allgemeinen", sondern „konkrete Allgemeine"; sie haben deshalb

---

50 R.D. Winfield, Modernity, Religion, and the War on Terror, a. a. O., S. 130.
51 Schon vor einigen Jahren habe ich dafür gesorgt, die von Winfield ausgearbeitete syste-
    matische Theorie der Erkenntnis und der Sittlichkeit in einem ihrer Erörterung aus-
    drücklich gewidmeten Aufsatz zu umreißen und zu bewerten. Vgl. G. Rinaldi, „Ragione"
    e „giustizia" secondo Richard D. Winfield, in: Magazzino di filosofia VII (2002), S.
    107–124.

nicht „unter sich" (wie Kant zu Unrecht glaubte[52]), sondern „in sich" die logischen Momente der Besonderheit und der Individualität, und so machen sie *systematische* Totalitäten des Denkens aus, deren immanente dialektische Entwicklung – wegen der intrinsischen Allgemeinheit ihres Prinzips – sie in die inneren, nicht-unabhängigen Momente einer einzigen Idee auflöst, die Winfield mit dem passenden Ausdruck „autonome Vernunft" bezeichnet. Diese Idee ist also der letzte Erklärungsgrund der menschlichen Erkenntnis und Willens, in Beziehung zu welchem sie sich noch ausdrücklicher als in Beziehung zur Erkenntnis als ein „normatives" Ideal gestaltet, das nämlich eine moralisch gültige Regel vorschreibt, die der Wille des Individuums jedoch wegen seiner unaufhebbaren Willkür faktisch sowohl erfüllen als auch nicht erfüllen kann. Nun, auch in Bezug auf die Frage des Wesens und der Grenzen des religiösen Bewusstseins hält Winfield dem intrinsisch normativen Charakter des echten philosophischen Denkens auf die strengste und konsequenteste Weise fest. Nach ihm – wie schon nach Hegel – hat die Religion eine affirmative Bedeutung und Wert nur, wenn, und inwiefern, die von ihr bekannten Lehren, und der von ihr eingeführte Kult, einen an und für sich *wahren* Inhalt haben. Wegen der ausschließlichen Gültigkeit des normativen Ideals der autonomen Vernunft aber muss er notwendigerweise mit einem solchen Ideal zusammenfallen, und gerade darin wurzeln die unüberwindlichen Schwierigkeiten, die dem Wesen der Religion innewohnen, und die nicht erlauben, in ihr etwas anderes zu sehen als eine unüberwindlich „unvollkommene" Gestalt des Geistes. Im logischen Verhältnis der Selbstbestimmung identifiziert sich, wie gesagt, das Prinzip (Grund), das seinem Objekt apriorische Gültigkeit erteilt, mit dem Wesen des dadurch gerechtfertigten Objekts selbst. Die wesentliche Form des religiösen Bewusstseins, die Vorstellung, trennt dagegen das von ihm Vorgestellte (Gott) vom (menschlichen) Akt des Vorstellens, und fasst das eine als eine vollkommene, ewige, unendliche, unabhängige, transzendente Wirklichkeit auf, die durch ein willkürliches *fiat* den anderen schaffe; und diesen umgekehrt als ein zufälliges und endliches Dasein, das jede mögliche (ontologische, ethische, juristische) Gültigkeit aus einem seinem Wesen radikal fremden Prinzip entnehme. Man muss Winfield das Verdienst zuerkennen, aus dieser Eigentümlichkeit jedes möglichen religiösen Bewusstseins die logisch unumgänglichen Konsequenzen zu ziehen: nämlich, dass die Geistesgestalt und die sittliche Institution, in welchen sich der Begriff der autonomen Vernunft verwirklichen kann, nicht die Religion und die Kirche, sondern die Philosophie und der Staat sind. Von diesem Standpunkt aus scheint seine philosophische Auffassung überzeugender und tiefer zu sein als die

---

52 Vgl. I. Kant, Kritik der reinen Vernunft, a. a. O., S. 53 (B 39–40)

von einigen berühmten Vertretern der „Hegelschen Rechten"[53], die nicht zöger-
ten, aus dem spekulativen Grundsatz der Identität des Inhalts der Religion und
der Philosophie und aus der Bemerkung, dass die Religion historisch eine Voraussetzung der Philosophie ausmacht (weil sie letzterer in der Zeit vorausgeht),
zu schließen, dass auch die Hegelsche Philosophie nicht anders als die scholastische letztlich die Überlegenheit der Religion gegenüber der Philosophie und,
entsprechend, der Kirche gegenüber dem Staat sanktioniere; dass sie deswegen
nichts anderes sei als eine erneuerte Version der „christlichen Philosophie"; und
dass folglich die Hauptdisziplin des ganzen Hegelschen Systems der philosophischen Wissenschaften die Religionsphilosophie sei[54].

Die Anerkennung des unüberwindlich unvollkommenen Charakters der religiösen Gestalt des Geistes aber rechtfertigt den irrtümlichen Schluss nicht, der
vom zeitgenössischen Atheismus gezogen wird – nämlich dass sie kein notwendiges Moment seiner Entwicklung sei, und dass ihr kein wahrer Inhalt inne-
wohne. Ein weiteres Verdienst von Winfields Religionsphilosophie liegt gerade
darin, dass sie die notwendige Präsenz eines solchen Inhalts in der Sphäre der
Religion zugibt, und dass sie ihn, wie wir gesehen haben, mit dem normativen

---

53 Vgl. G. Rinaldi, Ragione e Verità, a. a. O., Teil II, Kap. 3, § 3, Anm. 1.
54 Diese Thesen wurden heutzutage von Errol E. Harris in zwei erleuchtenden Aufsätzen
    wieder aufgestellt und verteidigt. Vgl. E.E. Harris, The Spirit of Hegel, a. a. O., Ch. 15:
    „Hegel as Christian Philosopher", S. 223–233, und Ch. 16: „All Philosophy is Religions-
    philosophie", S. 234–246. Für einen Umriss und Bewertung von Harris' Religionsphilo-
    sophie vgl. G. Rinaldi, Ragione e Verità, a. a. O., Teil II, Kap. 2, § 5. Über Harris' Inter-
    pretation, Aneignung und Weiterführung von Hegels Denken vgl. oben, S. 86–96 und
    185–204.
    Im Unterschied zu den Vertretern der „Hegelschen Rechten" gibt schon Augusto Vera
    wegen des logischen Grundsatzes der Wechselbestimmung von Form und Inhalt des
    Denkens und des Vorrangs der Form des Begriffs über die Vorstellung die „Vorherr-
    schaft" (supremazia) der Philosophie über die Religion zu (A. Vera, Strauss. La vieille et
    la nouvelle foi, a. a. O., S. 343; vgl. auch S. 71–72, 85, 111–125, 341–352), aber er hält
    es auch für legitim, aus der Betrachtung, dass der Staat eine Institution ist, die zur endli-
    chen Sphäre des objektiven Geistes gehört, während sich in der Kirche eine Grundgestalt
    des absoluten Geistes wie die Religion verkörpert, zu folgern, dass die Sittlichkeit des
    Staates der der Kirche untergeordnet werden könnte und sollte. Für eine immanente Kri-
    tik der Plausibilität dieses Schlusses vgl. G. Rinaldi, Ragione e Verità, a. a. O., Teil I,
    Kap. 12, § 6, S. 336. In diesem Zusammenhang scheint es mir interessant, zu bemerken,
    dass auch W. Schild auf Grund desselben Arguments die Rechtmäßigkeit eines solchen
    Unterordnungsverhältnisses zwischen Kirche und Staat in letzter Instanz bestätigt. Vgl.
    W. Schild, Sittlicher Staat und Christlicher Glaube in Hegels Philosophie, in: Subjektiver
    Geist. Reflexion und Erfahrung im Glauben. Festschrift zum 65. Geburtstag von T.
    Koch, hg. von K.-M. Kodalle/A.M. Steinmeier, Würzburg, Königshausen & Neumann,
    S. 47–62.

Prinzip der autonomen Vernunft identifiziert. Die Plausibilität derjenigen Form der religiösen Apologetik, die leider auch und insbesondere in der zeitgenössischen theologischen und philosophischen Kultur verbreitet ist, und die gerade und nur in den „irrationalen Quellen" (Gefühl, Anschauung, Glaube, existentieller „Entscheidung") des religiösen Bewusstseins die letzte Gewähr seiner Wahrheit und ethischen Relevanz sucht, wird also an der Wurzel abgeschnitten. Der wesentlich normative Charakter der Idee der autonomen Vernunft, die auch im Fall des religiösen Bewusstseins verpflichtet ist, das Seinsollende vorzuschreiben, und sich deshalb darauf nicht beschränken darf, historisch oder phänomenologisch die Eigentümlichkeiten seiner empirischen Existenz oder unmittelbaren Wesens festzustellen, rechtfertigt einerseits Winfields Versuch, eine „Reform" der bestimmten Religionen zu umreißen, die sie mit dem vernünftigen Projekt der Moderne vereinbaren sollte, und andererseits die Identifizierung, die er mit Hegel ausdrücklich teilt, des protestantischen Christentums mit der vollkommensten Art historischer Religion.

Kann sich aber ein angemessenes Selbstverständnis des Wesens der autonomen Vernunft in der Entfaltung ihrer unumgänglichen normativen Funktion erschöpfen? In diesem Fall würde sie sich als ein Seinsollendes gestalten, dem der (moralische) Wille des Menschen zwar *verpflichtet* wäre, eine angemessene Wirklichkeit zu verleihen, ohne nichtsdestoweniger *gezwungen* zu sein, es zu tun. Die normativ aufgefasste Selbstbestimmung setzt in der Tat voraus, dass man dem menschlichen Willen auch die Freiheit der Willkür zuerkenne, und also die unüberwindliche *Zufälligkeit* der Verwirklichung des Vernunftideals zugebe – zunächst im moralischen Verhalten des Individuums, dann aber auch in den ethisch-politischen Institutionen, und schließlich im Prozess der Weltgeschichte selbst. Winfield zögert tatsächlich nicht, auch diese in seiner Theorie der Vernunft implizierte Konsequenz am ausdrücklichsten zu ziehen:

„Whether modernity marches on to a consistent global realization, whether traditional reaction or post-modern counterrevolution rejuvenates the rule of foundations, whether natural or human catastrophes banish intelligent life from the planet, and whether these same options play themselves out in other galaxies are contingent matters whose indeterminacy is guaranteed by the freedom of the future from the past. Yet the *contingency* of the triumph of modernity is no blemish on the legitimacy of the modern project. Precisely because self-determination depends on no foundations, the normativity of freedom always retains authority, forever extending validity to modernity, forever emancipating the future of truth, right, beauty, and faith from the hold of the past, and forever enabling the truth of the past to be free of interests in the future"[55].

---

55 R.D. Winfield, Modernity, Religion, and the War on Terror, a. a. O., S. 92 (Hervorhebung von mir. G.R.).

Die Zufälligkeit der Verwirklichung der Vernunft, die ihrem normativen Charakter wesentlich innewohnt, erstrecke sich also auf die Weltgeschichte selbst, die deswegen als einen „notwendigen Prozess"[56] nicht aufgefasst werden könnte, denn die Hegelsche Philosophie der Geschichte selbst würde sich letztlich „auf die empirische *Hypothese*" gründen, „dass die Institutionen der Freiheit in unserer Epoche großenteils entstanden sind"[57]. Und das wäre auch der Fall beim Ausdruck der absoluten Wahrheit in der Form der religiösen Vorstellung, da auch das „Christentum, mit seiner Lehre der Dreieinigkeit und der Passion Christi [nur] eine *mögliche* Verkörperung dieser Auffassung [der inneren Einheit der menschlichen und der göttlichen Natur] präsentiert"[58].

Es ist leicht, hierzu einzuwenden, dass die Hegelschen Texte gegen die Plausibilität einer solchen Interpretation einstimmig sprechen. In der Einleitung zu den *Vorlesungen über die Philosophie der Geschichte* behauptet Hegel ausdrücklich: „[d]ie Weltgeschichte ist der Fortschritt im Bewusstsein der Freiheit – ein Fortschritt, den wir in seiner *Notwendigkeit* zu erkennen haben"[59]; und er zögert nicht, einen genauen Anhaltspunkt für jene Notwendigkeit in den religiösen Vorstellungen der „Weisheit" und des „Planes" der „göttlichen Vorsehung" zu zeigen[60]. An einer berühmten Stelle aus der *Phänomenologie des Geistes*[61] bringt er andererseits die Gründe minutiös vor, aus welchen sich die christliche Auffassung der Dreieinigkeit und der Menschwerdung allein (und nicht, z.B., die analoge der Trimurti, die bekanntlich von der indischen Religion ausgearbeitet wurde[62]) als dem absoluten vernünftigen Inhalt der Religion angemessen erweist. Noch ausdrücklicher, eingehender und beredsamer wird Hegels Polemik gegen die metaphysische Wirklichkeit der „Zufälligkeit" in der *Wissenschaft der*

---

56 Ebd., S. 75. Vgl. auch ders., The Normativity of Globalization, S. 2: „Reason can never determine what must happen in history, and any descriptive philosophy of history is an intellectual fraud". (Es ist der Text des von Winfield am 5. Juni 2010 zum Schluss des internationalen Kongresses „Il pensiero di Hegel nell'età della globalizzazione" gehaltenen Vortrags, und auch er – wie der oben, Anm. 20 zitierte – ist im Druck in den Akten dieses Kongresses.)

57 Modernity, Religion, and the War on Terror, a. a. O., S. 75 (Hervorhebung von W.). Siehe auch ders., The Normativity of Globalization, a. a. O., S. 4 und Anm. 2.

58 Ders., Modernity, Religion, and the War on Terror, a. a. O., S. 51 (Hervorhebung von mir. G.R.).

59 Vgl. Hegel, Vorlesungen über die Philosophie der Geschichte, in: ders., Werke 12, a. a. O., S. 32 (Hervorhebung von mir. G.R.).

60 Ebd., S. 25.

61 Vgl. Phänomenologie des Geistes, a. a. O., S. 551 ff.

62 Vgl. Hegel, Vorlesungen über die Ästhetik, in: ders., Werke 13–15, a. a. O., Bd. 1, S. 443.

Logik[63]. Sie ist nichts anderes, sagt er dort, als die unmittelbare, äußerliche Existenz der unbestimmten logischen Möglichkeit, und als solche nur eine widersprüchliche Abstraktion, die sich die Wirklichkeit als „Bedingung" ihrer eigenen Verwirklichung voraussetzt. Denn die Wirklichkeit ist nichts Ruhendes, Gegebenes, sondern ein Prozess, in welchem die „Sache"[64], die sein Subjekt ausmacht, sich gerade und nur verwirklicht, insofern sie die unwesentliche und unwirkliche Äußerlichkeit ihrer zufälligen Bedingungen „verbrannt"[65] hat. Wirklichkeit und Notwendigkeit identifizieren sich also letztendlich, insofern letztere nur die „entwickelte" Form der ersteren ist, während die völlig entwickelte Notwendigkeit mit der „konkreten", d.h. absoluten Freiheit des selbstbewussten Denkens selbst zusammenfällt. Sie ist deswegen, behauptet Hegel am ausdrücklichsten, die *einzige* Modalkategorie, die uns ermöglicht, den Prozess der Weltgeschichte philosophisch zu verstehen:

> „Blind ist die Notwendigkeit nur, insofern dieselbe nicht begriffen wird, und es gibt deshalb nichts Verkehrteres als den Vorwurf eines blinden Fatalismus, welcher der Philosophie der Geschichte darum gemacht wird, weil dieselbe ihre Aufgabe als *die Erkenntnis der Notwendigkeit dessen, was geschehen ist*, betrachtet. Die Philosophie der Geschichte erhält damit die Bedeutung einer Theodizee, und diejenigen, welche die göttliche Vorsehung dadurch zu ehren meinen, daß sie die Notwendigkeit von ihr ausschließen, setzen dieselbe durch diese Abstraktion in der Tat zu einer blinden, vernunftlosen Willkür herab. Das unbefangene religiöse Bewusstsein spricht von Gottes ewigen und unverbrüchlichen Ratschlüssen, und darin liegt die ausdrückliche Anerkennung der Notwendigkeit als zum Wesen Gottes gehörig. Der Mensch, in seinem Unterschied von Gott, mit seinem besonderen Meinen und Wollen, verfährt nach Laune und Willkür, und so geschieht es ihm dann, dass bei seinem Tun etwas ganz anderes herauskommt, als er gemeint und gewollt hat, wohingegen Gott weiß, was er will, in seinem ewigen Willen nicht durch inneren oder äußeren Zufall bestimmt wird und das, was er will, auch unwiderstehlich vollbringt"[66].

Von einem strikt theoretischen Standpunkt aus sind diese Verweise auf den Buchstaben der Hegelschen Texte gewiss nicht entscheidend, weil man gerade in dem von Winfield umrissenen strengen Unterschied zwischen der normativen Sphäre der Vernunft und dem zufälligen Bereich ihrer geschichtlichen Verwirklichung einen bedeutsamen philosophischen Fortschritt gegenüber demjenigen optimistischen Glauben an die göttliche Vorsehung plausibel sehen könnte, die oft von der zeitgenössischen Philosophie dem Hegelschen Denken vorgeworfen wird. Die Schwierigkeit aber ist tiefer, weil sie der von Winfield ausgearbeiteten

---

63 Vgl. Wissenschaft der Logik, a. a. O., S. 202–217.
64 Vgl. Enzyklopädie der philosophischen Wissenschaften, a. a. O., Bd. 1, § 147.
65 Vgl. ebd., § 146 Zusatz.
66 Ebd., § 147, Zusatz (Hervorhebung von mir. G.R.).

Theorie der Vernunft *intern* ist. Was meinen wir in der Tat, wenn wir behaupten, dass eine Tatsache, ein Ereignis, oder eine Institution „zufällig" sind? Wir meinen, dass sie da sind, aber auch nicht da sein könnten, und dass, wenn sie da sind, nicht in sich selbst, sondern in einem Anderen als ihnen den Grund, oder die Ursache, ihres Daseins haben[67]. Der Begriff der Zufälligkeit ist also dem der Selbstbestimmung (oder Selbstbegründung, Vermittlung seiner mit sich selbst, vernünftige Autonomie) *entgegengesetzt*, und deshalb folgt aus der von Winfield selbst behaupteten Identität der Wahrheit und der Selbstbestimmung der Vernunft mit unbestreitbarer Evidenz, dass *der Begriff der Zufälligkeit selbst als solcher falsch, oder wenigstens abstrakt, inadäquat* ist, und dass die Annahme des Daseins einer zufälligen Wirklichkeit in Wahrheit auf nichts als eine *contradictio in adiecto* hinausläuft. Wenn eine Tatsache, ein Ereignis, eine Institution an und für sich wirklich sind, dann sind sie *eo ipso* das Werk und das Produkt der Selbstbestimmung der Vernunft, und als solche absolut notwendig. Wenn sie, umgekehrt, irgendwie – z.B., als „empirische" geschichtliche Tatsachen – für bloß zufällig zu halten sind, dann sind sie in Wahrheit nicht „wirklich", sondern nur bloße „Erscheinungen" der Wirklichkeit[68]. Das bedeutet, dass die Verwirklichung der Vernunft in den Ereignissen der Weltgeschichte, oder in den Vorstellungen des religiösen Bewusstseins, *absolut notwendig* ist, und dass, wenn sie auf bestimmten Entwicklungsstufen, oder von bestimmten Standpunkten aus, als von äußeren zufälligen Umständen oder Bedingungen, oder von der unvorhersehbaren Willkür des menschlichen Willens abhängig erscheint, es sich in Wahrheit nur um das Resultat einer unwesentlichen Reflexion, eines Seins-für-Anderes handelt, das zwar in der konkreten Totalität des geschichtlichen Prozesses und seines Selbstbewusstseins notwendigerweise enthalten, aber auch von ihr deutlich unterscheidbar ist[69]. Folglich erschöpft das normative Wesen der Vernunft, das wir mit Winfield als ein unumgängliches Moment ihres Begriffs – das ihrer Sichselbstgleichheit, Idealität, Allgemeinheit – anerkennen

---

67 Vgl. ebd., § 145 Zusatz.

68 An einer erleuchtenden Stelle aus seiner Ästhetik zögert Hegel tatsächlich nicht, sogar zu erklären, dass die „empirische innere und äußere Welt", die die einzige ist, in welcher zufällige Ereignisse geschehen können, in Wahrheit viel „täuschender" ist als diejenige, die von der Kunst geschaffen wird: „Aber gerade diese ganze Sphäre der empirischen inneren und äußeren Welt ist nicht die Welt wahrhafter Wirklichkeit, sondern vielmehr im strengeren Sinne als die Kunst ein bloßer Schein und eine härtere Täuschung zu nennen" (Vorlesungen über die Ästhetik, a. a. O., Bd. 1, S. 22).

69 Tatsächlich bemerkt Hegel dazu immer richtig, dass „die Aufgabe der Wissenschaft und näher der Philosophie überhaupt darin besteht, die unter dem Schein der Zufälligkeit verborgene Notwendigkeit zu erkennen" (Enzyklopädie der philosophischen Wissenschaften, a. a. O., Bd. 1, § 145 Zusatz).

müssen, ihren Inhalt nicht, der tatsächlich auch das weitere Moment der absoluten Notwendigkeit ihrer Verwirklichung umfasst; und der von ihm betonte Unterschied zwischen der „normativen" und der „deskriptiven" Auffassung der Geschichte[70] könnte plausibler als das bloße Resultat der Reflexion des endlichen
Verstandes statt des Denkens der spekulativen Vernunft verstanden werden, insofern er sich auf die *Voraussetzung* der objektiven Realität eines typisch „fundamentalistischen" Verhältnisses wie das der Zufälligkeit gründet, von welchem
uns dagegen eine wirklich „voraussetzungslose" Philosophie hätte befreien sollen. Wir müssen jedenfalls Winfield zugeben, dass sich bisher die zeitgenössische Philosophie zweifellos als unfähig erwiesen hat, im Detail eine vernünftige
Erklärung zu entwickeln, die die innere Notwendigkeit der nach dem Zeitalter
der Restauration geschehenen Ereignisse beweise, und die mit derjenigen, die
Hegel mit unbezweifelbarer Genialität und Überzeugungskraft auszuarbeiten
imstande war, auch nur entfernt vergleichbar wäre.

---

70   Vgl. oben, Anm. 56.

V.

DIE IDEE DER PHILOSOPHIE UND HEGELS ABSOLUTER IDEALISMUS

§ 1. Das Objekt der Philosophie als Problem

Was ist das – die Philosophie? Die Antwort auf diese Frage ist viel weniger leicht als es bei derjenigen der Fall ist, die das Charakteristikum des Objekts sowie der Methoden der Einzelwissenschaften betrifft. Denn letztere setzen alle die unmittelbare Gegebenheit ihres Objekts voraus, dem sie nur die analytische und prädikative Form des theoretischen Wissens erteilen. Die Arithmetik ist z.B. die Wissenschaft der Quantität, die Geometrie die Wissenschaft des Raumes, die Astronomie die Wissenschaft der Himmelkörper, usw. Das wissenschaftliche Interesse in jeder von ihnen betrifft nur die Prädikate, die einem solchen Objekt zugeschrieben werden können oder müssen, oder die Beschaffenheit der Methoden, die gestatten, die objektive Gültigkeit der Sätze zu garantieren, in welchen ihre Verbindung mit ihm ausgesprochen wird, aber nicht die innere Möglichkeit und Identität ihres Substrats selbst. Im Fall der Philosophie dagegen wird eine nicht bloß einleitende oder vorläufige Definition ihres eigentümlichen Inhalts erst am Ende der ganzen Entwicklung ihrer Problematik möglich, weil er grundsätzlich kein bloßes Datum oder eine unmittelbare Voraussetzung der sein immanentes Wesen bestimmenden reflexiven Tätigkeit sein kann und darf. In diesem Aufsatz werde ich also von den unmittelbarsten und elementarsten Gestalten des Selbstbewusstseins des philosophischen Wissens ausgehen, die nicht zufälligerweise auch die geschichtlich ältesten sind, und dann zu einer immanenten Berichtigung und Integration ihrer unvermeidlichen Einseitigkeit fortschreiten müssen, deren affirmatives Resultat die Entfaltung einer Reihe von immer konkreteren und adäquateren kategorialen Bestimmungen seines Wesens sein wird.

§ 2. Der Ursprung der Philosophie

Die unmittelbarste Form der Erfahrung ist das Gefühl, und die unmittelbarste Gestalt des Bewusstseins ist die sinnliche Gewissheit. Im ersteren drückt sich die reine Subjektivität des selbstbewussten Ich aus; in der letzteren wird ihm dagegen die unmittelbare Gegenständlichkeit von „Etwas" gegenübergestellt, das „ist" – dessen einziges Prädikat nämlich die reine Unmittelbarkeit der Idee des Seins ist. Der subjektive Ursprung des philosophischen Wissens soll also in einer bestimmten Art von Grundgefühl gesucht werden, die als solches ein menschliches Bedürfnis zum Ausdruck bringt, das es allein befriedigen kann, und das schon Platon und Aristoteles scharfsinnig mit dem θαυμάζειν[1] identifizierten. Das Erstaunen, die Verwunderung, nicht über die bestimmte Beschaffenheit von manchem besonderen Seienden, sondern über die absolute Allgemeinheit und Totalität des Seins selbst, transzendiert einerseits in der Tat jedes mögliche technisch-praktische Verhältnis zum Gegenstand, hat also einen ursprünglich „ideellen" oder *theoretischen* Charakter. Indem es aber die unmittelbare Gegenwart des Seins im Selbstbewusstsein als Ratlosigkeit, Ungreifbarkeit, Unverständlichkeit seines „Sinnes" ausdrückt, erhebt es andererseits die Forderung nach einer nicht mehr bloß gefühlsmäßigen (subjektiven), sondern prädikativen oder begrifflichen (objektiven) Aneignung seines Inhalts, deren vernünftige und systematische Befriedigung gerade die Aufgabe, und sogar selbst das Wesen der Philosophie ist. Deren volle Ausführung, wie Hegel an einer Stelle der *Vorlesungen über die Ästhetik* tiefsinnig bemerkte[2], bringt deswegen unvermeidlich das Erlöschen eines solchen Gefühls mit sich: der Philosoph wundert sich über nichts mehr. Was dann den objektiven Ursprung der Idee der Philosophie – d.h. die unmittelbarste und elementarste kategoriale Bestimmung ihres innersten Wesens – betrifft, fällt er unbestreitbar (nicht nur wegen äußerlicher historisch-chronologischer Gründe) mit den berühmten Aristotelischen Definitionen zusammen, dass sie die Wissenschaft ist, die τὸ ὂν ἦ ὂν[3] untersucht, und dass sie die Wissenschaft τῶν πρώτων ἀρχῶν καὶ αἰτιῶν[4] ist. Gehen wir von einer summarischen Analyse der ersteren aus. Zunächst könnten wir bemerken, dass sie zweifelsfrei den unentbehrlichen, und legitimen, Ausgangspunkt jeder möglichen theoretischen Untersuchung über die Idee der Philosophie gibt, insofern die Denkbestimmung, die sie ihrem Objekt zuschreibt, nämlich die des Seins, indem sie jeder inneren Bestimmung, Besonderung, Beziehung und also jeder Vermittlung entbehrt, *eo ipso* die absolut unmittelbare ist, d.h. diejenige, die keine andere voraussetzt, und mit der man also anfangen muss. Ferner erfasst Aristoteles' scharfsinnige nähere Bestimmung, dass das Sein, das das Objekt des philosophischen Wissens bildet, nicht einfach τὸ ὂν, sondern τὸ ὂν ἦ ὂν ist, d.h. das mit-sich-identische, in-sich-selbst-reflektierte Sein, und also, sozusagen, das „Wesen" des Seins, ein weiteres wichtiges Moment der Idee der Philosophie. Das mit sich identische Sein ist in der Tat, was es ist, nur im Gegensatz zum von sich differenten, d.h. mannigfaltigen, besonderen Sein – genauer: zum „Seienden", insofern man mit diesem Ausdruck gewöhnlich das sin-

---

1 Vgl. Platonis Theaetetus. Rec. C.F. Hermann, Lipsiae 1878, 154d, und Aristotelis Metaphysica, a. a. O., I, 2, 982b 12.
2 Vgl. Hegel, Vorlesungen über die Ästhetik, a. a. O., Bd. 1, Zweiter Teil, S. 408–409.
3 Vgl. Aristotelis Metaphysica, a. a. O., IV, 1, 1003a 20.
4 Ebd., I, 2, 982b 9.

guläre Substrat einer Mannigfaltigkeit von unwesentlichen oder „akzidentellen" Bestimmungen oder „Eigenschaften" bezeichnet. Letztere dagegen machen als solche die unmittelbar gegebene Faktizität des Objekts der Einzelwissenschaften aus, die sich also von der Philosophie auch deswegen wesentlich unterscheiden, weil, während diese das allgemeine, identische, *a priori* notwendige Sein der Seienden betrachtet, sie dagegen ihre besonderen und zufälligen (oder nur relativ notwendigen) Eigenschaften beschreiben oder erklären. Von diesem Standpunkt aus ist jede mögliche Philosophie also ursprünglich und wesentlich „Essentialismus"; und folglich soll der angegebenen Aristotelischen Bestimmung auch das weitere Verdienst zuerkannt werden, im voraus die absurde These entkräftet zu haben, die jüngst von einem berühmten Vertreter des so genannten „kritischen Rationalismus" behauptet wurde – nämlich dass der für den herkömmlichen philosophischen Gedanken typische „Essentialismus" seinen konstitutionellen Mangel ausmache. Endlich findet Aristoteles' Identifikation des Seins als Seins mit dem eigentümlichen Objekt der Philosophie eine genaue Entsprechung und Bestätigung in der These, dass ihr objektiver Ursprung im Gefühl der Verwunderung besteht: denn was das philosophische Erstaunen hervorruft, ist gerade und nur die reine Allgemeinheit des Seins, und das theoretische Bedürfnis, das sie erweckt, ist gerade das der Überwindung seiner unmittelbaren logischen Unbestimmtheit.

Aber gerade deswegen ist es offensichtlich unmöglich, bei der genannten Aristotelischen Definition stehen zu bleiben, und folglich an derjenigen „Seinsverehrung" teilzunehmen, die sich, nachdem sie fast unbestritten das ganze mittelalterliche Denken beherrschte – hier genüge es, daran zu erinnern, dass der Begriff des *esse*, noch früher als die des *bonum* und des *verum* sowie der Kategorien, von ihm gerade als die ursprünglichste Bestimmung des philosophischen Wissens betrachtet wurde –, in den so genannten „ontologischen" Tendenzen der zeitgenössischen Philosophie (von der auferstandenen „Metaphysik des Seins", nämlich der Neuscholastik, bis zur Seinsmystik des späteren Heidegger und zu William Desmonds „metaxologischem Denken"[5]) wiederholt. Gegen sowohl Aristoteles als Heidegger und die Neuthomisten muss man also entschlossen verneinen, dass das Seinsproblem als solches die Hauptfrage der Philosophie ist. Denn die eigentümliche Unmittelbarkeit und Unbestimmtheit dieses Begriffs impliziert notwendig die Ausschließung jedes *konkreten* Inhalts aus seiner Identität mit sich, und also kann er letztlich nicht vermeiden, auf eine *leere Abstrak-*

---

5   Für eine kritische Auseinandersetzung mit ihnen vgl. G. Rinaldi, An Apology for Hegel's Idealism Against Its Realist-Metaphysician Critics, a. a. O.; ders., Teoria etica, a. a. O.: „Einleitung", Kap. 4, §§ 15–16; ders., Ragione e Verità, a. a. O., Teil 3, S. 537–710; und oben, S. 205–227.

tion hinauszulaufen, die als solche unmöglich und undenkbar ist. Sie ist deswegen unmöglich, weil sich die Identität mit sich des Seins, um objektiv bestehen zu können, von der des Nichtseins (oder des Nichts) sollte unterscheiden können; was aber seinerseits nur durch eine affirmative Bestimmung möglich wäre, die dagegen grundsätzlich aus ihrem wesentlichen *Inhalt* ausgeschlossen ist. Sie ist ferner deswegen undenkbar, weil das Denken, als prädikative Synthese, die Behauptung der Identität von Subjekt und Prädikat ist; die Idee des unbestimmten Seins aber entbehrt auch des *formellen* Unterschieds zwischen der Besonderheit des ersteren und der Allgemeinheit des letzteren. Anders gesagt: man kann nur einen konkreten und bestimmten Begriff ursprünglich denken, die Idee des Seins aber ist nur die dürftigste aller Abstraktionen. Ferner schließt die Sichselbstgleichheit des Seins als Seins, insofern sie an und für sich unbestimmt ist, die Mannigfaltigkeit der besonderen Seienden aus sich aus, die tatsächlich von Aristoteles (auf der Grundlage seines inakzeptablen erkenntnistheoretischen Hauptsatzes von der unmittelbaren Evidenz der sinnlichen Gewissheit[6]) als eine positive, unmittelbar nebeneinander gestellte Wirklichkeit – die so genannten πρῶται οὐσίαι – aufgefasst werden. Die einzige Einheit des Mannigfaltigen, die vom Standpunkt der „Metaphysik des Seins" aus denkbar ist, wird deshalb eine bloß *formale* und *ansichseiende* (mögliche) sein – wie in der Tat durch die Aristotelische Theorie der anapodiktischen Grundsätze der Demonstration, und insbesondere des Satzes vom Widerspruch[7], *ad oculos* bewiesen wird. Die ansichseiende Identität des *logischen* Begriffs aber ist in Wahrheit nicht weniger unmöglich und undenkbar als die *ontologische* Identität der Idee des unbestimmten Seins: unmöglich, weil eine vom Unterschied ursprünglich unterschiedene Identität nichts anderes ist als selbst ein Unterschied; undenkbar, weil sich der Akt des Denkens als eine organische Totalität von „inneren" (d.h. *a priori* notwendigen) Beziehungen setzt, während eine bloß formelle Identität des Mannigfaltigen nur eine „äußere", d.h. zufällige, empirische Einheit ihrer Bestandteile begründen kann.

Die nun angegebenen Schwierigkeiten tauchen gleicherweise in der zweiten Aristotelischen Definition des Wesens der Philosophie wieder auf. Denn sie setzt offensichtlich das Bestehen einer ursprünglichen *Mannigfaltigkeit* von „Ursachen" oder „Grundsätzen" voraus; was wiederum die Möglichkeit (und *a fortiori* die Notwendigkeit) einer Ableitung von ihnen aus einer ursprünglicheren, absoluten, in ihnen immanenten oder, besser gesagt: sich selbst bestimmenden,

---

6   Für eine weitgehende Erörterung dieser entscheidenden Aristotelischen Problematik vgl. ders., Idea e realtà della Logica, Teil 1, a. a. O., § 5.3, und Teil 2, a. a. O., § 7.4.

7   Vgl. ebd., Teil 1, § 5.7, aber siehe auch ders., Prolegomeni ad una teoria generale della conoscenza, a. a. O., S. 944.

Identität des Denkens notwendig ausschließt, die nichtsdestoweniger ein unumgängliches Moment der Idee der Philosophie bildet. Denn die logische Form solcher Grundsätze oder Ursachen ist die *Allgemeinheit*, aber sie werden zu einem bloß *Besonderen* widersprüchlich herabgesetzt, wenn man behauptet, sie seien ursprünglich mannigfaltig. In dieser Definition aber sind unleugbar auch *konkretere* Denkbestimmungen enthalten als diejenigen, die in der abstrakten Idee des Seins unmittelbar vorkommen – obwohl das keineswegs ausschließt, dass auch sie sich in letzter Instanz als nicht weniger inadäquat, wenn nicht sogar irreführend, erweisen. Der „Grundsatz" (oder die „Ursache": Aristoteles benutzt oft diese Ausdrücke synonym, obwohl es an sich möglich und angebracht ist, sie sorgfältig zu unterscheiden) ist der erklärende Grund eines logischen (beweisenden) oder ontologischen (natürlichen) *Prozesses* (im zweiten Fall scheint der Begriff der Ursache geeigneter zu sein). Beide setzen deshalb implizit voraus, dass die vom philosophischen Wissen theoretisierte Identität nicht die bloß abstrakte, und deshalb *statische*, sei, die durch den Begriff des Seins ausgedrückt wird, sondern eine *dynamische*, die als solche durch die konkretere Kategorie des *Werdens* passend bestimmt werden kann und muss. Anders gesagt: möglich und denkbar ist immer nur das Konkrete, nicht das Abstrakte. Die Idee des Werdens aber, insofern sie die des Seins und des Nichts innerlich verknüpft, erweist sich, zumindest hinsichtlich der Idee des Seins, als die konkretere Denkbestimmung. Das eigentümliche Objekt der Philosophie kann und muss deswegen vielmehr als „das Werden als Werden" bestimmt werden als „das Sein als Sein". Von diesem Standpunkt aus berichtigt also die zweite Aristotelische Definition die leere Abstraktheit der ersten, und so gestattet sie uns, einen weiteren Hauptunterschied zwischen dem philosophischen Wissen und den Einzelwissenschaften festzustellen: ersteres entfaltet nicht nur das „Wesen", d.h. die ewige kategoriale Form, der Wirklichkeit, sondern auch die (apriorischen) Gesetze des (idealen) *Prozesses* ihrer immanenten Gestaltung, d.h. ihrer „Genese", während sich der grundlegende theoretische Zweck der letzteren hauptsächlich auf die statische Beschreibung (oder mechanische Erklärung) ihrer bloß zufälligen Prädikate beschränkt.

Aber auch in den angegebenen Aristotelischen Begriffen (die jedoch nicht nur für Aristoteles typisch sind, denn sogar der antiaristotelische Giordano Bruno, z.B., bestimmt das Wesen des Absoluten mit den Ausdrücken „*principio*" [Grundsatz] und „*causa*" [Ursache][8]!) ist eine unlösbare Schwierigkeit enthalten, die schon in der Theorie des Schlusses eindeutig auftaucht[9], und die keineswegs

8   Vgl. G. Bruno, De la causa, principio et uno, in: ders., Opere italiane, Bd. 1: Dialoghi metafisici, hg. von G. Gentile, Bari 1925, *passim*, aber insb. S. 174 ff.
9   Vgl. G. Rinaldi, Idea e realtà della Logica, a. a. O., Teil 1, § 5.7, und Teil 2, § 7.10.

gestattet, durch ihren Inhalt allein eine adäquate Definition des Objekts der Philosophie vorzubringen. Denn beide stellen ja einerseits kein bloß empirisches Nebeneinander, sondern eine synthetisch-apriorische Verbindung, einen „inneren Zusammenhang" der Identität des Wesens (des Grundsatzes, der Ursache) mit den Differenzen der Existenz (des Begründeten, der Wirkung) her, so dass sich der (logische oder reale) Übergang der ersteren in die letzteren als einen Akt von Reflexion-in-sich konstituiert. Andererseits aber fassen sie (in einer mehr oder weniger ausdrücklich *dualistischen* Weise) solche Denkbestimmungen als unmittelbar existierend, und folglich als einander äußerlich auf, so dass jener Übergang dagegen zu einer bloßen Reflexion-in-anderes herabgesetzt wird. Anders gesagt: die Ursache bringt die Wirkung hervor, der Grundsatz begründet das Begründete, aber eine solche schöpferische Tätigkeit bleibt letztlich *äußerlich* sowohl der Ursache (oder dem Grundsatz) als auch der Wirkung (oder dem Begründeten). Der Widerspruch kann sich selbstverständlich nur insofern auflösen, als sich das in ihnen enthaltene Moment der Reflexion-in-anderes in demjenigen ihrer Reflexion-in-sich restlos aufhebt; was notwendig impliziert, erstens, dass die Wirkung, die die Ursache setzt, oder das Begründete, das der Grundsatz begründet, kein „Anderes" von ihnen, sondern ihre (in wirklicher Form ausgedrückte) Identität mit sich selbst sind. Die einzige wahre Ursache, von der die Philosophie sinnvoll sprechen kann und darf, ist also – wie Spinoza tiefsinnig verstand – die *causa sui*[10], d.h. die einzige, unendliche Substanz als *causa immanens* ihrer Wirkungen, d.h. der Welt der endlichen Modi. Aus dieser affirmativen Bestimmung des Prinzips des philosophischen Wissens folgt ferner offensichtlich, dass die objektivierende Tätigkeit, die immanente Entwicklung, die „Schöpfung" kein bloßes Prädikat eines schon positiv bestehenden und unmittelbar gegebenen statischen Seins ist (wie hingegen, z.B., vom berühmten scholastischen Spruch *„operari sequitur esse"* ausdrücklich behauptet wird). Das Wesen des Objekts der Philosophie kann also adäquat weder als die abstrakte Identität der Idee des Seins noch als die eines Werdens, das bloße Reflexion-in-Anderes ist (z.B., die Zeitlichkeit), sondern allein als ein sich nur in-sich-selbst-reflektierender *ewiger* Prozeß, eine „sich selbst schlechthin setzende" *subjektive Tätigkeit* bestimmt werden.

---

10 Vgl. B. Spinoza, Ethica ordine geometrico demonstrata, a. a. O., Pars 1, Def. 1. Für eine kritische Erörterung der hauptsächlichen Interpretationen seines Denkens siehe meine „Einleitung" zu Errol E. Harris' Aufsatz: Salvezza dalla disperazione. Rivalutazione della filosofia di Spinoza, a. a. O., S. 18–45.

§ 3. Die Philosophie als transzendentales und kritisches Wissen

Der soeben zitierte Ausdruck ist sehr berühmt, denn Fichte bestimmt bekanntlich gerade durch ihn das Wesen des „reinen Ich". In der *Wissenschaftslehre 1794* macht der Akt seines Sich-selbst-setzens die „Materie" nur des ersten, „absolut unbedingten" (in Bezug nämlich sowohl auf seine Form als auch auf seine Materie) Grundsatzes des menschlichen Wissens[11] aus. In den folgenden Fassungen, und insbesondere in der *Wissenschaftslehre 1804*, wird er ausdrücklich als das *einzige* mögliche und denkbare Prinzip des „absoluten Wissens"[12], d.h. der ganzen Philosophie betrachtet. Deren eigentümliche Aufgabe wird so, wie er passend sagt, die der „Zurückführung des Mannigfaltigen zur Einheit"[13].

Aber die ursprünglichste und grundlegendste Einheit, nämlich die „absolute" Einheit, der alle „relativen" Einheiten oder Identitäten entstammen, die die objektive Struktur der Erfahrung bilden, kann in letzter Instanz (wie Kant schon scharfsinnig bemerkt hatte[14]) nicht anderes sein als die „ursprüngliche synthetische Einheit der Apperzeption", d.h. die Identität des *denkenden* Ich mit sich. Denn es ist grundsätzlich unmöglich, eine solche Einheit mit der Identität eines wie auch immer weiter bestimmten „Dinges" (z.B., mit dem materiellen Substrat der natürlichen Phänomene oder mit einem objektiven und transzendenten persönlichen Gott) zu identifizieren, das als radikal „anderes" aufgefasst werde als die reine Subjektivität des Denkens. Denn in einem solchen Fall, da es außerhalb der immanenten Sphäre seiner Vorstellungen und Begriffe existieren würde, würde es ihm notwendig *undurchsichtig* und *unerkennbar* bleiben, so dass sich als offensichtlich unsinnig erweisen würde, es zum Hauptsatz der ganzen philosophischen *Erkenntnis* zu erheben. Man könnte nur insofern versuchen, der Kraft dieses berühmten „transzendentalen" Arguments vorzubeugen, indem man „dogmatisch" (wie es ausdrücklich bei Nicolai Hartmann der Fall sein wird[15])

---

11 Vgl. J.G. Fichte, Grundlage der gesammten Wissenschaftslehre, a. a. O., § 1, S. 91–101.

12 Vgl. ders., Wissenschaftslehre 1804, in: J.G. Fichte's nachgelassene Werke, hg. von I.H. Fichte, Bonn 1834, Bd. 2, S. 89 ff.; aber siehe auch ders., Darstellung der Wissenschaftslehre. Aus dem Jahre 1801, in: J.G. Fichte's sämmtliche Werke, a. a. O., Abth. 1, Bd. 2, §§ 5–8. Über Fichtes Spätphilosophie vgl. G. Rinaldi, Method and Speculation in Fichte's Later Philosophy, in: Fichte Studien, Bd. 30: Fichtes Spätwerk im Vergleich, Amsterdam–New York 2006, S. 153–161.

13 Vgl. J.G. Fichte, Wissenschaftslehre 1804, a. a. O.: „I. Vortrag", S. 89.

14 Vgl. I. Kant, Kritik der reinen Vernunft, a. a. O., I, 2: „Transz. Logik", I, § 16, S. 108–110.

15 Vgl. oben, S. 42–45. Eine mehr detaillierte Kritik von N. Hartmanns realistischer Ontologie wurde in meinem Vortrag „Autonomous and Heteronomous Reason in Contemporary

das Bestehen einer das Selbstbewusstsein transzendierenden absoluten Wirklichkeit behauptet. Auch der erkenntnistheoretische Dogmatismus aber ist eine offensichtlich widersprüchliche und letztlich inakzeptable Stellung des Gedankens. Denn das Urteil, das eine solche vermutliche absolute Realität setzt, ist seiner Form nach ein Akt des *Gedankens*, so dass seine angebliche Gültigkeit die *ursprünglichere* Wahrheit des Ich=Ich unumgänglich voraussetzt; während sein Inhalt dagegen im Setzen einer absoluten Objektivität besteht, deren mögliche Wahrheit die radikale Auflösung der ursprünglichen Gewissheit seiner Form ohne weiteres bedeuten würde. Die Philosophie ist also grundsätzlich möglich nur als ein „kritisches" und „transzendentales" Wissen. Sie ist ein kritisches Wissen im Sinne, dass sie dazu verpflichtet ist, die objektive Gültigkeit aller jener dogmatischen (obwohl *prima facie* evidenten, oder wie auch immer durch jegliche äußere – z.B. politische oder religiöse – Autorität gebilligten) Behauptungen zu bestreiten, die eine sorgfältige Prüfung ihrer Wahrheit nicht bestehen. Und sie ist ein transzendentales Wissen im Sinne, dass die absolute Einheit, zu der sie jede mögliche relative Einheit des Mannigfaltigen und der Erfahrung „zurückführen" soll, keineswegs die statische Identität eines unser Selbstbewusstsein transzendierenden „Objekts", sondern die immanente Einheit des Wissens, des Denkens, des Erkennens – das *identifizierende* Handeln der Intelligenz, des „Geistes" ist, insofern es der absolut schöpferische Grund jeder möglichen (relativen) Identität ist.

Diese Fichtesche Bestimmung der Idee der Philosophie scheint zweifelsfrei völlig akzeptabel zu sein, und gestattet uns ferner, weiter zu erklären und zu bestätigen, was wir im voraus behauptet haben. Erstens gewinnt der angegebene Grundunterschied zwischen den Einzelwissenschaften und der Philosophie – nämlich dass erstere die unmittelbare Gegebenheit ihres Objekts voraussetzen, während letztere dagegen sie ursprünglich „setzen" oder „konstruieren" soll – eine neue und tiefere Bedeutung. Denn während was die Einzelwissenschaften zum Thema machen können, nur die abstrakte Objektivität des Gegenstands schlechthin ist, ermöglicht das philosophische Wissen, indem es die apriorischen Formen der objektivierenden Tätigkeit des Subjekts entfaltet, das Selbstbewusstsein seiner Identität selbst – besser gesagt: der *Einheit von Subjekt und Objekt*. Mit anderen Worten könnte man sagen, dass die in der Sphäre der Einzelwissenschaften „fungierende" Subjektivität immer nur das „intentionale Bewusstsein"[16], nämlich das „Bewusstsein-von" einem ihr ursprünglich äußerlichen und transzendenten Objekt ist; während die Subjektivität, die die Philosophie thematisiert – besser gesagt: die sich in und als Philosophie verwirklicht –, die „Reflexion", nämlich das Bewusstsein eines Objekts ist, das letztlich nichts anderes ist als das objektivierende Tun des Subjekt-Objekts selbst. Ferner hat ein solcher Unterschied einen nicht bloß materialen oder thematischen, sondern formalen oder strukturellen Charakter: die Philosophie bleibt nämlich transzendentales Wissen oder Reflexion *auch*, wenn sie einen Inhalt (z.b. die Natur) konstruiert, der als solcher keine Gestalt des Bewusstseins, Form des Geistes oder Stufe des Erkennens ist. Die Einzelwissenschaften dagegen transzendieren den Standpunkt des bloß intentionalen Bewusstseins nicht, und bleiben also „realistisch" und „dogmatisch" auch und insbesondere, wenn sie das subjektive Bewusstsein, die Gesellschaft, die Kultur oder die Geschichte (wie es z.B. bei der Psychologie, der Soziologie und den so genannten „Geisteswissenschaften" der Fall ist) untersuchen. Im Gegensatz zur *opinio recepta* könnte man also sogar behaupten, dass die Geisteswissenschaften, weit davon entfernt, den für die Naturwissenschaften typischen naiven Realismus überwinden, oder zumindest beschränken zu können, ihn in Wahrheit insofern verstärken und radikalisieren, als sie unter der Äußerlichkeit des intentionalen Bewusstseins nicht bloß die nicht weniger äußerliche Erscheinung der Natur, sondern auch die absolute Innerlichkeit des selbstbewussten Ich subsumieren, die dagegen in Wahrheit nichts anderes ist als die fortschreitende, totale *Negation* jeder möglichen Äußerlichkeit.

§ 4. Definition der Philosophie

Auf der Grundlage von dem, was wir bisher gesagt haben, können wir also nun dazu fortschreiten, eine nicht mehr bloß unmittelbare und vorläufige, wie die Aristotelische, von der wir ausgegangen sind, sondern (hoffentlich) adäquate Definition der Idee der Philosophie vorzubringen: *Die Philosophie ist das Wissen, das das System der wesentlichen (d.h. ideellen, apriorischen) Formen entfaltet, in denen sich die unendliche schöpferische Tätigkeit des Ich=Ich objektiviert.*

Der Ausdruck „Ich=Ich" stammt, wie gesagt, von Fichte, und bezeichnet in Wahrheit nichts anderes als die *logische* Einheit des denkenden Selbstbewusstseins, *die absolute Identität von Subjekt und Objekt.* Diese Einheit wurde bekanntlich von Hegel auch „absolute Idee" genannt, und so tritt die Philosophie wesentlich, wie er einmal sagt, als *die vernünftige Erklärung des Ganzen des*

---

heben. Vgl. G. Rinaldi, Critica della gnoseologia fenomenologica, a. a. O., Kap. 1, §§ 4–5 und 8, und ders., Intentionality and Dialectical Reason, a. a. O., S. 568–583.

Universums auf der Grundlage eines einzigen absoluten Prinzips – der logisch-metaphysischen Kategorie der „absoluten Idee"[17] – auf. Daraus ergibt sich unmittelbar, dass die soeben vorgebrachte Definition auch die Lösung einer anderen berühmten Hauptfrage der Philosophie in sich implizit enthält: nämlich, ob sie „realistisch" oder „idealistisch" sei oder sein solle. Denn ist nunmehr offensichtlich, dass, insofern der Idealismus die Stellung des Gedankens ist, die behauptet, dass die Idee der letzte Grund sowohl des Seins als auch des Erkennens ist, er nicht bloß eine der möglichen Alternativen ist, die die philosophische Reflexion sich berechtigt zeigt, willkürlich zu wählen, sondern mit ihrem absoluten Begriff selbst zusammenfällt. Daraus könnten wir deshalb – noch einmal mit Hegel – schließen, „Jede Philosophie ist wesentlich Idealismus"[18]; dass folglich die kritisch-erkenntnistheoretische Hauptfrage nicht mehr (wie Fichte selbst noch glaubte[19]) die Option für oder gegen den Idealismus, sondern die Feststellung des innerlichen Wahrheitswertes der verschiedenen, logisch möglichen Spielarten des Idealismus selbst ist; und endlich, dass das empirische Vorkommen (und in manchen geschichtlichen Epochen sogar das Vorherrschen) von Philosophien, die dagegen in eine realistische, oder wie auch immer antiidealistische Richtung orientiert sind, weit davon entfernt, ein plausibles Argument gegen die genannte Identifikation zu sein, nur ein besonderes erkenntnistheoretisches (oder philosophiegeschichtliches) Problem erhebt, das *innerhalb* einer philosophischen Perspektive, die jedoch nur auf der Kategorie der absoluten Idee als der letzten Grundlage ihrer ganzen, sowohl kritischen als auch konstruktiven Reflexion basieren darf, angepackt und aufgelöst werden kann und muss.

§ 5. Die Methode der Philosophie

Die nun angegebene Definition des Objekts des philosophischen Wissens befriedigt die Forderung nach einer Bestimmung seines eigentümlichen *Inhalts*. Der Charakter seiner wesentlichen *Form* dagegen kann nur aus einer Erklärung

---

17 Vgl. Hegel, Wissenschaft der Logik, a. a. O., Bd. 2, S. 462–469. Zu Hegels analoger Definition der Philosophie als der Konstruktion eines „vernünftige[n] Bild[es] des Universums" vgl. ders., Enzyklopädie der philosophischen Wissenschaften, a. a. O., Bd. 3, Anhang: „Konzept der Rede beim Antritt des philosophischen Lehramtes an der Universität Berlin (Einleitung zur Enzyklopädie-Vorlesung 22. Okt. 1818)", S. 405.

18 Vgl. Wissenschaft der Logik, a. a. O., Bd. 1, S. 172. Über den genauen Sinn und Wert, die heute dieser Hegelschen These zugeschrieben werden müssen, vgl. G. Rinaldi, Warum, und inwiefern, ist Hegels „absoluter Idealismus" heute noch aktuell?, a. a. O., S. 95–101.

19 Vgl. J.G. Fichte, Über den Begriff der Wissenschaftslehre oder der sogenannten Philosophie, a. a. O., S. 29–81.

der Natur ihrer *Methode* hervorgehen. Denn das Verhältnis der Methode zum Objekt einer Wissenschaft ist identisch mit dem der Form zum Inhalt des Wissens. Insofern letzteres in Bezug auf die reflexive Tätigkeit des selbstbewussten Ich betrachtet wird, läuft die Differenz von Methode und Objekt auf die zwischen der *Subjektivität* und der *Objektivität* des Aktes des Denkens hinaus. Daraus folgt, dass das differente Verhältnis dieser Kategorien zueinander, das in den Perspektiven der Einzelwissenschaften und der Philosophie, wie wir soeben gesehen haben, stattfindet, auch ein differentes Verhältnis zwischen ihrem Objekt und ihrer Methode notwendig impliziert.

Der thematische Bereich einer bestimmten Einzelwissenschaft (z.B. die Gesellschaft im Fall der Soziologie) kann wegen seiner radikalen Verschiedenartigkeit von der ihn thematisierenden theoretischen Tätigkeit durch eine Mannigfaltigkeit von heterogenen (z.b. deskriptiv-qualitativen, empirisch-quantitativen oder statistischen, phänomenologisch-eidetischen, negativ-dialektischen, usw.) Methoden untersucht werden, und der einzige ausschlaggebende Grund dafür, den anderen die eine vorzuziehen, können letztlich nur die persönlichen Neigungen oder Vorurteile, die pragmatische Aussicht auf Erfolg oder die sozialpolitische Gelegenheit sein. Im Fall der Philosophie dagegen folgt unmittelbar und notwendig aus dem ihr eigentümlichen Prinzip der absoluten Identität von Subjekt und Objekt, dass die Form und der Inhalt des Aktes des Denkens, in welchem sie sich vollendet, und folglich auch die Methode und das Objekt derselben, *absolut identisch* sind. *Die Methode einer philosophischen Theorie ist also sein Objekt selbst, insofern es in der Form seines ursprünglichen Ansichseins oder Virtualität gesetzt wird, und ihr Objekt, umgekehrt, ist ihre Methode selbst, insofern sich diese in eine konkrete Totalität entfaltet, oder in der Form seines Anundfürsichseins oder Aktualität gesetzt wird.* Die Bemerkung einer unüberwindlichen Diskrepanz zwischen der einer bestimmten benutzten Methode eigenen erkenntnistheoretischen Orientierung und der, die dagegen von der Natur des Objekts der philosophischen Theorie, in der eine solche Diskrepanz festgestellt wird, erfordert wird, kann deshalb ohne weiteres als ein hinreichender *index falsi* derselben betrachtet werden.

In diesem Aufsatz werde ich die Analyse auf die bekanntesten und einflussreichsten neuzeitlichen oder zeitgenössischen philosophischen Perspektiven beschränken, die ausdrücklich die Benennung „transzendentaler Idealismus" für sich gewählt haben. Zunächst könnte man bemerken, dass die genannte Diskrepanz im Fall der „intentionalen" oder „eidetischen" Analyse, die, wie bekannt, durch Husserls Phänomenologie zur philosophischen Grundmethode erhoben wurde, maximal ist. Denn sie setzt die ursprüngliche Gegebenheit eines bloß intuitiven Inhalts voraus, der als solcher ursprünglich *sinnlich* und *passiv* ist. Sie hat ferner einen wesentlich *beschreibenden* Charakter, und deswegen trennt sie

die Einheit ihres Objekts in eine unverbundene Mannigfaltigkeit von heterogenen und sich gegenseitig ausschließenden Bestimmungen; und sogar wenn sie
sich vornimmt, die „transzendentale Genese" der objektiven idealen Gebilde aus
der Subjektivität des „reinen Bewusstseins", der „transzendentalen Intersubjektivität" oder der „Lebenswelt" zu beschreiben, besteht sie hartnäckig darauf,
dass die *Zeitlichkeit*, und also die Äußerlichkeit des sinnlichen Mannigfaltigen,
ihre ursprüngliche, aktuelle und unüberwindbare Form ist[20]. Die absolute Identität von Subjekt und Objekt, die im Akt des selbstbewussten Denkens zum Bewusstsein von sich selbst kommt, und die als solche das eigentümliche Objekt
des philosophischen Wissens ist, soll dagegen durch radikal verschiedene Prädikate bestimmt werden[21]. Sie ist erstens ein Akt des Denkens, der „sich selbst
schlechthin setzt", und also grundsätzlich das von Husserl vorausgesetzte absolute Sein eines unmittelbar gegebenen „hyletischen" Datums ausschließt, das
wie auch immer seine unendliche Tätigkeit *ab extra* beschränken mag. Sie ist
ferner eine *absolute* Einheit, und deswegen ist jede Mannigfaltigkeit, die in ihr
als ihr Inhalt unterschieden werden kann, nur insofern möglich und denkbar, als
sie in eine organische und systematische Totalität des Denkens ursprünglich
vereinigt wird. Aus dessen Begriff soll also die Möglichkeit des Mannigfaltigen
logisch abgeleitet, und nicht durch eine bloß beschreibende „intentionale Analyse" nur festgestellt werden. Endlich ist die Zeitlichkeit des Bewusstseins
selbst, obwohl sie unleugbar eine *a priori* notwendige Form ihres unmittelbaren
Daseins ist, in letzter Analyse ein Resultat (genauer: eine immanente Selbstentäußerung), und nicht eine unmittelbare Voraussetzung, des absoluten Sich-
selbst-setzens des Ich=Ich.

Man muss Kant zweifellos das Verdienst zuerkennen, gerade derjenigen
Schwierigkeiten tiefsinnig innegeworden zu sein, denen Husserls Phänomenologie zur leichten Beute wird, und sie großenteils auch passend vermieden zu haben. Denn die von ihm ausgearbeitete und in allen grundlegenden thematischen
Bereichen des reinen Bewusstseins angewandte Methode der „transzendentalen
Analyse" hat unleugbar einen *konstruktiven* und *deduktiven*, nicht bloß intuitiven und beschreibenden Charakter. Aber die Kantischen „transzendentalen De-
duktionen" der objektiven Einheit der Erfahrung aus den entsprechenden konstitutiven Leistungen des menschlichen Geistes setzen ausnahmslos Typen und
Grade von apriorischen Synthesen, die unüberwindlich *relativ* und *endlich* bleiben. Die theoretische Aufgabe der Ableitung von solchen relativen Einheiten

20 Für eine genauere historisch-kritische Erörterung dieser Husserlschen Thesen siehe: G.
    Rinaldi, Critica della gnoseologia fenomenologica, a. a. O., Kap. 1, §§ 1 und 3; Kap. 3,
    §§ 6 und 8; Kap. 5, §§ 1 und 3.
21 Vgl. ebd., „Einleitung", § 2, S. 11–15.

aus einer ursprünglicheren und grundlegenderen *absoluten* Einheit – nämlich einer rationalen „Begründung" des Wissens, die gleichzeitig eine „Letztbegründung"[22] sei – wird nicht nur nicht von ihm erfüllt, sondern auch für grundsätzlich unausführbar gehalten, und sogar als ein tadelswerter Ausdruck der „Anmaßung" der reinen Vernunft moralisch verurteilt.

Die Unmöglichkeit, bei Kants Auffassung der Grenzen und der Methode der Philosophie stehen zu bleiben, wurde von Fichte klar verstanden, der in der Tat letztere mit der „genetischen Deduktion" der „notwendigen Handlungsart[en] der Intelligenz"[23] aus einem einzigen absoluten Prinzip identifiziert, das er von der *Wissenschaftslehre 1801* an „das Absolute"[24] nennen wird. In Fichtes Begriff des Absoluten vereinigen sich zunächst untrennbar die von mir soeben erhobenen Grunderfordernisse hinsichtlich des Wesens des Objekts der Philosophie – nämlich, einerseits, die seiner transzendentalen Idealität oder immanenten Subjektivität, denn es ist als solches weder ein Seiendes noch ein Ding oder, allgemeiner, ein „Anderes" von unserem Selbstbewusstsein; und, andererseits, die seiner Einheit oder Unendlichkeit, denn es ist keine bestimmte Form des Bewusstseins oder des Wissens, sondern vielmehr der allumfassende Horizont, innerhalb dessen jede von ihnen ursprünglich möglich wird. Ferner ist das Absolute nach Fichte das ursprüngliche immanente Objekt einer „intellektuellen Anschauung", ist also eine *unmittelbare* Einheit, und folglich ist seine Identität mit sich rein „analytisch", und also unaussprechlich in den prädikativen Synthesen des diskursiven Denkens und sogar in der Philosophie selbst als „absolutem Wissen". Die Einheit des Absoluten unterscheidet sich also von der des absoluten Wissens und ist der immanente Ursprung des letzteren; das absolute Wissen dagegen ist nur eine „Erscheinung" oder „Bild" des Absoluten, dessen (Selbst-)Anschauung deswegen auf nichts weniger hinausläuft als die „Vernichtung des Begriffs"[25]. Die Einheit des absoluten Wissens ist schon eine „synthetische Einheit" und fällt im wesentlichen mit der von Kant entdeckten „ursprünglichen

---

22 Dieter Wandschneider und Vittorio Hösle haben richtig das zeitgenössische philosophische Bewusstsein auf die grundsätzliche Unmöglichkeit einer konsistenten Begründung des Wissens, die letztlich auf keine Letzt- und Selbstbegründung desselben hinausläuft, aufmerksam gemacht. Vgl. V. Hösle, Hegels System. Der Idealismus der Subjektivität und das Problem der Intersubjektivität, a. a. O. Für eine weitgehende Erörterung dieses Buches siehe meine Rezension, die in: The Owl of Minerva *33:1* (2002/2003), S. 111–119 erschienen ist. Über Wandschneiders Auffassung der Letztbegründung vgl. oben, 118–120 , Anm. 36.

23 Vgl. J.G. Fichte, Über den Begriff der Wissenschaftslehre oder der sogenannten Philosophie, a. a. O., S. 71–72.

24 Vgl. ders., Darstellung der Wissenschaftslehre. Aus dem Jahre 1801, a. a. O., § 5.

25 Vgl. ders., Wissenschaftslehre 1804, a. a. O.: „IV. Vortrag", S. 113–122.

synthetischen Einheit der Apperzeption" zusammen; und die Ableitung des Mannigfaltigen aus der Einheit des Absoluten (A=A), nämlich die „Konstruktion" der Erscheinungswelt, findet durch die Unterscheidung seiner analytischen Identität in widersprüchlichen Entgegengesetzten (+B und -B) und dann durch ihre Vereinigung in einem synthetischen *tertium* statt, in dem beide als sich wechselseitig bestimmend gesetzt werden: dem so genannten „5fachen" oder „synthetischen periodum" (C = [+B ↔ -B] ↔ [-B ↔ +B])[26], das deswegen nach Fichte das Grundgesetz der reinen Vernunft und also der philosophischen Methode ist.

Aber auch diese Fichtesche Auflösung des Problems der Methode der Philosophie hat trotz ihrer unleugbaren Spitzfindigkeit und Tiefe noch einen m. E. unüberwindlichen Mangel. Denn dem streng *transzendental-immanenten Monismus* der späteren Fassungen der Wissenschaftslehre setzt sich ein restlicher *erkenntnistheoretischer Dualismus* zwischen intellektueller Anschauung und diskursivem Denken, dem Absoluten und dem absoluten Wissen, der analytischen und der synthetischen Einheit entgegen, der in Wahrheit unhaltbar ist. Die intellektuelle Anschauung des Absoluten schlechthin sollte zunächst durch die Vernichtung des Begriffs ermöglicht werden; eine solche Vernichtung aber ist ein an und für sich unmöglicher und undenkbarer Akt, denn sie ist in Wahrheit nichts anderes als eine Forderung des philosophischen Denkens selbst, die Behauptung einer ursprünglichen Bedingung seiner Möglichkeit, so dass sie *seine absolute Gültigkeit und Wirklichkeit* eo ipso *voraussetzt.* Ferner, obwohl die intellektuelle Anschauung der vollkommenste theoretische Ausdruck des „göttlichen Lebens in uns" sein sollte, ist sie in Wahrheit nicht mehr als das Bewusstsein einer unfruchtbaren *Tautologie* (A=A), der letzte Rest eines durch die synthetische Einheit des Selbstbewusstseins selbst vollbrachten Abstraktionsprozesses. Schließlich ist in der immanenten Einheit des Absoluten, insofern sie unmittelbar ist, grundsätzlich keine Vermittlung und also kein Grund unterscheidbar, der das Wie und Warum seines Übergangs in die Erscheinung des absoluten Wissens und in die Form des Begriffs erklären könnte. Fichtes „genetische Deduktion" des Mannigfaltigen aus der ursprünglichen Einheit des Absoluten könnte also legitim als die wahre Methode des philosophischen Wissens nur unter der Bedingung betrachtet werden, dass auch ein solcher erkenntnistheoretischer Dualismus (der in der Tat nichts mehr zu sein scheint als ein passives Erbe der herkömmlichen formallogischen Auffassung des Schlusses als einer „linearen" Ableitung von besonderen „teilbaren" aus allgemeineren „unteilba-

26 Vgl. ders., Wissenschaftslehre nova methodo. Kollegnachschrift K.Ch.Fr. Krause 1798/99, hg. von E. Fuchs, Hamburg 1982, S. 188.

ren" Sätze[27]) durch eine „zirkuläre" Theorie der Inferenz aufgehoben werde, in welcher der unmittelbare Anfang der Deduktion, nämlich die intellektuelle Anschauung, ihrerseits gerade durch die diskursive Auseinandersetzung ihrer Folgen vermittelt, und also rational gerechtfertigt werde. Die problematische Unmittelbarkeit des Absoluten würde also durch eine solche Auffassung der Inferenz letztlich *negiert*, die intellektuelle Anschauung in die immanente Entwicklung des diskursiven Denkens aufgehoben, die logische Kategorie der analytischen Identität zu einer bloßen, leeren und unfruchtbaren Tautologie herabgesetzt, und die ursprüngliche Wirklichkeit des Absoluten mit der des absoluten Wissens restlos identifiziert. Diese *negative* und *zirkuläre* Auffassung der philosophischen Methode wurde, wie bekannt, von Hegels Theorie der „dialektischen Methode" ursprünglich vorgebracht und mit unübertrefflicher logischer Stringenz gerechtfertigt[28], und dann im System der (idealen und realen) philosophischen Wissenschaften, in die seine Lehre vom „absoluten" oder „spekulativen" Idealismus gegliedert ist, bis ins kleinste Detail systematisch auseinandergesetzt. Die Hegelsche Auffassung der Philosophie, und sie allein, gewährt uns also die unumgängliche Auflösung der in der Fichteschen Wissenschaftslehre noch vorhandenen Aporien; und da letztere, wie wir soeben gesehen haben, als die Wahrheit der ganzen geschichtlich-phänomenologischen Entwicklung der Idee der Philosophie plausibel betrachtet werden kann, bleibt eine solche Auffassung noch heute die höchste, konkreteste und adäquateste Bestimmung des objektiven Wesens des philosophischen Wissens, die nach zwei Jahrhunderten an ihrer Wahrheit und Bedeutung nichts verloren hat.

---

27 Vgl., z. B., Aristotelis Analytica posteriora. Rec. W.D. Ross, Oxford 1982, I, 15, 79 a-b.
28 Für eine weitgehende Erörterung von Hegels Theorie der dialektischen Methode siehe: G. Rinaldi, Prolegomeni ad una teoria generale della conoscenza, a. a. O., Teil 3, S. 956–974.

Literatur

Achella, S., Rappresentazione e concetto. Religione e filosofia nel sistema hegeliano, Napoli, La Città del sole 2010.

– Tra storia e politica. La religione nel giovane Hegel, Napoli, Editoriale scientifica 2008.

Adorno, Th.W., Drei Studien zu Hegel, Frankfurt a. M. 1970.

– Einleitung zum ‚Positivismusstreit in der deutschen Soziologie', in: ders., Soziologische Schriften I, Frankfurt a. M. [2]1980.

– Negative Dialektik, Frankfurt a. M. [3]1984.

Aristotelis Analytica posteriora. Rec. W.D. Ross, Oxford 1982.

– Ethica Nichomachea. Rec. F. Susemihl, Lipsiae [3]1912.

– Metaphysica. Rec. W. Jaeger, Oxford 1957.

Bosanquet, B., Implication and Linear Inference, London 1920.

Bradley, F.H., Appearance and Reality: A Metaphysical Essay, Oxford [17]1978.

Brandom, R.B., Some Pragmatist Themes in Hegel's Idealism: Negotiation and Administration in Hegel's Account of the Structure and Content of Conceptual Norms, in: European Journal of Philosophy 7:2 (1999), S. 164–189.

Braßel, B., Das Verhältnis von Logik und Natur bei Hegel, in: Sich in Freiheit entlassen. Natur und Idee bei Hegel, hg. von H. Schneider, Frankfurt a. M. u. a., Peter Lang 2004, S. 87–105.

Bruno, G., De la causa, principio et uno, in: ders., Opere italiane. Bd. 1: Dialoghi metafisici, hg. von G. Gentile, Bari 1925.

Burbidge, J., Hegel in Canada, in: The Owl of Minerva 25:2 (1994), S. 215–19.

– The First Chapter of Hegel's Larger Logic, in: The Owl of Minerva 21:2 (1990), S. 177–183.

Cassirer, E., Das Erkenntnisproblem in der Philosophie und Wissenschaft der neueren Zeit. 4 Bde., Berlin [2]1923.

Christensen, D.E., Der universelle Systemgedanke bei Errol E. Harris, in: Wiener Jahrbuch für Philosophie VIII (1975), S. 196–211.

– Hegelian/Whiteheadian Perspectives, Lanham, University Press of America 1989.

– The Search for Concreteness: Reflections on Hegel and Whitehead: A Treatise on Self-Evidence and Critical Method in Philosophy, Selingsgrove, Susquehanna University Press 1986.

Cohen, R.S.–Wartowsky, M.W. (Hg.), Hegel and the Sciences, Dordrecht–Boston–London 1984.

Collingwood, R.G., An Essay on Philosophical Method, Oxford, Clarendon Press, 1933.

Croce, B., Aesthetica in nuce, Bari, Laterza [7]1969.

– Breviario di estetica, Bari, Laterza [18]1974.

– Estetica come scienza dell'espressione e linguistica generale, Bari, Laterza [11]1965.

– Filosofia della pratica. Economica ed etica, Bari, Laterza [9]1973.

– Filosofia e storiografia, Bari, Laterza [2]1969.

– Indagini su Hegel e schiarimenti filosofici, Bari, Laterza [2]1967.

– La poesia, Bari, Laterza [3]1971.

– La storia come pensiero e come azione, Bari, Laterza [3]1973.

– Logica come scienza del concetto puro (1905), Bari, Laterza [2]1971.

– Materialismo storico ed economia marxistica (1899), Bari, Laterza [3]1978.

– Saggio sullo Hegel, seguito da altri scritti di storia della filosofia, Bari, Laterza [5]1967.

– Teoria e storia della storiografia, Bari, Laterza [11]1976.

de Angelis, M., Die Rolle des Einflusses von J.J. Rousseau auf die Herausbildung von Hegels Jugendideal. Ein Versuch, die „dunklen Jahre" (1789–1792) der Jugendentwicklung Hegels zu erhellen, Frankfurt a. M. u. a., Peter Lang 1995.

– Hegels Philosophie als Weisheitslehre. Beiträge zu einer neuen Interpretation des jungen und des reifen Hegel, Frankfurt a. M. u. a., Peter Lang 1996.

De Ruggiero, G., La filosofia contemporanea, Bari, Laterza [7]1967.

Derrida, J., Marges de la philosophie, Paris, Éditions de Minuit 1972.

Desmond, W., Art, Philosophy, and Concreteness, in: The Owl of Minerva 16: 2 (Spring 1985), S. 131–36.

– Being and the Between, Albany, NY, State University of New York Press 1995.

– Being Between, in: Clio 20:4 (1991), S. 314–321.

– Being, Determination, and Dialectic: On the Sources of Metaphysical Thinking, in: The Review of Metaphysics 48 (June 1995), S. 731–769.

– Between Finitude and Infinity: Hegelian Reason and the Pascalian Heart, in: Hegel on Modernity, ed. by A. Collins, Albany, NY, State University of New York Press 1994. Nachgedruckt in: The Journal of Speculative Philosophy 9:2 (1995), S. 83–110.

– Beyond Hegel and Dialectic: Speculation, Cult, and Comedy, Albany, NY, State University of New York Press 1992.

– Collingwood, Imagination, and Epistemology, in: Philosophical Studies XXIV (1976), S. 82–103.

– Creativity and the Dynamis, in: The Philosophy of Paul Weiss, ed. by L.E. Hahn, Chicago and La Salle, Ill., Open Court, S. 543–557.
– Desire, Dialectic, and Otherness: An Essay on Origins, New Haven and London, Yale University Press 1987.
– Hegel, Dialectic, and Decontructionism, in: Philosophy and Rhetoric *18:4* (1985), S. 244–263.
– Hegel, History and Philosophical Contemporaneity, in: Filosofia oggi *4:2* (1981), S. 211–226.
– Hegel, Philosophy and Worship, Cithara *19:1* (1979), S. 3–20.
– Hermeneutics and Hegel's Aesthetics, in: Irish Philosophical Journal *2:2* (1985), S. 94–104.
– Philosophies of Religion: Marcel, Jaspers, Levinas, in: R. Kearney (Hg.), Routledge History of Philosophy, Vol. 8: Twentieth-Century Continental Philosophy, London–New York 1994, S. 131–74.
– Philosophy and Its Others. Ways of Being and Mind, Albany, NY 1990.
– Plato's Philosophical Art and the Identification of the Sophist, in: Filosofia oggi *2:4* (1979), S. 393–403.
De Vos, L., Ethik oder Metaphysik bei Hegel? Zu G. Rinaldis Teoria etica, in: Jahrbuch für Hegelforschung XII–XIV (2010), S. 315–322.
Docherty, Th., Postmodernist Theory: Lyotard, Baudrillard and Others, in R. Kearney (Hg.), Routledge History of Philosophy, Vol. VIII: Twentieth–Century Continental Philosophy, Routledge, London and New York 1994, S. 474–505.
Düsing, K., La storia idealistica dell'autocoscienza nella concezione della Fenomenologia di Hegel, in: Autocoscienza, metodo, negatività. Studi sulla *Fenomenologia dello spirito* e la sua ricezione, hg. von A. Aportone, Napoli 2008, S. 41–60.
Engelhardt, D. von, Das chemische System der Stoffe, Kräfte und Prozesse in Hegels Naturphilosophie und der Wissenschaft seiner Zeit, in: Stuttgarter Hegel-Tage 1970. Hegel Studien, Beiheft 11 (1974), S. 125–39.
– Der metaphysische Krankheitsbegriff des Deutschen Idealismus. Schellings und Hegels naturphilosophische Grundlegung, in: Medizinische Anthropologie, hg. von Eduard Seidler, Berlin 1984, S. 17–31.
– Gestalt und Funktionen des Organismus in der Naturphilosophie Hegels, in: Aufsätze und Reden, Senck. naturf. Ges. XLI, Frankfurt a. M. 1994, S. 32–43.
– Hegels Organismusverständnis und Krankheitsbegriff, in: Hegel und die Naturwissenschaften, hg. von M.J. Petry, o. O., 1987, S. 423–41.
– Hegels philosophisches Verständnis der Krankheit, in: Sudhoffs Archiv LIX (1975), S. 225–46.

Engels, F., Dialektik der Natur, in: K. Marx–E. Engels, Werke, Berlin 1962–, Bd. 20.

– Herrn Eugen Dührings Umwälzung der Wissenschaft, in: K. Marx–F. Engels, Werke, Berlin 1962–, Bd. 20.

– Ludwig Feuerbach und der Ausgang der klassischen deutschen Philosophie, in: Werke, Berlin 1962–, Bd. 21.

Fichte, J.G., Darstellung der Wissenschaftslehre. Aus dem Jahre 1801, in: J.G. Fichte's sämmtliche Werke, hg. von I.H. Fichte, Berlin 1846, Abth. 1, Bd. 2.

– Grundlage der gesammten Wissenschaftslehre, in: Johann Gottlieb Fichte's sämmtliche Werke, hg. von I.H. Fichte, Berlin 1846, Abth. 1, Bd. 1.

– Über den Begriff der Wissenschaftslehre oder der sogenannten Philosophie, in: J.G. Fichtes sämmtliche Werke, hg. von I.H. Fichte, Berlin 1846, Abth. 1, Bd. 1.

– Wissenschaftslehre 1804, in: J.G. Fichte's nachgelassene Werke, hg. von I.H. Fichte, Bonn 1834, Bd. 2.

– Wissenschaftslehre nova methodo. Kollegnachschrift K.Ch.Fr. Krause 1798–99, hg. von E. Fuchs, Hamburg 1982.

Findlay, J., Hegel. A Re-examination, London, Allen & Unwin, 1958.

Fischer, K., System der Logik und Metaphysik oder Wissenschaftslehre (1852), Heidelberg [3]1909.

Franchini, R., Intervista su Croce, a cura di A. Fratta, Napoli, SEN 1978.

– Le origini della dialettica, Napoli, Giannini 1961.

Gadamer, H.-G., Hegels Dialektik. Sechs hermeneutische Studien, 2., vermehrte Auflage, Tübingen 1980.

Garin, Cronache di filosofia italiana. 1900–1945, 2 Bde., Bari, Laterza 1966.

Gentile, G., Genesi e struttura della società. Firenze, Sansoni [2]1975.

– I fondamenti della filosofia del diritto, Firenze, Le Lettere [4]1987.

– Introduzione alla filosofia, Firenze, Sansoni [2]1981.

– La filosofia dell'arte, Firenze, Sansoni [3]1975.

– La filosofia di Marx, Firenze, Sansoni [5]1974.

– La riforma della dialettica hegeliana, Firenze, Sansoni [4]1975.

– Opere filosofiche, a cura di E. Garin, Milano 1991.

– Sistema di logica come teoria del conoscere, 2 Bde., Firenze [4]1955.

– Teoria generale dello spirito come atto puro, Firenze, Sansoni [6]1959.

Gloy, K., Die Aktualität einer Hegelschen Intention, demonstriert am Beispiel von Hegels Newton-Kritik, in: Jahrbuch für Hegelforschung III (1998), S. 11–21.

Goethe, J.W. von, Faust, in: Goethe's sämtliche Werke, hg. von Th. Friedrich, Leipzig, o. J., Bd. 2.

Grier, Ph.T. (Hg.), Dialectic and Contemporary Science: Essays in Honor of
Errol E. Harris. With an Introduction by Ph.T. Grier, Lanham–New York–
London 1989.

Halper, E.C., The Idealism of Hegel's System, in: The Owl of Minerva *34:1*
(2002/2003), S. 19–58.

Harris, E.E., An Interpretation of the Logic of Hegel, Washington, DC 1983.

– Being-for-Self in the Greater Logic, in: The Owl of Minerva *25:2* (1994), S.
155–62.

– Bradley's Conception of Nature, in: Idealistic Studies *15:3* (Sept. 1985), S.
185–98.

– Coherence and its Critics, in: Idealistic Studies *5:2* (September 1975), S. 208–
230.

– Cosmos and Anthropos: A Philosophical Interpretation of the Anthropic Cosmological Principle, Atlantic Highlands, NJ–London 1991.

– Dialectic and Scientific Method, in: Idealistic Studies *3:1* (1973), S. 1–17.

– Formal, Transcendental and Dialectical Thinking: Logic & Reality, Albany,
NY 1987.

– Hegel and the Natural Sciences, in: Beyond Epistemology: New Studies in the
Philosophy of Hegel, ed. by F. Weiss, The Hague 1974, S. 129–153.

– Hegel's Naturphilosophie, Updated, in: The Owl of Minerva *10:3* (1978), S.
2–7.

– Hypothesis and Perception: The Roots of Scientific Method, London–New
York 1970.

– Nature, Man, and Science: Their Changing Relations, in: International Philosophical Quarterly *19:1* (March 1979), S. 3–14.

– Nature, Mind and Modern Science, London 1954.

– Salvezza dalla disperazione. Rivalutazione della filosofia di Spinoza, a cura di
G. Rinaldi, Milano 1991.

– The End of a Phase, in: Dialectica *17* (Nov. 1963), S. 213–247.

– The Foundations of Metaphysics in Science, Lanham–New York–London
²1983.

– The Philosophy of Nature in Hegel's System, in: The Review of Metaphysics
3 (Dec. 1949), S. 217–228.

– The Problem of Self-Constitution for Idealism and Phenomenology, in: Idealistic Studies *7:1* (1977), S. 1–27.

– The Restitution of Metaphysics, Amherst, NY 2000.

– The Spirit of Hegel, Atlantic Highlands, NJ 1993.

– Time and Eternity, in: The Review of Metaphysics *29:3* (1976), S. 464–82.

Harris, H.S., Hail and Farewell to Hegel: The Phenomenology and the Logic, in:
The Owl of Minerva *25:2* (1994), S. 163–171.

278   Literatur

Hartmann, N., Aristoteles und Hegel, in: ders., Kleinere Schriften, Berlin 1957, Bd. 2.
– Die Philosophie des deutschen Idealismus, Zweiter Teil: Hegel, Berlin und Leipzig, W. de Grüyter 1929.
– Hegel und das Problem der Realdialektik, in: ders., Kleinere Schriften, Berlin 1957, Bd. 2.
Hegel, G.W.F., Hegel, Werke in 20 Bänden, hg. von E. Moldenhauer und K.M. Michel, Frankfurt a. M., Suhrkamp Verlag 1969–1971.
– Die Philosophie des Rechts, hg. von K.-H. Ilting, Stuttgart 1983.
– Dissertatio Philosophica de Orbitis Planetarum. Philosophische Erörterung über die Planetenbahnen. Übersetzt, eingeleitet und kommentiert von W. Neuser, Weinheim 1986.
– Enzyklopädie der philosophischen Wissenschaften im Grundrisse. (1817), in: Hegel, Gesammelte Werke, Bd. 13, Hamburg 2000.
– Jenaer Systementwürfe II. Logik, Metaphysik, Naturphilosophie, hg. von R.-P. Horstmann, Hamburg 1982.
– System der Philosophie. Zweiter Teil: Die Naturphilosophie. Mit einem Vorwort von K.L. Michelet, Stuttgart [3]1958.
– Vorlesungen über die Logik. Berlin 1831. Nachgeschrieben von Karl Hegel, Hamburg 2001.
– Vorlesungen über die Philosophie der Geschichte, hg. von G. Lasson, Hamburg 1930.
– Vorlesungen über die Philosophie der Natur. Berlin 1825/1826. Nachgeschrieben von Heinrich Wilhelm Dove, Hamburg 2007.
– Vorlesungen über Logik und Metaphysik. Heidelberg 1817. Mitgeschrieben von F.A. Good, Hamburg 1992.
– Vorlesung über Naturphilosophie. Berlin 1821/22. Nachschrift von Boris von Uexküll, Frankfurt a. M. u. a., Peter Lang 2002.
– Vorlesungen über Naturrecht und Staatswissenschaft, hg. von C. Becker u. a., Hamburg 1983.
Heidegger, M., Sein und Zeit, Tübingen 1927.
Hösle, V., Hegels System. Der Idealismus der Subjektivität und das Problem der Intersubjektivität, Hamburg [2]1998.
– Rezension von G. Rinaldi, Teoria etica, Trieste 2004, in: Humanitas LXII, Nr. 5–6, Sept.–Dez. 2007, S. 1174–1177. Nachgedruckt in: Magazzino di filosofia 18 (2005/2010), S. 61–64.
Husserl, E., Logische Untersuchungen (1900), Halle, Niemeyer [3]1923.
Horkheimer, M.–Adorno, Th.W., Dialektik der Aufklärung, Frankfurt a. M. [2]1984.

Il'in, I.A., The Philosophy of Hegel as a Doctrine of the Concreteness of God and Humanity, hg. von Ph.T. Grier, Evanston, Ill., Northwestern University Press 2010, 2 Bde.

Jaeschke, W., Zur Genealogie des deutschen Idealismus. Konstitutionsgeschichtliche Bemerkungen in methodologischer Absicht, in: Materialismus und Spiritualismus. Philosophie und Wissenschaft nach 1848, hg. von A. Arndt/W. Jaeschke, Hamburg, Meiner 2000, S. 220–233.

Kant, I., Die Religion innerhalb der Grenzen der bloßen Vernunft, in: Kant's gesammelte Schriften, hg. von der Königlich Preußischen Akademie der Wissenschaften, Bd. VI, hg. von G. Wobbermin, Berlin 1914.

– Kritik der praktischen Vernunft, in: Kant's gesammelte Schriften, Bd. V, hg. von P. Natorp, Berlin 1913.

– Kritik der reinen Vernunft, in: Kant's gesammelte Schriften, Bd. II, hg. von B. Erdmann, Berlin 1911.

Lakebrink, B., Kommentar zu Hegels Logik in seiner Enzyklopädie von 1830. Bd. 1: Sein und Wesen, Freiburg und München 1979.

Lauer, Q., Religion, Reason, and Culture: A Hegelian Interpretation, in: The Owl of Minerva 25:2 (1994), S. 173–186.

Leibniz, G.W., La monadologie, in: ders., Opera philosophica, hg. von J.E. Erdmann, Aalen, Scientia 1959, S. 705–712.

Marx, K., Das Kapital. Kritik der politischen Ökonomie, in: K. Marx–F. Engels, Werke, Berlin 1962–, Bd. 23.

– Ökonomisch-philosophische Manuskripte aus dem Jahre 1844, in: Werke, Berlin 1962–, Ergänzungsband (1968), Erster Teil.

McDowell, J., Comment on Robert Brandom's ‚Some Pragmatist Themes in Hegel's Idealism', in: European Journal of Philosophy 7:2 (1999), S. 190–192.

McTaggart, J.E., Studies in the Hegelian Dialectic, Cambridge 1922.

Michelet, K.L., Das System der Philosophie als exacter Wissenschaft enthaltend Logik, Naturphilosophie und Geistesphilosophie. Erster Band, Berlin, Nicolaische Verlags-Buchhandlung 1876.

– Logik und Metaphysik: Rosenkranz und Hegel, in: Der Gedanke. Erster Band (1861).

Mure, G.R.G., An Introduction to Hegel, Oxford 1940.

– A Study of Hegel's Logic, Oxford 1950.

– Idealist Epilogue, Oxford 1978.

Paci, E., La filosofia contemporanea, Milano, Garzanti 1974.

Paulus, Briefe, in: E. Nestle/K. Aland (Hg.), Novum Testamentum Graece et Latinae, Stuttgart 1960.

Platonis Sophistes. Rec. M. Wohlrab et C.F. Hermann, Lipsiae 1929.

– Theaetetus, rec. C.F. Hermann, Lipsiae 1878.

Rinaldi, G., A Hegelian Critique of Derrida's Deconstructionism, in: Philosophy & Theology *11:2* (1999), S. 311–348.

– A History and Interpretation of the Logic of Hegel, Lewiston, NY, The Edwin Mellen Press 1992.

– An Apology for Hegel's Idealism Against Its Realist-Metaphysician Critics, in: The Owl of Minerva *19:2* (1987), S. 52–62.

– Attualità di Hegel. Autocoscienza, concretezza e processo in Gentile e in Christensen, in: Studi filosofici XII-XIII (1989–90), S. 63–104.

– Critica della gnoseologia fenomenologica, Napoli, Giannini 1979.

– Dalla dialettica della materia alla dialettica dell'Idea. Critica del materialismo storico, Napoli 1981.

– Dialettica, arte e società. Saggio su Theodor W. Adorno, Urbino 1994.

– Die Selbstaufhebung der materialistischen Reduktion des „Bewusstseins" auf das „gesellschaftliche Sein" bei Marx, in: Reduktionismus – und Antworten der Philosophie, hg. von W. Grießer, Würzburg, Königshausen & Neumann 2012, S. 241–263.

– Essenza e dialettica della percezione sensibile, in: Studi urbinati LXVI (1993–94), S. 813–851.

–Filosofia critica e pensiero speculativo nella „Critica del giudizio" di Kant, in: Studi urbinati LXXVI (2006), S. 53–77.

– Fondamenti di filosofia del linguaggio, in: Studi urbinati LXVIII (1997–98), S. 485–536.

– Harris, Errol Eustace (1908–2009), in: Dictionary of Modern American Philosophers, ed. by J.R. Shook, Bristol–London–New York 2005, S. 1036–1040. Nachgedruckt in: Biographical Encyclopedia of British Idealism, ed. by W. Sweet, London–New York, Continuum International Publishing Group 2010, S. 302–306.

– Hegels spekulativer Systembegriff und die zeitgenössischen Wissenschaften, in: W. Neuser, S. Roterberg (Hg.), Systemtheorie, Selbstorganisation und Dialektik. Zur Methodik der Hegelschen Naturphilosophie, Würzburg, Könighausen & Neumann, im Druck.

– Idea e realtà della Logica. Parte I, in: Studi urbinati LXXI (2001–2002), S. 91–137.

– Idea e realtà della Logica. Parte II, in: Studi urbinati LXXII (2003–2004), S. 29–47.

– Il concetto speculativo di „sistema" tra filosofia e scienze dell'uomo, in: Studi urbinati LXI (1988), S. 479–505.

– Innere und äußere Teleologie bei Kant und Hegel, in: Hegel und das mechanistische Weltbild. Vom Wissenschaftsprinzip Mechanismus zum Organismus als Vernunftbegriff, hg. von R. Wahsner, Frankfurt a. M. u. a., Peter Lang 2005, S. 77–92.

– Intentionality and Dialectical Reason, in: The Monist *69:4* (1986), S. 568–583.

– Italian Idealism and After: Gentile, Croce and Others, in: Routledge History of Philosophy, Vol. VIII: Twentieth Century Continental Philosophy, ed. by R. Kearney, London–New York 1994, S. 350–389.

– L'atto logico-etico come principio della filosofia, in: Studi filosofici V-VI (1982–83), S. 291–323.

– L'idealismo attuale tra filosofia speculativa e concezione del mondo, Urbino, Quattro Venti 1998.

– Method and Speculation in Fichte's Later Philosophy, in: Fichte Studien, Bd. 30: Fichtes Spätwerk im Vergleich, Amsterdam–New York 2006, S. 153–161.

– Prolegomeni ad una teoria generale della conoscenza, in: Studi urbinati LXIX (1999), S. 915–974.

– „Ragione" e „giustizia" secondo Richard D. Winfield, in: Magazzino di filosofia *7* (2002), S. 107–124.

– Ragione e Verità. Filosofia della religione e metafisica dell'essere, Roma, Aracne Editrice 2010.

– Recenti prospettive e tendenze della letteratura hegeliana anglosassone, in: Cultura e Scuola XXVI, Nr. 104 (Okt.–Dez. 1987), S. 127–136.

– Rezension von D.E. Christensen, Hegelian/Whiteheadian Perspectives, in: The Owl of Minerva *23:1* (1991), S. 63–68.

– Rezension von D.E. Christensen, The Search for Concreteness, in: Idealistic Studies *18: 2* (1988), S. 181–185.

– Rezension von Hegel, Vorlesungen über die Logik. Berlin 1831. Nachgeschrieben von Karl Hegel, in: Jahrbuch für Hegelforschung VIII/IX (2002/2003), S. 311–320.

– Rezension von Hegel, Vorlesungen über die Philosophie der Natur. Berlin 1825/1826. Nachschrift von H.W. Dove, in: The Owl of Minerva, im Druck.

– Rezension von Hegel, Vorlesungen über Logik und Metaphysik. Heidelberg 1817. Mitgeschrieben von F.A. Good, in: Jahrbuch für Hegelforschung III (1997), S. 295–301.

– Rezension von H. Schneider, Geist und Geschichte. Studien zur Philosophie Hegels, in: Jahrbuch für Hegelforschung IV/V (1998/99), S. 331–34.

– Rezension von H. Schneider (Hg.), Sich in Freiheit entlassen. Natur und Idee bei Hegel, in: Jahrbuch für Hegelforschung X/XI (2004/2005), S. 273–284.

– Rezension von V. Hösle, Hegels System, in: The Owl of Minerva *33:1* (2002/2003), S. 111–119.

– Saggio sulla metafisica di Harris, Bologna, Li Causi 1984.

– Teoria etica. Trieste, Edizioni Goliardiche 2004.

– Über das Verhältnis der Ethik zur Metaphysik, in: H.-D. Klein (Hg.), Ethik als prima philosophia?, Würzburg, Königshausen & Neumann 2011, S. 43–63.

– Warum, und inwiefern, ist Hegels „absoluter Idealismus" heute noch aktuell?, in: Hegel-Jahrbuch 2004: Glauben und Wissen. Zweiter Teil, S. 95–101.

Rockmore, T., Foundationalism and Hegelian Logic, in: The Owl of Minerva *21:1* (1989), S. 41–50.

Rosenkranz, K., Die Wissenschaft der logischen Idee, Königsberg 1858, 2 Bde.

Scheier, C.-A., Analytischer Kommentar zu Hegels Phänomenologie des Geistes. Die Architektonik des erscheinenden Wissens, Freiburg–München ²1986.

– Der vulgäre Zeitbegriff Heideggers und Hegels lichtscheue Macht, in: Das Rätsel der Zeit. Philosophische Analysen, hg. von H.M. Baumgartner, Freiburg und München 1992, S. 51–73.

– Die Bedeutung der Naturphilosophie im deutschen Idealismus, in: Philosophia naturalis XXIII (1986), S. 389–98.

– Die Selbstentfaltung der methodischen Reflexion als Prinzip der Neueren Philosophie. Von Descartes zu Hegel, Freiburg–München 1973.

– Hegel und der geschichtliche Abschied des spekulativen Wissens, in: Theorie-Technik-Praxis. Philosophische Beiträge, Katholische Akademie Schwerte 1986, S. 17–29.

– Nietzsches Labyrinth. Das ursprüngliche Denken und die Seele, Freiburg–München 1985.

Schelling, F.W.J., System der gesammten Philosophie und der Naturphilosophie insbesondere, in: F.W.J. Schelling, Ausgewählte Schriften. Bd. 3: 1804–1806, Frankfurt a. M. 1985.

– System des transzendentalen Idealismus, in: Schellings Werke, hg. von M. Schröter. Bd. 2, München 1927.

Schild, W., *„An diesem 30. Januar [1933] ist ,Hegel gestorben'"*. Anmerkungen zu einer These Carl Schmitts, in: Transzendentale Konzepte in aktuellen Bezügen, hg. von H.-D. Klein/R. Langthaler, Würzburg, Königshausen & Neumann 2010, S. 37–55.

– Anerkennung als Thema in Hegels „Grundlinien der Philosophie des Rechts", in: Anerkennung. Interdisziplinäre Dimensionen eines Begriffs. Ein Symposion, hg. von W. Schild, Würzburg, Königshausen & Neumann 2000, S. 37–72.

– Anmerkungen zur Familie einst und heute, in: Familie – ein öffentliches Gut? Gesellschaftliche Anforderungen an Partnerschaft und Elternschaft, hg. von E. Völmicke und G. Brudermüller, Würzburg, Königshausen & Neumann 2010, S. 143–159.

– Bemerkungen zum „Antijuridismus" Hegels, in: Recht und Ideologie in historischer Perspektive. Festschrift für H. Klenner, hg. von G. Haney, W. Maihofer, G. Sprenger, Freiburg–Berlin–München 1998, S. 124–161.

– Der rechte Hegel: ein Rechtshegeliner? Bemerkungen zur Hegelschen Rechtsphilosophie, in: Recht und Pluralismus. Hans-Martin Pawlowski zum 65. Geburtstag, hg. von S. Smid/N. Fehl, Berlin 1997, S. 179–215.

– Die Aktualität des Hegelschen Strafbegriffs, in: Philosophische Elemente der Tradition des politischen Denkens, hg. von E. Heintel, Wien–München 1979, S. 200–233.

– Die Legitimation des Grundgesetzes als der Verfassung Deutschlands in der Perspektive Hegels, in: Legitimation des Grundgesetzes aus Sicht von Rechtsphilosophie und Gesellschaftstheorie, hg. von W. Brugger, Baden-Baden 1996, S. 65–96.

– Menschenrechtsethos und Weltgeist. Eine Hegel-Interpretation, in: Würde und Recht des Menschen. Festschrift für Johannes Schwartländer zum 70. Geburtstag, hg. von H. Bielfeldt, W. Brugger, K. Dicke, Würzburg, Königshausen & Neumann 1992, S. 199–222.

– Sittlicher Staat und Christlicher Glaube in Hegels Philosophie, in: Subjektiver Geist. Reflexion und Erfahrung im Glauben. Festschrift zum 65. Geburtstag von T. Koch, hg. von K.-M. Kodalle/A.M. Steinmeier, Würzburg, Königshausen & Neumann, S. 47–62.

– Spekulationen zum systematischen Aufbau von Hegels „Grundlinien der Philosophie des Rechts" (1820), in Wiener Jahrbuch für Philosophie XXIV (1992), S. 127–144.

– Verbrechen und Strafe in der Rechtsphilosophie Hegels und seiner „Schule" im 19. Jahrhundert, in: Zeitschrift für Rechtsphilosophie (2002), Heft 1, S. 30–42.

– „Wer denkt abstrakt", wer konkret? Zugleich ein Beitrag zur Strafrechtsphilosophie Hegels, in: System der Philosophie? Festgabe für Hans-Dieter Klein, hg. von L. Nagl und R. Langthaler, Frankfurt a. M. u. a., Peter Lang 2000, S. 187–198.

Schmidt, K.J., Die logische Struktur der Natur, in: Sich in Freiheit entlassen. Natur und Idee bei Hegel, hg. von H. Schneider, Frankfurt a. M. u. a., Peter Lang 2004, S. 31–61.

Schneider, H., Geist und Geschichte. Studien zur Philosophie Hegels, Frankfurt a. M. u. a., Peter Lang 1998.

Smith, J.E., Hegel and the Hegel Society of America, in: The Owl of Minerva
25:2 (1994), S. 135–140.

Spaventa, B., Le prime categorie della Logica di Hegel (1864), in: ders., Opere,
a cura di G. Gentile, Firenze 1972, Bd. 1, S. 369–437.

– Logica e metafisica (1867), in: ders., Opere, Firenze 1973, Bd. 3.

– Principi di etica (1869), in ders., Opere, Firenze 1973, Bd. 1, S. 611–801.

Spinoza, B., Epistolae, in: ders., Opera. Im Auftrag der Heidelberger Akademie
der Wissenschaften, hg. von C. Gebhardt, Heidelberg 1924, Bd. 4, S. 3–
336.

– Ethica ordine geometrico demonstrata, in: ders., Opera, Heidelberg 1924, Bd.
2, S. 41–308.

– Tractatus de intellectus emendatione, in: ders., Opera, Heidelberg 1924, Bd. 2,
S. 1–40.

Trendelenburg, A., Logische Untersuchungen, Leipzig 1870, 2 Bde.

Vera, A., Il Cavour e Libera Chiesa in libero Stato, Napoli, Tip. R. Università
1871.

– Introduction à la philosophie de Hégel, Paris 1864.

– Strauss. La vieille et la nouvelle foi, Napoli, Detken & Rocholl 1873.

Verene, D.Ph., Hegel's Spiritual Zoo and the Modern Condition, in: The Owl of
Minerva 25:2 (1994), S. 25–40.

Vico, G.B., La scienza nuova, Milano 1977.

Vieweg, K., Der Anfang der Philosophie – Hegels Aufhebung des Pyrrhonismus, in: Das Interesse des Denkens. Hegel aus heutiger Sicht, hg. von W.
Welsch/K. Vieweg, München 2004, S. 131–146.

– Die „freie Seite jeder Philosophie" – Skepsis und Freiheit, in: Die freie Seite
der Philosophie – Skeptizismus aus Hegelscher Perspektive, hg. von B.
Bowman/K. Vieweg, Würzburg 2005.

– Philosophie des Remis. Der junge Hegel und das >Gespenst des Skepticis-
mus<, München 1999.

Wahsner, R., ‚An seinen Werkzeugen besitzt der Mensch die Macht über die
äußere Natur...'. Hegels Rezeption des τέχνη-Begriffs in seiner Logik, in:
Jahrbuch für Hegelforschung VIII/IX (2002/2003), S. 173–195.

– ‚Das Bedürfnis einer Umgestaltung der Logik ist längst gefühlt'. Hegels An-
liegen und der Mißbrauch einer dialektischen Methode, in: Mit und gegen
Hegel. Von der Gegenstandslosigkeit der absoluten Reflexion zur Be-
griffslosigkeit der Gegenwart, hg. von A. Kahl u. a., Lüneburg 2000, S.
205–235.

– Die Macht des Begriffs als Tätigkeit (§ 208). Zu Hegels Bestimmung der Be-
trachtungsweisen der Natur, in: Wiener Jahrbuch für Philosophie XXXIV
(2002), S. 101–142.

– Ist die Naturphilosophie eine abgelegte Gestalt des modernen Geistes?, in: Die Natur muß bewiesen werden. Zu Grundfragen der Hegelschen Naturphilosophie, hg. von R. Wahsner und Th. Posch, Frankfurt a. M. u. a., Peter Lang 2002, S. 9–40.

Wandschneider, D., Absolutes Wissen? Zu Hegels Projekt der Selbstbegründung einer absoluten Logik, in: Hegel-Jahrbuch 2004: Glauben und Wissen. Zweiter Teil, hg. von A. Arndt, K. Bal und H. Ottmann, Berlin 2004, S. 90–94.

– Das Problem der Emergenz von Psychischem – im Anschluß an Hegels Theorie der Empfindung, in: Jahrbuch für Philosophie des Forschungsinstituts für Philosophie Hannover X (1999), S. 69–95.

– Die phänomenologische Auflösung des Induktionsproblems im szientistischen Idealismus der ‚beobachtenden Vernunft‘, in: Hegels Jenaer Naturphilosophie, hg. von K. Vieweg, München 1998, S. 369–382.

– Hegels naturontologischer Entwurf – heute, in: Hegel-Studien XXXVI (2001), S. 147–169.

– Hegel und die Evolution, in: Hegel und die Lebenswissenschaften, hg. von O. Breidbach und D. v. Engelhardt, Berlin 2000, S. 225–240.

– Ist das System der Fundamentallogik *ohne* das System der Fundamentallogik rekonstruierbar?, in: System der Philosophie? Festgabe für Hans-Dieter Klein, hg. von L. Nagl und R. Langthaler, Frankfurt am M. u. a., Peter Lang 2000, S. 225–240.

– Robert B. Brandoms pragmatistische Hegel-Adaption, in: Naturwissenschaft und Methode in Hegels Naturphilosophie, hg. von W. Neuser, Würzburg, Königshausen & Neumann 2009, S. 177–193.

– Zur Dialektik des Übergangs von der absoluten Idee zur Natur. Eine Skizze, in: Sich in Freiheit entlassen. Natur und Idee bei Hegel, hg. von H. Schneider, Frankfurt a. M. u. a., Peter Lang 2004, S. 107–124.

Weber, M., Gesammelte Aufsätze zur Wissenschaftslehre, Tübingen 1922.

Whitehead, A.N., Process and Reality: An Essay in Cosmology, New York–London 1978.

Winfield, R.D., Conceiving Something Without Any Conceptual Scheme, in: The Owl of Minerva *18: 1* (1986), S. 13–28.

– Ethical Community without Communitarianism, in: Philosophy Today (Summer 1996), S. 310–320.

– Logic, Language, and the Autonomy of Reason: Reflections on the Place of Hegel's Analysis of Thinking, in: Idealistic Studies *17:1* (1987), S. 109–121.

– Modernity, Religion, and the War on Terror, Aldershot, Ashgate 2007.

– Reason and Justice, Albany, NY, SUNY Press 1988.

– The Injustice of Human Rights, in: Philosophical and Social Criticism *9:1* (1982), S. 81–96.

– The Just Family, Albany, NY, SUNY Press 1998.

– The Limits of Intersubjectivity in Hegel's Philosophy of Subjective Spirit, in: G. Rinaldi (Hg.), Il pensiero di Hegel nell'età della globalizzazione, Roma, Aracne Editrice, im Druck.

– The Normativity of Globalization, in: G. Rinaldi (Hg.), Il pensiero di Hegel nell'età della globalizzazione, Roma, Aracne Editrice, im Druck.

Waszek, N., Die Hegelforschung mit Wilhelm Dilthey beginnen?, in: Anfänge bei Hegel, hg. von W. Schmied-Kowarzik und H. Eidam, Kassel University Press, Kassel 2008, S. 13–30.

Wittgenstein, L., Tractatus Logico-Philosophicus, London, Routledge and Kegan Paul 1961.

Zabel, B., Fichtes Recht und Hegels Staat. Anmerkungen zu einer philosophischen Debatte des deutschen Idealismus, in: Hegel-Studien *4:5* (2010), S. 51–79.

Namenregister

Schneider, H.; VI; 23; 104
Schopenhauer, A.; 40; 157; 198
Schröter, M.; 36
Schulze, G.E.; 150; 153
Schwartländer, J.; 137
Sciama, W.D.; 88
Seidler, E.; 99
Sextus Empiricus; 150
Sheldrake, R.; 88
Shook, J.R.; 87
Smid, S.; 138
Smith, J.E.; 42; 87; 158
Spaventa, B.; 84; 147; 181; 197; 198; 202; 204; 227
Spinoza, B.; 40; 44; 56; 87; 98; 125; 127; 147; 153; 212; 214; 215; 243; 262
Sprenger, G.; 25
Steffens, H.; 97
Steinmeier, A.M.; 250
Strauss, D.F.; 243
Stuhr; 158
Susemihl, F.; 233
Sweet, W.; 87

Tertullian; 230
Tipler, F.J.; 88

Trendelenburg, A.; 191; 198
Vera, A.; 120; 202; 242; 250
Verene, D. Ph.; 48
Vico, G.B.; 50
Vieweg, K.; 104; 106
Völmicke, E.; 247

Wahsner, R.; 21; 112; 113; 114; 120; 121
Walsh, W.H.; 87
Wandschneider, D.; 5; 7; 9; 10; 13; 104; 118; 119; 269
Wannemann, P.; 12
Wartowsky, M.W.; 99
Weber, M.; 51; 210
Weiss, F.; 87; 216
Welsch, W.; 106
Whitehead, A.N.; 20; 42; 43; 53; 60; 61; 62; 63; 64
Winfield, R.D.; V; 23; 58; 134; 229–255
Wittgenstein, L.; 53; 63
Wobbermin, G.; 136
Wohlrab, M.; 7
Wordsworth, W.; 211

Zabel, B.; 3; 5; 6

HEGELIANA

Studien und Quellen zu Hegel und zum Hegelianismus
Herausgegeben von Helmut Schneider

Band 21 Hans-Jürgen Gawoll: Hegel – Jacobi – Obereit. Konstellationen im deutschen Idealismus. Mit Texten Jakob Hermann Obereits im Anhang. Herausgegeben von Helmut Scheider. 2008.

Band 22 Giacomo Rinaldi: Absoluter Idealismus und zeitgenössische Philosophie. Absolute Idealism and Contemporary Philosophy. Bedeutung und Aktualität von Hegels Denken. Meaning and Up-to-dateness of Hegel's Thought. 2012.

www.peterlang.de